하나가
된 것 같이

하나가 된 것 같이
요한복음 강해 3

초판 1쇄 발행 2025년 9월 5일

지은이 박건일
펴낸이 장길수
펴낸곳 지식과감성#
출판등록 제2012-000081호

교정 김지원
디자인 강샛별
편집 윤혜성
검수 주경민, 이현
마케팅 김윤길

주소 서울시 금천구 벚꽃로298 대륭포스트타워6차 1212호
전화 070-4651-3730~4
팩스 070-4325-7006
이메일 ksbookup@naver.com
홈페이지 www.knsbookup.com

ISBN 979-11-392-2776-5(04230)
979-11-392-2773-4(세트)

값 20,000원

지식과감성#
홈페이지 바로가기

요한복음 강해 3

하나가
된 것 같이

박건일 목사 지음

내게 주신 영광을 내가 그들에게 주었사오니 이는 우리가 하나가 된 것 같이 그들도 하나가 되게 하려 함이니이다

요한복음 17:22

아는 것은 무엇입니까? '하나가 되는' 것입니다. 그리스도와 성부 하나님이 하나요, 포도나무이신 예수와 가지인 우리가 서로 하나가 되는 것, 목표와 방향이 일치하는 것입니다.

지식과감성#

머리말

요한복음은 예수님의 직접적인 증언과 그가 행하신 사역을 통해서 당신이 하나님의 아들로서 세상에 오셨음을 증언하고(1장~12장), 고난과 부활을 통해서 자신이 그리스도로 세상에 오셨음을 증명하는 구조로 기록되어 있습니다(13장~21장). 이 원리는 요한복음을 기록한 사도 요한이 이 복음서를 읽고 듣는 모든 사람에게 **"예수께서 하나님의 아들 그리스도이심을 믿게 하려"** 하고, **"그 이름을 힘입어 생명을 얻게 하려"** 하는 목적으로 기록했음을 밝힌 것을 통해서 확인할 수 있습니다(요 20:30-31).

예수님이 오셨을 당시의 대제사장과 바리새인들, 그리고 그들의 영향력 아래서 살던 유대인들은 '그리스도로 세상에 오신 예수'를 믿으려 하지 않았습니다. 예수님께서 행하신 일을 모두 기록하려고 하면 **"이 세상이라도 이 기록된 책을 두기에 부족할"**(요 21:25) 만큼 많은 기적을 행하시면서, **"그를 믿는 자마다 멸망하지 않고 영생을 얻게"**(요 3:16) 하려고 오신 그리스도이심을 보여 주셨지만, 사람들은 오히려 끊임없이 의심하고 시험했습니다. 그 이유는 **"한 사람이 백성을 위하여 죽어서 온 민족이 망하지 않게 되는 것"**(요 11:50)이 당시 종교적, 사회적으로 기득권을 가진 그들에게 유익했기 때문입니다.

그들은 하나님의 택함을 받은 백성이요 아브라함의 자손이라는 종교적, 혈통적 자부심이 있었습니다. 하지만 하나님의 아들인 예수께서 그리스도로 세상에 오시자, 그들은 '예수를 믿어 생명을 얻는' 내세적 믿음의 길을 택하기보다는, 그들이 손에 쥔 '현실의 이익'을 보호하기 위해서 하나님의 아들을 십자가에 못을 박아서 죽이는 죄를 범했습니다. 여기까지는 2천 년 전에 있었던 일이고, 우리가 성경과 역사를 통해서 알고 있는 사실입니다.

그런데 오늘날 우리 현실에서 그와 비슷한 일이 벌어지자, 똑같은 반응이 터져 나왔습니다. 바로 2020년에 전 세계를 공포로 몰아넣은 '코로나바이러스'입니다. 전염력과 치사율이 치명적이라고 알려진 '코로나바이러스'는 세계 대부분 나라가 '집합 금지 명령'을 내리고, 학교나 직장을 일시 폐쇄할 만큼 무서운 전염병이었습니다. 하지만 수개월 만에 백신과 치료제가 개발되었고, 사람들은 조심스럽게 일상으로 돌아올 수 있었습니다.

'코로나바이러스'로 인한 공포가 시작되자 정부는 종교 시설을 포함한 다중 모임 시설에 '집합 금지'를 요청했고, 대형교회를 시작으로 'Live 온라인 예배'를 드리는 것이 '새로운 일상'(New Normal)으로 여겨지기 시작했습니다. 심지어 이제는 교회가 "예배당이라는 제한된 공간이 아니라 온 세계인이 함께 예배할 수 있는 '온라인 예배'를 드리는 것이 하나님의 뜻"이라고 주장하는 신학자들과 목사님들이 생겨나기 시작했습니다. 어떤 목사님은 코로나 기간에 교회에 모여서 예배드리는 성도들을 향해 "손님에게 시비 거는 장사꾼 같다"라고 비난하기까지 했습니다.

기독교 역사를 보면 박해가 없던 시기가 거의 없으며, 믿음을 지키다가 순교한 수많은 성도들이 우리 앞에 있었지만, '집합 예배 금지'가 하나님의 뜻이라고 확신한 목사와 신학교 교수들은 수많은 언론 매체들을 통해서 성경의 가르침대로 예배하는 교회와 성도들을 비판했고, 그들의 주장에 동의하는 성도들은 명분 있게 교회를 떠났습니다. 그리고 그때 교회를 떠난 성도들 상당수는 '코로나바이러스'의 공포가 사라진 현재까지도 돌아오지 않고 있습니다.

이번에 출간하는 설교집은 그 혼란했던 '코로나바이러스' 시기를 정확하게 관통하면서, 우리가 지켜야 할 신앙의 근본이 무엇이며, 어떻게 하나님의 뜻에 순종해야 하는지 함께 고민하고 기도했던 내용이 포함되어 있습니다. 주일마다 모여서 예배하고 찬양하며 기도하는 것을 당연한 것으로 여겼던 신앙생활이, 어느 날부터 할 수 없는 또는 하면 안 되는 상황이 되었을 때 우리는 하나님의 뜻을 구해야 했고, 성경을 통해서 그 답을 찾고 순종했습니다. 그리고 그때로부터 5년여가 지난 지금, 그때 우리가 지키려고 했던 믿음의 삶이 틀리지 않았음을 확인하고 감사드립니다.

'요한복음 강해 설교집'은 2018년 2월 2일부터 2020년 8월 2일까지, 하와이한빛장로교회에서 주일예배 때 했던 총 80편의 설교입니다. 목회를 시작하면서 지금까지 저는 성경을 읽고, 주석을 참고하고, 관련 자료와 근거를 찾아서 설교 원고를 준비하는 '기본'을 지키기 위해서 최선을 다했습니다. 종교개혁 이후 500년이 넘는 교회 역사에서 우리 신앙의 선조들이 가르쳐 주신 교리 신조와 성경 해석의 기본에서 벗어나지 않도록 점검하고 또 확인하면서 설교 원고를 작성했고, 작성한 원고를 주보에 실어서 성도들과 함께 읽으면서 설교했습니다.

제가 이렇게 원고 중심의 설교를 하는 이유는, 분위기에 고무되거나 강조하려는 내용을 더욱 극적으로 설명하기 위해서 준비되지 않은 말을 설교함으로 인해서 성경에서 전하고자 하는 바와 다른 방향으로 설교하게 되는 잘못을 범하지 않기 위해서입니다. 또한, 설교를 듣는 성도들에게 제가 준비한 원고를 제공함으로써 설교자가 감정에 휩싸여서 설교한다거나 논리적 정당성이 담보되지 않은 지극히 주관적인 설교를 피하고자 하는 일종의 자기 검열을 하는 것입니다.

다행인 것은, 주보에 실린 원고와 인용한 성경 구절을 함께 읽으면서 성경 저자들을 통해서 오늘날 우리에게 전하고자 하시는 하나님의 뜻을 찾아 가는 저의 설교 방식에 우리 교회 성도님들이 동의하고 따라와 주신다는 것입니다. 그리고 이와 같은 예배 모습은 우리 교회의 고유함을 보여 줍니다. 감사한 것은, 우리 교회 성도님들이 부족한 목회자의 설교를 귀하게 여겨 주셔서, 주일날 설교 한 번 듣는 것으로 지나쳐 버리지 않고 이렇게 설교집으로 출간할 수 있도록 지원을 해 주셨다는 것입니다.

한국의 대형교회 목사님들이나 이름이 알려진 유명한 설교자가 아닌 하와이의 작은 한인교회에서 목회하는 목사의 설교를, 그것도 3권이나 되는 설교집으로 출간할 수 있도록 지원해 주시는 성도님과 함께 목회할 수 있다는 것은 설교자로서, 그리고 목사로서 더 바랄 것이 없을 만큼 큰 복을 받았다고 생각합니다. 그래서 한시도 설교 준비에 소홀히 할 수 없습니다. 이는 은혜받은 사람이 해야 할 마땅한 도리이자 책임이기 때문입니다.

이 설교집을 출간할 수 있도록 모든 지원을 아끼지 않은 우리 하와이한빛장로교회의 모든 성도님께 다시 한번 감사드립니다. 그리고 목회자로서 세상을 살아갈 수 있도록 양육하고 가르쳐주신 제 부모님 박상돈 목사님과 민연순 사모님께 감사드립니다. 마지막으로 깊은 방에서 설교를 준비하며 기도할 수 있도록 기다려 주고 배려해준 사랑하는 조숙경 사모와 세 자녀 주영, 주원, 주이에게 감사드립니다.

2025년 5월 25일
박건일 목사

추천사

박건일 목사님의 목회 현장을 둘러보고 함께 대화하면서 느낀 것은, 참으로 온유하고 겸손한 목회자이면서 동시에 하나님께서 기뻐하시는 일에는 타협과 양보 없이 전진하는 강인한 목회자라는 점입니다. 진리를 바르게 깨닫고 그 진리를 세워 나가며 하나님의 양 무리에게 바른 진리를 생명의 양식으로 먹이려고 부단히 애쓰고 있음을 봅니다.

우리가 지니고 있는 참되고 건전한 지혜는 하나님을 아는 지식과 우리 자신을 아는 지식입니다. 천지 만물을 창조하시고 우리를 구원하시는 하나님이 어떤 분이신지를 바로 알고, 그 하나님 앞에서 우리 자신이 어떤 자인지를 바로 아는 것이 참된 지혜입니다. 그런 면에서 목회자는 더더욱 하나님을 발견하고, 나 자신을 발견하고, 사명을 발견하여야 합니다.

박건일 목사님은 본인 스스로가 그런 지혜 갖기를 힘쓰고 있을 뿐 아니라, 요한복음 8장 설교에서도 언급한 것처럼 우리는 하나님께 속한 사람이 되었고 그러므로 이제는 하나님께서 기뻐하시는 일에 순종하는 삶이 되어야 함을 개진하고 있습니다. 죄의 종이었던 우리 자신, 그런 우리에게 예수 그리스도로 말미암은 참된 자유를 주신 하나님, 그리고 하나님께 속하여 자유를 얻은 자로서 이제는 어떻게 살아야 할지를 성경을 통해 분명하게 말하고 있습니다.

요즘 성경에서 말하는 자유의 의미를 곡해하는 경우를 많이 보게 됩니다. 구원받은 자로서 하나님을 섬기되, 하나님을 기쁘시게 하는 것이 아니라 사람이 기뻐하고 즐거워하는 것이 우선이 되는 일들입니다. 물론 하나님을 바르게 섬길 때 하나님께서 주시는 기쁨과 즐거움이 있습니다. 하지만 후자만을 강조하다 보니 성경에서 말하는 자유의 의미가 그저 내 마음과 원대로 하나님을 섬기고 예배해도 된다는 식으로 치부될 때가 있습니다.

그러나 박건일 목사님은 성경이 말하는 자유의 개념을 바르게 이해하고 그것을 설교합니다. 자유란 구속하고 있는 것에서부터 해방되는 일이라는 개념뿐 아니라, 그 자유를 가지고 무엇을 할 것인지에 대한 목적과 방향을 말하고, 궁극적으로는 그 최종 목적지가 하나님 안이라는 것을 분명히 밝히고 있습니다. 그래서 하나님 안에서, 즉 하나님께 속한 사람으로서 우리 주 예수 그리스도께서 죽기까지 하나님께 순종하신 것처럼 우리도 억지로가 아닌 스스로 자기를 부인하며 자기 십자가를 지고 예수 그리스도를 따라가는 삶을 살아야 한다는 것입니다.

오늘 우리는 때가 이르러 사람이 바른 교훈을 받지 아니하며 귀가 가려워서 자기의 사욕을 따를 스승을 많이 두고 또 그 귀를 진리에서 돌이켜 허탄한 이야기를 따르는 시대를 살고 있습니다. 그런 우리에게 박건일 목사님의 요한복음 설교집을 통해 성경의 진리를 깊이 이해하고 예수 그리스도 안에서 우리에게 나타내신 하나님의 사랑을 다시금 깨달을 수 있도록 해 주신 하나님께 감사드리며, 기쁜 마음으로 이 설교집을 추천합니다.

2025년 2월 27일
광흥교회 **구왕서** 목사

목차

요한복음 16:1~4

실족하지 않게 하려 함이니

"1. 내가 이것을 너희에게 이름은 너희로 실족하지 않게 하려 함이니 2. 사람들이 너희를 출교할 뿐 아니라 때가 이르면 무릇 너희를 죽이는 자가 생각하기를 이것이 하나님을 섬기는 일이라 하리라 3. 그들이 이런 일을 할 것은 아버지와 나를 알지 못함이라 4. 오직 너희에게 이 말을 한 것은 너희로 그 때를 당하면 내가 너희에게 말한 이것을 기억나게 하려 함이요 처음부터 이 말을 하지 아니한 것은 내가 너희와 함께 있었음이라"

예수님께서 제자들에게 세상으로부터 미움받게 될 것과 유대 공동체로부터 출교당하고 죽임을 당하게 될 것을 말씀해 주셨습니다. 그리고 그런 때가 올 때 실족하지 않기를 원한다고 말씀하셨습니다. 사람들이 일반적으로 종교를 선택할 때 기대하는 것에 미치지 못할 뿐만 아니라, 상당히 당황스러운 이야기입니다. 그럴 바에야 기독교 신앙을 갖는 것이 무슨 의미가 있을까 싶은 그런 말씀이기도 합니다.

자주 말씀드린 내용이지만, 예수님께서 세상에 오신 이유는 가난하고 병든 사람의 아쉬운 문제를 해결해 주기 위해서라거나, 로마 압제 아래에 있는 유다 백성들을 해방시키기 위해서 오신 것이 아닙니다. 예수님은 죄로 인하여 영원한 형벌 가운데 있는 자기 백성들을 구원하기 위해 속죄의 제물이 되어 십자가에서 죽기 위해 오신 것입니다. 또한 자기 백성들이 거할 처소를 예비하신 후에, 그들을 부르기 위해 다시 오실 것입니다. 다시 말씀드려서 기독교 신앙은 잠시 머물다 갈 세상에서의 잘됨이나 잘 사는 것이나 형통하게 되는 것이 신앙의 목적이 아니라, 앞으로 우리가 영원히 살게 될 천국에서의 삶을 준비하는 것이 목적입니다.

이렇게 말씀드리면, 구약성경에 하나님을 잘 섬기고 율법에 순종하면 하나님께서 쌓을 곳이 없도록 복을 부어 주시겠다고 하신 약속은 무엇이냐고 물으실 분이 있을 것입니다. 하나님의 약속은 변함없는 진리이며, 반드시 이루어질 약속입니다. 그런데 우리가 알아야 할 것이 있습니다. 구약 이스라엘은 신약의 그림자이며, 실체를 설명하기 위한 예표와 같은 것입니다. 그래서 구약 이스라엘 백성들에게 약속으로 주셨던 가나안 땅은 신약 성도들에게 약속된 천국에 대한 그림자로, 출애굽 이후 광야 40년의 여정은 신약 성도들이 세상에서 믿음을 지키며 신앙생활하는 것과 비교됩니다. 하나님의 말씀에 순종했을 때 얻게 되는 축복과 젖과 꿀이 흐르는 가나안 땅이 강조되는 것도, 신자가 궁극적으로 가야 할 천국에 대한 소망과 아버지 하나님과 함께 거하게 될 축복을 의미하는 것입니다.

그러면 하나님의 말씀에 순종해도 이 땅에서는 아무것도 없는 걸까요? 그런 것은 아닙니다. 성도가 믿음을 따라 살고 하나님의 말씀에 순종했을 때, 하나님께서 그 사람에게 주시는 다양한 세상의 위로가 있을 것입니다. 하지만 그 위로는 잠시 머물다 가는 세상에서만 누릴 수 있는 임시 위로이지 영원한 것은 아닙니다. 그런가 하면 사람마다 하나님께서 부르시고, 역사하시는 모습이 다릅니다. 예수님께서 직접 부르신 제자들이 있었는가 하면, 그 제자들을 핍박하던 사울을 불러서 복음을 전하는 사도 바울로 변화시킨 사례도 있습니다. 디모데처럼 믿음이 좋은 어머니와 외할머니로부터 신앙의 교육을 받은 사람이 있었는가 하면, 오네시모처럼 주인의 재산에 손해를 끼치고 도망갔다가 감옥에 갇히게 되었는데 거기서 바울을 만나 변화된 사람도 있습니다.

예수 믿고 병 고침 받고 부자 된 사람이 있는가 하면, 삭개오처럼 자신의 소유 절반을 가난한 사람에게 나눠 주고, 혹시 손해를 끼친 사람에게는 4배나 갚겠다고 하여 예수님 만난 뒤에 오히려 자기 재산에 큰 손해를 본 사람도 있습니다. 여기에 어떤 정해진 공식이 있습니까? 믿음에 공식 같은 것은 없습니다. 예수를 잘 믿으니까 잘된 사람도 있고, 예수를 믿고 나서 감추어진 보화와 같은 천국을 소유하기 위해서 세상의 것을 스스로 내려놓는 사람도 있습니다. 그러니 하나님께서는 개인마다 역사하시는 방법이 다르고, 그 개인도 본인의 믿음의 분량을 따라 하나님 앞에 반응하는 모습이 다 다릅니다.

결국 성도가 목표하고 지향해야 하는 궁극적인 축복은, 영원한 천국에 대한 소망일 것입니다. 그리고 하나님과의 관계가 더 친밀해지고 깊어질수록 하나님께서 역사하시는 섭리에 대한 믿음과 순종이 더욱 깊어질 것입니다. 그런 맥락에서 오늘 본문 말씀을 읽어야 예수님께서 자신에게 속한 사람들이 세상에서 미움을 받게 되고 출교와 죽임을 당하게 되더라도, 실족하지 말고 실망하지 말라고 하신 말씀을 이해할 수 있습니다.

포도나무 비유를 생각해 보면, 가지마다 주렁주렁 열린 포도 열매가 태풍과 비바람으로 인해 모두 땅에 떨어질 수 있습니다. 하지만 비바람에 의해 그해의 모든 열매가 다 떨어져서 남은 것이 하나도 없을지라도, 가지가 나무에 잘 붙어만 있으면 다음 해에는 또 열매를 맺을 수 있습니다. 그해에 맺은 열매가 다 떨어져서 없다는 것이 포도나무 가지의 문제는 아니라는 것입니다. 하지만 포도나무 가지가 가장 절망적인 순간이 있습니다. 비바람에 꺾여서 나무에서 분리되는 것입니다.

만약 비바람 때문에 모든 열매가 다 떨어졌다고 한다면 누가 아쉽겠습니까? 농부가 아쉽지요. 그래서 그런 상황을 겪고 나면, 다음에 태풍이 또 왔을 때 낙과되지 않도록 하려고 농부는 나무에 영양분도 주고 관리도 더 할 것입니다. 농부는 하나님이시라고 했으니 하나님께서 더 잘 관리해 주시지 않겠습니까? 그래서 예수님께서 "불안해하지 마라, 걱정하지 마라, 너희가 내 가지가 되어 있고 내 편으로 있는 한, 내 손에서 너희를 빼앗을 자가 없느니라"라는 약속을 주시는 것입니다.

요한복음 16:22, "지금은 너희가 근심하나 내가 다시 너희를 보리니 너희 마음이 기쁠 것이요 너희 기쁨을 빼앗을 자가 없으리라"
요한복음 16:33, "이것을 너희에게 이르는 것은 너희로 내 안에서 평안을 누리게 하려 함이라 세상에서는 너희가 환난을 당하나 담대하라 내가 세상을 이기었노라"

지난주에 살펴봤던 기쁨과 평안에 대해서 예수님께서 다시 말씀하고 있습니다. 예수님께서 주시는 기쁨과 평안은 세상에서 말하는, 세상에서 통용되는 그런 것이 아닙니다. 세상의 기쁨과 평안은, 자기가 손에 쥐고 있으면서도 불안한 기쁨이요 평안입니다. 또한 그 기쁨과 평안은 언제나 남과 비교되는 상대적인 기쁨과 평안입니다.

여러분 통장에 1백만 불이 있다면 기쁘고 안심이 되겠습니까? 그 순간 부족하다 느낄 것입니다. 그러면 1천만 불이 있으면 더는 바랄 것이 없겠습니까? 수조 원 재산을 가진 사우디아라비아 왕자들 싸우는 것을 보니까, 정권을 잡은 왕에게 한순간에 다 빼앗기고 감옥에 가더라고요. 그러고 보면 돈은 아무리 많이 가져도 사람에게 평안과 기쁨을 주지 못하는 것 같습니다. 지혜의 왕 솔로몬은 자신이 살았던 삶을 회고하면서, 세상이 주는 기쁨을 추구하면서 사는 것이 헛되고 부질없음을 가르쳐 주었습니다.

전도서 2:23-25, "일평생에 근심하며 수고하는 것이 슬픔뿐이라 그의 마음이 밤에도 쉬지 못하나니 이것도 헛되도다 24. 사람이 먹고 마시며 수고하는 것보다 그의 마음을 더 기쁘게 하는 것은 없나니 내가 이것도 본즉 하나님의 손에서 나오는 것이로다 25. 아, 먹고 즐기는 일을 누가

나보다 더 해 보았으랴"

일평생 밤에도 쉬지 못하고 수고하는 이유가 무엇입니까? 먹고 마시는 것을 위해 수고하는 것보다 그 마음을 더 기쁘게 하는 것이 없기 때문입니다. 실제로 그렇죠. 열심히 수고하고 땀 흘린 대가를 얻고, 그에 상응하는 인정을 받는 것이 인생의 기쁨입니다. 세상에서 그 기쁨을 솔로몬보다 더 많이 누려 본 사람이 있을까요? 솔로몬이야말로 그 모든 것의 끝판왕입니다. 그런데 그 솔로몬이 이렇게 고백했습니다.

전도서 12:8-10, "전도자가 이르되 헛되고 헛되도다 모든 것이 헛되도다 9. 전도자는 지혜자이어서 여전히 백성에게 지식을 가르쳤고 또 깊이 생각하고 연구하여 잠언을 많이 지었으며 10. 전도자는 힘써 아름다운 말들을 구하였나니 진리의 말씀들을 정직하게 기록하였느니라"

세상에서는 참된 기쁨과 평안을 얻을 수 없습니다. 그 기쁨과 평안은 오직 예수께만 있습니다. 그런데 문제는 이것입니다. 그 기쁨과 평안을 핍박과 환란 속에 감추어 두셨다는 것입니다.

요한복음 16:25, "이것을 비유로 너희에게 일렀거니와 때가 이르면 다시는 비유로 너희에게 이르지 않고 아버지에 대한 것을 밝히 이르리라"

예수님께서 비유로 가르쳐 주시면서 "때가 이르면"이라고 했습니다. 아직은 때가 아니라는 말씀입니다. 그 비유는 무엇을 가리키는 비유일까요? 성경이 일관되게 가리키는 곳은 천국입니다. 예수님께서 천국이 어떤 곳인지에 대하여 비유를 통해서 집중적으로 가르쳐 주신 말씀이 있습니다.

마태복음 13장에 보면, "씨 뿌리는 비유", "알곡과 가라지 비유", "겨자씨 비유", "누룩 비유", "밭에 감추어진 보화 비유", "값비싼 진주 비유", "그물 비유" 이렇게 일곱 가지 비유로 말씀해 주셨습니다. 그중에 첫 번째인 "씨 뿌리는 비유"는 많은 성도들이 잘 알고 있는 내용입니다.

> 마태복음 13:3-8, "예수께서 비유로 여러 가지를 그들에게 말씀하여 이르시되 씨를 뿌리는 자가 뿌리러 나가서 4. 뿌릴새 더러는 길 가에 떨어지매 새들이 와서 먹어버렸고 5. 더러는 흙이 얕은 돌밭에 떨어지매 흙이 깊지 아니하므로 곧 싹이 나오나 6. 해가 돋은 후에 타서 뿌리가 없으므로 말랐고 7. 더러는 가시떨기 위에 떨어지매 가시가 자라서 기운을 막았고 8. 더러는 좋은 땅에 떨어지매 어떤 것은 백 배, 어떤 것은 육십 배, 어떤 것은 삼십 배의 결실을 하였느니라"

보통 이 말씀은, 주인이 뿌린 씨가 잘 자리 잡아서 백 배, 육십 배, 삼십 배의 결실을 보려면 길가 밭, 돌밭, 가시밭과 같은 우리 마음이 좋은 땅으로 만들어져야 한다는 식으로 배워 왔습니다. 그런데 이 말씀을 자세히 보시면, 네 종류의 밭에 대한 비유가 아니라 "씨 뿌리는 비유"입니다. 다시 말씀드려서 "우리가 좋은 밭이 되어야 한다", "그러니 힘써 좋은 밭이 되자"라는 말씀이 아니라는 것입니다.

씨를 뿌릴 때 길바닥에 뿌렸으면, 그 씨는 당연히 뿌리를 내리지 못하고 죽을 것입니다. 이것은 일반적인 상식입니다. 그리고 누구도 길바닥에 뿌린 씨가 자라서 열매를 맺어 추수할 수 있을 거라고 기대하지 않습니다. 무슨 말씀입니까? "천국 복음이 길가에 뿌려질 수 있다"라는 뜻입니다. 천국에 대한 말씀인데, 그것을 받는 자가 길바닥 같은 사람이라면, 천국을 심어 줄 수 있는 좋은 씨라 할지라도 아무 소용이 없다는 말씀입니다. 그래서 예수님께서 뭐라고 하십니까?

마태복음 13:18, "그런즉 씨 뿌리는 비유를 들으라"

'좋은 밭이 되라'는 말씀이 아니라 "씨 뿌리는 비유"라는 것을 분명히 말씀하셨습니다. 천국 복음은 장소를 구별하지 않고 뿌려져서 아무나 들을 수 있습니다. 하지만 복음은 그것을 들은 모든 사람에게 심기어지지 않습니다. 왜냐하면 길가 밭과 같은 사람의 경우, 악한 자가 와서 그 마음에 뿌려진 것을 빼앗아 가기 때문입니다.

마태복음 13:19. 아무나 천국 말씀을 듣고 깨닫지 못할 때는 악한 자가 와서 그 마음에 뿌려진 것을 빼앗나니 이는 곧 길 가에 뿌려진 자요"

여기에 '아무나 듣고 깨닫지 못한다'고 했지요? 이것이 천국 복음의 핵심입니다. 천국은 세상에서 본 적이 없고, 볼 수도 없는, 영광스럽고, 아름답고, 인간의 언어로 표현할 수 없을 만큼 좋은 곳입니다. 그런데 그 천국의 비밀은, 마치 밭에 감춰진 보화처럼 실체가 보이지 않는 모습으로 우리에게 주어졌습니다. 그렇다 보니 인간이 얼마든지 거부할 수도 있고, 누가 와서 방해하고 빼앗아 갈 수도 있게 되었습니다. 혹자는 이렇게 말합니다. "그렇게 천국이 좋은 것이라면 감추지 마시고 하나님의 말씀을 거부하거나, 방해하거나 빼앗지 못하도록 하나님께서 강권적으로 막아 주시고, 인간에게 안겨 주시면 안 될까요?"

이런 예를 들겠습니다. 어떤 사람이 여러분을 진심으로 사랑한다고 고백했습니다. 그 사람은 사우디아라비아의 국왕처럼 재산이 엄청나게 많은 사람입니다. 그 사람이 여러분에게 바라는 것은 오직 하나입니다. "내가 시키는 대로 해. 그러면 너는 내가 가진 모든 부귀영화를 누릴 수 있어." 감사하게도 그 사람은 공감 능력과 이해심이 많아서 내가 무슨 생각을 하는지, 무엇을 바라는지 말해 주지 않아도 알아서 다 해 주는 좋은 사람입니다. 그런데 걸리는 게 있다면, 그분은 본인이 싫어하는 것은 조금도 허용하지 않는 분입니다. 그래서 여러분이 뭔가를 하려고 하면, '그건 내가 싫어하니까 하면 안 된다'고 합니다. 그러면서 "너는 생각하거나 선택하거나 결정할 필요가 없어. 내가 다 알아서 해 줄게. 너는 그냥 내가 하라는 것만 해!"라면서 모든 것은 그 사람이 결정하는 대로 따라야만 합니다.

여러분은 그 사람이 주는 사랑을 받으시겠습니까? 저는 그런 사랑은 받을 수 없습니다. 아니, 저는 그건 사랑이 아니라고 생각합니다. 사랑은 무엇입니까? 서로 공감하고, 이해하고, 존중하는 것입니다. 한 사람의 능력이나 형편이 다른 사람보다 월등히 뛰어나다거나, 심지어 비교조차도 불가능하다 할지라도, 서로에 대한 존중과 이해와 배려가 있어야만 사랑이라고 말할 수 있을 것입니다. 그 사람이 싫어하는 것이 있다면, 나도 싫은 것이 있습니다. 그 사람이 바라는 것이 있다면, 나도 바라는 것이 있지 않겠습니까. 그럴 때 서로 사랑하는 사이라면 자기 생각과 의견을 말하고, 서로 조율해 가면서 공통분모를 찾을 것입니다.

창조주이신 하나님과 피조물인 인간이 어떻게 대등한 조건에서 사랑할 수 있습니까? 군대에서 사령관이 내린 명령처럼 숟가락으로 땅굴을 파라고 해도 복종해야 하는 것이 하나님 앞에 선 인간 아니겠습니까? 그런데 하나님께서는 인간에게 "내 뜻은 이러하다. 그리고 내 말대로 하면 너에게 복이 된다. 그런데 너는 어떻게 하고 싶니?" 하시면서 선택할 수 있는 권리를 주셨습니다. 그것이 무엇입니까? 우리에게 주신 '자유의지'입니다. 하나님은 우리의 인격적인 결단과 선택에 상관없이, 그냥 붙잡아 가는 식으로 천국 복음을 주지 않으셨습니다.

우리 앞에 복음을 제시하셨을 때, 우리가 자원하는 마음으로 복음을 믿고 받아들이는 인격적인 결단을 원하십니다. 그래서 '씨 뿌리는 비유'인 것입니다. 마치 농부가 씨를 뿌리는 것처럼, 천국 복음이 세상 모든 곳에 골고루 뿌려졌습니다. 그 마음이 어떤 상태인지 살펴보고, 선택해서 뿌린 것이 아닙니다. 만약 여러분이 농부라면 길가에, 돌밭에, 가시덤불 속에 씨를 뿌리겠습니까? 맨정신으로는 하지 않죠. 그런데 하나님께서는 그렇게 세상 모든 곳에 씨를 뿌리셨습니다. 공평하게 기회를 주셨다는 것입니다.

하나님께서 호의로, 선의로 복음의 기회를 주셨음에도, 악한 사람에 의해서 또는 악한 세력에 의해서 하나님의 공의로우심이 모욕을 당하기도 하시고, 거짓 선동에 의해 오해를 받기도 합니다. 그게 무엇입니까? "하나님이 선한 분이시라면 선악과는 왜 만들었느냐?"라는 것입니다. "하나님은 사랑이시라면서 다 구원하지 왜 예수 믿는 사람만 구원한다고 하냐?" 쪼잔하다는 것입니다. 하나님이 이렇게 모욕을 당하셔야 하는 이유가 있습니까? 그분이 능력이 없어서 당하는 것입니까? 인간을 사랑하시기 때문에 참으시는 것입니다. 천년이 하루같이, 하루가 천년같이 견디시는 것입니다.

분명히 복음은 영원한 생명과 천국에 관한 것임에도 불구하고, 그 놀라운 권세와 영광은 감춰져 있습니다. 그리고 천국 복음을 겉으로만 바라보는 사람은 그 귀중함과 가치를 알아보지 못하도록 하셨습니다. 그래서 천국은 감춰진 보화요, 숨겨진 진주와 같은 것이라고 예수님께서 비유로 말씀해 주셨습니다. 이 감춰진 비유의 말씀을 누가 들을 수 있습니까? 좋은 땅과 같은 저와 여러분이 듣는 것입니다. 그 좋은 땅은 우리가 수고하고 노력해서 만들었습니까? 아닙니다. 성령께서 깨닫게 해 주셨습니다.

요한복음 16:13-14, "그러나 진리의 성령이 오시면 그가 너희를 모든 진리 가운데로 인도하시리니 그가 스스로 말하지 않고 오직 들은 것을 말하며 장래 일을 너희에게 알리시리라 14. 그가 내 영광을 나타내리니 내 것을 가지고 너희에게 알리시겠음이라"

진리의 성령이 오셔서 그가 우리를 모든 진리 가운데로 인도해 주시는 것입니다. 예수님께서 이 말씀을 언제, 누구에게 해 주셨습니까? 예수님은 제자들이 자신의 십자가 죽음 이후에 어떤 삶의 형편 가운데 들어가게 될 것인지 아셨습니다. 유대인들과 로마 군병들은, 그들이 잡아 죽인 예수님처럼 제자들도 잡으려고 할 것입니다. 제자들 가운데 어느 누구라도 "내가 예수 믿는 사람이요, 내가 그의 제자요, 당신들도 예수를 믿어야만 구원을 받을 수 있소" 하고 나온다면, 그 역시 세상에서 없애 버릴 자라는 말을 듣게 될 것입니다.

사도행전 22:22, "이 말하는 것까지 그들이 듣다가 소리 질러 이르되 이러한 자는 세상에서 없애 버리자 살려 둘 자가 아니라 하여"

그들이 예수 믿는 사람을 핍박하고 죽이려고 하는 이유가 무엇입니까? 그것이 하나님을 잘 섬기는 일이라고 생각했기 때문에 죽이려고 하는 것입니다. 사람을 괴롭히고 죽이는 것에 대해서 죄책감을 갖는 것이 아니라, 하나님에 대한 종교적 정당성과 충성심에 가득 찬 사람들이, 자신의 믿음을 증명해 보이기 위해서 하는 것입니다. 급진 무슬림 무장단체 'IS'에 속한 사람들이 그런 사람들입니다. 그들은 잔혹한 테러를 일삼고, 무고한 사람들을 죽이면서도 죄책감이 없습니다. 그들은 자기들이 믿는 알라신을 최고로 잘 섬기는 방법을 테러로 여깁니다.

예수님께서 **"사람들이 너희를 출교할 뿐 아니라 때가 이르면 무릇 너희를 죽이는 자가 생각하기를 이것이 하나님을 섬기는 일이라 하**

리라"(요 16:2)라고 제자들에게 하시는 말씀이 그와 같은 뜻입니다. 다행히도 우리는 기독교에 대한 박해가 최고로 극심했던 시기가 아닌 2020년에 살고 있습니다. 하지만 그렇기 때문에 예수님께서 하시는 말씀이 무엇을 의미하는지 가슴으로 와닿지 않는 것도 있습니다. 하지만 박해의 시기에 복음을 들었던 사람들 못지않게, 오늘날도 하나님을 잘 알고 잘 섬긴다는 사람들이 오히려 하나님에게서부터 멀어지도록 만들고, 그분의 마음을 아프게 하는 일을 공공연히 하고 있습니다.

우리가 천국의 비밀을 어떻게 알 수 있습니까? 제자들은 예수님께로부터 말씀으로 들었고, 예수님께서 약속해 주셨던 성령의 충만함을 입었습니다. 오늘날 우리들이 기록된 성경 말씀으로 천국의 비밀을 들을 수 있고, 그 말씀을 깨달을 수 있는 것도 성령께서 우리 마음에 감동을 주시기 때문입니다. 이 같은 성령의 은혜로 마음의 확신과 성령의 충만함을 입을 수 있습니다. 성령에 관한 부분에 대해서는 다음 주에 자세히 설명하겠습니다.

그런데 간악한 자들은 성경을 하나님의 말씀으로 인정하지 않고, "사람들이 편집한 것이다, 그것은 예수님의 제자들이 예수님을 신성화하기 위해 과장하고 꾸며 낸 이야기다" 하면서 성경의 정통성을 부정합니다. 결국 성경에 대한 신빙성을 낮춰 버리고 지워 버리고 나니 기독교에 남는 것은 무엇입니까? 인간 예수의 사랑, 인간 예수의 희생, 그분의 섬김, 위로, 치유, 친구 같은 친근함. 이런 것만 남습니다. 그런데 그런 것들은 기독교에만 있는 것입니까? 다른 종교들도

다 갖고 있고, 주장하는 것들입니다.

종교만 그런 이야기를 합니까? 성직자와 귀족 중심의 신권왕정국가를 무너뜨리고, 자유롭고 평등한 시민사회를 만드는 데 시작점이 된 '프랑스혁명'도 "자유, 평등, 박애"라는 인간 이해가 공감대를 얻었기에 성공할 수 있었습니다. 그래서 오늘날 자유민주주의에 기반을 둔 모든 국가들은, 그 나라가 신봉하는 종교가 달라도 또는 종교가 없더라도 인간 중심의 가치들을 기본적인 국가 이념으로 갖고 있습니다.

지금 이 말씀을 드리는 것은, 인간 중심의 사상이나 가치들은 예수님의 말씀이 아니고, 성경의 가르침과 성령의 깨닫게 해 주심이 없다 할지라도 모든 사람이 공감하고 이해하는 것들이라는 것입니다. 그리고 그러한 것들은 아무리 잘 실천을 한다 해도, 천국의 비밀을 깨닫고 영생을 얻게 되는 것과는 전혀 상관이 없는 것들입니다. 그런데 오늘날 기독교회를 보시기 바랍니다. 천국의 비밀에 대해서 또는 죄로 인하여 완전히 멸망당한 상태에 있는 인간의 본래 모습에 대해서 말해 주는 교회가 얼마나 있습니까? 현재의 상태로 그냥 머물러 있으면, 그 영혼의 결과가 어떻게 된다는 것을 말해 주는 사람이 누가 있습니까?

예수님은 마지막 십자가 죽음을 앞둔 순간까지도 제자들에게 "너희가 실족하지 않기를 원한다, 사람들이 너희를 출교하고 죽게 할지라도 염려하지 말라"라고 하시며 애타는 마음으로 이 복음을 가르쳐 주시지 않습니까? 그런데 예수 믿는다고 해서 박해받는 일도 없고, 목숨을 걸 일은 더 없는 세상에 살면서도 이 복음에 대한 말씀에는 별로 관심이 없습니다. 그것보다는, "날 위로해라, 나한테 가능성이 있다고 말해 줘라, 웃을 일이 별로 없는 세상이니 웃게 해 주고, 용기를 북돋아서 힘을 낼 수 있는 그런 말을 들려 달라"라고 합니다.

여러분이 만약 그런 것을 원하신다면, TV를 보십시오. 전문적으로 사람들을 웃게 해 주는 개그맨들과 최고의 전문 강사들이, 여러분이 원하는 내용의 모든 것을 다 들려주고 웃게 만들어 줄 것입니다. 감동, 용기, 희망 정도가 아니라 재테크와 장사 방법까지 다 가르쳐 줄 것입니다.

예수님께서 말씀하신 "씨 뿌리는 비유"에서, '씨'가 무엇일까요? '복음'입니다. 그것 말고 다른 것이 있습니까? 농부가 나가서 '적극적 사고방식'을 뿌리겠습니까? '긍정적 마인드'를 뿌리겠습니까? '사람들을 웃게 해 주고, 용기를 북돋워 주고, 감동을 주는 말'을 뿌리겠습니까? 그것들은 씨가 아닐 뿐만 아니라, 씨가 될 수도 없습니다. 저와 여러분, 우리 하와이한빛장로교회는 예수께서 말씀하신 '씨'가 잘 뿌려지는 교회가 되길 원합니다. 그리고 우리 안에 심긴 '복음의 씨앗'이 30배, 60배, 100배의 열매가 맺어지길 기원합니다.

요한복음 16:5~13

내가 그를 너희에게로 보내리니

"5. 지금 내가 나를 보내신 이에게로 가는데 너희 중에서 나더러 어디로
가는지 묻는 자가 없고 6. 도리어 내가 이 말을 하므로 너희 마음에 근심
이 가득하였도다 7. 그러나 내가 너희에게 실상을 말하노니 내가 떠나가
는 것이 너희에게 유익이라 내가 떠나가지 아니하면 보혜사가 너희에게
로 오시지 아니할 것이요 가면 내가 그를 너희에게로 보내리니 8. 그가 와
서 죄에 대하여, 의에 대하여, 심판에 대하여 세상을 책망하시리라 9. 죄
에 대하여라 함은 그들이 나를 믿지 아니함이요 10. 의에 대하여라 함은
내가 아버지께로 가니 너희가 다시 나를 보지 못함이요 11. 심판에 대하
여라 함은 이 세상 임금이 심판을 받았음이라 12. 내가 아직도 너희에게
이를 것이 많으나 지금은 너희가 감당하지 못하리라 13. 그러나 진리의
성령이 오시면 그가 너희를 모든 진리 가운데로 인도하시리니 그가 스스
로 말하지 않고 오직 들은 것을 말하며 장래 일을 너희에게 알리시리라"

예수님께서 천국 복음을 비유로 말씀해 주시면서, 천국은 마치 밭에 감추어진 보화와 같다고 하셨습니다. 이 천국 복음은 씨를 뿌리는 자가 잘 만들어진 옥토뿐만 아니라, 모든 땅에 씨를 뿌리는 것과 같

은 것입니다. 하지만 아무나 천국 말씀을 듣고 깨닫지 못하는 것은, 그들의 마음에 뿌려진 천국 복음을 악한 자가 와서 빼앗아 갔기 때문입니다. 또한 천국 복음을 기쁨으로 받기는 했지만, 말씀을 순종하고 믿음을 지키려는 것 때문에 환란이나 어려움이 왔을 때, 그 뿌리가 없으므로 인해 말씀을 깊이 간직하지 못하고 믿음을 포기하는 사람도 있습니다.

그런가 하면 말씀을 듣고서도 세상 걱정과 재물에 대한 유혹 때문에 순종하지 못하는 사람도 있습니다. 이렇게 되는 이유가 무엇입니까? 뿌려진 천국 복음의 씨가 잘못된 것이기 때문입니까? 아닙니다. 똑같은 천국 복음의 씨가 뿌려졌지만, 뿌려진 장소가 어디냐에 따라서 씨앗이 심기지 못하기도 하고, 어려움을 당하면 포기하기도 하고, 세상의 욕심을 따라가기도 합니다. 하지만 똑같은 천국 복음의 씨앗이 열매를 맺을 수 있을 만큼 자라기도 합니다. 지난 시간에도 말씀드렸지만, 이 말씀은 "그러니까 우리가 열심히 좋은 땅을 만들자!" 이런 말씀이 아닙니다. 우리가 천국 복음의 말씀을 듣고 이 말씀을 이해하고 받아들일 수 있는 것은, 우리가 노력해서 된 것이 아닙니다.

여러분, 말씀을 이해하려고 어떤 노력을 하셨습니까? 매일 성경을 많이 읽고, 기도 몇 시간씩 하면서 옥토 밭을 만들어 달라고 기도해서 이해가 되는 것입니까? 오히려 별생각 없이 그냥 살다가, 주일이 됐으니 교회에 오신 것 아닙니까? 의외로 사람들은 자기가 말씀을 이해하고, 신앙생활을 하게 된 것이, 마치 자신은 남보다 특별한 뭔가가 있기 때문에 믿음이 좋아졌다고 생각합니다. 물론 그렇게 생각하면 기분은 좋을 것입니다. 자기 자신에게 대견하고 뿌듯한 면이 있을 것입니다. 이른바 정신 승리를 하는 것이죠. 하지만 그건 자기 혼자만의 생각이지 성경의 가르침은 아닙니다.

물론 여러분들 중에는 매일 성경 읽고 기도하는 것을 신앙의 습관으로 가지신 분도 있을 것입니다. 하지만 여러분이 매일 성경을 읽고 기도했기 때문에, 여러분의 마음 밭이 옥토처럼 되어서 말씀이 이해되고 믿어지는 것이 아닙니다. 그런 식으로 따지면 도올 김용옥 같은 사람은 여러분보다 믿음이 훨씬 좋은 사람이어야 합니다. 그 사람은 성경을 얼마나 많이 읽었는지 성경 강해 책도 여러 권 출간하고, 성경에 대해 강의까지 하는 사람입니다. 하지만 그 사람은 예수님을 믿는 사람이 아닙니다. 오히려 예수님을 희화화하고 조롱하는 사람입니다.

예수님의 제자들이 복음을 전하던 사도 시대부터 현재에 이르기까지 끊임없이 생겨나는 이단들이 주장하는 내용이 무엇입니까? 자기들은 성경 말씀을 믿는다는 것입니다. 그러면서 정통교회에 속한 성도들에게 성경에 관해서 이야기해 보자고 합니다. 여호와의 증인들이 하는 말이 무엇입니까? '성경 이야기를 해 보자'입니다. 신천지 이단이 하는 말도, '같이 성경공부 해 보자'입니다. 이단이 성경을 말하지 않거나, 성경을 읽지 않아서 이단이 된 것이 아닙니다. 그들도 성경을 읽고, 공부하고, 배웁니다. 하지만 이단들과 정통신앙을 가진 사람들 사이에 근본적인 차이가 있습니다. 그 차이에 대해서 오늘 본문 말씀은 우리에게 분명한 가르침을 주고 있습니다.

요한복음 16:13, "그러나 진리의 성령이 오시면 그가 너희를 모든 진리 가운데로 인도하시리니 그가 스스로 말하지 않고 오직 들은 것을 말하며 장래 일을 너희에게 알리시리라"

앞서 말씀드린 것처럼, 우리가 성경을 읽고 연구해서 알게 되는 것이 아니라, 진리의 성령께서 우리를 진리 가운데로 인도하실 것입니다. 진리는 무엇입니까? 예수 그리스도가 누구신지, 그분이 왜 오셨고 무슨 일을 하셨는지 아는 것입니다.

요한복음 15:26, "내가 아버지께로부터 너희에게 보낼 보혜사 곧 아버지께로부터 나오시는 진리의 성령이 오실 때에 그가 나를 증언하실 것이요"

오늘날 교회마다 성령에 대해서 말을 하고, 이른바 성령 사역을 한다는 사람들이 많이 있는데, 과연 그들이 전하는 가르침이나 보여 주는 내용이 예수님께서 가르쳐 주신 말씀과 같은 것인지 생각해 봐야 합니다. 먼저 우리가 살펴볼 것은, 왜 성령께서 오시게 되었는지에 관한 것입니다. 예수님께서 당신의 사역을 마치시고 아버지께로 돌아가시면서, 당신께서 이루신 구속 사역을 완성시키기 위해 보혜사를 보내실 것이라고 말씀하셨습니다.

요한복음 16:7, "그러나 내가 너희에게 실상을 말하노니 내가 떠나가는 것이 너희에게 유익이라 내가 떠나가지 아니하면 보혜사가 너희에게로 오시지 아니할 것이요 가면 내가 그를 너희에게로 보내리니"

세상의 그 누구도 예수님보다 성령에 대해서 분명하게 설명할 수 있는 사람이 없습니다. 성령께서 왜 세상에 오셔야 하는지, 세상에 오신 성령께서는 어떤 일을 하시는지 성령을 보내 주신 예수님께서 설명해 주신 것이 가장 정확합니다. 그래서 오늘 본문 말씀을 잘 기억해야 합니다. 먼저 **"내가 떠나가지 아니하면 보혜사가 너희에게로 오시지 아니할 것이요"**라고 했습니다. 예수님은 왜 떠나가셔야만 합니까? 육체의 몸을 입고 오셨기 때문입니다. 예수님께서 육체의 몸을 입고 오신 것은, 인간의 죄를 대신 담당할 속죄의 제물이 되셔야 했기 때문입니다.

예수님께서 죽으시고 부활하시면, 대속의 제물로 오신 예수님의 사역은 완성됩니다. 예수님께서 떠나지 않으시면 보혜사가 오시지 못하는 이유는 무엇입니까? 성령께서 하셔야 할 일이, 예수께서 십자가 죽음과 부활의 영광을 얻은 후에, 그분의 구속 사역을 드러내고 더욱 영광스럽게 하여 세상에 널리 전파하는 일이기 때문입니다.

다시 말씀드려서, 예수님께서 죽으시고 부활하신 것을 세상에 알리기 위해 오시는 분이 성령님이신데, 예수님께서 아직 살아 계신 상태라면 성령이 오실 이유도 없고, 오셔도 할 일이 없습니다. 그래서 성령께서 이 땅에 오셨다는 것은, '예수님이 이 땅에 계시지 않는다'는 증거이기도 합니다. 육체로 오신 예수님은 참사람으로 오셨기 때문에, 영원토록 우리와 함께 계실 수 없습니다. 하지만 예수님께서 아버지께로 가시면, 그가 약속하신 성령을 우리에게로 보내 주십니다.

사도행전 2:33, "하나님이 오른손으로 예수를 높이시매 그가 약속하신 성령을 아버지께 받아서 너희가 보고 듣는 이것을 부어 주셨느니라"

지금 이 말씀은 오순절 마가의 다락방에 임하신 성령의 충만함을 입은 베드로가 열한 사도와 함께 광장에 나와 유대인들과 예루살렘 사람들에게 외쳐 알게 한 복음 전도의 내용입니다. 이날 베드로가 전하는 복음을 듣고 스스로 마음에 찔려 회개하고 세례를 받은 사람이 삼천이나 더했습니다.

사도행전 2:37-41, "그들이 이 말을 듣고 마음에 찔려 베드로와 다른 사도들에게 물어 이르되 형제들아 우리가 어찌할꼬 하거늘 38. 베드로가 이르되 너희가 회개하여 각각 예수 그리스도의 이름으로 세례를 받고 죄 사함을 받으라 그리하면 성령의 선물을 받으리니 39. 이 약속은 너희와 너희 자녀와 모든 먼 데 사람 곧 주 우리 하나님이 얼마든지 부르시는 자들에게 하신 것이라 하고 40. 또 여러 말로 확증하며 권하여 이르되 너희가 이 패역한 세대에서 구원을 받으라 하니 41. 그 말을 받은 사람들은 세례를 받으매 이 날에 신도의 수가 삼천이나 더하더라"

그러면 성령께서 오셔서 하시는 일은 무엇일까요? 기억하셔야 할 것은, 성령께서 하시는 일과 그분이 오셨을 때 일어나는 현상을 구분할 수 있어야 합니다.

요즘 연예계 뉴스를 다루는 방송을 보면, 유명 스타들의 입출국 현장을 보려고 공항으로 몰려온 팬들의 모습을 보면서 그 사람들의 인기를 실감하게 됩니다. 그런데 제가 중학교 다닐 때 외국의 대통령이

나 올림픽에서 메달을 딴 선수들이 김포공항을 통해서 입국할 때면, 지금과 비교할 수 없을 만큼 많은 사람이 길거리로 쏟아져 나와서 그 사람들을 환영했습니다.

당시 방영된 뉴스나 신문을 보면, 귀빈들이나 선수들이 탄 차들이 공항대로를 타고 양화대교 밑에서 올림픽 대로를 타기 전까지, 개방된 차에 올라타서 그들을 환영하는 사람들에게 손을 흔들며 답례하는 모습이 담겨 있습니다. 뉴스로 그 모습을 보는 사람들은 “저 많은 사람이 어디에서 왔을까?” 싶었을 것입니다. 사실은 그 주변의 모든 학교 학생들이 수업을 중단하고 나와서 태극기와 손을 흔들며 환영 인사를 했던 것입니다. 지금은 그런 일을 하지 않지만 제 기억에는 1년에 몇 차례씩 그런 환영 인사에 동원됐던 것 같습니다.

그러면 외국의 대통령이 우리나라에 온 이유는 무엇입니까? 환영 인사를 받으러 오는 것입니까? 아닙니다. 그건 그런 귀빈들이 왔을 때, 대한민국 정부에서 준비한 환영 행사일 뿐이지 그것이 목적은 아닙니다. 마찬가지로 성령이 오셨을 때 일어나는 현상이 있습니다. 마가의 다락방에 성령이 임하셨을 때 있었던 일이 그 대표적인 현상입니다.

사도행전 2:1-4, “오순절 날이 이미 이르매 그들이 다같이 한 곳에 모였더니 2. 홀연히 하늘로부터 급하고 강한 바람 같은 소리가 있어 그들이 앉은 온 집에 가득하며 3. 마치 불의 혀처럼 갈라지는 것들이 그들에게 보여 각 사람 위에 하나씩 임하여 있더니 4. 그들이 다 성령의 충만함을 받고 성령이 말하게 하심을 따라 다른 언어들로 말하기를 시작하니라”

"급하고 강한 바람 같은 소리, 불의 혀처럼 갈라지는 것들이 보이는 것, 다른 언어로 말하기를 시작하는 것"들은 성령의 충만함을 받았을 때 생기는 현상이지, 그걸 보여 주기 위해서 성령이 오시는 것은 아닙니다. 그러면 성령이 오셔서 하시는 일이 무엇일까요?

> 요한복음 16:8-9, "그가 와서 죄에 대하여, 의에 대하여, 심판에 대하여 세상을 책망하시리라 9. 죄에 대하여라 함은 그들이 나를 믿지 아니함이요"

죄가 무엇입니까? 그들이 예수 그리스도를 십자가에 못 박아 세상에서 쫓아낸 것입니다. 왜 예수님을 못 박아 죽인 것입니까? **"그들이 나를 믿지 아니함이요"**, 믿지 않았기 때문입니다. 그러면 사람들은 왜 예수님을 믿지 않았을까요?

> 고린도전서 2:6-7, "그러나 우리가 온전한 자들 중에서는 지혜를 말하노니 이는 이 세상의 지혜가 아니요 또 이 세상에서 없어질 통치자들의 지혜도 아니요 7. 오직 은밀한 가운데 있는 하나님의 지혜를 말하는 것으로서 곧 감추어졌던 것인데 하나님이 우리의 영광을 위하여 만세 전에 미리 정하신 것이라"

보십시오. 하나님의 지혜는 감추어졌던 것이었다고 말씀합니다. 그리고 그 지혜는 우리의 영광을 위해서 만세 전에 미리 정하신 것, 다시 말씀드려서 예수님의 가지가 된 성도들, 그분의 양들을 위한 것입니다. 예수님께서 비유로 천국에 대해서 가르쳐 주시면서 감추어진 것이다, 아무나 천국 말씀을 듣고 깨닫지 못하는 것이라고 말씀하신 이유가 바로 이것입니다.

고린도전서 2:8. "이 지혜는 이 세대의 통치자들이 한 사람도 알지 못하였나니 만일 알았더라면 영광의 주를 십자가에 못 박지 아니하였으리라"

이 지혜는 이 세대의 통치자들도 모르는, 바로 천국의 비밀입니다. 또한 성령께서 오셔서 하시는 일이 무엇일까요?

요한복음 16:10, "의에 대하여라 함은 내가 아버지께로 가니 너희가 다시 나를 보지 못함이요"

예수님께서 아버지께로 가셔서 다시 보지 못하는 것이 왜 '의'가 됩니까? 먼저 예수님께서 말씀하신 '의'가 무엇인지 알아야 합니다. 이 '의'는 '하나님의 공의'입니다. 유대인들이 예수님을 십자가에 못 박은 죄명이 무엇입니까? '신성모독 죄'입니다. 예수님께서 자신이 하나님과 동하며, 하나님의 아들이라고 했기 때문에 사형에 해당하는 죄라고 했습니다. 그래서 유대인들은 2절 말씀처럼, "하나님을 섬기는 일"이라는 정당성과 "하나님을 위하고, 하나님의 의를 세운다는 명분"으로 예수님을 십자가에 못 박아 죽였습니다. 하지만 그들이 내세운 '의'는 '자기를 증명하는 의'였지, '하나님의 의'가 아니었습니다.

로마서 10:2-3, "내가 증언하노니 그들이 하나님께 열심이 있으나 올바른 지식을 따른 것이 아니니라 3. 하나님의 의를 모르고 자기 의를 세우려고 힘써 하나님의 의에 복종하지 아니하였느니라"

그들이 하나님에 대한 열심은 있었지만, 올바른 지식을 따른 것은 아니었습니다. 그들은 자기의 의를 세우기 위해서 하나님의 의에 복종하지 않고 예수님을 죽였습니다. 예수님을 불의로 여기고, 신성모독이라는 죄명을 붙여서 죽인 것입니다. 그들은 그것이 하나님의 의를 위하고 세우는 것이라고 생각했습니다. 하지만 하나님께서는 그들이 죽인 예수님을 하나님 우편으로 올리셨습니다. 그렇다면 누가 의가 되는 것입니까? 사람들이 하나님을 위한다고 예수님을 죽인 것이 '의'입니까? 그들에 의해 죽임을 당하신 예수가 '의'입니까?

그러면 예수님께서 아버지께로 되돌아가셨고, 하나님 우편에 앉으셨다는 사실을 누가 우리에게 알려 줍니까? 혹시 여러분 가운데 예수님이 하나님과 함께 계시고, 보좌 우편에 앉아 계신 것을 본 사람 있습니까? 이것은 율법에 능통하고 하나님에 대해서 잘 안다고 생각했던 유대인들조차 깨닫지 못했던 사실입니다.

사도행전 7장에 보시면, 성령의 충만함을 입은 스데반이 자기 동족 유대인들에게 예수 그리스도에 대해서 설명해 주는 내용이 나옵니다. 아브라함 때부터 모세와 선지자에 이르기까지 하나님께서 약속하셨던 메시아가 바로 예수님임을 전했습니다. 그랬더니 어떤 일이 벌어졌을까요?

사도행전 7:57-60, "그들이 큰 소리를 지르며 귀를 막고 일제히 그에게 달려들어 58. 성 밖으로 내치고 돌로 칠새 증인들이 옷을 벗어 사울이라 하는 청년의 발 앞에 두니라 59. 그들이 돌로 스데반을 치니 스데반 이 부르짖어 이르되 주여 내 영혼을 받으시옵소서 하고 60. 무릎을 꿇고 크게 불러 이르되 주여 이 죄를 그들에게 돌리지 마옵소서 이 말을 하고 자니라"

'하나님의 의'는 '세상의 의'와 늘 충돌합니다. 왜냐하면 세상의 의는 언제나 자기를 증명하기 때문입니다. 하지만 '예수님께서 세우신 의'는 '자신을 증명하는 의'가 아니라 '하나님을 증명하는 의'였습니다. 성령의 충만함을 입은 스데반이 전했던 것도, 하나님께서 인간을 위해 보내 주셨던 "하나님의 공의, 곧 예수 그리스도"에 대한 것이었습니다. 하지만 사람들은 '하나님의 의'에 대하여, '천국 복음'에 대하여 들을 때, 자기들의 잘못과 죄를 깨닫고 회개한 것이 아니라 크게 소리 지르며 귀를 막고 일제히 스데반에게 달려들어서 돌로 쳐서 죽였습니다. 이것이 복음이 성경의 가르침을 따라 전해졌을 때 일어나는 일반적인 현상입니다.

하지만 이러한 현상을 알지 못하기 때문에 우리는 답답함을 느낍니다. 복음의 은혜도 깨달아 알고 있고, 이 복음이 주는 혜택도 알고 있습니다. 단지 예수님만 믿으면 천국에서의 영원한 생명과 하나님의 자녀라는 권세를 얻을 수 있는데, 왜 목사는 설교를 저렇게 해서 사람들이 예수를 믿게 만들지 못하는가? 하는 답답함이 생기는 것입니다. 복음을 좀 더 쉽게 설명해 줄 수는 없나? 딱 듣자마자 사람들이 마음의 변화를 일으키고 항복하고 나오도록 할 수는 없나? 저렇게 어렵게 설명하는데 어떻게 알아듣겠나? 이런 생각이 들 것입니다.

그런데 여러분, 사도행전에 기록된 베드로, 스데반, 바울의 설교를 읽어 보시기 바랍니다. 거기 어느 곳에도 웃음과 감동이나, 인간에 대한 이해와 용기와 자신감을 주는 설교가 없습니다. 하나님께서 그들의 조상에게 주셨던 약속들과 그 약속들이 어떻게 성취되었는지, 그 약속이 누구를 가리키는 것이며, 약속해 주셨던 그리스도께서 오셨을 때 정작 그들이 어떤 짓을 했는지 정확히 지적하고 있습니다. 그러고 나서 사람들에게 회개를 촉구합니다.

사도행전 3:19, "그러므로 너희가 회개하고 돌이켜 너희 죄 없이 함을 받으라 이같이 하면 새롭게 되는 날이 주 앞으로부터 이를 것이요"
사도행전 8:22, "그러므로 너의 이 악함을 회개하고 주께 기도하라 혹 마음에 품은 것을 사하여 주시리라"
사도행전 17:30-31, "알지 못하던 시대에는 하나님이 간과하셨거니와 이제는 어디든지 사람에게 다 명하사 회개하라 하셨으니 31. 이는 정하신 사람으로 하여금 천하를 공의로 심판할 날을 작정하시고 이에 그를 죽은 자 가운데서 다시 살리신 것으로 모든 사람에게 믿을 만한 증거를 주셨음이니라 하니라"

보십시오. 그리스도가 세상에 오기 전, 아직 알지 못하던 시대에는 하나님께서 그냥 넘어가 주셨습니다. 하지만 성령께서 오신 이후에는, 모든 사람에게 회개할 것을 명령하십니다. 사람들이 회개해야 하는 이유는 무엇입니까? 하나님의 공의로 심판하실 날이 정해져 있기 때문입니다. 그리고 성령은 그걸 가르쳐 주러 오신 분입니다.

요한복음 16:11, "심판에 대하여라 함은 이 세상 임금이 심판을 받았음 이라"

"이 세상 임금"은 "공중 권세 잡은 자"(엡 2:2), "어두움의 세상 주관자"(엡 6:12)로 불리는 마귀입니다. 마귀는 예수님이 세상에 오시기 전까지는 자기가 마치 세상의 주인인 것처럼 행세했습니다. 심지어 마귀는 예수님을 산으로 데리고 가서 천하만국과 그 영광을 보여 주면서 자기에게 엎드려 경배하면 그 모든 것을 주겠노라고 시험했습니다. 하지만 마귀는 예수님께서 이 세상에 오신 순간부터 이미 심판을 받은 것과 다름이 없습니다.

누가복음 4:41, "여러 사람에게서 귀신들이 나가며 소리 질러 이르되 당신은 하나님의 아들이니이다 예수께서 꾸짖으사 그들이 말함을 허락하지 아니하시니 이는 자기를 그리스도인 줄 앎이러라"

그리고 예수님은 십자가 죽으심을 통해 죽음의 세력을 잡은 마귀를 멸하셨습니다.

히브리서 2:14, "자녀들은 혈과 육에 속하였으매 그도 또한 같은 모양으로 혈과 육을 함께 지니심은 죽음을 통하여 죽음의 세력을 잡은 자 곧 마귀를 멸하시며"

"이 세상 임금이 심판을 받았음이라"라고 하신 이 말씀을 기억하시기 바랍니다. 세상 임금이 심판을 받았다면, 그 졸개들은 어떻게 되었겠습니까? 그들도 함께 심판을 받은 것입니다. 이것을 이해하지 못하는 사람들은, "우리가 이렇게 멀쩡히 살아 있는데 무슨 심판을 받았다는 말이냐?" 하고 묻습니다. 이 말씀은 재판이 이미 끝났고, 형벌이 최종적으로 선고되었다는 말입니다. 보통 사형에 해당하는 죄수들은 자신의 형 집행 날이 언제인지 잘 모릅니다. 어느 날 자기를 위해 특별한 음식이 나오고, 교도관들이 특별히 잘해 주면 오늘이 그 날인가 보다 하는 것입니다.

보혜사 성령께서 이미 오셨습니다. 그리고 성령께서는 죄와 의에 대해서, 그리고 심판에 대해서 세상을 책망하실 것입니다. 하지만 예수 그리스도를 믿고 영접한 사람들은 진리의 성령께서 모든 진리 가운데로 인도하실 것입니다. 결국 세상은 하나님께서 보내신 독생자 예수님을 영접하지 않은 죄로 인해, 하나님의 공의의 심판을 받을 수밖에 없습니다. 이처럼 성령께서 오신 것은, 예수님에 대하여, 그리고 예수님께서 행하신 일에 대하여 가르쳐 주려고 오신 것입니다. 또한 장래의 일, 곧 심판주로 오실 그리스도에 대해서 알려 주시고, 깨닫게 해 주시려고 오신 것입니다.

성령께서 여러분에게 효과적으로 임하셨다, 그래서 여러분이 성령 충만하다는 증거는 무엇입니까? 이 진리의 말씀이 깨달아지고 믿어지는 것입니다. 여러분의 죄에 대한 성령의 책망하심이 느껴져서, 스스로 회개에 이르게 되는 것입니다. 아무 공로 없는 나를 의롭다고 인정해 주시는 예수님의 은혜를 깨닫고 감사 찬송을 부르게 되는 것입니다. 하나님의 말씀을 따라 사는 것 때문에 여러 가지 환란과 핍박을 당하게 될 때, 심판 주로 오실 그리스도께서 우리의 오른손을 들어 승리를 선포해 주실 것을 믿고 기대하면서, 오늘의 힘듦을 참고 견딜 수 있는 것입니다. 이 믿음이 참믿음이며, 예수님께서 보내 주신 보혜사 성령에 대한 바른 믿음입니다. 이것을 알지 못하면 자꾸 현상만 바라보면서 뜬구름을 잡는 것 같은 신앙생활을 하게 됩니다.

오늘날 우리는 성령 하나님을 마치 서커스장의 광대처럼 만들어 버리는 희한한 시대에서 살고 있습니다. 하나님은 피조물인 인간이 오라고 하면 오고, 가라고 하면 가는 분이 아닙니다. 성경에 비추어 볼 때 머리에 1~2초 정도 안수하고, 얼굴에 입김을 불고, 강대상 위에서 손을 크게 펼치면 집단으로 사람들이 뒤로 쓰러지는 식으로 성령이 임하는 그런 모습은 너무나 낯선 광경입니다. 설령 그러한 것들이 마가의 다락방에 임하셨던 성령처럼, 어떤 신비한 모습으로 보인다고 할지라도 그런 것을 위하여 성령이 오시는 것은 아닙니다. 이렇게 말씀드리면, 성령께서 그렇게 역사하지 않는다고 어떻게 확신할 수 있느냐? 당신이 알지 못하고, 경험하지 못한 것일 수 있지 않냐? 하고 반문합니다. 물론 그럴 수도 있을 것입니다. 그러면 이렇게 설명하겠습니다.

엄마가 두 형제를 불러서 사야 할 것을 종이에 써 주면서 심부름을 보냈습니다. 그런데 한 아이가 엄마가 써 주지 않은 것을 사기 시작했습니다. 다른 형제가 말합니다. “그건 엄마가 사라고 한 게 아니잖아.” 물건을 산 아이가 말합니다. “엄마가 그것도 필요한지 아닌지 넌 모르잖아.” 어떻습니까? 엄마가 필요했다면 심부름을 보낼 때부터

써 주지 않았을까요? 그러면 엄마가 시키지 않은 물건을 산 아이는 엄마가 필요한 것을 샀을까요, 자기가 사고 싶은 것을 샀을까요? 자기가 필요한 것을 샀을 것입니다. 엄마가 시킨 것만 잘해도 두 손이 무거울 것입니다. 그런데 엄마가 사 오라는 것 말고 다른 것을 샀다면, 결국 엄마가 사 오라는 것은 사지 못하게 됩니다. 우리는 성경에 기록된 것만 잘하기도 쉽지 않습니다. 그렇지 않습니까? 그런데 시킨 것도 제대로 못 하면서, 자기 마음대로 상상해서 '그럴 것이다'라고 한다면, 그건 하나님을 위하는 것입니까? 자기를 위한 것입니까? 그것을 가리켜서 '자기 의'라고 말합니다.

성령을 보내 주신 예수님께서 무엇 때문에, 무엇을 위하여 성령을 보내는 것이라고 오늘 본문을 통해 분명히 말씀하지 않으셨습니까? 하나님께서 모세에게 당신의 말씀이 아닌, 다른 어떤 모양과 형상을 만들지 말라고 하셨습니다. 기독교는 말씀의 종교입니다. 하나님께서 아담과 하와에게 말씀하셨고, 노아와 아브라함에게 말씀했습니다. 모세와 선지자에게 말씀하셨고, 말씀으로 약속해 주셨던 예수님께서 실제로 사람의 몸을 입고 오셨습니다. 또한 기독교는 성경의 종교입니다. 하나님께서 보내 주신 예수 그리스도의 종교입니다. 성령께서 오신 것도 예수 그리스도를 증거하기 위해 오신 것입니다. 이 예수를 잘 믿는 저와 여러분, 우리 하와이한빛장로교회가 되길 원합니다.

요한복음 16:16~22

조금 있으면

"16. 조금 있으면 너희가 나를 보지 못하겠고 또 조금 있으면 나를 보리
라 하시니 17. 제자 중에서 서로 말하되 우리에게 말씀하신 바 조금 있으
면 나를 보지 못하겠고 또 조금 있으면 나를 보리라 하시며 또 내가 아버
지께로 감이라 하신 것이 무슨 말씀이냐 하고 18. 또 말하되 조금 있으면
이라 하신 말씀이 무슨 말씀이냐 무엇을 말씀하시는지 알지 못하노라 하
거늘 19. 예수께서 그 묻고자 함을 아시고 이르시되 내 말이 조금 있으면
나를 보지 못하겠고 또 조금 있으면 나를 보리라 하므로 서로 문의하느냐
20. 내가 진실로 진실로 너희에게 이르노니 너희는 곡하고 애통하겠으나
세상은 기뻐하리라 너희는 근심하겠으나 너희 근심이 도리어 기쁨이 되
리라 21. 여자가 해산하게 되면 그 때가 이르렀으므로 근심하나 아기를
낳으면 세상에 사람 난 기쁨으로 말미암아 그 고통을 다시 기억하지 아니
하느니라 22. 지금은 너희가 근심하나 내가 다시 너희를 보리니 너희 마
음이 기쁠 것이요 너희 기쁨을 빼앗을 자가 없으리라"

오늘 본문 16~19절까지 말씀을 보면, '조금 있으면'이라는 단어가 7번이나 반복해서 나오고 있습니다. 예수님께서 말씀하신 '조금 있

으면'은 언제일까요? 예수님께서 십자가에 못 박혀 죽게 되실 때입니다. 우리는 예수님께서 세상에 오시고 죽으신 이유, 그리고 제자들과 많은 사람들 앞에서 부활 승천하신 것을 역사적 사실과 성경의 기록으로 알고 있습니다. 하지만 제자들은 예수님께서 무슨 말씀을 하시는 것인지 전혀 모르고 있습니다.

다빈치가 그린 〈최후의 만찬〉을 보면, 긴 식탁 중앙에 예수님께서 앉아 계시고, 그 좌우로 제자들이 한 줄로 앉아서 식사하는 모습을 볼 수 있습니다. 그 모습이 사진이 아니라 그림이기 때문에, 실제로 예수님과 제자들이 그렇게 식사를 했는지는 알 수 없습니다. 하지만 다빈치가 그렇게 그림을 그렸을 때, 당시의 교회 지도자들과 성도들이 거부감 없이 그 그림을 받아들였고, 그것이 명작으로 지금까지 내려오고 있는 것을 보면, 그런 모습의 식사 구도가 전혀 근거가 없어 보이지는 않습니다.

그런 전제 아래서 본문을 보면, 예수님으로부터 멀리 있는 제자들은 "주님께서 '조금 있으면' 뭘 하신다는 거냐? 아버지께로 간다고 하신 것 같은데 언제 나사렛에 다녀오신다는 거냐?"라는 종류의 질문을 하는 것으로 보입니다.

> 요한복음 16:17-18, "제자 중에서 서로 말하되 우리에게 말씀하신 바 조금 있으면 나를 보지 못하겠고 또 조금 있으면 나를 보리라 하시며 또 내가 아버지께로 감이라 하신 것이 무슨 말씀이냐 하고 18. 또 말하되 조금 있으면이라 하신 말씀이 무슨 말씀이냐 무엇을 말씀하시는지

알지 못하노라 하거늘”

‘조금 있으면’의 의미에 대해서 예수님께서 22절에 이렇게 말씀하고 있습니다.

요한복음 16:22, “지금은 너희가 근심하나 내가 다시 너희를 보리니 너희 마음이 기쁠 것이요 너희 기쁨을 빼앗을 자가 없으리라”

지난 몇 주 동안 우리는 예수님께서 말씀하신 ‘기쁨과 평안’이 세상이 주는 것과 다르다는 것을 확인했습니다. 세상이 기대하는 기쁨과 평안, 세상이 최고의 가치로 여기는 기쁨과 평안은, 아무리 그 기간을 최대치로 잡아도 그 사람이 이 세상에 사는 동안에 한정된 기쁨과 평안이고, 그나마도 언제나 남과 비교되는 것일 뿐입니다. 또한 그 기쁨과 평안은 솔로몬이 했던 고백처럼 자신의 당대뿐만 아니라, 그 전과 후에도 없을 전무후무한 기쁨과 평안을 소유했던 사람이라 할지라도, 결국 그것들은 바람을 잡으려는 것과 같고, 아침 안개와 같은 것에 불과한 것입니다. 하지만 예수님께서 주시는 기쁨과 평안은 영원히 누릴 수 있는 것들이고, 누구도 빼앗을 수 없는 것입니다. 그런데 문제는 예수님께서 주시겠다고 말씀하신 기쁨이 무엇을 뜻하는지 제자들이 알지 못했다는 것입니다.

예수님께서는 사역 초기에 여러 번 “아직 내 때가 이르지 않았다”라는 말씀을 하셨습니다(요 2:4; 7:6, 8; 8:20). 하지만 마지막 유월절을 지키기 위해 예루살렘으로 입성하실 때는 ‘때가 왔다’고 말씀했습니다(요

12:23; 13:1, 16). 그리고 오늘 본문 말씀처럼, 마지막 잡히시던 그 밤에 제자들에게 '조금 있으면'이라고 말씀하시면서 예수님의 수난과 죽음, 그리고 그 이후에 있을 부활의 사건이 곧 임하게 될 것임을 말씀하고 있습니다. 예수님께서 제자들에게 약속하신, '누구도 빼앗을 수 없는 기쁨'을 '조금 있으면' 받게 될 것입니다.

요한복음 16:16, "조금 있으면 너희가 나를 보지 못하겠고 또 조금 있으면 나를 보리라 하시니"

예수님께서 **"나를 보지 못하겠고"**라고 하신 말씀은, 예수님께서 십자가의 죽임을 당하셔서 '더 이상 예수님을 볼 수 없다'는 뜻입니다. 그런데 예수님은 곧이어 **"또 조금 있으면 나를 보리라"**라고 말씀하셨습니다. 이 말은 앞에 말씀했던 '예수님께서 죽으셔서 그들이 더 이상 예수님을 보지 못하게 될 것'을 강조하는 표현이자, 반전의 표현입니다. 기독교 신앙의 비밀, 마치 밭에 감춰진 보화와 같은 비밀이 바로 이것입니다. 그래서 기독교 신앙을 정확히 이해하려면 예수님께서 말씀하신 '조금 있으면'의 뜻을 반드시 알아야 합니다. 예수님의 죽으심과 부활 사이에는, 사흘이라는 시간의 공간이 있습니다. 그 사흘 동안 제자들은 곡하고 애통해할 것입니다. 하지만 세상은 제자들의 모습을 보면서 기뻐할 것입니다.

요한복음 16:20, "내가 진실로 진실로 너희에게 이르노니 너희는 곡하고 애통하겠으나 세상은 기뻐하리라 너희는 근심하겠으나 너희 근심이 도리어 기쁨이 되리라"

세상의 모든 종교는 인간이 만들어 낸 것입니다. 그래서 그 종교들은 논리적으로 설명할 수 있고 예측도 가능합니다. 하지만 기독교는 인간이 만들어 낸 종교가 아닙니다. 기독교는 하나님께서 인간에게 주신 약속으로 이루어진 인격적 관계입니다. 또한, 그 약속을 하나님 편에서 지키신 것을 성경을 통해 확인하면서, 아직 남아 있는 약속을 기다리는 것입니다. 그 첫 번째 약속이 무엇입니까? 인간의 타락 이후에 하나님께서 그들에게 주셨던 메시아에 대한 약속입니다.

창세기 3:15, "내가 너로 여자와 원수가 되게 하고 네 후손도 여자의 후손과 원수가 되게 하리니 여자의 후손은 네 머리를 상하게 할 것이요 너는 그의 발꿈치를 상하게 할 것이니라 하시고"

그 이후에도 하나님의 약속은 노아에게, 아브라함에게, 모세에게, 다윗과 선지자들에게 반복하여 확인해 주셨습니다. 그리고 광야에서 외치던 세례 요한이 세상 죄를 지고 가시는 예수님에 대해서 선포하는 것으로, 마침내 그리스도께서 세상에 오셨음을 확인시켜 주었습니다. 그러면 그리스도는 세상에 왜 오신 것입니까? 세상에서 살기 위해 오신 것이 아니라 죽기 위해 오셨습니다. 이것이 기독교가 근본적으로 다른 점입니다.

세상의 종교들은 사람들이 자기가 믿는 신의 힘을 빌려서, 사람이 살아가면서 당하게 되는 여러 상황 속에서 흉하고 나쁜 일들은 면하고, 복되고 좋은 일들은 끌어올 수 있도록 기원하는 것에 그 목적이 있습니다. 그래서 신의 기운을 빌릴 수 있는 형상이나 그림, 부적 등을 생활공간 곳곳에 붙여 놓고 그 힘에 의지합니다. 또한, 지갑이나 옷 속에 부적을 넣고 다니기도 하고, 몸에 문신으로 새기기도 합니다. 그렇게 하는 목적이 무엇입니까? 세상에서 잘 살기 위함입니다. 세상에서 잘되기 위함입니다.

하지만 기독교의 존재 목적은 세상에서 잘 살고, 잘되는 것이 목적이 아닙니다. 아니, 처음부터 기독교는 세상에서 어떻게 살고, 어떻게 되고 하는 것에 별로 관심이 없습니다. 그에 대한 답변이 20절 말씀입니다.

> 요한복음 16:20, "너희는 곡하고 애통하겠으나 세상은 기뻐하리라 너희는 근심하겠으나 너희 근심이 도리어 기쁨이 되리라"

세상과 예수 믿는 사람의 반응이 정반대로 대비되어 나타나고 있지 않습니까? 제자들이 곡하고 애통할 때 세상은 기뻐하고, 제자들이 근심할 것이지만 그 근심이 도리어 기쁨이 될 것입니다. 이것이 바로 기독교 복음의 비밀입니다. 그리고 오늘 우리가 살펴보려고 하는 것이 바로 이것입니다.

17절에서는 **"내가 아버지께로 감이라 하신 것이 무슨 말씀이냐"**라고 묻고 있습니다. 이것은 앞서 요한복음 7장 33절에서 예수님께서 유대인들에게 **"조금 더 있다가 나를 보내신 이에게로 돌아가겠노라"**라고 말씀하셨을 때 유대인들이 보였던 모습과 똑같은 반응입니다.

> 요한복음 7:35-36, "이에 유대인들이 서로 묻되 이 사람이 어디로 가기에 우리가 그를 만나지 못하리요 헬라인 중에 흩어져 사는 자들에게로

가서 헬라인을 가르칠 터인가 36. 나를 찾아도 만나지 못할 터이요 나 있는 곳에 오지도 못하리라 한 이 말이 무슨 말이냐 하니라"

예수님께서 당신의 사역 기간 내내 '세상을 떠나가신다'는 말씀을 반복하여서 하셨음에도 불구하고, 일반 사람들인 유대인들뿐만 아니라 제자들조차도 그 말씀의 뜻이 무엇인지 잘 알지 못했습니다. 사람들이 예수님의 말씀을 이해하지 못했던 것은, 앞서 말씀드린 것처럼 신을 섬기는 종교라는 형태를 띠었다 할지라도, 사람들이 그 종교를 믿는 목적이 여전히 세상에 있기 때문입니다. 그리고 그런 생각은 예수님이 유대인을 위해 오신 메시아로 믿고 따랐던 제자들조차도 똑같이 가지고 있던 생각이었습니다. 메시아로 오신 예수님께서 영원히 그들 곁을 떠나지 않을 것이라고 굳게 믿었기에, 그리고 예수님께서 세우실 나라가 임하게 되면 누가 예수님의 좌우편에 앉게 될지가 최후의 만찬 자리에서까지 그들의 관심이었던 것입니다.

누가복음 22:24, "또 그들 사이에 그 중 누가 크냐 하는 다툼이 난지라"

하지만 예수님은 세상에서 살기 위해 오신 메시아가 아니라, 세상을 떠나기 위해 오신 메시아였습니다. 그리고 예수님께서 세상을 떠나실 때는, 예수님을 믿고 따르는 사람들이 곡하고 애통해하며 근심하게 될 것입니다. 가까운 누군가가 세상을 떠나게 될 때 슬퍼하고 애통해하는 것은 인간이 가진 일반적인 감정입니다. 그런 의미에서 가족이나 친한 이웃이나 성도의 죽음 앞에서, 예수 믿는 성도들이 곡하고 애통해하는 것에 대해서 믿음이 없는 행위라고 막는 것은 성경을 오해한 것입니다. 예수님께서도 당신의 죽음 앞에서 곡하고 애통해할 제자들을 향해, "내가 죽더라도 너희는 곡하고 애통해하지 말라" 말씀하지 않으시고, **"너희 근심이 도리어 기쁨이 되리라"**라고 말씀하시지 않았습니까?

성도는 사랑하는 사람의 죽음을 보면서도 얼굴에 웃음을 짓는 비인격적인 사람들이 아닙니다. 우리는 죽음 앞에서 잠시 슬퍼할 수 있습니다. 곡하며 애통해하는 것은 하나님께서 인간에게 주신 자연스러운 감정입니다. 하지만 우리는 사랑하는 사람의 죽음을 잊지 못하고, 그 죽음을 인정하지 못해서 그 사람이 죽기 전날을 기일로 정해서 제사를 하면서 죽은 사람의 영혼을 불러오는 그런 행위는 하지 않습니다. 왜냐하면 흙으로 돌아간 육체와 돌아가야 할 곳으로 떠난 영혼은 다시 세상으로 돌아오지 않기 때문입니다.

> 누가복음 16:27-31, "이르되 그러면 아버지여 구하노니 나사로를 내 아버지의 집에 보내소서 28. 내 형제 다섯이 있으니 그들에게 증언하게 하여 그들로 이 고통 받는 곳에 오지 않게 하소서 29. 아브라함이 이르되 그들에게 모세와 선지자들이 있으니 그들에게 들을지니라 30. 이르되 그렇지 아니하니이다 아버지 아브라함이여 만일 죽은 자에게서 그들에게 가는 자가 있으면 회개하리이다 31. 이르되 모세와 선지자들에게 듣지 아니하면 비록 죽은 자 가운데서 살아나는 자가 있을지라도 권함을 받지 아니하리라 하였다 하시니라"

예수님의 죽음이 제자들에게 큰 슬픔이 되었다는 사실은, 부활하신 예수님께서 엠마오로 가던 두 제자를 찾아가셨을 때, 그 제자들이 슬픈 빛을 띠고 있었다는 사실에서도 확인할 수 있습니다.

누가복음 24:17, "예수께서 이르시되 너희가 길 가면서 서로 주고받고 하는 이야기가 무엇이냐 하시니 두 사람이 슬픈 빛을 띠고 머물러 서더라"

여기서 중요한 것은 엠마오로 가던 두 제자와 예수님께서 나누는 대화의 시점이 언제였는가 하는 점입니다.

누가복음 24:22-24, "또한 우리 중에 어떤 여자들이 우리로 놀라게 하였으니 이는 그들이 새벽에 무덤에 갔다가 23. 그의 시체는 보지 못하고 와서 그가 살아나셨다 하는 천사들의 나타남을 보았다 함이라 24. 또 우리와 함께 한 자 중에 두어 사람이 무덤에 가 과연 여자들이 말한 바와 같음을 보았으나 예수는 보지 못하였느니라 하거늘"

제자들은 예수님께서 부활하셨다는 사실을 알고 있었습니다. 먼저는 예수님의 무덤을 찾아갔던 어떤 여인들이 전해 준 예수님의 부활의 소식을 들었고, 자기들과 함께했던 제자들 가운에도 예수님의 부활을 확인한 사람이 있었습니다. 하지만 그럼에도 불구하고 제자들의 관심은 무엇이었습니까?

누가복음 24:21, "우리는 이 사람이 이스라엘을 속량할 자라고 바랐노라"

제자들이 예수님께 바랐던 것이 분명히 있습니다. 예수님께서 로마를 물리치고 이스라엘을 정치적으로 회복하며, 그들의 모든 고난과 환난과 어려움에서 구출해서 잘 먹고 잘살게 해 줄 것이라고 기대했던 것입니다. 그런데 정말 더 놀라운 건 무엇인지 아십니까? 부활하신 예수님을 만난 제자들이 예수님께 물었던 질문입니다.

> 사도행전 1:6, "그들이 모였을 때에 예수께 여쭈어 이르되 주께서 이스라엘 나라를 회복하심이 이 때니이까 하니"

부활하신 예수님을 만난 제자들의 기대가 얼마나 컸을지 짐작되십니까? 예수님께서 죽은 사람을 살려 낸 정도가 아닙니다. 십자가에 달려 죽으시고 무덤에 들어가셨다가 사흘 만에 다시 살아나셨습니다. 예수님은 죽지 않는 분이라는 것을 자기들 눈으로 확인하고 있는 상황입니다. 전쟁에 있어서 가장 무서운 것이 무엇입니까? 죽는 것입니다. 골리앗처럼 천하무적일 것 같았던 장수라 할지라도 다윗이 던진 물맷돌에 맞아 죽고 나니, 블레셋 군대 전체가 겁을 먹고 도망가지 않았습니까? 아무리 싸움을 잘하는 장군이라도 전장을 이끄는 장수 한 사람의 죽음은, 겨우 한 사람일 뿐이지만 전체 군대의 기세와 연동되더라는 것입니다.

그런데 예수님은 어떻습니까? 분명히 죽었는데, 그것도 만인이 보는 앞에서 죽었는데 다시 살아났습니다. 이제 제자들은 더 이상 두려울 것이 없습니다. 모든 기적과 능력을 행하실 수 있는 예수님이 자기들과 함께 있을 뿐만 아니라, 그 예수님은 죽지도 않습니다. 죽어도 다시 살아나십니다. 그러니 **"주께서 이스라엘 나라를 회복하심이**

이 때니이까" 하고 묻는 것입니다. 아! 예수님은 다 계획이 있었군요. 처음에는 "아직 때가 이르지 않았다"라고 하셨다가, "조금 있으면"이라고 하시더니, 그때가 바로 지금이군요. 로마 군대를 무찌르고 예수님의 왕국을 건설하실 예정일이 언제입니까? 그런데 예수님은 제자들의 기대를 한 번에 무너뜨리는 말씀을 하셨습니다.

사도행전 1:7-8, "이르시되 때와 시기는 아버지께서 자기의 권한에 두셨으니 너희가 알 바 아니요 8. 오직 성령이 너희에게 임하시면 너희가 권능을 받고 예루살렘과 온 유대와 사마리아와 땅 끝까지 이르러 내 증인이 되리라 하시니라"

언제 로마 정부를 무너뜨리겠다는 말씀을 하시는 것이 아니라, "때와 시기는 너희의 알 바가 아니다. 그러나 성령이 너희에게 임하게 될 텐데, 그때가 되면 너희는 땅끝까지 다니면서 내 증인이 될 것이다"라고 하신 것입니다. 그런데 예수님이 하신 말씀보다 더 당황스러운 사건이 곧바로 벌어집니다.

사도행전 1:9, "이 말씀을 마치시고 그들이 보는데 올려져 가시니 구름이 그를 가리어 보이지 않게 하더라"

죽음도 이기고 부활하신 예수님께서 드디어 로마 제국을 무너뜨린 뒤에 당신의 나라를 세우시고, 예수님을 믿고 따르던 제자들은 새로운 정부에서 높은 자리 하나씩 차지할 거라고 생각했는데, 예수님이 하늘로 올라가 버렸습니다. 적절한 비유가 될지 모르겠는데요, 2018

년도에 당첨된 메가밀리언 복권 최고 금액이 1억 달러(한화로 약 2조)였다고 합니다.

이렇게 가정해 보시지요. 만약 그 복권 1등에 당첨된 사람이 자신의 번호를 확인하고 기뻐하고 있는데, 갑자기 돌풍이 불어서 복권 종이를 말아서 올라가 버렸다고 하겠습니다. 주변 모든 곳을 다 찾아봤지만 잃어버린 당첨금 복권을 찾지 못했다면 기분이 어떨까요? 처음부터 꽝이었다면 실망할 것이 없었겠지만, 1등에 당첨된 복권을 잃어버렸다면 낙심이란 말도 호강일 것입니다.

지금 드리는 말씀은 제자들의 심정이 그랬다는 것입니다. 제자들이 예수님께 기대했던 것과 예수님께서 제자들에게 주겠다고 하신 것이 서로 달랐습니다. 제자들이 바랐던 것은 현실적인 것, 세상에 속한 것입니다. 하지만 예수님께서 제자들에게 주겠다고 하신 것은 영적인 것, 하늘에 속한 것입니다.

이러한 차이는 오늘날 신앙생활을 하는 성도들에게도 별로 다르지 않게 나타나는 모습입니다. '성급한 일반화의 오류'라는 말이 있습니다. "몇 개의 사례나 경험으로 전체의 속성을 단정 짓고 판단하는 데서 발생하는 오류"를 가리키는 말입니다. 예를 들면 하와이 여행을 온 사람이 '와이키키 해변'을 구경하고서는, "하와이에 사는 사람들은 비키니만 입고 다니더라" 이런 식으로 생각하는 것입니다. 사실은 어떻지요? 하와이에 거주하는 사람들은 '와이키키 해변'에서는 수영을 거의 하지 않습니다. 아니, 해변에 가서 수영을 즐길 만큼 한가하지 않습니다.

그런데 신앙생활에도 ‘성급한 일반화의 오류’가 있습니다. “예수 잘 믿으면 복받는다”라는 생각이 대표적입니다. 복음이 불신자에게 전해지는 초창기에 “하나님께서 어떻게 우리 인생의 생사화복과 운명을 주장하고 계시는지를 경험”하게 하는 수단으로 병이 낫게 되거나, 바라던 일이 기적처럼 이루어지는 일이 있을 수 있습니다. 그런 일은 우리나라뿐만 아니라 복음이 전해지는 선교지에서 자주 경험하게 되는 현상입니다.

지금이야 세계 거의 모든 나라가 일일생활권에 들어와 있어서 아침을 인천에서 먹고, 저녁을 호주 시드니에서 먹을 수도 있지만, 불과 60여 년 전만 해도 동네에서 태어나서 동네에서 임종을 맞는 사람들이 더 많았습니다. 그렇다 보니 한동네, 한 교회 안에서 예수 믿고 나서 기적을 경험하고, 하는 일이 잘 풀리는 사람을 여러 명 보게 되었습니다. 그때 내려진 ‘성급한 일반화의 오류’가 “예수 잘 믿으면 복받는다, 병 낫는다”라는 식의 결론이었습니다.

물론 그런 일이 전혀 없었는데 마치 있는 것처럼 꾸며 낸 거짓말이 아니고, 실제로 그런 신앙의 경험을 가진 사람이 상당히 많았다고 할지라도, 성도들이 신앙생활을 하는 목적이 그와 같은 결론에 머물러 있다면, 그것은 큰 비극입니다. 엄밀한 의미에서 그것은 기독교 신앙이라고 말할 수 없습니다.

기독교 신앙은 기도 열심히 했더니 걱정스럽고 고통스러운 일들이 기쁨의 환경으로, 별것 아닌 일로 바뀌는 것이 아닙니다. 오히려 그 일을 바라보는 시각이 하나님께서 행하시는 섭리에 순종하는, 영적인 시각으로 바뀌는 것입니다. 예수님께서 병자도 고쳐 주시고, 귀신도 쫓아내 주시고, 오병이어의 기적도 베풀어 사람들을 먹이셨습니다. 하지만 그런 기적을 바라고 멀리까지 예수님을 찾아온 사람들에 대해서는 "너희가 나를 찾은 까닭은 떡 먹고 배부른 까닭"이라고 하시면서, 한마디로 번지수를 잘못 찾아왔다고 책망하셨습니다.

요한복음 6:26, "예수께서 대답하여 이르시되 내가 진실로 진실로 너희에게 이르노니 너희가 나를 찾는 것은 표적을 본 까닭이 아니요 떡을 먹고 배부른 까닭이로다"

예수님께서 사람들에게 주시려고 했던 것은, 먹을 때는 배가 부르지만 대여섯 시간만 지나면 다시 배가 고프게 되는 떡을 주시려고 오신 것이 아닙니다.

요한복음 6:35-36, "예수께서 이르시되 나는 생명의 떡이니 내게 오는 자는 결코 주리지 아니할 터이요 나를 믿는 자는 영원히 목마르지 아니하리라 36. 그러나 내가 너희에게 이르기를 너희는 나를 보고도 믿지 아니하는도다 하였느니라"

예수님이 주시려고 하는 떡과 음료는, 영원히 주리지 않고 목마르지 않은 참된 양식에 관한 것입니다. 그 참된 양식은 무엇입니까? 자기의 몸을 대속의 제물로 내어주신 예수님의 살과 피입니다. 예수님께서 주시는 참된 양식을 먹은 사람은 어떤 변화가 생깁니까?

요한복음 14:18-19, "내가 너희를 고아와 같이 버려두지 아니하고 너희에게로 오리라 19. 조금 있으면 세상은 다시 나를 보지 못할 것이로되 너희는 나를 보리니 이는 내가 살아 있고 너희도 살아 있겠음이라"

예수님께서 제자들에게 지금 이 말씀을 하셨을 때는, 예수님을 믿거나 믿지 않거나 모두 볼 수 있었고 그분이 하시는 말씀을 들을 수 있었습니다. 하지만 예수님께서 십자가 위에서 죽으시고 다시 부활하신 뒤에는, 세상 사람들은 다시 예수님을 보지 못하게 되었습니다. 왜 예수님을 보지 못합니까? 예수님께서 당신에게 속한 사람들, 당신의 양들, 당신께서 구원한 사람들, 거듭난 사람에게만 나타내 보이시기 때문입니다. 이것을 가리켜서 우리가 '영에 속한 사람'이 되었다고 말합니다. 그런데 영에 속한 사람이 된다는 것은 참으로 익숙하지 않은 신분이고 자리입니다. 왜냐하면 영적인 것들은 우리가 배우고 경험해 보지 못한 것들이어서, 너무나 낯설기 때문입니다. 가장 대표적인 것이 오늘 본문에 예수님께서 하신 말씀입니다.

요한복음 16:22, "지금은 너희가 근심하나 내가 다시 너희를 보리니 너희 마음이 기쁠 것이요 너희 기쁨을 빼앗을 자가 없으리라"

어차피 기쁨을 주실 것이라면 처음부터 근심하지 않게 해 주시면 얼마나 좋을까요? 어차피 평안을 주실 것이라면 전쟁 같은 현실을 만나지 않도록 해 주시면 얼마나 좋을까요? 그런데 우리가 사는 실제 삶의 현장은 전쟁 같은 생존 경쟁의 현장 아닙니까? 우리도 착한 마음씨를 갖고 싶습니다. 만나는 사람에게 친절한 웃음을 주고 싶은 마음의 준비도 다 하고 있습니다. 하지만 실제론 어떻습니까? 마치 내 속에는 처음부터 선한 것이라곤 없었던 것처럼 느껴지도록 만드는 웬수들이 늘 주변에 있지 않습니까? 그러니 현실에서 부딪히고 깨지는 내 모습을 보면서 스스로 실망할 때가 많습니다. "겨우 이 정도였단 말이냐?" 그리고 이런 경험을 몇 번만 연이어서 하게 되면, 마치 자신은 구원받을 자격이 없는 사람처럼 느껴지기도 합니다.

그래서 우리가 성경을 올바로 알아야 합니다. 제자들이 근심하게 되는 이유가 무엇입니까? 예수님이 십자가에서 죽으셨기 때문입니다. 그러면 제자들이 기쁨을 되찾게 되는 이유는 무엇입니까? 그들이 다시 예수님을 보게 되었기 때문입니다. 제자들이 예수님을 다시 보게 되는 것은, 그들이 집단으로 같은 꿈을 꾸어서 본 것입니까? 아닙니다. 부활하신 예수님께서 그들 눈앞에 실제로 나타나셨기 때문이고, 그들의 손으로 예수님 손과 발의 못 자국과 허리의 창 자국을 만져 볼 수 있는, 영과 육이 완전한 모습으로 부활하셨기 때문입니다. 또한, 그 예수님께서 그리스도께 속한 모든 사람들을 주님과 같은 모습으로 다시 살리실 것이기 때문입니다.

고린도전서 15:20-24, "그러나 이제 그리스도께서 죽은 자 가운데서 다시 살아나사 잠자는 자들의 첫 열매가 되셨도다 21. 사망이 한 사람으로 말미암았으니 죽은 자의 부활도 한 사람으로 말미암는도다 22. 아담 안에서 모든 사람이 죽은 것 같이 그리스도 안에서 모든 사람이 삶을 얻으리라 23. 그러나 각각 자기 차례대로 되리니 먼저는 첫 열매인 그리스도요 다음에는 그가 강림하실 때에 그리스도에게 속한 자요 24. 그 후에는 마지막이니 그가 모든 통치와 모든 권세와 능력을 멸하시고 나라를 아버지 하나님께 바칠 때라"

예수께서 우리를 위해 죽은 자 가운데서 다시 살아나셨습니다. 그리고 그분 안에 속한 사람을 함께 부르실 것입니다. 이것이 우리에게 기쁨이고 소망입니다. 우리가 확신하건대 그 어떤 것도 우리를 그리스도를 보내 주신 하나님의 사랑에서 끊을 수 없을 것입니다(롬 8:38-39). 문제는 우리가 택하심을 받은 신분에 맞는 삶을 살고 있느냐 하는 것입니다.

앞서도 말씀드린 것처럼, 우리는 영적인 것에 익숙하지 않습니다. 상당히 낯섭니다. 그렇다 보니 신앙적인 것을 이야기할 때도 언제나 눈에 보이는 것을 먼저 떠올릴 때가 많습니다. "간밤에 꿈을 꾸었는데 내가 원하던 것이 이루어진 걸 보니 하나님께서 꿈을 통해서 나에게 계시를 해 준 것 같다, 목사님이 기도해 주신 뒤에 병이 나았다, 목사님이 심방 왔다 가시더니 장사가 잘되더라." 물론 목사 입장에서는 기도받았더니 병이 나았다, 심방 오신 뒤에 장사가 잘됐다는 소리를 들으면 기분은 좋습니다. 하지만 그것이 기독교 신앙이냐고 했을 때, 정말로 그렇다고 말하기는 어렵습니다. 왜냐하면 부활하신 예수님을 만나고, 성령 충만함을 받은 뒤 제자들의 모습을 보면, 그런 것들과 너무 다르기 때문입니다.

사도행전 2:32-36, "이 예수를 하나님이 살리신지라 우리가 다 이 일에 증인이로다 33. 하나님이 오른손으로 예수를 높이시매 그가 약속하신 성령을 아버지께 받아서 너희가 보고 듣는 이것을 부어 주셨느니라 34. 다윗은 하늘에 올라가지 못하였으나 친히 말하여 이르되 주께서 내 주에게 말씀하시기를 35. 내가 네 원수로 네 발등상이 되게 하기까지 너는 내 우편에 앉아 있으라 하셨도다 하였으니 36. 그런즉 이스라엘 온 집은 확실히 알지니 너희가 십자가에 못 박은 이 예수를 하나님이 주와 그리스도가 되게 하셨느니라 하니라"

부활하신 예수님을 만나고, 성령 충만함을 받은 제자들의 증언, 그들의 자랑은 무엇입니까? 예수 그리스도입니다. 예수님께서 유월절 전날에 죽으셨고, 베드로는 오순절 절기에 예루살렘의 광장에서 이 소식을 전하고 있습니다. 세상 모든 사람들이 예수는 죽어 마땅하다고 외쳤던 것이 불과 얼마 전입니다. 요즘으로 비유하면, 광화문 광장에 수십만 군중들이 촛불 들고 모여서 한목소리로 "흉악한 범죄자 바라바를 놓아줄지언정 예수만큼은 십자가에 못 박으라" 하면서 빌라도를 압박하던 때가 얼마 전입니다. 그 기세가 얼마나 무서웠던지 당시 사람의 숫자에도 들어오지 못하던 어린 여종이, "너도 예수의 제자였지" 하면서 베드로의 출신 성분을 고발했을 때 어둠 속으로 도망쳤을 만큼, 믿는 자에게 분위기가 살벌하던 때였습니다.

그런 상황에서 베드로는 유대인들이 죽인 예수님에 대해서 증언하고 있습니다. 50일 전에는 예수를 죽이려는 분위기가 있었지만, 지금은 예수에 대해서 호의적인 분위기로 바뀌었기 때문입니까? 상황은 바뀐 것이 없습니다. 오히려 예수의 남은 잔당까지도 용납하지 않으려는 분위기였습니다.

사도행전 4장에 보면, 대제사장들과 산헤드린 공회의 의원들이 제자들을 붙잡아 위협하고 경고하면서 예수의 이름으로 말하거나 가르치지 말라고 했습니다. 하지만 베드로와 요한은 그들의 위협과 협박에도, 우리가 보고 들은 것을 말하지 않을 수 없다고 하면서 오히려 더 담대하게 예수 그리스도를 전파했습니다.

> 사도행전 4:19-20, "베드로와 요한이 대답하여 이르되 하나님 앞에서 너희의 말을 듣는 것이 하나님의 말씀을 듣는 것보다 옳은가 판단하라 20. 우리는 보고 들은 것을 말하지 아니할 수 없다 하니"

그뿐만 아니라 사도행전 5장에서는 사도들을 붙잡아서 채찍질하며 예수 이름 말하는 것을 금하기까지 했습니다.

> 사도행전 5:40, "그들이 옳게 여겨 사도들을 불러들여 채찍질하며 예수의 이름으로 말하는 것을 금하고 놓으니"

그러나 사도들은 예수 이름을 위하여 고난을 겪는 일에 자신이 사용되고 있음을 오히려 기뻐했습니다. 그리고 어느 장소에 있든지 그들은 예수가 그리스도임을 가르치기와 전도하는 일을 계속했습니다.

> 사도행전 5:41-42, "사도들은 그 이름을 위하여 능욕 받는 일에 합당한 자로 여기심을 기뻐하면서 공회 앞을 떠나니라 42. 그들이 날마다 성전에 있든지 집에 있든지 예수는 그리스도라고 가르치기와 전도하기를 그치지 아니하니라"

베드로와 사도들의 증언에는 지난밤에 꾼 꿈 이야기가 없습니다. 병 고침 받은 이야기도 없고, 세상에서 잘된 이야기도 없습니다. 그들의 자랑과 기쁨은 오직 예수 그리스도였습니다. 예수 전하다가 매를 맞아도 기뻐했고, 예수 전하다가 죽임을 당해도 감사했습니다. 혹시나 "너도 예수의 제자냐?"라는 소리를 들을까 봐 숨어 지낸 것이 아니라, 오히려 그와 같은 말을 듣는 것을 영광으로 여기고 더욱 담대하게 예수 그리스도를 전했습니다. 이것이 바로 부활의 생명을 얻은 성도들의 모습이고, 성령 충만함을 받은 성도들의 모습입니다.

그와 같은 사도들과 초기 기독교회 성도들의 모습이 우리에게 거울이 된다면, 오늘 우리의 모습은 어떻습니까? 여러분의 기쁨과 자랑은 무엇입니까? 예수가 자랑입니까, 떡 먹고 배부른 것입니까? 세상에서 여러분이 잘살든지 못살든지, 모태신앙으로 믿음을 가졌든지 나중에 예수를 믿었든지, 교회의 직분이 목사 장로 권사이든지 평신도이든지, 그런 것이 여러분의 현재 신앙을 증명하는 것이 아닙니다. 예수 잘 믿어서 부자 되고 형통하게 됐다고 자랑하는데, 그 뒤로도 그 사람의 관심이 여전히 세상에서 잘되는 것에만 고정되어 있다면, 예수님께서 주시려고 했던 참기쁨과 참평안을 알지 못하는 미숙한 신앙입니다. 하지만 근심하게 되는 상황이라도 하나님의 뜻과 그분의 섭리를 믿고 기다리면서, 우리를 위해 고난받으신 예수 그리스도를 기뻐하고 자랑하고 있다면, 그 신앙은 참된 신앙입니다.

하나님께서 저와 여러분 각자에게 원하시는 것이 있을 것입니다. 근심할 것이 없어서 평안한 것이 아닙니다. 힘들게 일하지 않아도 돈 걱정하지 않고 살 수 있어서 기뻐하는 것도 아닙니다. 때론 힘들고 마음도 괴로운 자리에 가게 될 수도 있습니다. 하지만 각자가 처한 그 자리에서, 자기에게 맡겨진 일들을 충성과 순종과 인내함으로 감당해 나가는 것이, 성도와 자녀 된 도리입니다. 저와 여러분, 우리 하와이한빛장로교회가 이 기쁨과 감사를 항상 누리게 되길 기원합니다.

요한복음 16:25~33

담대하라 내가 세상을 이기었노라

"25. 이것을 비유로 너희에게 일렀거니와 때가 이르면 다시는 비유로 너
희에게 이르지 않고 아버지에 대한 것을 밝히 이르리라 26. 그 날에 너희
가 내 이름으로 구할 것이요 내가 너희를 위하여 아버지께 구하겠다 하는
말이 아니니 27. 이는 너희가 나를 사랑하고 또 내가 하나님께로부터 온
줄 믿었으므로 아버지께서 친히 너희를 사랑하심이라 28. 내가 아버지에
게서 나와 세상에 왔고 다시 세상을 떠나 아버지께로 가노라 하시니 29.
제자들이 말하되 지금은 밝히 말씀하시고 아무 비유로도 하지 아니하시
니 30. 우리가 지금에야 주께서 모든 것을 아시고 또 사람의 물음을 기다
리시지 않는 줄 아나이다 이로써 하나님께로부터 나오심을 우리가 믿사
옵나이다 31. 예수께서 대답하시되 이제는 너희가 믿느냐 32. 보라 너희
가 다 각각 제 곳으로 흩어지고 나를 혼자 둘 때가 오나니 벌써 왔도다 그
러나 내가 혼자 있는 것이 아니라 아버지께서 나와 함께 계시느니라 33.
이것을 너희에게 이르는 것은 너희로 내 안에서 평안을 누리게 하려 함이
라 세상에서는 너희가 환난을 당하나 담대하라 내가 세상을 이기었노라"

우리가 예배 시간마다 고백하는 사도신경의 첫 문장은, "전능하사

천지를 만드신 하나님 아버지를 내가 믿사오며"라고 되어 있습니다. 왜 하나님께서는 천지를 창조하셨을까요? 하나님의 창조 사역은 마지막 창조물인 '인간의 창조'에 그 핵심이 있습니다. 하나님께서 당신의 형상대로 남자와 여자를 창조하신 후에, 그들에게 당신이 만드신 창조물들을 다스리고, 정복하고 지킬 수 있는 복을 주셨습니다.

창세기 1:27-28, "하나님이 자기 형상 곧 하나님의 형상대로 사람을 창조하시되 남자와 여자를 창조하시고 28. 하나님이 그들에게 복을 주시며 하나님이 그들에게 이르시되 생육하고 번성하여 땅에 충만하라, 땅을 정복하라, 바다의 물고기와 하늘의 새와 땅에 움직이는 모든 생물을 다스리라 하시니라"

또한, 동산의 씨 맺는 채소와 각종 나무의 열매들을 마음껏 먹을 수 있도록 허락해 주셨습니다.

창세기 2:16, "여호와 하나님이 그 사람에게 명하여 이르시되 동산 각종 나무의 열매는 네가 임의로 먹되"

사람도 똑같은 피조물에 불과한데, 왜 하나님께서는 사람에게 이러한 권한과 복을 주셨을까요?

창세기 2:19, "여호와 하나님이 흙으로 각종 들짐승과 공중의 각종 새를 지으시고 아담이 무엇이라고 부르나 보시려고 그것들을 그에게로 이끌어 가시니 아담이 각 생물을 부르는 것이 곧 그 이름이 되었더라"

하나님의 모양과 형상대로 창조된 최초의 사람은, 그가 생각하는 것이나 행하는 것이 하나님의 마음과 뜻에 일치했습니다. 아담이 지어 준 이름이 곧 하나님이 생각했던 이름이었던 것입니다. 그리고 하나님은 그와 같은 사람과 함께 영원토록 함께 살기 원하셨습니다. 하지만 아담과 하와는 하나님께서 주신 것을 누리면서 하나님과 함께 사는 것으로 만족하지 않고, 하나님께서 **"먹지 말라 네가 먹는 날에는 네가 반드시 죽으리라"**(창 2:17)라고 말씀하셨던 선악과를 따 먹고 타락하고 말았습니다. 하나님께서는 당신이 만드신 사람과 함께 영원히 살기 원하셨지만, 죄를 범한 인간으로 인하여 더 이상 인간과 함께 살 수 없게 되었습니다. 왜냐하면, 하나님은 죄가 없으신 분이시기 때문입니다.

창세기 3장을 읽을 때마다 궁금했던 것은, 하나님께서는 왜 범죄한 사람을 하나님께서 말씀하신 대로 죽여 없애지 않으시고 그들에게 가죽옷을 입혀 주시면서 계속 살려 두셨을까 하는 것이었습니다. 그리고 더 이해가 되지 않았던 부분은, 그들에게 '여인의 후손' 즉 그리스도를 보내 주시겠다는 약속까지 하셨다는 것입니다. 그리스도를 보내 주시겠다는 약속은, 죄인인 인간을 위해 당신의 아들을 죽이겠다는 말씀입니다. 이게 이해가 됩니까? 죄인을 살리기 위해서, 죄 없는 자기 아들을 대신 죽이는 사람은 없습니다. 그러면 왜 하나님께서는 죄인인 우리를 위해 자기 아들을 대신 죽이셨을까요?

로마서 5:7-8, "의인을 위하여 죽는 자가 쉽지 않고 선인을 위하여 용감히 죽는 자가 혹 있거니와 8. 우리가 아직 죄인 되었을 때에 그리스도께서 우리를 위하여 죽으심으로 하나님께서 우리에 대한 자기의 사랑을 확증하셨느니라"

하나님께서 당신의 독생자 그리스도를 죄인인 우리를 위해 죽이시는 것으로, 우리에 대한 하나님의 사랑이 얼마나 큰지 확인해 보여주셨습니다. 그러면 하나님께서는 왜 그리스도를 세상에 보내신 것입니까? 죄 범한 인간을 구원하여 영원토록 하나님과 함께 살게 하시려고 보내신 것입니다. 우리가 알아야 할 것은, 하나님께서 우리를 구원하실 때 "자기가 죄인인 것을 스스로 인정하고, 회개할 것을 구원의 조건"으로 내세우지 않았다는 것입니다. 인간을 향한 하나님의 사랑을 완성하기 위하여 예수 그리스도를 세상에 보내셔서, 우리가 져야 하는 죄의 책임을 대신 지게 하심으로 우리를 구원하셨습니다. 여기에는 그 어떤 조건도 없습니다.

요한복음 6:27, "이는 너희가 나를 사랑하고 또 내가 하나님께로부터 온 줄 믿었으므로 아버지께서 친히 너희를 사랑하심이라"

사람이 어떻게 구원받게 되는 것입니까? 사람이 자기 죄를 인정하고 회개해서 구원받는 것이 아니라, "너희가 나를 사랑하고 또 내가 하나님께로부터 온 줄 믿는 것"입니다. 그리고 그것이 바로 하나님께서 너희를 사랑하시는 방법이라고 말씀했습니다. 구원은 그것이 무엇이든지, 내가 노력하고 힘쓴 어떤 것으로 인해 구원의 지위를 얻고 확보한 것이 아닙니다. 처음부터 하나님께서 우리를 사랑하셔서 우리와 함께하시기 위해 구원의 은혜를 주셨습니다. 이것을 잊어버리면 우리는 자기가 구원받은 이유를 자기 스스로에게서 찾으려고 노력하게 됩니다.

구원에 대한 가장 큰 오해가 무엇인지 아십니까? 회개 일변도의 신앙생활을 하는 것입니다. 하나님의 크신 사랑 앞에 인간이 할 수 있는 최선의 신앙 행위가 회개하는 것밖에 없다는 것은 딱한 일입니다. 물론 우리는 우리의 죄를 회개하고 하나님께 용서를 받아야 합니다. 하지만 하나님의 사랑이 회개한 사람의 죄를 용서해 주는 것뿐이냐고 한다면, 그것은 그렇지 않습니다.

이렇게 예를 드리겠습니다. 부모는 자식을 사랑합니다. 자기가 가진 모든 것을 다 줘도 아깝지 않습니다. 하지만 부모가 자식의 모든 것을 다 사랑하는 것은 아닙니다. 그렇죠? 잘못된 습관이나 행동은 사랑하지 않습니다. 그래서 자식이 잘못을 범할 때나, 또는 그 잘못된 행위가 습관이 될 때는 단호하게 야단을 칩니다. 묻겠습니다. 자녀가 잘못했다고 매일매일 용서를 빌면 좋겠습니까, 야단맞을 짓을 안 하면 좋겠습니까? 당연히 야단맞을 짓을 더는 하지 않아야 합니다. 그런데 희한하게도 교회에 다니는 사람들은 교회에 와서 울고불고 회개하는 사람을 보면 믿음이 좋은 사람으로 생각합니다. 뭔가 순서가 뒤바뀐 듯하지 않습니까?

오해하지 마시기 바랍니다. 지금 드리는 말씀은 회개할 필요가 없다거나, 또는 마치 회개할 것이 없는 사람처럼 행동하라는 말도 아닙니다. 잘못된 행동, 잘못된 습관은 고쳐야 하는 것처럼, 우리는 우리의 죄를 회개하고 고쳐야만 합니다. 하지만 하나님께서 우리를 구원하신 것이, "네 죄를 네가 알렸다!" 하면서 야단치고 죄를 회개시키기 위함이냐? 그것은 아닙니다.

갈라디아서 4:4-5, "때가 차매 하나님이 그 아들을 보내사 여자에게서 나게 하시고 율법 아래에 나게 하신 것은 5. 율법 아래에 있는 자들을 속량하시고 우리로 아들의 명분을 얻게 하려 하심이라"

'때가 차매' 하나님께서 우리를 구원하시려고 그 아들을 우리에게 보내어, 우리 죄를 속량하셨습니다. 그 이유가 뭐라고 말씀했습니까? **"우리로 아들의 명분을 얻게 하려 하심이라"**라고 하십니다. 그런데 우리가 하나님의 아들이 되었다는 사실을 어떻게 알 수 있나요? 동사무소에 가서 주민등록등본 떼어 보고 확인할 수 있는 것은 아니지 않습니까? 그래서 하나님께서 그 아들의 영을 우리 마음 가운데 보내 주셔서, 우리가 하나님의 아들이 된 것을 알게 하셨습니다.

갈라디아서 4:6, "너희가 아들이므로 하나님이 그 아들의 영을 우리 마음 가운데 보내사 아빠 아버지라 부르게 하셨느니라"

하나님께서 그리스도 예수를 통하여 우리를 구원하시는 목적은, 세상을 창조하신 목적과 같습니다. 그것은 아버지 하나님과 영원토록 함께 사는 것입니다.

요한복음 6:40, "내 아버지의 뜻은 아들을 보고 믿는 자마다 영생을 얻는 이것이니 마지막 날에 내가 이를 다시 살리리라 하시니라"

그런데 문제는 이것입니다. 하나님께서 우리와 함께하시기 위해 예수님을 보내서, 우리 죄도 용서해 주시고, 우리를 의롭다고 여겨 주셨습니다. 그러면 된 것 아닙니까? 무엇보다 죽으셨던 예수님은 무덤에서 부활하셨습니다. 이제 가장 좋은 해피 엔딩은 무엇입니까? 예수님이 우리와 함께 사는 것입니다.

요한복음 16:28, "내가 아버지에게서 나와 세상에 왔고 다시 세상을 떠나 아버지께로 가노라 하시니"

그런데 예수님께서 세상을 떠나 다시 아버지께로 가십니다. 왜 가셔야 할까요? 기독교의 구원을 알려면, 왜 예수님께서 세상을 떠나 다시 아버지께로 가셨는지 그 이유를 알아야 합니다.

로마서 1:28, "또한 그들이 마음에 하나님 두기를 싫어하매 하나님께서 그들을 그 상실한 마음대로 내버려 두사 합당하지 못한 일을 하게 하셨으니"

죄는 무엇일까요? 마음에 하나님 두기를 싫어하는 것입니다. 아담과 하와가 '먹으면 반드시 죽는다'라는 하나님의 말씀을 듣지 않고 선악과를 따 먹은 이유는, 그들이 마음에 하나님 두기를 싫어했기 때문입니다. 하나님께서 말씀하신 대로 살기보다는 자기가 하나님처럼 되고 싶었던 것이지요. 최초의 인간이 마음에 하나님 두기를 싫어했던 죄의 모습은, 노아 홍수 이후에 태어난 사람들의 모습에서도 동일하게 확인할 수 있습니다.

창세기 9:13-17, "내가 내 무지개를 구름 속에 두었나니 이것이 나와 세상 사이의 언약의 증거니라 14. 내가 구름으로 땅을 덮을 때에 무지개가 구름 속에 나타나면 15. 내가 나와 너희와 및 육체를 가진 모든 생물 사이의 내 언약을 기억하리니 다시는 물이 모든 육체를 멸하는 홍수가 되지 아니할지라 16. 무지개가 구름 사이에 있으리니 내가 보고 나 하나님과 모든 육체를 가진 땅의 모든 생물 사이의 영원한 언약을 기억하리라 17. 하나님이 노아에게 또 이르시되 내가 나와 땅에 있는 모든 생물 사이에 세운 언약의 증거가 이것이라 하셨더라"

불과 다섯 절밖에 되지 않는 내용이지만, 하나님께서 노아에게 무지개가 '언약의 증거'라는 말을 두 번 하시고, 무지개를 통해 '언약을 기억하리라'라는 말씀도 두 번이나 하셨습니다. 성경에서 '약속'과 '증거'는 법정 용어로 자주 등장합니다. 누군가 계약을 파기했을 때, 약속을 어긴 당사자는 계약의 내용에 따라 책임을 져야 합니다. 노아 때 '홍수심판'이 있었던 것은, 인간의 죄 때문이었습니다.

창세기 6:5-7, "여호와께서 사람의 죄악이 세상에 가득함과 그의 마음으로 생각하는 모든 계획이 항상 악할 뿐임을 보시고 6. 땅 위에 사람 지으셨음을 한탄하사 마음에 근심하시고 7. 이르시되 내가 창조한 사람을 내가 지면에서 쓸어버리되 사람으로부터 가축과 기는 것과 공중의 새까지 그리하리니 이는 내가 그것들을 지었음을 한탄함이니라 하시니라"

하나님께서 죄 범한 사람들을 심판하시려고 작정하셨다면, 당장 형 집행을 해도 할 말이 없습니다. 하지만 하나님께서는 노아에게 홍수심판을 피할 수 있는 방주를 만들라는 명령과 함께, 완성될 때까지 심판을 유보하는 집행유예 기간까지 주었습니다. 그렇지만 노아와 그의 가족 8명을 제외한 어떤 사람도 하나님의 말씀을 듣지 않았습니다. 노아 때 사람들이 홍수심판을 받게 된 이유가 무엇입니까? 그들 마음에 하나님 두기를 싫어했기 때문입니다. 홍수심판 이후에 하나님께서는, 다시는 홍수로 세상을 심판하지 않겠다는 '약속'과 함께 '증거'로 무지개를 주셨습니다. 하지만 사람들은 하나님의 '약속'과 '증거'를 믿지 않고 자기들 나름대로 방법을 찾아냈습니다. 그것이 무엇입니까? 바벨탑을 쌓은 것입니다.

> 창세기 11:3-4, "서로 말하되 자, 벽돌을 만들어 견고히 굽자 하고 이에 벽돌로 돌을 대신하며 역청으로 진흙을 대신하고 4. 또 말하되 자, 성읍과 탑을 건설하여 그 탑 꼭대기를 하늘에 닿게 하여 우리 이름을 내고 온 지면에 흩어짐을 면하자 하였더니"

하나님께서 다시는 홍수로 심판하지 않으시겠다고 '약속'과 '증거'를 주셨으니 믿어야 하지 않습니까? 하지만 사람들은 하나님의 약속을 못 믿고 탑을 하늘에 닿도록까지 쌓아서 흩어짐을 면하겠다고 합니다. 홍수심판 이후에 태어난 사람들도 마음에 하나님 두기를 싫어했던 것입니다. 여러분, 만약 하나님이 없다면 사람은 살 수 있을까요, 없을까요? 만약 하나님 없이도 살 수 있다면, 그들은 의롭고 좋은 일을 할 수 있을까요, 없을까요? 사람은 하나님이 없어도 얼마든지 자기들을 위해서 좋은 일을 할 수 있고, 좋은 결과물도 만들어 낼 수 있습니다.

창세기 11:6, "여호와께서 이르시되 이 무리가 한 족속이요 언어도 하나이므로 이같이 시작하였으니 이 후로는 그 하고자 하는 일을 막을 수 없으리로다"

하나님 없이 하나 된 사람들이 얼마나 뜻과 목적이 일치했는지, 하나님도 막을 수 없을 거라고 하십니다. 하나님 없는 곳에는 늘 전쟁과 다툼이 있고, 지옥 같은 현실만 펼쳐지는 것이 아닙니다. 하나님 없이도 뚜렷한 목적의식을 가지고 얼마든지 뜻이 일치할 수 있고, 모두에게 유익하고 모든 사람의 명성을 드높일 수 있는 일을 할 수 있습니다. 그 옛날 바벨탑뿐이겠습니까? 오늘날도 공공연히 그리스도를 대적하면서도 세계적인 기업이 된 회사들이 많습니다. 심지어 그 회사들은 사회 공헌도 대단히 잘해서 사람들이 좋아하기까지 합니다. 그들에게는 하나님이 필요 없습니다. 하나님이 없더라도 자기들끼리 서로 사랑하고, 서로 위하고, 서로 도와주면서 얼마든지 잘 살 수 있기 때문입니다. 하지만 성경은 마지막 때에 하나님의 '불 심판'이 있을 거라고 말씀하고 있습니다.

베드로후서 3:3-7, "먼저 이것을 알지니 말세에 조롱하는 자들이 와서 자기의 정욕을 따라 행하며 조롱하여 4. 이르되 주께서 강림하신다는 약속이 어디 있느냐 조상들이 잔 후로부터 만물이 처음 창조될 때와 같이 그냥 있다 하니 5. 이는 하늘이 옛적부터 있는 것과 땅이 물에서 나와 물로 성립된 것도 하나님의 말씀으로 된 것을 그들이 일부러 잊으려 함이로다 6. 이로 말미암아 그 때에 세상은 물이 넘침으로 멸망하였으되 7. 이제 하늘과 땅은 그 동일한 말씀으로 불사르기 위하여 보호하신 바 되어 경건하지 아니한 사람들의 심판과 멸망의 날까지 보존하여 두신 것이니라"

말세에 하나님을 조롱하는 자들이 와서 "그리스도께서 다시 오신다는 약속이 어디 있느냐?"라고 하면서 조상 적부터 있던 세상은 지금도, 앞으로도 영원할 거라고 하면서 비웃을 것입니다. 하지만 세상은 하나님의 말씀으로 창조하셨고, 세상이 불로 심판을 받게 되는 것도 말씀으로 될 것입니다. 그러면 세상이 하나님의 '불 심판'을 받게 되는 이유가 무엇일까요? 죄 때문입니다. 사람들은 죄의 기준을 실정법과 도덕법에 두고 생각합니다. 실정법을 어겼다면 죄인 것이 분명하지요. 하지만 예수를 믿지 않는 사람 중에서도 좀 더 착한 사람은 '양심'이라고 하는 도덕법까지 지키면서 삽니다. 그렇다 보니 양심적으로 더 착하게 사는 사람들은, 단지 자기가 예수님을 믿지 않는다는 이유만으로 '죄인'이라고 말하는 것을 받아들이지 못합니다.

죄가 무엇이라고 말씀드렸습니까? 마음에 하나님 두기를 싫어하는 것입니다. 앞서도 말씀드린 것처럼, 인간은 하나님 없이도 얼마든지 자기들끼리 착하고, 의롭고, 사랑 많고, 서로 배려하고 위하고, 죽을 때까지 다툼이나 싸우지 않고도 잘 살 수 있습니다. 하지만 그렇다고 해서 죄가 없다고 말할 수는 없습니다. 왜냐하면, 그곳에는 하나님이 없기 때문입니다. 예를 들어서 "나는 죄가 없다"라고 말하는 사람이 있습니다. 그런데 그 사람이 사는 곳이 교도소입니다. 그 사람은 죄인입니까, 아닙니까? 그가 자기의 죄를 인정하든, 인정하지 않든 그 사람이 현재 거주하는 곳이 교도소라면 그는 죄인입니다.

설교를 시작하면서 하나님께서 세상을 창조하신 이유가 무엇이라고 말씀드렸습니까? 사람들과 함께 살기 위해서 만드셨습니다. 하지만 사람이 죄를 지었고 그 결과 하나님이 계신 에덴동산에서 쫓겨났습니다. 그 이후에 사람은 하나님 계신 곳에 갈 수 없었습니다. 하나님은 죄가 없는 분이기 때문입니다. 무슨 말씀입니까? 사람이 자기 스스로 죄가 없다고 생각하든지, 또는 의롭다고 생각하든지 우리가 사는 세상에 하나님이 계시지 않는다면, 그곳은 죄인들이 사는 세상입니다.

"예수님께서 왜 세상을 떠나 하나님 계신 곳으로 가셔야만 했는지"에 대해서 말씀드리고 있습니다. 현재 우리가 사는 세상은 죄 때문에 하나님이 오실 수 없는 세상입니다. 그래서 하나님께서는 그가 누구든지 간에 예수님을 믿는 사람은 죄가 없는 사람으로, 의가 있는 사람으로 여겨 주시고 하나님 계신 곳에 올 수 있도록 해 주셨습니다. 이것이 바로 구원입니다. 요한복음 14장 2~3절에 예수님께서 우리를 위하여 처소를 예비하러 가신다고 말씀하시면서, 우리의 처소가 예비되면 예수님께서 다시 오셔서 우리를 주님 계신 곳으로 데려가시겠다고 말씀했습니다. 영원히 함께 살겠다는 것이지요.

예수님을 믿지 않는 사람이 왜 죄인입니까? 그가 하나님이 필요

없는 사람이기 때문입니다. 그 마음에 하나님 두기를 싫어하고, 하나님 계신 곳에 가려고 하지 않기 때문입니다. 노아 때, 착한 사람이 없었겠습니까? 남을 사랑하고, 위해 주는 사람이 없었겠습니까? 하지만 하나님의 홍수심판에서 그런 것은 고려 대상이 아닙니다. 심판을 면할 수 있는 유일한 길은 방주 안으로 들어오는 것밖에 없습니다. 그가 아무리 착하고 좋은 일을 많이 했어도, 방주 바깥은 사망입니다.

우리가 예수 그리스도를 믿음으로 말미암아 구원의 은혜를 입었습니다. 그러면 이제 우리는 무엇을 하면 되겠습니까? 사도 바울이 골로새교회에 보낸 편지에 그 답이 있습니다. 골로새 성도들이 복음을 듣고 하나님의 은혜를 깨닫게 된 것은, 골로새서 1장 7절에 등장하는 '에바브라'의 선교에 의한 것이었습니다. 그리고 그들이 받은 복음이 정당한 진리라는 것을 인정해 주고 있습니다. 골로새교회 성도들의 믿음과 사랑은 다른 교회에까지 알려질 정도였습니다.

> 골로새서 1:9, "이로써 우리도 듣던 날부터 너희를 위하여 기도하기를 그치지 아니하고 구하노니 너희로 하여금 모든 신령한 지혜와 총명에 하나님의 뜻을 아는 것으로 채우게 하시고"

바울이 골로새교회 성도들을 위해 기도하는 것이 무엇입니까? **"모든 신령한 지혜와 총명에 하나님의 뜻을 아는 것"**으로 채워지는 것입니다. 이것은 '죄'가 "하나님을 마음에 두기 싫어하는 것"이라고 말씀드린 것의 반대 개념입니다. 이렇게 하나님의 뜻을 아는 사람은 어떤 일을 할까요?

골로새서 1:10, "주께 합당하게 행하여 범사에 기쁘시게 하고 모든 선한 일에 열매를 맺게 하시며 하나님을 아는 것에 자라게 하시고"

'주께 합당하게' 행합니다. 또한 '범사에 하나님을 기쁘시게' 합니다. 하나님께 합당하고, 하나님을 기쁘시게 하는 일은 종교성을 띠고 종교적인 행사만 말하는 것이 아닙니다. 우리가 사는 삶의 모든 영역에서 "하나님 두기를 기뻐하고, 하나님 마음에 합당하게" 살아야 합니다. 그러면 하나님의 마음에 합당한 일, 그분께서 기뻐하시는 일을 하고 있다면 언제나 잘되고 성공하는 일만 있을까요?

골로새서 1:11, "그의 영광의 힘을 따라 모든 능력으로 능하게 하시며 기쁨으로 모든 견딤과 오래 참음에 이르게 하시고"

하나님의 영광의 힘을 따라 하는 모든 능력으로, 능하게(잘할 수 있게) 하는 일이 어디로 향하는지 보십시오. 하나님의 모든 능력과 능하게 하는 일이라면, 당연히 성공과 깜짝 놀랄 만한 결과가 나타나야 하지 않습니까? 그런데 능력과 힘이 어디로 향합니까? **"모든 견딤과 오래 참음"**으로 가고 있습니다. '영광과 능력과 능함'은 '모든 견딤과 오래 참음'이라는 말과는 도무지 어울리지 않는 말입니다. 하지만 주께 합당하게 행하고, 범사에 기쁘시게 하는 모든 능력은 우리 기대와 달리 '견딤과 오래 참음'입니다. 이것은 참으로 생각할 것이 많은 내용입니다.

우리는 은혜받으면 종종 이런 고백을 합니다. "나는 십자가를 질

각오를 했어. 이제부터 난 예수님만 위해 살 거야. 그러니 제발 날 건드리지 마." 여러분, 이것이 신앙입니까? 은혜받고 모든 신령한 지혜와 총명에 하나님의 뜻을 알았다고 했는데, 그것을 알기 전과 비교했을 때 무엇이 바뀌었습니까? 기독교 신앙은 옛날에 약장수들이 동네마다 찾아다니면서 마술이나 차력을 보여 주면서 팔던 '만병통치약'이 아닙니다. "나 은혜받았어, 난 이제 주를 위해 살기로 했어." 각오하고 결심만 하면 이제부터는 참을 일이 없고, 견딜 일도 없어지는 것이 아닙니다. 오히려 그 순간부터 '난 이제부터 죽었구나' 하면서, 실제로 죽음의 현장으로 들어가야 합니다. 하나님께서는 우리를 당신의 유업을 받을 자로 삼아 주셨습니다.

> 갈라디아서 4:6-7, "너희가 아들이므로 하나님이 그 아들의 영을 우리 마음 가운데 보내사 아빠 아버지라 부르게 하셨느니라 7. 그러므로 네가 이 후로는 종이 아니요 아들이니 아들이면 하나님으로 말미암아 유업을 받을 자니라"

그러니 구원받은 우리가 해야 할 일이 무엇이겠습니까? 유업을 받을 자격 만드는 일을 해야 합니다. 그 자격은 어떻게 만들어지나요? "내 삶의 모든 현장에 하나님이 계시도록 참고 견디면서 사는 것"입니다. 예수 그리스도를 믿고 복음의 은혜를 깨달은 여러분의 삶의 현장이 늘 "능력과 성과가 있는, 칭찬과 영광을 받는 곳일 거"라고 생각하신다면, 그건 여러분의 바람일 뿐이지 실제로는 그렇지 않을 수도 있습니다.

사도행전을 비롯해서 복음이 전파되는 모든 곳마다 '하나님이 계신 현장'은, 모든 견딤과 오래 참음이 필요한 곳이었습니다. 그리고 복음에 합당한 삶을 살던 믿음의 선조들은, 무엇을 상상하든지 그 이상의 고난과 핍박을 받으면서도 기쁨으로 참고 견뎌 냈습니다. 잘못 왔다 싶으십니까? 이럴 줄 알았으면 차라리 모르는 편이 나았겠다 싶으십니까? 준비된 만큼 유업을 이을 것입니다.

공부해야 할 학창 시절에 당구장 가서 당구 치며 놀고, 오락실에서 게임하고 놀았다면, 공부한 것을 써먹어야 하는 시기에 준비되지 못한 것 때문에 힘들어질 것입니다. 우리 앞에 심판이 예정되어 있습니다. 노아 때 홍수심판이 있었던 것처럼, 결산할 날이 반드시 온다는 사실을 잊지 마시기 바랍니다. 이미 성경과 말씀 사역자를 통해서 우리에게 다 알려 준 사실 아닙니까? 그때가 되면 아직 준비되지 않았다고 해서, 또는 벌써 오실 줄 몰랐다고 해서 면제되는 것이 아닙니다. 그 결산은 준비한 만큼 각자가 받게 될 것입니다. 다른 사람 쳐다보지 마시고 본인 준비 잘하십시오. 저와 여러분, 우리 하와이한빛장로교회가 '하나님 있고'의 삶을 잘 살아 내길 기원합니다.

요한복음 17:1~5

영생은 예수 그리스도를 아는 것입니다

"1. 예수께서 이 말씀을 하시고 눈을 들어 하늘을 우러러 이르시되 아버지
여 때가 이르렀사오니 아들을 영화롭게 하사 아들로 아버지를 영화롭게
하게 하옵소서 2. 아버지께서 아들에게 주신 모든 사람에게 영생을 주게
하시려고 만민을 다스리는 권세를 아들에게 주셨음이로소이다 3. 영생은
곧 유일하신 참 하나님과 그가 보내신 자 예수 그리스도를 아는 것이니이
다 4. 아버지께서 내게 하라고 주신 일을 내가 이루어 아버지를 이 세상에
서 영화롭게 하였사오니 5. 아버지여 창세 전에 내가 아버지와 함께 가졌
던 영화로써 지금도 아버지와 함께 나를 영화롭게 하옵소서"

온라인 예배에 참석해 주신 성도 여러분을 진심으로 환영하고 축복합니다. 이렇게 영상으로 설교를 하기 위해 이 자리에 서서 카메라를 보고 있으려니 많은 생각이 한꺼번에 밀려옵니다. 제 기억에도 남아 있지 않은 갓난아기 때부터, 50살이 된 현재에 이르기까지 주일날 교회에 가는 것은 제게 있어서는 너무나 당연한 일상이었습니다. 살다 보면 아플 때가 있지 않습니까? 그럴 때도 저는 교회에 가서 누워 있을지언정 집에서 주일을 보낸 경험은 제 기억 속에는 없습니다.

그런데 오늘, 지금까지 한 번도 경험해 보지 못한 주일을 준비하고 있습니다. 지금 드리려는 말씀은, 지금까지 내가 일상이라고 생각했던 경험들이 사실은 '기적'이었고 '은혜'였음을 깨달았다는 것입니다. 주일이 되면 교회에 와서 성도님들을 만나고, 예배 준비를 하고, 성가대의 찬양 연습 소리를 들으면서 설교 원고를 마지막으로 점검하고, 예배를 마치고 나면 성도들과 함께 식사하고 했던 일상들을 당연한 것으로 생각했습니다. 그런데 그 당연하다고 생각했던 일상들이 사실은 내가 준비하고 만들어서 이루어진 것들이 아니었다는 것을 새삼 깨닫게 됩니다.

눈에 보이지도 않는 바이러스, 그것도 본인의 몸은 건강해서 바이러스에 감염되었어도 아프지 않다고 할지라도 건강한 사람 몸에 들어왔던 바이러스가 다른 사람에게 전염될 수 있다는 새로운 종류의 바이러스가 전 세계를 강타했습니다. 그렇다 보니 너무나 평범했던 일상이 지금은 경계의 대상이 되었습니다. 함께 근무하는 직장 동료가, 늘 가는 마트나 식당 직원이, 자주 만나서 식사도 하고 커피도 마시던 친구는 정말 괜찮은 건지 조심하고 경계하게 됩니다. 상대에 대한 경계도 경계이지만, 나 자신도 건강한 상태라고 완전히 자신할 수 없기에, 혹시나 하는 마음에 쉽게 다가가지 못하는 것도 있습니다.

그래서 주일날 웃고 대화하며 식사하면서도 조금도 거리끼는 마음이 없었던 일상이 사실은 저절로 주어진 것이 아니라 하나님의 은혜였음을 깨닫게 됩니다. 그러면서 그동안 얼마나 감사하는 마음 없이 살았는지도 느꼈습니다. 그래서 이렇게 각자의 처소에서 예배하게 된 상황을 통해, 우리에게 일상을 허락해 주신 하나님께 감사하는 시간이 되어야 하지 않을까 생각했습니다.

오늘 우리가 읽은 성경 말씀은 요한복음 17장입니다. 요한복음 17장은 하나님께 드리는 예수님의 기도문입니다. 요한복음 13장부터 16장까지, 예수님께서는 제자들에게 많은 말씀을 해 주셨습니다. 사실은 예수님의 유언과 같은 말씀이었지요. 그리고 그 마지막으로 하나님의 뜻을 이루기 위해서 이 땅에 오신 예수님께서 어떻게 자신에게 맡겨진 사명을 완수하셨는지, 그리고 예수님께서 이루신 일들로 인해 어떻게 제자들도 하나님과 하나가 될 수 있는지 기도하셨습니다. 요한복음 외에 다른 복음서에도 예수님께서 기도하러 가셨다, 또는 예수님께서 기도하셨다는 말씀은 기록되어 있습니다. 하지만 예수님께서 어떤 기도를 하셨는지에 대한 내용은 오늘 본문인 요한복음 17장에만 기록되어 있습니다.

사도 요한은 왜 예수님께서 하신 기도를 이렇게 길게 기록했을까요? 그것은 예수님께서 기도하신 내용이 제자들은 물론이요, 오늘날 신앙생활을 하는 우리도 알아야 하는 내용이기 때문입니다. 그리고 예수님의 기도는 '성도가 어떤 존재인지' 정확하게 가르쳐 주고 있습니다. 오늘 본문의 내용과 함께 요한복음 17장 전체를 요약하자면 이런 것입니다.

4절 말씀처럼, 예수님은 하나님께서 당신에게 하라고 주신 일을 다 완성하셨습니다. 세상에 오신 예수님께서는 아버지 하나님을 모두 드러내셨습니다. 그리고 제자들도 예수께서 아버지가 보내서 오신 분임을 알게 되었고, 예수께서 하시는 말씀이 곧 하나님의 말인 것을 알게 되었습니다. 그리고 제자들은 세상에 속한 자가 아니라 아버지께 속한 자가 되었습니다. 이제 예수님은 하나님께서 자신을 세상에 보내신 것처럼, 예수님도 제자들을 세상에 보냈으니, 그들도 진리로 거룩함을 얻게 해 달라고 기도하셨습니다.

그들이 진리로 거룩해져야 하는 이유는, 그들이 전하는 말로 인하여 예수님을 믿게 될 사람들 때문입니다. 예수를 믿는다는 것은 무엇을 뜻하는 것입니까? 하나가 되는 것입니다. 21절 말씀처럼 아버지께서 예수 안에 계시고 예수께서 아버지 안에 있는 것같이 그들도 하나가 되어 하나님과 예수님 안에 있게 해 달라는 것입니다. 그래서 아버지께서 나를 보내신 것을 세상이 믿게 해 달라는 것입니다. 아버지 하나님과 예수님이 하나인 것처럼, 우리가 주 안에서 하나님과 하나가 된 것과 아버지께서 예수님을 보내신 것을 믿는다는 것은 무슨 뜻일까요?

요한복음 17:23, "곧 내가 그들 안에 있고 아버지께서 내 안에 계시어 그들로 온전함을 이루어 하나가 되게 하려 함은 아버지께서 나를 보내신 것과 또 나를 사랑하심 같이 그들도 사랑하신 것을 세상으로 알게 하려 함이로소이다"

우리는 아버지께서 예수님을 사랑하신 것 같이 우리도 사랑하신다는 말씀이 얼마나 큰 축복이고 은혜인지 잘 알지 못하는 것 같습니다. 마치 지금까지 우리가 누려 온 일상이 당연했던 것이 아니라, 사실은 하나님의 큰 은혜였다는 것을 알지 못했던 것과 같은 것입니다.

만약 빌 게이츠나 아마존 창업자 제프 베이조스 같은 사람이, 우리를 자기 아들을 사랑하는 것처럼 사랑한다고 하면서 도와준다면 감격이 되겠지요. 하지만 우리가 하나님의 사랑을 받고 있다는 것에 대해서 감동하고 감격하는 사람이 얼마나 될까요?

이처럼 우리가 하나님의 사랑을 잘 느끼지 못하는 이유는, 우리가 믿는다는 명분은 갖고 있지만 실제로는 아버지와 하나 된 삶을 살지 못하고 있기 때문입니다. 하나님의 아들이신 예수께서 아버지의 사랑을 받는다는 것은 당연한 일입니다. 그러면 세상에 오신 예수님은 하나님의 아들이기 때문에 당연히 아버지가 가진 능력과 권세를 누리면서 사셨을까요? 그렇게 아버지의 사랑을 느꼈을까요? 오히려 예수님은 세상에 계시는 동안 그토록 많은 기적을 행하셨음에도 불구하고 당시의 종교 지도자들뿐만 아니라 가족들로부터도 인정받지 못했습니다.

요한복음 7:3-5, "그 형제들이 예수께 이르되 당신이 행하는 일을 제자들도 보게 여기를 떠나 유대로 가소서 4. 스스로 나타나기를 구하면서 묻혀서 일하는 사람이 없나니 이 일을 행하려 하거든 자신을 세상에 나타내소서 하니 5. 이는 그 형제들까지도 예수를 믿지 아니함이러라"

예수님의 육신의 형제들까지도 예수님을 믿지 않은 이유가 무엇이었을까요? 만약 예수님께서 가지셨던 신적 능력을 본인 자신을 위해서 사용하셨다고 한다면, 예수님은 세상의 왕이 되기에 조금도 부족함이 없었을 것입니다. 하지만 예수님은 그 능력을 본인을 위해 사용하신 것이 아니라, 아버지의 뜻을 이루고 행하기 위해서만 사용하셨습니다. 심지어는 예수님은 말 한마디까지도 스스로 말하는 것이 아니라 아버지께서 내 안에 계셔서 그의 일을 하시는 것이라고 말씀하셨습니다(요 14:10).

예수님께서 세상에서 아버지 하나님의 사랑을 느끼신 것은, 예수님께서 전능하신 하나님의 능력을 행하신 일로 인하여 사람들로부터 인정받고 찬사를 받는 데서 아버지의 사랑을 느낀 것이 아니었습니다. 오히려 예수님은 하나님께서 본인에게 맡기신 일을 행하시면서, 하나님의 뜻과 본인이 행하시는 일이 하나라는 것에서 하나님의 사랑을 느끼셨습니다.

> 요한복음 17:2, "아버지께서 아들에게 주신 모든 사람에게 영생을 주게 하시려고 만민을 다스리는 권세를 아들에게 주셨음이로소이다"
> 요한복음 17:4, "아버지께서 내게 하라고 주신 일을 내가 이루어 아버지를 이 세상에서 영화롭게 하였사오니"

아버지께서 하라고 주신 일을 예수께서 이루셨습니다. 그 결과는 어땠습니까? 분명 예수님은 하나님을 영화롭게 하는 일을 완성하셨지만, 정작 본인은 멸시와 조롱을 받으며 십자가에 못 박혀 죽으셨습니다. 우리가 기대하는 하나님의 사랑, 하나님의 도우심과는 거리가 먼 결과입니다. 하나님과 하나가 된 결과가 십자가에서 죽는 것이라는 게 말이 됩니까? 하지만 예수님은 그것이 하나님의 뜻이었고, 그 일을 예수님께 맡기셨기 때문에 모든 사람에게 영생을 주려는 하나님의 뜻에 자신을 일치시키셨습니다. 그리고 하나님의 뜻과 예수님의 뜻이 하나인 그것이 바로, 아버지 안에 예수께서 거하고, 예수 안에 아버지 하나님이 거하시는 것이라고 말씀했습니다.

이제 예수님께서는 당신의 승천 이후에 남아 있게 될 제자들을 위해 기도하고 있습니다. 어쩌면 요한복음 13장부터 16장까지 제자들에게 하셨던 말씀보다 더욱 간절한 바람과 기원을 담은 내용이 오늘 본문일 것입니다. 그리고 예수님의 간절한 기도는 제자들도 예수님과 아버지 하나님이 하나인 것처럼, 우리와 같이 그들도 하나가 될 수 있게 해 달라는 것이었습니다.

> 요한복음 17:11, "나는 세상에 더 있지 아니하오나 그들은 세상에 있사옵고 나는 아버지께로 가옵나니 거룩하신 아버지여 내게 주신 아버지의 이름으로 그들을 보전하사 우리와 같이 그들도 하나가 되게 하옵소서"

예수님이 아버지 하나님과 하나임을 알 수 있는 것은, 아버지의 말씀과 뜻이 예수님의 말씀과 뜻으로 하나가 되어 나타났기 때문이었습니다. 그렇다면 제자들이 주님과 하나 되고, 서로가 하나가 되는 방법은 어떤 것일까요? 아버지의 이름이 그들에게 있어서, 그 이름으로 인하여 서로 보존되고, 서로 하나가 될 수 있는 것입니다. 우리가 '주 안에서 하나'라는 것을 어떻게 알 수 있습니까? 우리들뿐만 아니라 우리와 주님과 하나라는 것을 어떻게 증명해 보일 수 있습니까? 그것은 우리 신자들의 삶의 모습에서 아버지의 이름이 증명되고, 아버지의 뜻과 그분의 말씀을 우리의 삶에서 나타내 보일 수 있어야 합니다. 그러기 위해서는 우리 생각과 뜻이 아버지의 생각과 뜻과 같아야 합니다.

마태복음 5:16, "이같이 너희 빛이 사람 앞에 비치게 하여 그들로 너희 착한 행실을 보고 하늘에 계신 너희 아버지께 영광을 돌리게 하라"

너희는 세상의 소금이요 빛이라고 말씀하신 예수님께서 우리의 빛이 사람에게 비치게 하되 사람들로 우리의 착한 행실을 보고 하나님께 영광을 돌릴 수 있도록 하라고 말씀하셨습니다. 여기서 말씀하신 착한 행실은 윤리적, 도덕적 삶을 살라는 것이 아닙니다. 하나님을 믿지 않더라도 윤리적, 도덕적으로 사는 사람들은 많이 있습니다. 세상 그 누구보다 착하게 사는 사람들도 많습니다. 그러면 우리가 어떻게 살아야 착한 행실을 보여 줄 수 있을까요?

우리는 윤리와 도덕을 뛰어넘는 하나님의 법을 따라 살아야 하는 사람입니다. 하나님의 법에 대해서는 마태복음 5장 38~48절에 기록되어 있습니다. 눈은 눈으로, 이는 이로 복수하지 말고, 악한 자를 대적하지 말라고 합니다. 오른뺨을 때리면 왼뺨도 대 주고, 소송해서 겉옷을 달라고 하면 속옷까지 내주고, 이웃을 사랑하되 원수까지도 사랑하고, 너를 핍박하는 자를 위해 기도하라고 말씀하십니다. 그 후에 주시는 말씀이 다음 말씀입니다.

마태복음 5:45, "이같이 한즉 하늘에 계신 너희 아버지의 아들이 되리니 이는 하나님이 그 해를 악인과 선인에게 비추시며 비를 의로운 자와 불의한 자에게 내려주심이라"

예수님의 이 말씀은 바보 멍청이처럼 늘 얻어터지고 살라는 것이 아닙니다. 우리에게 악하게 하는 사람을 대할 때, 그가 악하게 된 원인이 그 사람 속에 있는 죄에 있다는 것을 알고, 죄를 해결하실 이에게 맡기라는 것입니다. 여기 후반절에 **"이는 하나님이 그 해를 악인과 선인에게 비추시며 비를 의로운 자와 불의한 자에게 내려주심이라"**라고 하신 말씀을 주목하기 바랍니다. 이 말씀은 하나님의 성품이 어떠한 것인지를 보여 주는 대표적인 말씀입니다.

공의로우신 하나님께서는 최초의 사람이었던 아담과 하와에게 말씀하셨던 것처럼 죄인에 대하여 반드시 죽음으로 심판하실 수도 있는 분이십니다. 하지만 하나님께서 심판을 유보하시고 악인과 선인, 의로운 자와 불의한 자에게 동일한 은혜를 베풀어 주시는 것은 저와 여러분을 사랑하시기 때문입니다. 여러분은 하나님의 공의로운 심판이 언제나 즉시 내려지면 좋겠습니까, 한 번쯤 넘어가 주면 감사하겠습니까? 상황에 따라 조금씩 다르겠지요? 만약 하나님께서 즉결심판으로 매번 당신의 공의를 보이셨다면, 아마도 저와 여러분은 세상에 없었을 것입니다. 세상에 죄 없는 사람은 없기 때문입니다.

우리 부모나 선조 조상으로 올라가서 그들 중 누군가가 심판받았다면 아마도 우리는 세상에 없었겠죠. 하지만 하나님께서는 온유하신 성품으로 선인과 악인, 의로운 자와 불의한 자 모두에게 회개할 기회, 돌이킬 기회를 주시면서 오래 참으시는 것입니다. 그리고 하나님께서는 당신께서 죄인과 악인에 대해서 심판 날까지 참으시는 것처럼, 우리에게도 복수에 관한 것을 하나님께 맡기라고 말씀하고 있습니다.

그러면서 우리에게 주시는 말씀이 **"그러므로 하늘에 계신 너희 아버지의 온전하심과 같이 너희도 온전하라"**입니다. 여기 기록된 '온전하라'라는 단어는, 구약의 '흠 없는 제물, 하나님께 합당한 제물'(출 12:5)을 뜻하는 것입니다. 예수님께서 인간의 죄를 대신할 흠 없는 제물이 되어 자신을 온전히 하나님께 드리셨던 것처럼, 오늘 저와 여러분에게도 온전할 것을 말씀하고 있습니다. 이 온전은 화가 날 때 한 번 참아 주는 것을 말하는 것이 아닙니다. 이 온전함은 하나님의 권위, 그분의 판단, 그분의 공의로우심을 완전히 신뢰하면서 내가 복수하지 않는 것입니다.

세상에서도 억울하고 분한 일을 당했을 때 개인적인 복수는 허용하지 않습니다. 법정에 자신의 억울한 것을 송사해서 재판관의 판단에 맡기지 않습니까? 아버지의 이름을 가진 사람, 아버지 하나님의 뜻에 내 뜻을 일치시킨 사람은 어떤 사람입니까? 나를 드러내는 사람이 아니라 아버지를 나타내는 사람입니다. 따라서 마태복음 5장의 이 말씀은 우리가 성부, 성자 하나님과 하나인 사람이 되려면 어떤 존재가 되어야 하는지에 대해서 말씀해 주신 것입니다.

성도의 삶은 아버지 하나님과의 관계 속에서 자신의 위치가 확인되어야 합니다. 예수님께서 아버지의 마음을 가지셨던 것처럼 우리도 하나님의 마음을 갖고, 예수님께서 아버지의 기뻐하심에 자신의 기쁨을 일치시키셨던 것처럼 우리도 아버지께서 기뻐하시는 일을 하면서 기뻐하는 것입니다. 그와 같은 관계 즉, 아버지의 마음과 아버지의 기쁨을 위해 사는 모습이 예배로, 봉사로, 연보하는 것으로, 다른 사람을 섬기고 위하고 사랑하는 것으로 나타나는 것입니다.

우리 신앙생활의 목표는 죄짓지 않는 것이 아닙니다. 회개하고 용서받아서 가벼운 마음으로 다시 죄를 지을 수 있는 것이 아닙니다. 또한 우리의 목표는 교회를 위한 봉사나, 남을 돕는 헌신이나, 남보다 뛰어난 신앙의 열심을 내어 자신의 믿음 좋은 것을 증명해 보이는 것이 아닙니다. 우리의 목표는 우리도 그리스도를 본받아 아버지의 온전하심과 같이 우리도 온전하게 되는 것이며, 그리스도께서 거룩하신 아버지의 이름에 합당한 삶을 사셨던 것처럼 우리도 아버지의 이름에 합당한 삶을 사는 것입니다.

우리의 모든 신앙 행위는 아버지와의 관계를 위해 필요한 것입니다. 예수님께서 사람들의 병을 고쳐 주고, 귀신을 쫓아내시며, 풍랑을 잠잠하게 하신 것은 아버지와의 관계 속에서 행하신 기적이었습니다. 아버지와의 관계 속에서 행하셨다는 말은, 그 기적의 목적과 결과가 오직 아버지의 영광만을 드러냈지 예수님 자신이 드러나지 않았다는 것입니다.

그렇다면 우리들의 신앙의 모습은 어떻습니까? 어쩌면 우리는, 우리가 너무 신앙생활을 열심히 하는 그것 때문에 우리 자신이 증명되고 돋보이고 있지, 그것으로 하나님이 증명되거나 돋보이는 일은 생겨나지 않는지도 모릅니다. "저분 정말 열심히 신앙생활하더라. 예배시간에 저분이 없으면 교회가 텅 빈 것 같더라. 이 일은 그 사람 아니면 할 사람이 없어"라는 식의 평가가 우리에게 너무 익숙하지 않습니까? 성경에 그런 부류의 대표적인 사람이 있습니다. 서기관과 바리새인들입니다.

> 마태복음 23:13, "화 있을진저 외식하는 서기관들과 바리새인들이여 너희는 천국 문을 사람들 앞에서 닫고 너희도 들어가지 않고 들어가려 하는 자도 들어가지 못하게 하는도다"

서기관과 바리새인들은 누구보다 율법에 정통하고 능통하며, 종교적 예식과 전통과 방법을 잘 알고 있던 사람들이었습니다. 그들은 교인 한 사람을 얻기 위해 바다와 육지를 두루 다니면서 전도했습니다. 하지만 그렇게 교인을 얻은 뒤에는 그들을 천국 백성으로 만드는 것이 아니라 배나 지옥 자식이 되도록 만들었습니다.

> 마태복음 23:15, "화 있을진저 외식하는 서기관들과 바리새인들이여 너희는 교인 한 사람을 얻기 위하여 바다와 육지를 두루 다니다가 생기면 너희보다 배나 더 지옥 자식이 되게 하는도다"

이상하지 않습니까? 그 누구보다 하나님을 위한다고 하는 사람들입니다. 그리고 그렇게 힘들게 교인 한 사람을 얻었다면, 이제는 하나님의 백성으로 살 수 있도록 잘 인도해 줘야 하지 않겠습니까? 그런데 반대로 인도했습니다. 그들은 하나님에 대해서 어떻게 가르쳤을까요?

마태복음 23:16-22, "화 있을진저 눈 먼 인도자여 너희가 말하되 누구든지 성전으로 맹세하면 아무 일 없거니와 성전의 금으로 맹세하면 지킬지라 하는도다 17. 어리석은 맹인들이여 어느 것이 크냐 그 금이냐 그 금을 거룩하게 하는 성전이냐 18. 너희가 또 이르되 누구든지 제단으로 맹세하면 아무 일 없거니와 그 위에 있는 예물로 맹세하면 지킬지라 하는도다 19. 맹인들이여 어느 것이 크냐 그 예물이냐 그 예물을 거룩하게 하는 제단이냐 20. 그러므로 제단으로 맹세하는 자는 제단과 그 위에 있는 모든 것으로 맹세함이요 21. 또 성전으로 맹세하는 자는 성전과 그 안에 계신 이로 맹세함이요 22. 또 하늘로 맹세하는 자는 하나님의 보좌와 그 위에 앉으신 이로 맹세함이니라"

서기관과 바리새인들이 가르쳤던 것은 하나님이 아닙니다. 그들은 종교를 가르쳤고, 성전을 가르쳤고, 성전을 유지하고 잘되게 하는 방법을 가르쳤습니다. 예물을 예물 되게 하고, 성전을 성전 되도록 하는, 그것들에 존재의 의미를 부여해 주고, 존재 자체가 되시는 하나님을 가르쳐야 하지 않겠습니까?

그러면 오늘날의 교회들은 어떨 것 같습니까? 교회를 교회 되게 하는 것은 무엇입니까? 아름답게 지어진 건물, 그 안에 채워진 수많은 편리하고 유용한 시설들과 프로그램들, 각종 행사들, 그리고 좋은 옷을 입고 값비싼 보석들로 치장한 사람들이 자기 능력을 과시하는 것들입니까? 지역사회에서 교회의 정치적 영향력이 커지고, 그래서 교회에서 어떤 민원을 넣으면 적어도 과장급, 국장급 임원이 나와서 들어주는 것입니까? 선거철이 되면 출마하는 사람들이 예배에 참석한 후에 출입구 앞에 서서 성도들에게 고개 숙여 인사하고, 시장이나 국회의원, 대통령이 주관하는 행사에 목사님이 귀빈으로 초청되어서 그들을 위해 축사하고 축복기도 해 주면 교회가 교회다워집니까? 사실 그것들은 하나님의 이름과는 전혀 관계가 없는 것들입니다.

마태복음 23:25-26, "화 있을진저 외식하는 서기관들과 바리새인들이여 잔과 대접의 겉은 깨끗이 하되 그 안에는 탐욕과 방탕으로 가득하게 하는도다 26. 눈 먼 바리새인이여 너는 먼저 안을 깨끗이 하라 그리하면 겉도 깨끗하리라"

잔과 대접의 겉은 깨끗이 하되 그 안에 탐욕과 방탕으로 가득한 교회는 교회가 아닙니다. 겉은 번지르르한데 그 안에 자기 자랑과 자기 자존심 세우는 것이 중요한 성도는 하나님의 이름에 합당한 사람이 아닙니다. 예수 믿는 사람을 '성도' 또는 '신자'라고 합니다. '신자'는 어떤 사람입니까? 자신이 믿고 목표하는 것을 따라 사는 사람입니다. 그러면 신자는 무엇을 목표로 하여 믿고 따라 사는 사람입니까? 예수님께서 아버지의 뜻을 따라 사셨던 것처럼, 우리도 하나님의 약속과 그분의 뜻이 진리인 것을 믿고 사는 사람입니다. 그분의 약속, 그분의 뜻이 무엇입니까?

마태복음 23:26, "너는 먼저 안을 깨끗이 하라 그리하면 겉도 깨끗하리라"

'안을 깨끗이 하라'는 말씀은 무슨 뜻일까요? 마음 자체가 돌아서지 않으면, 겉으로 어떤 것을 할지라도 그것은 하나님이 받으실 수 없는 것입니다. 예수님께서 서기관과 바리새인들에게 '외식하는 자들'이라고 책망하신 이유가 바로 그것입니다. 그들이 겉으로는 하나님을 위하고 성전을 위하는 것처럼 보였지만 실제 그들의 삶은 하나님의 뜻과 목적과는 전혀 상관없는 탐욕과 방탕으로 가득했기 때문입니다.

> 에베소서 4:17-20, "그러므로 내가 이것을 말하며 주 안에서 증언하노니 이제부터 너희는 이방인이 그 마음의 허망한 것으로 행함 같이 행하지 말라 18. 그들의 총명이 어두워지고 그들 가운데 있는 무지함과 그들의 마음이 굳어짐으로 말미암아 하나님의 생명에서 떠나 있도다 19. 그들이 감각 없는 자가 되어 자신을 방탕에 방임하여 모든 더러운 것을 욕심으로 행하되 20. 오직 너희는 그리스도를 그같이 배우지 아니하였느니라"

바울이 에베소교회 성도들에게 전한 말씀의 핵심은, "너희는 이방인들처럼 살지 말라는 것"입니다. 이방인과 같은 삶의 특징이 무엇입니까? '허망하고 방탕하게 사는 것'입니다. '허망하다'는 것은 목표가 없고, 초점이 없다는 뜻입니다. '방탕하다'는 것은 허비하고 낭비하고 있다는 뜻입니다. 목표가 없고 초점이 없는 사람은 자기가 무엇을 해야 하는지 알지 못하기 때문에, 시간만 낭비할 뿐이지 소득이 있는 일을 하지 못합니다.

세상에서도 허망하고 방탕한 사람은 성공하기 힘듭니다. 거의 불가능합니다. 그렇다 보니 한국 사람들은 자녀들이 어릴 적부터 강한 목표 의식과 동기부여를 잘해 주는 것으로 유명합니다. 10여 년 전만 해도 자녀를 좋은 대학에 보내려면 초등학교 4학년 때부터 성적과 스펙 관리를 해 줘야 한다는 말이 있었습니다. 하지만 지금은 영재교육이라고 해서 초등학교에 들어가기 전부터 학원에 보내서 한글, 영어, 수학의 학습 능력을 초등학생 2~3학년 수준까지 끌어올립니다.

길어야 100년 미만을 살게 될 인생입니다. 그나마 자기가 준비하고 노력해서 능력이든, 기술이든 써먹을 수 있는 시간은 길게 잡아도 50년도 채 사용하지 못할 것들입니다. 그런 기술, 그런 공부를 위해서도 분명한 목표를 설정하고 시간을 관리하는데, 정작 아버지 하나님과 함께 살아야 할 영원한 생명을 위해서는 어떤 준비를 하고 있습니까?

> 요한복음 17:24, "아버지여 내게 주신 자도 나 있는 곳에 나와 함께 있어 아버지께서 창세 전부터 나를 사랑하시므로 내게 주신 나의 영광을 그들로 보게 하시기를 원하옵나이다"

예수님께서 남아 있을 제자들과 신약의 성도들을 위해서 하신 기도입니다. 우리가 살아가는 진짜 목표는 세상에서의 삶이 아니라, 주님 계신 곳에서 주님과 함께 살며 아버지의 영광을 함께 누리는 것입니다. 그러기 위해서 영생을 준비하는 삶을 오늘 우리가 살아야 합니다.

수영을 못하는 사람이 수영 강습을 받으면 제일 먼저 배우는 것이 있습니다. 물 밖에서 매트 하나 깔아 놓고 반드시 엎드려서 발차기 하는 것입니다. 첫날은 물속에 들어가 보지도 못합니다. 그냥 발차기만 열심히 합니다. 둘째 날은 물속에 들어갔다 나왔다 하면서 숨 쉬는 연습을 합니다. 다음 날도 그다음 날도 계속 숨 쉬는 연습만 합니다. 수영하는 법은 안 가르쳐 줍니다. 그러다가 숨 쉬는 방법을 익혔다 싶으면 그제야 스티로폼 패드를 붙잡고 발차기하며 앞으로 가는 법을 가르쳐 줍니다. 아마도 거의 모든 수영 강사가 그와 같은 방법으로 초보자에게 수영을 가르쳐 줄 것입니다.

그런데 어떤 수영장을 갔는데, 수영 강사가 물에 들어가서 수영해 보라고 하면서 오래 물에서 놀다 보면 요령이 생길 거라고 가르쳐 준다면 어떨까요? 그 강사는 제대로 된 강사입니까, 강사를 하면 안 되는 사람입니까? 좋은 강사는 숨 쉬는 법도 가르쳐 주고, 발차기하는 법, 손으로 물을 가르고 젓는 법, 머리와 몸의 자세가 바른지 아닌지 계속 지적해 주고 가르쳐 줍니다. 그렇게 좋은 강사를 만나면 수영하는 법도, 여러 가지 영법으로 수영하는 것도 빨리, 그리고 잘 배울 수 있습니다.

그러면 신앙생활은 어떻습니까? 교회만 오래 다니면 저절로 알게 됩니까? 교회 생활 하는 법, 교회에서 봉사하고 사람들 만나서 친해지는 법은 배울 수 있겠지만 정작 성도가 어떤 사람인지는 잘 모르는 사람도 많습니다. 예수님께서 책망하셨던 서기관과 바리새인들처럼, 겉은 멀쩡하지만 속에는 탐욕과 방탕이 가득한, 이방 사람과 똑같은 그런 종교인들도 많습니다. 비싼 강습료 내고 수영 배우러 갔는데, 정작 물속에는 들어가 보지도 못하고 물 바깥에서 엎드려서 발차기만 한 시간 동안 하고 나오면 이게 뭔가 싶습니다. 그런데 그 과정이 있어야 수영을 제대로 배울 수 있습니다. 교회에 왔더니 재미있는 것은 하나도 없고 맨날 성경 이야기만 합니다. 그건 정상입니까, 비정상입니까? 그게 정상입니다.

성도는 어떤 사람입니까? 아버지 하나님께서 온전하신 것처럼, 우리도 온전해져야 하는 사람들입니다. 예수 그리스도께서 아버지 하나님의 뜻에 온전히 순종하심으로 하나님께 영광이 되었듯이, 우리도 하나님의 뜻에 온전히 순종해야 하는 사람들입니다. 하나님의 뜻이 무엇인지 배워야, 알아야 순종하지 않겠습니까? 그런데 하나님의 뜻이 무엇인지는 하나도 가르쳐 주지 않고, 성도의 수가 많아지고 교회를 부자 되게 해서 담임목사의 사회적 영향력이 높아지게 하는 것만 가르쳐 준다면 그건 교회입니까?

목표가 세상에서 우리 교회가 큰 교회가 되는 것이라면 그 나름대로 목적 달성이 되었다고 할 수 있을 것입니다. 하지만 그것이 아버지 하나님을 만난 뒤에 어떤 칭찬으로 올 것 같습니까? 정작 본인이 준비해야 할, 영원한 생명을 얻은 뒤에 하나님과 하나 된 무언가가 하나도 없다면, 도대체 무엇을 가지고 영생을 누리시겠습니까?

> 요한복음 17:8, "나는 아버지께서 내게 주신 말씀들을 그들에게 주었사오며 그들은 이것을 받고 내가 아버지께로부터 나온 줄을 참으로 아오며 아버지께서 나를 보내신 줄도 믿었사옵나이다"

하나님께서 우리에게 원하시는 것이 무엇일까요? 우리에게서 아버지 하나님이 나타나 보이는 것입니다. 우리가 전하는 말로 말미암아 사람들이 예수 그리스도를 믿게 되는 것입니다.

요한복음 17:20, "내가 비옵는 것은 이 사람들만 위함이 아니요 또 그들의 말로 말미암아 나를 믿는 사람들도 위함이니"

여러분, 말로 사람을 설득할 수 있습니까? 사람은 말로 설득되지 않습니다. 그 사람이 어떤 사람인지, 그가 가진 생각, 가치관, 삶의 지향점과 목표, 그리고 그의 삶이 실제로 그가 가진 생각과 목표대로 살고 있는지 보지 않습니까? 예수님께서 당신의 말씀을 듣는 제자들과 신약의 성도들을 향하여, "너희는 세상의 소금이다, 세상의 등불이요 산 위의 동네다"라고 하신 말씀의 뜻이 바로 이것입니다. 우리는 다르게 살아야 하는 사람들입니다. 세상과 달라야 합니다. 세상 사람들은 자기 자신이 기쁨이고, 만족인 사람들입니다. 그래서 자기를 채우기 위해 인생을 바칩니다.하지만 성도는 자신이 기쁨이고 만족이 아니라, 하나님과 하나 되는 것이 기쁨이고 목표인 사람들입니다.

예수님께서 아버지의 뜻과 자기의 뜻을 일치시키시고, 아버지의 하시려는 일을 예수께서 하시는 것으로 자신의 기쁨으로 여겼던 것처럼, 우리 성도들도 아버지의 뜻과 하시려는 일이 우리의 뜻과 기쁨이 되어 순종하는 사람이어야 합니다. 저와 여러분, 우리 하와이한빛장로교회가 이 일에 잘 쓰임받기를 원합니다. 또한 저와 여러분이 그렇게 하나님의 뜻과 일에 하나가 되어 살고 있다는 것이 우리의 기쁨이요, 영광이요, 만족이 되길 원합니다.

누가 우리를 이와 같은 기쁨에서 끊어 낼 수 있겠습니까? 비록 같은 장소, 같은 공간에서 예배드리지는 못하지만, 우리가 살아 내야 하는 삶의 현장에서는 이 말씀이 우리 삶의 원동력이 되고, 나타내 보이는 힘이 되기를 주님의 이름으로 축원합니다.

요한복음 17:1~3

영광, 권세, 영생

"1. 예수께서 이 말씀을 하시고 눈을 들어 하늘을 우러러 이르시되 아버지여 때가 이르렀사오니 아들을 영화롭게 하사 아들로 아버지를 영화롭게 하게 하옵소서 2. 아버지께서 아들에게 주신 모든 사람에게 영생을 주게 하시려고 만민을 다스리는 권세를 아들에게 주셨음이로소이다 3. 영생은 곧 유일하신 참 하나님과 그가 보내신 자 예수 그리스도를 아는 것이니이다"

어떤 목사님께서 인생을 육상 허들 경기에 비유하셨습니다. 허들 경기에서 장애물은 '넘어지라'고 있는 것이 아니라 '넘어가라'고 있는 것이라고요. 우리에게 '코로나바이러스'라고 하는 쉽지 않은 장애물이 나타났습니다. 하지만 우리는 이 장애물도 별로 어렵지 않게 잘 넘어갈 것입니다. 사실 지나온 인생길을 돌아보면, '코로나바이러스' 정도와는 비교도 할 수 없을 만큼 힘든 장애물이 많이 있었습니다. 하지만 그 모든 장애물도 너끈히 뛰어넘어서 오늘까지 왔지 않습니까?

장애물로 인해서 조금 답답한 마음이 들기는 하지만, 가로막힌 장애물을 하나씩 뛰어넘을 때마다 우리의 신앙과 실력이 그만큼 늘어

날 것입니다. 이 또한 지나갈 것이고요, 어렵지 않게 통과하게 될 줄로 믿습니다. 무엇보다 함께 기도하고 마음을 써 주는 믿음의 동지들이 있지 않습니까? 우리의 인생을 섭리하시는 하나님을 향한 믿음과 소망의 인내를 가지고 잘 이겨 내길 원하는 마음입니다.

요한복음 17장은 남겨질 제자들을 위한 예수님의 기도라고 말씀드렸습니다. 예수님은 기도의 첫 시작을 **"때가 이르렀사오니"**로 시작하고 있습니다. 여기에서 '때'란 예수님께서 대속의 십자가를 지셔야 할 때를 말합니다. 그전에도 바리새인과 종교적 기득권을 가진 대적들이 여러 차례에 걸쳐서 예수님을 죽이려고 했었지만, 때가 이르지 않았기에 손을 대지 못했습니다.

그다음 대목은 **"아들을 영화롭게 하사 아들로 아버지를 영화롭게 하게 하옵소서"**입니다. 이와 같은 기도 내용은 우리가 하는 기도와 상당히 많이 닮았습니다. 제가 고등학교 3학년 때 성도님들로부터 가장 많이 들었던 말이기도 합니다. "건일아, 네가 좋은 대학교에 들어가야 하나님께서도 영광을 받으신다." 그런가 하면 철야기도에 나오셔서 기도 제목을 나누시는 성도님들 중에도, "이번 일이 잘돼서 하나님께 영광을 돌릴 수 있도록" 기도해 달라고 하셨습니다.

물론 하나님은 우리 아버지이시기 때문에, 아들이 성공하고 잘되면 아버지께 영광이 되는 부분이 있을 수도 있을 것입니다. 그런데 오늘 본문에서 예수님께서 하신 기도가 그런 의미의 내용인지는 좀 더 정확하게 살펴볼 필요가 있습니다. 오늘 세 가지를 살펴볼 텐데요, 1절의 영광, 2절의 권세, 3절의 영생에 관한 것들입니다.

1. 영광

"때가 이르렀사오니 아들을 영화롭게" 해 달라고 하신 기도의 의미는 무엇일까요? 쉽게 말씀드려서 "이제는 십자가에 못 박힐 때가 된 것을 알았으니, 아버지의 뜻대로 그렇게 되길 원합니다. 이제는 죽을 준비가 됐습니다"라는 뜻입니다. 그래서 **"아들로 아버지를 영화롭게 하게"** 해 달라고 하신 기도는, 인간을 구원하기 원하시는 성부 하나님의 목적과 뜻을 성자 예수님께서 완벽하게 이루심으로 말미암아, 하나님을 영화롭게 하는 일에 잘 쓰임받게 해 달라는 기도입니다. 사실 하나님을 영화롭게 하고 영광이 되게 하는 것에 관하여 성경이 설명하는 대부분의 내용은 예수 그리스도의 구원 사역과 연결되어 있습니다.

에베소서 1:3, "찬송하리로다 하나님 곧 우리 주 예수 그리스도의 아버지께서 그리스도 안에서 하늘에 속한 모든 신령한 복을 우리에게 주시되"

여기 보시면 하나님께서 하늘에 속한 모든 신령한 복을 주셨습니다. 그런데 그 복을 어떻게 주셨습니까? 그리스도 안에서 주셨습니다.

에베소서 1:4-5, "곧 창세 전에 그리스도 안에서 우리를 택하사 우리로 사랑 안에서 그 앞에 거룩하고 흠이 없게 하시려고 5. 그 기쁘신 뜻대로 우리를 예정하사 예수 그리스도로 말미암아 자기의 아들들이 되게 하셨으니"

하나님께서 우리에게 주신 복은 무뚝뚝한 경상도 남자들이, "오다 주웠다" 하면서 툭 던져 주듯이 주신 것이 아닙니다. 이 복은 "창세 전에 하나님의 기쁘신 뜻대로 우리에게 주시려고 예정하셨다", 다시 말씀드려서 우리에게 주실 복이 창세 전에 계획되어 있었다는 뜻입니다. 어떤 방법으로요? "그리스도로 말미암아 자기의 아들들이 되도록"입니다. 그러면 왜 하나님은 "오직 예수 그리스도로 말미암아, 예수를 통해서만" 자기의 아들들이 되게 하신 것입니까?

에베소서 1:6, "이는 그가 사랑하시는 자 안에서 우리에게 거저 주시는 바 그의 은혜의 영광을 찬송하게 하려는 것이라"

하나님께서 우리에게 베풀어 주신 구속의 은혜는 그리스도 안에서, 그리스도를 통해서 우리에게 주셨습니다. 다른 이유 없습니다. 그것이 하나님의 뜻입니다.

국가 간의 외교문서나 선물을 전달할 때 가장 중요한 것은, 내용도 내용이지만 그 문서나 선물을 전달하는 사람이 누구냐 하는 것입니다. 팩스나 이메일, 또는 우편으로 보내면 그 업무를 맡은 사람이 받아 본 후에 체계를 따라서 대통령에게까지 전달되기도 하고, 중간에 막히기도 합니다. 하지만 대통령의 비서실장이나 외교부 장관이 직접 들고 찾아가면, 그 격에 맞는 사람이 나와서 문서나 서신을 받습니다. 만약 미국의 국무장관이 대통령의 친서나 선물을 가지고 왔다고 하면 누가 그것을 받을 것 같습니까? 청와대의 담당 직원이나 비서관이 받을까요? 아마도 내외신 기자들 앞에서 대통령이 직접 받거나, 적어도 대통령 비서실장이 나와서 받을 것입니다. 왜요? 그것이 선물을 보낸 사람, 가지고 온 사람의 격에 알맞기 때문입니다.

하나님께서 우리에게 주기 원하시는 구원을 누구를 통해서 주셨습니까? 그 외아들 예수 그리스도를 통해 우리에게 주셨습니다. 이것은 우리에게 영광입니까? 별것 아닙니까? 대단한 영광입니다. 우리가 무엇이기에 하나님께서 당신의 독생자를 우리에게 보내신다는 말입니까? 그것도 예수님께서 오셔서 얼굴만 보고 돌아가신 것이 아니라, 우리를 대신해 십자가 위에서 죽이시고 우리를 구원하셨습니다.

그런데 사람들은 아주 못됐습니다. 하나님께서 우리 인간을 최고로 대접해 주셔서 그분의 아들을 보내 주셨는데, 사람들은 왜 예수냐고 따집니다. 이게 말이 됩니까? 트럼프 대통령이 펜스 부통령이나 딸인 이방카에게 친서와 선물을 한국에 보냈는데, 한국 정부에서 맞아 주지도 않고 거기 아무 데나 놓고 가라고 했다면 양국의 관계가 어떻게 되겠습니까? 당신들 말고 다른 사람은 없냐고 한다면 어떻게 될까요? 끔찍할 일이지요. 정상적인 국가 관계에서 이런 상황이 벌어졌다면, 최소한 그 나라 대사가 초치되거나 심각할 경우 양국의 관계가 단절될 수도 있을 것입니다.

하나님께서 가장 사랑하시는 당신의 아들 예수 그리스도를 통하여 우리를 구원하셨을 때 하나님께서 원하시는 것은, 죄인인 우리들의 감사와 찬송입니다. 하나님께서 인간에게 베푸시는 최고의 은혜는, 구원의 은혜입니다. 그리고 하나님께서 그 은혜를 받은 사람들에게 기대하는 최고의 영광은, "그의 은혜에 감사하면서 찬송하는 것"입니다.

이와 같은 하나님의 마음은 에베소서 1장에서 확인할 수 있습니다.

> 에베소서 1:12-14, "이는 우리가 그리스도 안에서 전부터 바라던 그의 영광의 찬송이 되게 하려 하심이라 13. 그 안에서 너희도 진리의 말씀 곧 너희의 구원의 복음을 듣고 그 안에서 또한 믿어 약속의 성령으로 인치심을 받았으니 14. 이는 우리 기업의 보증이 되사 그 얻으신 것을 속량하시고 그의 영광을 찬송하게 하려 하심이라"

하나님께서 그리스도 안에서 전부터 바라던 것이 무엇입니까? "그의 영광의 찬송이 되는 것, 그의 영광을 찬송하게 하는 것"입니다. 그 일을 위하여 전도자들을 통하여 구원의 복음을 듣게 하시고, 그 복음 안에서 약속의 성령을 통해 확신과 믿음을 주십니다. 복음을 듣고 그리스도께서 주신 구원의 은혜가 확실히 믿어진다면, 그것은 여러분의 의지가 남다르기 때문이 아니라, 여러분 안에 계신 성령께서 보증이 되어 주셨기 때문입니다.

본문 1절 말씀에서 우리는 예수님께서 가지셨던 영광, **"아들을 영화롭게 하사 아들로 아버지를 영화롭게"** 하는 것이 무엇인지를 확인하고 있습니다. 어쩌면 지금까지 우리는, "내가 잘됨으로 인해서 하나님께서 영광을 받으실 것"이라고 생각해 왔는지 모릅니다. 하지만 그것은 세상적인 내 욕심을 채우는 것에 하나님을 끌어들인 것이지, 실제로 하나님께서 내가 세상에서 잘돼야 영광을 받으시는 것은 아닙니다. 예수님께서 아버지께 '아들을 영화롭게 해' 달라고 기도하고 있습니다. 그 '영화롭게'의 뜻은 무엇입니까? "아버지 하나님의 뜻을 이룰 때가 왔으니 이제 기꺼이 죽으러 가겠습니다"입니다. 그렇다면 우리 신자가 가져야 할 영광은 무엇이겠습니까? 우리도 내 안에 계신 아버지께서 나를 통하여 아버지의 일을 하시는 것입니다.

요한복음 14:10, "내가 아버지 안에 거하고 아버지는 내 안에 계신 것을 네가 믿지 아니하느냐 내가 너희에게 이르는 말은 스스로 하는 것이 아니라 아버지께서 내 안에 계셔서 그의 일을 하시는 것이라"

예수님께서 제자들에게 하신 말씀이 무엇입니까? 내가 너희에게 하는 말은 내가 하고 싶은 말을 하는 것이 아니라, 내 안에 계신 아버지께서 하고자 하는 말을 내가 대신하는 것이라는 뜻입니다. 다시 말씀드려서 "우리가 누군가를 만나고, 대화하고, 관계를 맺고, 어떤 일을 하게 될 때, 그가 우리를 통해서 누구를 보게 되느냐?" 이러한 뜻입니다. 예수님께서는 왜 모든 가르침마다 "이것은 내가 하는 말이 아니라 내 안에 계신 아버지께서 하시는 말이다", "나는 아버지께서 하라고 하신 것 외에는 아무것도 하지 않는다", "내가 하는 말을 믿지 못하겠다면 내가 하는 일을 보고 믿어라"라는 말씀을 하셨을까요?

최초의 사람이었던 아담과 하와로부터 시작해서, 원죄를 가지고 태어난 모든 사람이 하나님의 말씀을 듣고 순종하는 사람이 없었기 때문입니다. 에덴동산에서부터 오늘날에 이르기까지 사탄이 하는 일은 두 가지입니다. 첫째는, 사람들이 예수 그리스도를 구주로 믿지 못하게 하는 것입니다. 둘째는, 만약 예수를 믿게 되었다면, 신자들이 하나님의 말씀대로 살지 못하게 하는 것입니다. 하나님의 말씀대로 산다는 것은 다른 것이 아닙니다. 아버지의 사랑 안에 거하고, 그리스도의 사랑 안에 거하는 것입니다.

요한복음 15:9-10, "아버지께서 나를 사랑하신 것 같이 나도 너희를 사랑하였으니 나의 사랑 안에 거하라 10. 내가 아버지의 계명을 지켜 그의 사랑 안에 거하는 것 같이 너희도 내 계명을 지키면 내 사랑 안에 거하리라"

지난 시간에 우리가 누려야 할 기쁨은, 아버지 하나님의 뜻과 하시려는 일이 우리를 통해 이루어지는 것, 일치하는 것이라고 말씀드렸습니다. 예수님의 기쁨, 예수께서 가지신 영광이 바로 그것이었기 때문입니다. 예수님께서 하시는 말씀을 통해 하나님이 드러나고, 예수님의 행하신 기적을 통해 하나님의 뜻과 목적이 드러나고, 그 일을 통해 예수님께서 이 땅에 오신 목적이 드러나게 되는 것이 예수님의 기쁨이었습니다. 그리고 그것이 예수님께서 아버지와 하나라고 말씀하신 것이었습니다. 오늘 우리는 그리스도와 하나인 사람입니까? 아버지와 하나인 사람입니까? 그렇다면 내가 하는 말, 내가 하는 행동, 내가 가진 목표와 뜻이 아버지와 하나요, 그리스도와 하나입니까?

예수님께서 **"때가 이르렀사오니 아들을 영화롭게 하사 아들로 아버지를 영화롭게 하게"** 해 달라고 말씀하고 있습니다. 마지막 순간까지 예수님의 삶은, 아버지를 영화롭게 하는 것이었습니다. 그것이 예수께서 세상에 오신 이유와 목적이었고, 그 일을 위해서 자신의 목숨이 십자가의 죽음이라는 저주의 심판까지도 기쁘게 받을 수 있었습니다. 저와 여러분은 어떻습니까? 아버지의 뜻이 중요합니까, 내 생각이 중요합니까?

2. 권세

"아들로 아버지를 영화롭게 하게" 해 달라고 하신 예수님의 기도는, 그 일을 위해 아버지께서 자신에게 만민을 다스리는 권세를 주셨다고 하셨습니다.

> 요한복음 17:2, "아버지께서 아들에게 주신 모든 사람에게 영생을 주게 하시려고 만민을 다스리는 권세를 아들에게 주셨음이로소이다"

여기 **"만민을 다스리는 권세"**라고 했습니다. 한국에서 이번 총선에 출마하는 사람들이 들으면 가슴 벅차고 기분이 좋아질 만한 그런 말일 것 같습니다. 그런데 예수님께서 말씀하신 '권세'가 그런 '권세'를 말하는 것일까요? 사실 사람들은 '권세'라는 말이 주는 뉘앙스, 의미를 별로 좋아하지 않습니다. 우리의 역사가 '권세'나 '권위'에 대한 아픈 추억이 있기 때문입니다.

조선왕조 500년의 역사 동안 양반과 평민이라는 넘지 못할 신분 계급이 있었습니다. 양반 신분 안에서도 관직을 가진 자와 아닌 자가 나뉘었고, 평민 중에도 노비나 백정처럼 더 천하다고 여겨지는 사람들이 있었습니다. 이씨 왕조가 끝나는 시점에서는, 일본의 침략을 받아서 이른바 황국신민과 조선인이라는 넘지 못할 신분의 차별이 있었습니다. 그때의 아픈 기억은 지금까지도 남아서 해방 이후 80년이

다 돼 가지만, 아직도 친일파 청산이 국가가 해결해야 할 사명이라고 말하는 사람들이 있습니다.

해방의 기쁨은 잠시였고 전쟁의 참화를 겪으면서, 공산당원인 사람과 아닌 사람에 따라 빼앗고 빼앗겼던 아픈 기억이 있습니다. 그 후로도 독재정권, 군사정권의 시대를 지나면서 '만민을 다스리는 권세'를 가진 사람과, '억압과 착취'를 당하는 사람이 늘 있었습니다. 그렇다 보니 '권세'라는 말을 대할 때 우리의 기억, 뼈와 핏속에 남아 있는 어떤 거부감 또는 저항 의식이 있습니다.

같은 맥락에서 1980년대에 군사정부에 항거한 대한민국의 국민적 저항운동은 '민주화'라고 하는 긍정적 결과물을 만들어 내기도 했습니다. 그런데 이 과정에서 얻은 것이 있는 반면에 잃은 것도 있습니다. '권세'라는 말에 포함되어 있는 '권위'나 '질서', '질서를 유지하는 힘'과 같은 꼭 필요한 개념들이 함께 무너져 버린 것입니다. '권세'라고까지 말할 것도 없습니다. 제가 초중고등학교에 다닐 때만 해도 '학교 선생님'이 가진 권위가 있었습니다. 하지만 지금은 '선생님'에게 당연히 있어야 할 '권위'가 무너졌습니다. 학생들을 가르치고 바른길로 이끌기 위해 훈육하는 권위를, 교사가 가진 신분적 권세를 이용해서 학생들에게 갑질하는 것으로 바꿔 버렸기 때문입니다.

그런 것이 처음에는 '학원 민주화'라는 이름으로 포장되어 사람들에게 긍정적인 인식을 심어 주는 것 같았지만, 교사의 권위가 사라진 현재 대한민국의 학교 공교육은 거의 죽은 것처럼 되고 말았습니다. 학생들은 선생님을 존경하지 않고, 가르침을 따르지 않습니다. 상급

학교에 진학할 공부라는 기능은 학원 선생님에게서 배우지만, 유소년 청소년기에 마땅히 배워야 할 도덕적 덕목은 '민주화된 학교 현장에서 강화된 학생의 인권'을 보호해야 하기에 배우지 못하는 상황이 되고 말았습니다. 그 결과 어떻게 되었습니까? 청소년이 저지르는 범죄가 더욱 잔혹해지고 과감해졌습니다. 학교가 무서워서 자녀를 학교에 보내지 못해서 홈스쿨링을 하거나 대안학교를 찾아서 보내야 하는 상황이 됐습니다.

'권위'라고 하는 질서가 가장 강력하게 작동되는 곳이 '군대'입니다. 하지만 오늘날 한국 군대는, 군대라는 조직에 필연적으로 요구되는 '권위'의 질서도 많이 사라졌습니다. 상명하복의 명령체계가 군대를 움직이는 것이 아니라, 부대장이 자신의 중대나 소대에 편입된 병사의 안부를 그 부모에게 전화로 알려 주고, 부모의 동의 여부에 따라 훈련의 참여나 열외를 결정해야 하는 변수가 생겼습니다. 최근에는 일과 시간 이후 가족이나 친구들과 자유롭게 통화할 수 있도록 스마트폰 사용을 허용했는데, 그 자유 시간에 스마트폰으로 도박을 하거나 비싼 게임 아이템을 구매한 것 때문에, 오히려 군대를 보낸 가족들로부터 스마트폰 사용을 금지해 달라는 청원까지 올라왔다고 합니다.

군대의 지휘관들도 부대 안에서 벌어진 일을 직속 상관에게 보고하는 것이 아니라, 보고 체계의 상위에 속한 청와대나 국방부에 직접 보고를 합니다. 마땅히 있어야 할 '권위'가 사라지고 나니, 저마다 자기에게 유리한 쪽으로 행동하거나 불이익을 당하지 않는 쪽으로 판단하고 행동하는 것입니다. 세계 어느 나라도 이런 식으로 군대가 움직이는 곳이 없습니다. 결국, 이렇게 마땅히 있어야 할 '권위'가 사라지고 명령체계가 작동하지 않는 군대는, 정말 군대의 힘이 필요할 때 그 기능을 발휘하지 못하게 됩니다.

하나님께서 만민을 다스리는 권세를 아들인 예수 그리스도에게 주셨습니다. 이 '권세'는 어떤 '권세'일까요? 앞서도 말씀드린 것처럼, 사람들은 '권세'의 반대 개념을 '자유' 또는 '민주'라고 생각하는 경향이 많습니다. 그래서 '권세, 권위'라고 하면 부정적인 이미지, 꼰대 이미지를 연상합니다. 그리고 '자유', '민주'는 한없이 좋은 것으로 생각합니다. 하지만 '자유'라고 했을 때, '무엇으로부터 자유'를 얻었다는 것보다 더 중요한 것이, '무엇을 위한 자유'인지 분명한 지식과 방향성이 먼저 있어야 합니다. 방향이 없는 자유는 '허비'하고 '낭비'하는 쪽으로 향하게 됩니다.

요즘처럼 학생들이 학교에 가지 않고 집에 있을 때, 너희들 마음대로 하라고 '자유'를 주면 아이들은 그 '시간'을 어떻게 활용할까요? 아무런 제약을 하지 않으면 하루 종일 컴퓨터 붙잡고 앉아서 별로 생산적이지 않은 짓을 할 가능성이 훨씬 큽니다. 학교와 부모로부터 자유를 얻었지만 무엇을 해야 하는지 목표와 방향이 없기 때문에, 지금 당장 자기가 하고 싶은 자유만을 누리는 것입니다. 그러면 학생이 그렇게 주어진 시간을 전부 컴퓨터하고 게임하는 것에 사용하는 것은 생산적인 것입니까, 낭비하는 것입니까? 그건 낭비하는 것입니다.

그래서 아이들에게는 '권위'를 가진 부모님이나 선생님이 필요합니다. 그때의 부모님이나 선생님은 아이들의 권리나 자유를 침해하거나 착취하는 존재가 아니라, 아이들에게 목표와 방향을 제시해 주고 이끌어 주는 분입니다. 성경이 말씀하는 '권위, 권세'의 개념이 그와 같은 것입니다.

> 로마서 3:23(현대인의 성경), "모든 사람이 죄를 지어 하나님의 영광스러운 표준에 미치지 못하였으나"

이 말씀은, 인간의 범죄로 말미암아 하나님께서 인간에게 주셨던 영광스러운 지위를 상실했다는 뜻입니다. 인간의 범죄는 무엇입니까? "먹으면 반드시 죽으리라"라고 말씀하셨던 하나님의 권위, 그 말씀의 엄중함을 무시하고 자기 뜻대로 행한 것입니다. 인간은 하나님의 권세, 그 말씀의 권위 아래 있는 것을 인정하지 않았습니다. 자기들도 하나님처럼 되어 자기 뜻대로 살기를 원했습니다. 그리고 범죄한 결과는 하나님께서 그들에게 주신 복을 상실한 것입니다. 하지만 예수님께서는 철저히 하나님의 권위에 복종하심으로 하나님의 권위를 인정하지 않고, 하나님처럼 되려고 했던 인간에게 순종의 본을 보이셨습니다.

> 빌립보서 2:6-8, "그는 근본 하나님의 본체시나 하나님과 동등됨을 취할 것으로 여기지 아니하시고 7. 오히려 자기를 비워 종의 형체를 가지사 사람들과 같이 되셨고 8. 사람의 모양으로 나타나사 자기를 낮추시고 죽기까지 복종하셨으니 곧 십자가에 죽으심이라"

원래 하나님과 본체이며 동등이셨던 예수께서, 스스로 자신을 낮추시고 비우시면서 죽기까지 하나님의 말씀에 복종하셨습니다. 그렇게까지 복종하신 이유가 무엇입니까? 인간의 구원을 위해서입니다. 인간 구원이라는 아버지의 분명한 목표와 방향성에, 원래 성부 하나님과 동등이셨던 성자 하나님께서 자신을 낮추고 비워서 죽기까지 복종하셨던 것입니다. 그렇게 예수님께서 순종하신 결과는 어떻게 나타났을까요?

> 빌립보서 2:9-11, "이러므로 하나님이 그를 지극히 높여 모든 이름 위에 뛰어난 이름을 주사 10. 하늘에 있는 자들과 땅에 있는 자들과 땅 아래에 있는 자들로 모든 무릎을 예수의 이름에 꿇게 하시고 11. 모든 입으로 예수 그리스도를 주라 시인하여 하나님 아버지께 영광을 돌리게 하셨느니라"

하늘과 땅과 그 아래에 있는 모든 자들이 예수 이름 앞에 무릎을 꿇게 하시고, 예수 그리스도를 주라 시인하며 아버지 하나님께 영광을 돌리게 했습니다.

본문 2절에서 "만민을 다스리는 모든 권세를 아들에게 주셨다"라고 말씀하셨습니다. 이 '권세'는 어떤 권세입니까? "모든 사람에게 영생을 주시려고" 주신 방향을 따라가서 목표를 달성하는 데 필요한 '권세'입니다. 아직 사리 분별을 할 줄 모르는 어린 자녀에게 돈과 권리를 무제한으로 주면 어떤 결과가 생길까요? 건전하고 생산적인 결과를 만들어 낼까요? 돈과 권리는 성인이 된 이후에 쥐여 줘도 제대로 사용하는 경우가 별로 없습니다. 가장 대표적인 사례가, 거액의 복권에 당첨된 사람이 파산하여 그전보다 삶의 형태가 더 어렵게 되는 확률이 80%가 넘는다는 통계도 있지 않습니까?

그 복권에 당첨되지 않았더라면, 그 많은 돈과 권리가 생기지 않았더라면, 평범하고 소소한 행복을 누리며 살았을 터인데, 그것을 어떻게 관리하고 써야 하는지 목표와 방향도 모른 채 권리만 누리다가 인생이 망가지는 것입니다. 죄악 된 인생의 모습을 보여 주는 사례가 아닐까 싶습니다. 그리스도를 믿고, 성경의 도를 따라 사는 우리에게 반드시 필요한 것이 무엇일까요? 하나님 말씀의 권위에 자신을 비우고 순종하는 것입니다. 그리스도께서 죽기까지 복종하셨던 것처럼, 그렇게 믿고 복종하는 것입니다.

예수님은 "모든 사람에게 영생을 주게 하시려는" 하나님의 뜻과 목적에, 자신의 뜻을 일치시키고 순종하셨습니다. 그렇다면 저와 여러분은 무엇을 목표와 방향으로 삼고 순종해야 할까요?

빌립보서 2:5, "너희 안에 이 마음을 품으라 곧 그리스도 예수의 마음이니"

자기를 낮추시고 비우사 죽기까지 하나님께 복종했던 그리스도 예수의 마음을 닮는 것을 우리의 목표와 방향으로 삼아야 합니다. 에베소서에도 우리가 하나님의 아들을 믿는 것과 아는 일에 하나가 되어 그리스도의 장성한 분량까지 충만하게 이르도록 닮아 가라고 말씀합니다.

에베소서 4:13, "우리가 다 하나님의 아들을 믿는 것과 아는 일에 하나가 되어 온전한 사람을 이루어 그리스도의 장성한 분량이 충만한 데까지 이르리니"

먼저 해야 할 일과 나중에 해야 할 일, 중요한 일과 그렇지 않은 일에 대한 분별을 하지 못하는 자녀들에게 부모와 교사라는 정당한 권위자가 필요한 것처럼, 그리스도께서 우리에게 친히 모범을 보여 주시고 할 일을 가르쳐 주셨습니다.

에베소서 4:14-15, "이는 우리가 이제부터 어린 아이가 되지 아니하여 사람의 속임수와 간사한 유혹에 빠져 온갖 교훈의 풍조에 밀려 요동하지 않게 하려 함이라 15. 오직 사랑 안에서 참된 것을 하여 범사에 그에게까지 자랄지라 그는 머리니 곧 그리스도라"

사람의 속임수와 간사한 유혹에 빠져서 천지 분간도 못 하고 이리저리 몰려다니는 것은, 우리의 신앙이 아직 미숙하고 어리기 때문입니다. 하나님의 아들을 믿는 것과 아는 일에 마음을 온전히 두지 않으면, 우리는 우리의 죄 된 본성을 따라 마치 파도에 떠밀려 온 바다 거품처럼 이리저리 흔들리고 요동칠 수밖에 없습니다. 우리보다 우리를 더 잘 아시는 하나님께서 우리를 영원한 기쁨과 복이 있는 생명의 길로 인도하실 것입니다.

그 길로 누가 인도함을 받을 수 있습니까? 하나님께서 그리스도 예수께 주신 권세에 순종하는 사람이 받을 수 있습니다. 우리 마음 깊은 곳, 우리 본성 저 밑바닥에 있는 저항 의식을 버려야 합니다. 하나님의 말씀을 듣고 깨달았을 때, 그것이 나에게 손해가 되고 불편함을 준다 할지라도 '아멘'으로 순종할 수 있어야 합니다. 저와 여러분이 누구의 권위 아래에 있는지 스스로 점검해 봐야 할 것입니다. 한 치 앞도 보지 못하면서 자신의 지식과 경험과 느낌만 믿고 살 것입니까? 하나님의 인도하심을 따라 살아가기를 원합니다.

3. 영생

본문 3절에서 **"영생은 곧 유일하신 참 하나님과 그가 보내신 자 예수 그리스도를 아는 것이니이다"**라고 말씀하고 있습니다. 영생은 무엇입니까? 단지 시간적으로 영원히 존재하게 되는 것만이 아닙니다. 영생이란, 거기에 덧붙이거나 다듬을 필요가 없이 온전한 상태가 되는 것입니다. 우리가 하나님의 속성에 대해서 말할 때, '영원하시다'라고 합니다. 영원하신 하나님은 뭔가 부족한 것이 있어서 덧붙여야 하거나, 또는 과하게 남는 부분이 있어서 깎아 내고 다듬어야 하는 분이 아닙니다. 그 존재 자체로 완전하고, 그 완전한 존재가 영원토록 계시는 것입니다.

성경에서 우리에게 '영생을 주겠다'라고 하는 것은, 우리도 하나님의 완전하고 영원한 상태처럼 되게 해 주겠다는 뜻입니다. 그래서 성경이 우리에게 요구하는 것이 무엇입니까?

> 마태복음 5:48, "그러므로 하늘에 계신 너희 아버지의 온전하심과 같이 너희도 온전하라"
> 히브리서 10:22, "우리가 마음에 뿌림을 받아 악한 양심으로부터 벗어나고 몸은 맑은 물로 씻음을 받았으니 참 마음과 온전한 믿음으로 하나님께 나아가자"

영생은 무엇입니까? "아버지의 온전하심과 같이 너희도 온전하라, 온전한 믿음으로 하나님께 나아가자." 즉, 신분에 걸맞은 사람으로 자라나는 것입니다. 그러면 우리의 믿음이 어떻게 온전한 믿음으로 자라날 수 있을까요?

요한복음 17:23, "곧 내가 그들 안에 있고 아버지께서 내 안에 계시어 그들로 온전함을 이루어 하나가 되게 하려 함은 아버지께서 나를 보내신 것과 또 나를 사랑하심 같이 그들도 사랑하신 것을 세상으로 알게 하려 함이로소이다"

우리는 아버지께서 예수 그리스도를 세상에 보내신 것과 아버지께서 그리스도를 사랑하심 같이 우리도 사랑하신다는 것을 알아야 합니다. 여기서 '안다'라고 하는 것은, 기독교 지식과 정보를 안다는 것이 아닙니다.

요한복음 17:21-22, "아버지여, 아버지께서 내 안에, 내가 아버지 안에 있는 것 같이 그들도 다 하나가 되어 우리 안에 있게 하사 세상으로 아버지께서 나를 보내신 것을 믿게 하옵소서 22. 내게 주신 영광을 내가 그들에게 주었사오니 이는 우리가 하나가 된 것 같이 그들도 하나가 되게 하려 함이니이다"

21절과 22절에 공통으로 사용된 단어가 있습니다. '하나가 되어' 입니다. 아는 것은 무엇입니까? '하나가 되는' 것입니다. 그리스도와 성부 하나님이 하나요, 포도나무이신 예수와 가지인 우리가 서로 하나가 되는 것, 목표와 방향이 일치하는 것입니다. 하나님께서 우리를 구원하여 영생을 주신 이유가 무엇입니까?

로마서 6:22, "그러나 이제는 너희가 죄로부터 해방되고 하나님께 종이 되어 거룩함에 이르는 열매를 맺었으니 그 마지막은 영생이라"

우리가 받은 구원은 죄로부터 해방되는 것, 그래서 천국에 가게 된 것 정도가 아닙니다. 그것은 어떤 면에서 볼 때 출발선에서 달리기를 시작한 것입니다. 그러면 마지막 결승점은 어디입니까? "하나님의 온전함, 그리스도의 장성한 분량"에 이르기까지 거룩함에 이르는 열매를 맺는 것입니다. '거룩함에 이르는 열매'라고 말씀했습니다. 이 말씀을 원어의 표현으로 보면, '거룩함에 이르는 성화의 열매'가 미래에 이루어질 결과로 표현되지 않고, 현재 소유하고 있는 것으로 사용되고 있습니다.

'성화의 열매'는 우리 스스로 만들어 낼 수 있는 것이 아닙니다. 이것은 '그리스도로부터 공급받아 성취한 것'입니다. 하지만 동시에 이 '열매'는 성령의 능력을 힘입어, 이 열매가 우리의 삶 속에서 나타날 수 있도록 밝히 드러내는 일을 우리가 해야 하는 것입니다.

마태복음 5:14, "너희는 세상의 빛이라 산 위에 있는 동네가 숨겨지지 못할 것이요"

참으로 예수님은 산 위의 동네처럼, 자신을 통하여 하나님의 뜻과 그분의 영광이 드러나는 삶을 사셨습니다. 또한 예수님께서는 당시의 사람들과 오늘 저와 여러분에게도 그와 같은 삶, 즉 우리를 통하여 하나님의 뜻과 영광이 드러나는 삶을 살라고 하십니다. 우리가 어떻게 그런 일을 할 수 있습니까? 하나님의 뜻에, 그분의 말씀에 우리를 일치시키는 것으로 할 수 있습니다. 그때 알아서 일치시키기도 하지만, 몰라도 일치시키는 것입니다.

잠언 4:5-7, "지혜를 얻으며 명철을 얻으라 내 입의 말을 잊지 말며 어기지 말라 6. 지혜를 버리지 말라 그가 너를 보호하리라 그를 사랑하라 그가 너를 지키리라 7. 지혜가 제일이니 지혜를 얻으라 네가 얻은 모든 것을 가지고 명철을 얻을지니라"

지혜를 얻고 명철을 얻으라는 말은, 지금 너에게는 지혜와 명철이 없다는 말입니다. 이미 자기에게 지혜가 충분히 있다면 남으로부터 들을 필요가 없습니다. 잠언은 솔로몬이 쓴 책입니다. 특히 4장은 솔로몬이 다윗으로부터 받은 유언의 말씀을 자기 아들들에게, 또한 이 지혜가 필요한 사람에게 준 책입니다.

잠언 4:1-4, "아들들아 아비의 훈계를 들으며 명철을 얻기에 주의하라 2. 내가 선한 도리를 너희에게 전하노니 내 법을 떠나지 말라 3. 나도 내 아버지에게 아들이었으며 내 어머니 보기에 유약한 외아들이었노라 4. 아버지가 내게 가르쳐 이르기를 내 말을 네 마음에 두라 내 명령을 지키라 그리하면 살리라"

3절에 보시는 것처럼, "나도 아버지의 유약한 외아들이었는데 그 아버지가 가르쳐 주신 말씀이 '내 말을 마음에 두고 내 명령을 지키라' 였다"라고 합니다. 그러면 다윗은 솔로몬에게 어떤 유언을 했을까요?

열왕기상 2:1-4, "다윗이 죽을 날이 임박하매 그의 아들 솔로몬에게 명령하여 이르되 2. 내가 이제 세상 모든 사람이 가는 길로 가게 되었노니 너는 힘써 대장부가 되고 3. 네 하나님 여호와의 명령을 지켜 그 길로 행하여 그 법률과 계명과 율례와 증거를 모세의 율법에 기록된 대로 지키라 그리하면 네가 무엇을 하든지 어디로 가든지 형통할지라 4. 여호와께서 내 일에 대하여 말씀하시기를 만일 네 자손들이 그들의 길을 삼가 마음을 다하고 성품을 다하여 진실히 내 앞에서 행하면 이스라엘 왕위에 오를 사람이 네게서 끊어지지 아니하리라 하신 말씀을 확실히 이루게 하시리라"

"여호와의 명령을 지켜 그 길로 행하고, 하나님의 율법에 기록된 대로 지켜라, 마음을 다하고 성품을 다하여 진실하게 하나님 앞에 행하라"였습니다. 지혜가 무엇입니까? 하나님의 말씀입니다. 하나님의 말씀은 우리가 이해가 되든지 안 되든지 주신 말씀대로 순종할 때 길이 열리고 답이 보이는 것입니다.

뒤에서는 애굽의 군대가 추격해 오고, 바로 앞에는 홍해 바다가 흐르고 있고, 이백만 이스라엘 백성들은 모세만 쳐다보고 있는데, 하나님께서 모세에게 "지팡이를 들고 바다를 위로 내밀어 그것이 갈라지게 하라" 명하셨습니다. 이게 이해가 되는 말씀입니까? 그렇게 하면 뭐가 달라지겠습니까? 그런데 모세가 하나님의 명령에 순종했더니 바다가 갈라지고 물은 그들 좌우로 솟구쳐 벽이 되었습니다.

출애굽기 14:29, "그러나 이스라엘 자손은 바다 가운데를 육지로 행하였고 물이 좌우에 벽이 되었더라"

지혜는 무엇입니까? 꾀가 많고, 뭔가 기발한 아이디어가 떠오르는 것입니까? 아닙니다. 지혜는 하나님의 말씀에 순종하는 것입니다. 천지를 창조하시고 만물을 주관하시는 하나님, 영원에서부터 영원에 이르기까지 모든 것을 아시는 하나님께서 가르쳐 주신 대로 믿고 순종하는 것입니다.

본문 3절에서 **"영생은 곧 유일하신 참 하나님과 그가 보내신 자 예수 그리스도를 아는 것"**이라고 했습니다. 하나님과 그가 보내신 예수 그리스도를 정확하게 알지 못하면, 우리는 우리의 욕심과 주관적인 감정의 틀에 하나님을 가두고, 자기가 원하는 방향으로 하나님의 말씀을 적용하게 됩니다. 영생을 주기 위해 오신 예수님을 알려고 하기보다는, 인간 해방을 위해 오신 예수, 소수와 약자의 친구가 되어 주신 예수, 묻지도 따지지도 않고 모든 것을 용서하고 사랑해 주는 예수라고 믿게 됩니다. 성경이 말씀하는 예수가 아니라, 자기가 믿고 싶은 예수를 믿는 것이지요. 그렇게 되면 비록 예수를 말하고, 예수를 믿는다고 하지만 우상을 숭배하는 것과 똑같은 것입니다. 자기를 위한 신을 만들어 놓고 그것을 믿는 것이기 때문입니다.

영생은 유일하신 하나님과 그가 보내신 예수 그리스도를 아는 것입니다. 영생은 죽어서 천국 가면 영원히 사는 것만을 의미하는 것이 아니라, 하나님의 온전하심과 같이 우리도 온전한 믿음의 상태로 만들어져 가는 것입니다. 그러기 위해서 우리는 하나님을 알고, 예수님을 알아야 합니다. 안다고 하는 것은 하나가 되는 것입니다. 하나님의 뜻과 하나가 되고, 예수님의 삶과 하나가 되는 것입니다. 결국 우리가 그렇게 만들어져 가는 것입니다. 이 일을 위해 우리가 신앙생활을 하는 것입니다.

저와 여러분, 우리 하와이한빛장로교회가 하나님을 알고, 예수님을 알고, 성경을 정확하게 알아가기 원합니다. 단지 지식과 정보로만 알아가는 것이 아니라, 하나님의 뜻과 방향에 우리의 뜻과 삶의 방향을 일치시켜서 하나가 될 수 있기를 원합니다. 그렇게 함으로써 우리의 믿음이 하나님의 온전하심과 같이 온전해지도록 성숙해지고 자라 가게 되기를 기원합니다.

요한복음 17:4~8

내게 하라고 주신 일을 내가 이루어

"4. 아버지께서 내게 하라고 주신 일을 내가 이루어 아버지를 이 세상에서
영화롭게 하였사오니 5. 아버지여 창세 전에 내가 아버지와 함께 가졌던
영화로써 지금도 아버지와 함께 나를 영화롭게 하옵소서 6. 세상 중에서
내게 주신 사람들에게 내가 아버지의 이름을 나타내었나이다 그들은 아
버지의 것이었는데 내게 주셨으며 그들은 아버지의 말씀을 지키었나이다
7. 지금 그들은 아버지께서 내게 주신 것이 다 아버지로부터 온 것인 줄
알았나이다 8. 나는 아버지께서 내게 주신 말씀들을 그들에게 주었사오며
그들은 이것을 받고 내가 아버지께로부터 나온 줄을 참으로 아오며 아버
지께서 나를 보내신 줄도 믿었사옵나이다"

예수님께서 본문 4절에 "아버지께서 내게 하라고 주신 일을 내가 이루었다"라고 말씀했습니다. 예수님께서 이루신 일은 무엇일까요? **"세상 중에서 내게 주신 사람들에게 내가 아버지의 이름을 나타낸"** 것입니다. 그 결과 어떤 일이 생겼을까요? **"그들은 아버지의 말씀을 지키었나이다"** 그러면 그들이 지킨 '아버지의 말씀'은 무엇이었을까요? 하나님께서 모세를 통해서 개인이 아닌 하나님의 백성 전체에게

주신 시내산 언약입니다. 십계명을 포함해서 이스라엘 백성들이 지켜야 할 도덕법, 의식법, 시민법을 가르쳐 주시고, 이 말씀을 지켜 순종했을 때 복을 주신다고 약속하셨습니다.

신명기 32:45-47, "모세가 이 모든 말씀을 온 이스라엘에게 말하기를 마치고 46. 그들에게 이르되 내가 오늘 너희에게 증언한 모든 말을 너희의 마음에 두고 너희의 자녀에게 명령하여 이 율법의 모든 말씀을 지켜 행하게 하라 47.이는 너희에게 헛된 일이 아니라 너희의 생명이니 이 일로 말미암아 너희가 요단을 건너가 차지할 그 땅에서 너희의 날이 장구하리라"

본문 6절에 예수님께서 **"그들은 아버지의 말씀을 지키었나이다"**라고 하셨는데, 그러면 예수님의 제자들은 모세가 전해 준 모든 율법을 다 지켰다는 뜻일까요?

요한복음 17:7-8, "지금 그들은 아버지께서 내게 주신 것이 다 아버지로부터 온 것인 줄 알았나이다 8. 나는 아버지께서 내게 주신 말씀들을 그들에게 주었사오며 그들은 이것을 받고 내가 아버지께로부터 나온 줄을 참으로 아오며 아버지께서 나를 보내신 줄도 믿었사옵나이다"

제자들이 지켰다고 한 아버지의 말씀이 무엇입니까? 보신 것처럼, 예수님께서 아버지께로부터 나온 분인 것을 알고, 아버지께서 예수님을 보내셨다는 것도 아는 것입니다. 그리고 예수님께서 하신 말씀이나 그분이 하신 모든 일이 아버지께로부터 온 것을 아는 것입니다.

우리 성도들이 가져야 하는 첫 번째 신앙의 핵심 원리는, 세상을 창조하신 하나님께서 지금도 당신이 창조한 모든 만물을 다스리고 섭리하시며, 구원에 속한 모든 것이 하나님께로부터 온 것임을 아는 것입니다. 이것이 바로 기독교 신앙의 근본입니다.

두 번째 원리는, 8절 마지막 부분에 기록된 말씀과 같이, 이 일을 이루시고 완성하는 일을 위하여 하나님께서 지금도 일하고 계신다는 것입니다. 다시 말씀드려서 기독교 신앙의 원리는, 처음부터 마지막까지 아버지 하나님께서 오직 당신의 선하시고 온전하신 뜻에 따라 이끄심을 믿는 것입니다.

이 원리가 중요한 이유는 기독교 신앙을 잘 알지 못하는 사람들, 또는 한 줌도 안 되는 인간의 지식과 경험으로 기독교를 이해하려는 사람들이 잘못된 지식과 경험을 토대로 교회 안과 바깥에서 끊임없이 기독교를 공격하고 있기 때문입니다. 가장 대표적인 예가 '죄'에 대한 이해입니다. '죄'를 윤리적이고 도덕적인 것, 실정법을 어긴 것으로 생각하면, "인간이 어떻게 저런 짓을" 또는 "저런 죄를 저질렀으니 당연히 벌을 받아야지" 이렇게 판단할 수 있습니다. 하지만 '죄의 정의'를 하나님을 근거로 내리면, 하나님과 상관없이 또는 하나님의 뜻을 거슬러서 하는 모든 것이 다 죄가 됩니다.

"기독교 신앙을 가졌다"라는 것은, "모든 일이 하나님께로부터 시작되었으며, 그 일의 마침도 하나님의 뜻을 완성하는 것에 있음을 인정하는 것입니다. 성경이 인간에 대하여 정의할 때 '모든 사람이 죄를 범한 죄인'이라고 하는 것은, 인간이 잘못한 어떤 행위를 지적하고, 그 행위에 관하여 징역을 선고하며 판결하는 것이 아니라, 죄의 근원이 무엇인지를 가르쳐 줍니다. 그래서 하나님 편을 들지 않는 모든 것, 하나님과 관계없이 판단하고 결정한 모든 것, 하나님의 말씀을 거슬러 행한 모든 일이 다 죄가 되는 것입니다.

얼마 전에 저희가 사는 동네에 정전이 되었습니다. 저녁 9시경에 정전이 되어 한 시간여 동안 전기가 들어오지 않았습니다. 생각해 보면 제가 어렸을 때는 마을 전체가 정전될 때가 많았습니다. 하지만 정전이 되어서 불편한 것은 있었을지 모르겠지만, 그렇다고 전기가 없어서 못 살 것 같다는 생각은 하지 않았던 것 같습니다. 초를 켜고 지내다가 더 늦게까지 전기가 들어오지 않으면 자면 됐습니다. 하지만 지금은 전기가 들어오지 않으면 할 수 있는 일이 많이 사라집니다. 어쩌면 우리 생활에 심각한 장애가 될 수도 있습니다.

가장 첫째로 걱정되는 것은, 냉장고에 저장된 음식이 상하는 것입니다. 하지만 그것보다 더 큰 문제는 컴퓨터, 스마트폰 등 이제는 우리의 삶에 있어서 필수 요소가 되어 버린 장비들을 사용할 수 없게 되는 것입니다. 그래서 정전이 된 집에서 촛불 하나를 켜 놓고 아이들과 "만약 전기가 없으면 우리가 뭘 하며 살 수 있을까?" 하며 대화를 나누어 봤습니다. 여러분은 어떻게 생각하십니까? 만약 전기가 없다면 어떤 일이 생길까요? 우리 집으로 들어오는 전기의 근원이 끊기고 나면, 우리 집에 있는 스탠드가 아무리 비싸고 좋은 것이라도, 최고급 샹들리에 장식이라도 소용없습니다.

성경이 인간의 죄를 이야기할 때, 우리가 일반적으로 생각하는 것처럼 도덕적, 윤리적 잘못이나 범죄를 저질렀기 때문에 '죄'라고 말하지 않고, "근원이신 하나님께로부터 분리된 것"을 죄라고 말하는 이유가 바로 이것입니다. 그래서 성도는 어떤 사람입니까? 하나님과 하나로 연결되지 않은 것, 그래서 하나님께 영광이 되지 않는 모든 것을 죄로 생각하는 사람입니다. 그렇다면 '의'는 어떤 것일까요? 이것 역시 모든 것의 근원인 하나님께로부터 나온 것만이 '의'입니다. 이것을 알지 못하면 우리는 자꾸 세상적인 기준에서 '의'를 찾게 됩니다.

지난 수요강의에서도 말씀드린 것처럼, 우리 성도들은 '세상의 소금과 빛'으로 보냄을 받은 사람들이지, '세상에서 소금과 빛'이 되어야 하는 것이 아닙니다.

'~의'라는 말은 ① "사람으로서의 도리"와 같이 자격을 나타내거나, ② "상관으로부터의 명령"과 같이 목적을 나타내는 말, 또는 ③ "국민의 한 사람"과 같이 관계나 범위 영역을 나타내는 말로 사용됩니다.

'~에서'라는 말은 ① "학교에서 공부한다"처럼 장소의 개념과 ② "집에서부터 교회까지"처럼 출발점을 나타내는 개념, 이 두 가지의 뜻이 있습니다.

마태복음 5:13-15, "너희는 세상의 소금이니 소금이 만일 그 맛을 잃으면 무엇으로 짜게 하리요 후에는 아무 쓸 데 없어 다만 밖에 버려져 사람에게 밟힐 뿐이니라 14. 너희는 세상의 빛이라 산 위에 있는 동네가 숨겨지지 못할 것이요 15. 사람이 등불을 켜서 말 아래에 두지 아니하고 등경 위에 두나니 이러므로 집 안 모든 사람에게 비치느니라"

예수님께서 제자들과 성도들에게 "너희는 세상의 소금이다, 세상의 빛이다"라고 하셨을 때, '~의'라고 하신 것은 어떤 의미를 뜻한 것이었을까요? 그것은 '~의'라는 원래 의미가 가진 것처럼, 성도의 자격과 주님으로부터 받은 명령과 하나님 나라 백성의 한 사람으로서의 소속을 나타내는 것입니다. 자기가 어떤 자격으로 세상에 보냄을 받았는지, 자기를 보낸 분의 명령이 무엇인지, 무엇보다 자신이 어디에 소속된 사람인지 정체성을 모르고 임무를 행하는 것만큼 위험하고 어리석은 일이 없습니다. 자신의 신분과 명령과 소속을 망각하고 또는 무시하고 무언가 일을 했다면, 그것은 보낸 자를 위한 것이 아니라 자기 자신을 위해서 한 것입니다. 그리고 보통 세상에서는 그런 사람을 가리켜서 '간첩'이라고 말합니다.

그러면 여러분은 예수님께서 말씀하신 것처럼 세상의 소금과 빛처럼 사셨습니까? 아니면 간첩처럼 세상에서 살고 있으십니까? 사람들이 예수님께서 '세상의 소금과 빛이 되라'고 가르쳐 주신 말씀에서 혼란스러워하는 것은 바로 이 내용 때문일 것입니다.

> 마태복음 5:16, "이같이 너희 빛이 사람 앞에 비치게 하여 그들로 너희 착한 행실을 보고 하늘에 계신 너희 아버지께 영광을 돌리게 하라"

"이같이 너희 빛이 사람 앞에 비치게 하라"라고 하셨는데, 그 빛이 무엇이냐고 했을 때 '그들로 너희의 착한 행실을 보게 하는 것'이라고 말씀했습니다. 그래서 "착한 것이 무엇이냐?"라고 물으면, "사람들을 이롭게 하고 위하는 것"이라고 쉽게 생각합니다. 그런데 예수님의 이 말씀의 핵심은 '착한 행실'이 아니라, "아버지께 영광을 돌리는 것"입니다. 이 말씀은 오늘 본문 4절, **"아버지께서 내게 하라고 주신 일을 내가 이루어 아버지를 이 세상에서 영화롭게 하였사오니"**와 같은 뜻입니다.

질문을 드리겠습니다. 예수님께서 세상에 오셔서 사람들의 병을 고치고, 귀신을 쫓아내고, 오병이어의 기적을 일으키시고, 죽은 자를 살려 주신 일은 착한 일입니까, 나쁜 일입니까? 당연히 착한 일이지요. 그러면 예수님께서 행하신 착한 일은 예수님 자신을 위한 것이었습니까? 그 모든 일이 하나님의 뜻을 이루기 위함인 것이었습니까? 이걸 알아야 합니다.

> 요한복음 14:10-11, "내가 아버지 안에 거하고 아버지는 내 안에 계신 것을 네가 믿지 아니하느냐 내가 너희에게 이르는 말은 스스로 하는 것이 아니라 아버지께서 내 안에 계셔서 그의 일을 하시는 것이라 11. 내가 아버지 안에 거하고 아버지께서 내 안에 계심을 믿으라 그렇지 못하겠거든 행하는 그 일로 말미암아 나를 믿으라"

예수님께서 하시는 말은 예수님 자신의 말이 아니라 아버지의 말이었습니다. 예수님께서 하시는 일은 아버지께서 예수 안에 계셔서 하시는 일이었습니다. 예수께서 행하신 일을 보면, 예수님과 하나님이 한 분이시다, 하나이시다는 것을 부정할 수 없을 만큼 예수님은 철저히 하나님의 뜻을 따라 행하셨습니다. 지금 무엇을 말씀드리는 것인지 이해되십니까? '착한 행실'이라고 하니까 세상 사람들이 좋아하는 것, 그들이 인정해 주고 칭찬해 주는 그런 '착한 행실'을 말하는 것이 아닙니다.

예수님께서 말씀하신 '착한 행실'은 아버지께 영광이 되는 행실입니다. 그 일을 위하여 예수님께서는 십자가를 지셨습니다. 그 일을 위하여 스데반은 돌에 맞아 죽었습니다. 그 일을 위하여 세례 요한은 목이 베여 죽었습니다. 그분들이 천인공노할 죄를 지어서 그렇게 비참하게 죽은 것입니까? 오히려 예수님께서 산상수훈에서 가르쳐 주신 것처럼, 철저하게 복음대로 살았음에도 세상 사람들에게 미움을 받고 죽임을 당한 것입니다.

우리는 세상 사람들과 사는 '기준'이 다르다는 것을 잊으면 안 됩니다. 우리는 세상에서 살지만, 세상과 하나 되어 사는 사람들이 아니라, 세상으로 소금과 빛의 역할을 하도록 보냄을 받은 사람들입니다. 우리는 포도나무이신 그리스도와 연합된, 하나 되어 사는 사람들이고, 우리의 삶의 기준은 하나님의 의의 기준, 하나님의 죄의 기준을 따라 사는 것입니다. 하나님의 기준과 사람의 기준 가운데 어떤 것이 더 수준이 높습니까? 당연히 하나님의 기준이 더 높습니다.

세상 사람들은 그 마음에 어떤 흉악한 것이 있든지 겉으로 표현하지 않고 실제로 죄를 범하지 않으면 상관하지 않습니다. 하지만 하나님의 기준은 마음으로 음욕을 품고, 마음으로 미워한 것까지도 간음죄요 살인죄라고 말씀합니다. 하나님께서 마음과 생각에서 멈춘 것까지도 '죄'라고 하신 이유가 무엇일까요? 그것은 우리 몸이 하나님이 계신 성전이요, 우리가 하나님과 연합된 한 몸이기 때문입니다.

고린도전서 3:16-17, “너희는 너희가 하나님의 성전인 것과 하나님의 성령이 너희 안에 계시는 것을 알지 못하느냐 17. 누구든지 하나님의 성전을 더럽히면 하나님이 그 사람을 멸하시리라 하나님의 성전은 거룩하니 너희도 그러하니라”

지난 시간에 영생이란, “거기에 덧붙이거나 다듬을 필요가 없이 온전한 상태가 되는 것”이라고 말씀드렸습니다. 완전하신 하나님께서 영원한 존재이듯, 우리도 그렇게 되길 원하십니다. 그래서 우리가 이 땅에 사는 동안 해야 할 일은, “아버지의 온전하심과 같이 우리도 온전해지는 것”입니다. 즉, 신분에 걸맞은 사람으로 자라나는 것이고, 하나님의 거룩하심과 같이 우리도 거기까지 이르는 열매를 맺는 것입니다.

“우리가 소금과 빛”으로 세상에 보냄을 받은 존재라는 것을 확인하고 있습니다. 우리의 신분, 우리가 받은 명령, 우리가 속해 있는 나라에 대한 정확한 이해가 없으면, 자기가 뭘 해야 하는지 또 뭘 하고 있는지도 모른 채 그냥 ‘착한 일’만 하면 다 되는 줄로 착각하게 됩니다. 아닙니다. 착하다고 되는 것이 아니라 ‘기준’을 따랐느냐가 중요합니다. “기준은 무엇일까요?” 처음부터 마지막까지 하나님이 기준입니다. 그러면 왜 오직 하나님만 기준이어야만 하는 것입니까? 세상의 기준은 자기 자신 또는 자기가 속해 있는 단체나 국가의 이익에 따라 선과 악, 옳고 그름의 기준이 서로 다르기 때문입니다.

지금이야 노예제도가 없지만, 불과 160여 년 전만 해도 미국에 노예제도가 있었습니다. 영국도 노예제도가 없어진 것이 200년이 채

되지 않습니다. 현행법은 사람이 사람을 노예로 붙잡아서 강제 노동을 시키는 것은 죄입니다. 그뿐만 아니라 사람이 돈을 받고 사람을 파는 인신매매도 죄입니다. 하지만 불과 160년의 미국과 200년 전의 영국만 해도 그런 행위가 합법이었습니다. 심지어 미국은 노예해방 문제로 전쟁까지 벌여야 했습니다. 노예 문제뿐이겠습니까? 동일한 사건에 대해서도 개인의 이해관계에 따라, 또는 정치적 성향과 관점에 따라 옳고 그름과 좋고 나쁨이 나뉩니다. 이렇게 착한 일과 나쁜 일, 선과 악에 대한 인간의 기준은, 철저하게 자기 자신 또는 자기가 속한 곳의 이익에 따라 나뉘기도 합니다.

누군가에게는 너무 좋고 괜찮은 일인데, 누군가에게는 악하고 불합리한 일이 되기도 합니다. 모두를 만족시킬 수 있는 기준이 세상에는 없습니다. 그래서 좌로나 우로나 치우치지 않고, 세상의 시작에서부터 지구의 종말이 올 때까지 변하지 않는 기준이 필요한 것입니다. 그 기준이 무엇입니까? 하나님의 말씀입니다. 하나님의 뜻입니다.

남아공에 선교사로 있을 때, 짐바브웨라는 나라로 전도 여행을 갔었습니다. 가족이 함께 가야 했기에 저희가 살던 도시에서 짐바브웨의 수도 하라레까지 3천 킬로미터, 1,865마일이 넘는 거리를 직접 운전해서 다녀왔습니다. 한때 짐바브웨는 '아프리카의 진주'라고 불릴 만큼 아름답고 잘사는 나라였지만, 무가베 군사독재정권이 들어선 이후 가장 못사는 나라가 됐습니다. 짐바브웨에서 많은 일이 있었지만, 한 가지 이상했던 것은 좌우에 논이 있는 논두렁 같은 왕복 2차선 도로 중간에 경찰이 접이식 의자를 펴 놓고 앉아 있다가 그 길을 통과하는 차를 세운 뒤에 2불씩 통행세를 받는 것이었습니다. 톨

게이트라는 표지판이 있는 것도 아니고 돈을 내도 영수증을 주지 않는데, 돌아나갈 수도 없는 좁은 왕복 2차선 도로에서 경찰들이 길을 막고서 통행세를 거뒀습니다.

그중에 제일 황당했던 일은 경찰에게 협박받고 돈을 뜯긴 것이었습니다. 당시 짐바브웨의 노동자 한 달 봉급이 100불이 안 됐는데, 경찰한테 붙잡힐 때마다 100~200불씩 내야 했습니다. 한 가지 예를 들면, 마치 수목원처럼 좌우로 커다란 나무들이 터널처럼 가로수로 조성된 길을 지나가고 있는데 경찰이 제 차를 세웠습니다. 그러면서 신호 위반을 했으니 100불을 내놓으라고 했습니다. 그 길은 우리가 머물던 숙소와 가까운 곳이어서 매일 그 길을 지나다녔지만, 그곳에서 신호등을 본 적이 없었습니다. 그래서 "여긴 신호등이 없는 길인데 어떻게 신호 위반을 할 수 있겠냐?"라고 물었습니다. 그러자 경찰이 가로수 나무 사이에 숨겨져 있는 신호등을 가리키면서 신호 위반이 맞다고 했습니다.

기가 막힌 것은 우릴 안내했던 현지 사람도 거기에 신호등이 있는지 몰랐다고 했습니다. 신호등이라는 것이 원래 도로를 지나는 자동차나 보행자의 안전을 돕기 위해 잘 보이는 곳에 설치되어야 하는 것 아닙니까? 그런데 운전석에서는 보이지도 않고, 사거리를 지나간 후에 차를 세우고 차에서 내려 뒤편에 있는 가로수 사이를 자세히 봐야 보이는 곳에 신호등을 만들어 놓고는 신호 위반을 했다고 하니 억울했습니다. 그런 식으로 짐바브웨에서 경찰에게 빼앗긴 돈이 몇백 불이었습니다.

그렇게 몇백 불을 뜯기고 나서 현지 목사님께 우리가 당한 일을 이야기하면서 왜 경찰이라는 사람들이 그런 부정한 일을 하는지 물어봤습니다. 그 목사님께서 하시는 말씀이, 짐바브웨 정부에 돈이 없어서 경찰들에게 월급을 제대로 주지 못한다고 했습니다. 그래서 경찰들이 알아서 도로에 나가서 운전자들에게 돈을 뜯는데, 외국인의 경우 그 정도가 더 심하다고 하면서 대신에 말만 잘하면 그냥 보내 주기도 한다고 말해 줬습니다.

짐바브웨서 전도 여행을 마치고 돌아오는데, 아니나 다를까 교통경찰이 또 제 차를 세웠습니다. 속도위반을 했으니 면허증과 자동차 등록증을 내놓으라는 것입니다. 현지 목사님께 들은 말도 있고 해서 경찰에게, 그러면 우리가 속도를 얼마나 위반했는지 위반한 증거를 보여 달라고 했습니다. 그랬더니 경찰이 이번 한 번만 봐줄 테니까 그냥 가라고 해서 그냥 왔습니다. 기준이랄 것이 없다 보니 짐바브웨 자동차 번호판이 아니라 다른 나라 번호판이 달린 차는 무조건 세워서 돈을 뜯었습니다. 하지만 그중에 더 담대하고 악랄하지 못한 경찰은 마음에 찔림을 받고 놓아주기도 하는 것을 경험했습니다.

요한복음 17:3, "영생은 곧 유일하신 참 하나님과 그가 보내신 자 예수 그리스도를 아는 것이니이다"

영생의 길은 유일하신 하나님과 그가 보내신 예수를 아는 것임을 가르쳐 주셨습니다. 성경에서 '아는 것'은 "지식과 정보를 알았다"라는 것이 아닙니다. 성부와 성자가 하나요, 성자 예수와 성도들이 하나인 것을 아는 것입니다. 서로 하나이기 때문에, 한 몸이기 때문에 모를 수가 없는 것입니다. 오른손이 하는 일을 왼손이 네가 뭘 하는지 모르겠다고 할 수 있겠습니까? 그래서 예수님께서는 내가 하는 말은 아버지의 말이며, 나는 아버지가 하시는 일을 행하는 것이라고 말씀하시면서, **"나와 아버지는 하나이니라"**(요 10:30)라고 말씀하셨던 것입니다. 성자 예수님과 성부 하나님이 하나이셨기 때문에, 예수님이 하시는 모든 일은 다 하나님께서 하시려는 일이었고, 그렇게 말씀 순종의 본을 보이신 것입니다. 그렇다면 제자들과 우리는 어떻게 하나님의 말씀에 순종할 수 있을까요?

> 갈라디아서 2:16, "사람이 의롭게 되는 것은 율법의 행위로 말미암음이 아니요 오직 예수 그리스도를 믿음으로 말미암는 줄 알므로 우리도 그리스도 예수를 믿나니 이는 우리가 율법의 행위로써가 아니고 그리스도를 믿음으로써 의롭다 함을 얻으려 함이라 율법의 행위로써는 의롭다 함을 얻을 육체가 없느니라"

우리가 죄 사함을 받고 의롭다 여김을 받는 것은, 우리가 착한 일을 하고 성경에 기록된 모든 내용을 다 지켜서 그렇게 되는 것이 아닙니다. 우리가 의롭게 되는 것은 그리스도를 믿음으로 말미암는 줄 안다고 했습니다. 결국 '믿는다'라는 말과 '그리스도를 안다'라는 말은 같은 의미입니다. 그리고 이것이 세상의 종교들이 말하는 '믿음'과 우리 기독교에서 말하는 '믿음'이 근본적으로 다른 이유가 되는 것입니다.

'세상 종교가 말하는 믿음'은 어떤 것입니까? 종교 행위자의 의지입니다. 그가 얼마나 열심 있는 정성을 들였느냐? 그의 정성은 신을 감동시켰느냐, 그래서 결국 본인이 얻고자 했던 것을 신으로부터 받아 냈느냐? 이러한 것이 세상에서 인정하는, 또는 세상이 이해하는 믿음의 모습입니다. 하지만 성경의 종교인 기독교의 믿음은 행위자에게서 근거를 찾지 않습니다. 창조주인 하나님께서 자신의 독생자를 세상에 보내신 후, "내가 너희를 얼마나 사랑하는지 알기 원한다"라며 아는 것이 믿음이라고 말씀합니다.

그러면 예수님께서 **"그들은 아버지의 말씀을 지키었나이다"**라고 말씀하신 뜻이 무엇입니까? 정말 제자들이 모세의 율법을 다 지켰다는 말입니까?

요한복음 17:8, "나는 아버지께서 내게 주신 말씀들을 그들에게 주었사오며"

아버지께서 예수님께 주신 말씀을 예수께서 그들에게 전해 주었고, 제자들은 예수님께서 전해 주신 말씀을 듣고서, "예수님이 하나님께로부터 나온 분인 것을 알았다, 아버지께서 보내신 것을 알았다"라고 말하고 있습니다. 결국, 제자들이 아버지의 말씀을 지켰다는 것은 어떤 의미입니까? 예수님이 하나님께서 보내신 그리스도이심을 알았다, 믿었다는 것입니다. 기독교 신앙의 신비는 인간의 경험과 지혜를 뛰어넘습니다. "내가 하나님을 알았다, 예수님을 믿었다. 그런데 그것이 바로 아버지의 말씀을 지킨 것이다." 이것이 우리의 경험과 상식으로 가능한 일입니까? 무언가를 알고 믿었다는 것은 내면에 속한 것이고, 무엇을 지켰다는 것은 행위로 결과물을 만들어 낸 것인데, 어떻게 안 것이 지킨 것이 될 수 있습니까? 이 말씀의 이해를 돕기 위해서 다윗의 시편을 찾아서 함께 읽어 보겠습니다.

시편 51편, 숫자 옆을 보시면 "다윗의 시, 인도자를 따라 부르는 노래, 다윗이 밧세바와 동침한 후 선지자 나단이 그에게 왔을 때"라는 소개가 있습니다. 다윗이 부하 장수의 아내를 빼앗고 그 남편을 죽이는 범죄를 저질렀습니다. 하나님께서 다윗에게 나단 선지자를 보내서 그의 죄를 지적하게 하셨고, 나단의 책망을 들은 후 다윗이 하나님 앞에 회개하고 지은 시가 이 말씀입니다.

> 시편 51:3-5, "무릇 나는 내 죄과를 아오니 내 죄가 항상 내 앞에 있나이다 4. 내가 주께만 범죄하여 주의 목전에 악을 행하였사오니 주께서 말씀하실 때에 의로우시다 하고 주께서 심판하실 때에 순전하시다 하리이다 5. 내가 죄악 중에서 출생하였음이여 어머니가 죄 중에서 나를 잉태하였나이다"

이 말씀을 읽으면서 "다윗이 이런 회개를 했구나" 하는 정도로만 이해하면 안 됩니다. 다윗의 고백에는 죄 앞에 당황하고 놀라는 그의 심경이 있습니다. 다윗은 어떤 사람입니까? 다윗은 하나님의 마음에 꼭 맞는 사람이었습니다.

> 사도행전 13:22, "내가 이새의 아들 다윗을 만나니 내 마음에 맞는 사람이라 내 뜻을 다 이루리라 하시더니"

다윗은 골리앗 앞에서 "너는 칼과 단창으로 내게 오지만, 나는 네가 모욕하는 만군의 주 여호와의 이름으로 네 앞에 가노라!" 하면서 물맷돌로 그를 쓰러뜨렸던 사람입니다. 또한, 자기를 죽이기 위해 군사들을 이끌고 추격하는 사울 왕을 죽일 기회가 두 번이나 있었지만, 하나님께 맡기고 그냥 놔주었던 믿음의 사람이었습니다. 그랬던 다윗이 어느 날 갑자기 남의 여자에게 마음을 빼앗겨서 그 남편을 죽이고 그의 부인을 빼앗는 죄를 범하고 말았습니다. 더 심각한 것은, 자기가 그런 일을 해 놓고도 그게 죄인 줄도 몰랐다는 것입니다. 그런데 하나님께서 보내신 나단 선지자의 책망을 들은 뒤에야, 비로소 자기가 죄를 범했다는 사실을 깨닫고 깜짝 놀라게 됩니다.

사람이 얼마나 죄악 덩어리인가? "죄는 항상 내 앞에 있고, 그때마다 나는 죄를 선택했습니다." 단지 밧세바를 빼앗은 것만 말하는 것이 아닙니다. 결국, 자신은 잉태될 때부터 죄 속에 있었다는 것을 고백하는 것입니다. 다윗은 지금까지 자기가 하나님 앞에서 잘했다, 잘 살았다고 생각했던 모든 것이 뿌리부터 흔들려 버렸습니다. 그러고 나서 다윗이 지은 시가 시편 40편입니다.

> 시편 40:1-2, "내가 여호와를 기다리고 기다렸더니 귀를 기울이사 나의 부르짖음을 들으셨도다 2. 나를 기가 막힐 웅덩이와 수렁에서 끌어올리시고 내 발을 반석 위에 두사 내 걸음을 견고하게 하셨도다"

다윗이 어느 날 자기 자신을 보니 기가 막힐 웅덩이와 수렁에 빠져 있더라는 것입니다. 자기는 죄와 상관없는 사람인 줄 알았는데 그게 아니었던 것이죠. 그리고 자기 스스로는 그 기가 막힌 웅덩이와 수렁에서 빠져나올 길이 없다는 것을 비로소 발견하게 된 것입니다. 스스로 빠져나오지 못할 곳에 떨어졌다면 어떻게 해야 살 수 있겠습니까? 구해 줄 누군가에게 도움을 요청해야겠죠. 살려 달라고 외쳐야 합니다.

> 시편 40:3-5, "새 노래 곧 우리 하나님께 올릴 찬송을 내 입에 두셨으니 많은 사람이 보고 두려워하여 여호와를 의지하리로다 4. 여호와를 의지하고 교만한 자와 거짓에 치우치는 자를 돌아보지 아니하는 자는 복이 있도다 5. 여호와 나의 하나님이여 주께서 행하신 기적이 많고 우리를 향하신 주의 생각도 많아 누구도 주와 견줄 수가 없나이다 내가 널리 알려 말하고자 하나 너무 많아 그 수를 셀 수도 없나이다"

지금까지 하나님과의 관계에 있어서 자신 있다고 생각했던 다윗의 생각이 한꺼번에 모두 무너진 상황에서 다윗은 제사를 드려야 할지, 선행으로 죄를 씻어야 할지, 근신하며 수행을 해야 할지 전전긍긍하며 방법을 묻고 있습니다. 그때 다윗에게 하나님께서 이렇게 말씀하십니다.

> 시편 40:6, "주께서 내 귀를 통하여 내게 들려 주시기를 제사와 예물을 기뻐하지 아니하시며 번제와 속죄제를 요구하지 아니하신다 하신지라"

"내가 언제 너에게 선행과 의를 요구한 적이 있었냐? 내가 너에게 제사를 드리고 예물을 가져오라고 하던? 난 번제나 속죄제를 요구한 적이 없었다." 이 말씀을 절대 잊으시면 안 됩니다. 이것을 놓치면 말씀의 종교인 기독교가 지극정성, 지성이면 감천인 일반 종교가 되어 버립니다. 하나님께서 요구하시는 것은, 자신의 죄에 대하여 두려워하고 안타까워하는 것입니다. 죄를 짓고도 마치 몰랐던 것처럼 또는 아무 일도 없었던 것처럼, 뻔뻔하게 지나치는 것이 아니라 어떻게 해야 할지 전전긍긍하는 마음입니다. 하나님께서는 의인을 부르시는 것이 아니라, 회개하는 죄인을 부르십니다. 다시 말씀드려서 하나님께서 하나님의 방법으로 죄인을 부르시고, 그를 깨끗하게 하셔서 당신의 백성과 자녀로 삼으시겠다는 것입니다. 그러자 다윗이 한 대답이 무엇입니까?

시편 40:7, "그 때에 내가 말하기를 내가 왔나이다 나를 가리켜 기록한 것이 두루마리 책에 있나이다"

"내가 왔나이다, 하나님께서 찾으시는 사람, 그 죄인이 바로 접니다." 여러분, 이것이 기독교입니다. 하나님이 누구를 찾으시는지, 우리에게 무엇을 요구하는지, 우리는 무엇을 할 수 있는지 알고 믿어야 하지 않겠습니까? 그런데 하나님에 대해서는 조금도 알 생각을 하지 않고, 세상 사람들이 말하는 기준, 가치, 사상과 철학, 경험과 전통, 이런 것에 생각이 붙잡혀 있으니 그저 착하면 되는 줄 알고 엉뚱한 곳에 힘을 쏟게 됩니다.

다윗은 정말 괜찮은 사람 아닙니까? 신앙인으로서 다윗만큼 살 수 있을까요? 하지만 다윗이 하나님께 인정받을 수 있었던 것은, 그가 골리앗을 죽이고 나라를 구한 구국의 영웅이어서 인정받은 것이 아니었습니다. 수없이 자기를 죽이려고 했던 원수인 사울 왕을 놔주었기 때문에, 그의 착한 마음씨가 하나님에게 감동을 줘서 받아진 것이 아닙니다.

다윗의 일평생 소원은 하나님의 성전을 짓는 것이었습니다. 역대상 29장에 다윗이 성전을 짓기 위해 준비한 건축 재료들과 그가 드린 헌금이 기록되어 있는데 오늘날까지도 그 이상 헌금을 한 사람이 없을 것입니다. 예수님의 산상수훈에서 네 재물이 있는 곳에 너희 마음도 있다고 말씀하지 않으셨습니까?(마 6:21) 그렇다면 다윗만큼 하나님께 마음을 두었던 사람도 없었을 것입니다. 하지만 다윗이 고백하는 것이 무엇입니까?

> 시편 51:16-17, "주께서는 제사를 기뻐하지 아니하시나니 그렇지 아니하면 내가 드렸을 것이라 주는 번제를 기뻐하지 아니하시나이다 17. 하나님께서 구하시는 제사는 상한 심령이라 하나님이여 상하고 통회하는 마음을 주께서 멸시하지 아니하시리이다"

만약 주께서 제사를 기뻐하셨다면, 자기는 그것을 드렸을 것이라고 합니다. 그러나 하나님께서 다윗에게 구하시는 것은 자신의 죄에 대한 상하고 통회하는 마음, 상한 심령이라는 것을 알았습니다. 그래서 하나님 앞에 "제가 여기에 있습니다" 하면서 나간 것입니다. 다윗이 가졌던 나라를 구하는 용기, 수없이 자기를 죽이려고 하는 원수도 용서하는 착한 마음, 하나님의 성전을 건축하기 위해서 자신의 전 재산이라도 아끼지 않는 그의 신앙심, 이러한 것 때문에 다윗이 구원받은 것이 아닙니다.

그런 것들은 다윗의 마음 깊은 곳에 이미 뿌리내리고 있는, 그래서 언제라도 상황만 만들어지면 튀어 올라오는 죄의 본성을 없애지 못합니다. 그래서 깜짝 놀랄 수밖에 없는 것입니다. "내가 이런 사람이었단 말인가?" 똑같은 고백을 사도 바울도 했었지요.

> 로마서 7:21-25, "그러므로 내가 한 법을 깨달았노니 곧 선을 행하기 원하는 나에게 악이 함께 있는 것이로다 22. 내 속사람으로는 하나님의 법을 즐거워하되 23. 내 지체 속에서 한 다른 법이 내 마음의 법과 싸워 내 지체 속에 있는 죄의 법으로 나를 사로잡는 것을 보는도다 24. 오호라 나는 곤고한 사람이로다 이 사망의 몸에서 누가 나를 건져내랴 25. 우리 주 예수 그리스도로 말미암아 하나님께 감사하리로다 그런즉 내 자신이 마음으로는 하나님의 법을 육신으로는 죄의 법을 섬기노라"

우리 인간은 선을 원한다고 해서 선을 행할 수 있는 존재가 아니고, 악을 미워한다고 해서 악을 행하지 않는 사람이 아닙니다. 하나님의 법을 즐거워한다고 해서 하나님의 법을 따를 수 있는 사람도 아니고요, 자기 속에 있는 죄의 본성은 늘 죄짓는 쪽으로만 이끌어 갑니다. 그래서 다윗이 한 고백이 무엇입니까?

> 시편 51:18-19, "주의 은택으로 시온에 선을 행하시고 예루살렘 성을 쌓으소서 19. 그 때에 주께서 의로운 제사와 번제와 온전한 번제를 기뻐하시리니 그 때에 그들이 수소를 주의 제단에 드리리이다"

하나님께서 은혜로 세우신 성인 예루살렘으로 이끌어 주시면, 그

곳에서 의로운 제사와 온전한 번제와 그 제물인 수소를 드릴 수 있다는 것입니다. 다윗은 하나님께서 어떠한 방식으로 자신의 백성들을 구원하시는지 정확하게 알고 있었습니다. 자기의 행위가 아닌 하나님의 은혜로 구원받는 것이고, 자기가 세운 성전이 아닌 하나님께서 친히 세우신 성전에서 제사와 제물을 드린다는 것입니다.

요한복음 17:7-8, "지금 그들은 아버지께서 내게 주신 것이 다 아버지로부터 온 것인 줄 알았나이다 8. 나는 아버지께서 내게 주신 말씀들을 그들에게 주었사오며 그들은 이것을 받고 내가 아버지께로부터 나온 줄을 참으로 아오며 아버지께서 나를 보내신 줄도 믿었사옵나이다"

우리가 받은 구원은 아버지 하나님께로부터 온 것입니다. 그 구원을 이루시는 방식도 아버지 하나님께서 예수 그리스도를 통하여 이루어지도록 만드신 것입니다. 세상의 소금과 빛으로 보냄을 받은 우리가 따라야 하는 착한 행실의 기준도, 아버지 하나님의 말씀과 그분의 뜻에 일치시키는 것입니다. 우리의 신분, 우리가 받은 사명, 우리의 소속이 어디인지를 분명하게 알아야 무엇을 하든지 제대로 하지 않겠습니까? 하나님의 아들이신 예수님도 아버지께서 허락하지 않은 것, 아버지의 뜻이 아닌 것은 하지 않으셨습니다. 말 한마디 하는 것조차도 아버지께로부터 받은 것만 말씀하셨습니다. 그렇다면 저와 여러분은 어떻게 살아야 하겠습니까?

자기의 신분과 사명과 소속이 어딘지도 모르면서, 그냥 용감하고 열정만 넘치면, 아무 데나 가서 주님 이름 팔면서 불법을 행하게 됩니다.

마태복음 7:21-23, "나더러 주여 주여 하는 자마다 다 천국에 들어갈 것이 아니요 다만 하늘에 계신 내 아버지의 뜻대로 행하는 자라야 들어가리라 22. 그 날에 많은 사람이 나더러 이르되 주여 주여 우리가 주의 이름으로 선지자 노릇 하며 주의 이름으로 귀신을 쫓아 내며 주의 이름으로 많은 권능을 행하지 아니하였나이까 하리니 23. 그 때에 내가 그들에게 밝히 말하되 내가 너희를 도무지 알지 못하니 불법을 행하는 자들아 내게서 떠나가라 하리라"

누가 선지자 노릇을 하라고 했습니까? 누가 귀신 쫓아내 달라고 말했습니까? 많은 권능을 보이라고 누가 시켰습니까? 그분이 주님이십니까? 주님께서 "내가 너희를 도무지 알지 못한다"라고 하셨다면 다 사칭한 것 아닙니까. 자격도 없고 사명도 받지 않은 사람이 뭘 해도 그건 다 불법인 것입니다.

한국에 침을 잘 놓는 유명한 한의사가 있었습니다. 이분에게 침을 맞으려면 새벽부터 줄을 서서 대기표를 받아야 했습니다. 병원에서 못 고치는 환자도 그분에게 침을 맞은 뒤에 낫게 된 사람도 많았습니다. 그중에는 유명한 정치인, 재벌들도 있었습니다. 그런데 알고 보니 이분은 한의사 자격이 없는 사람이었습니다. 어떻게 되었을까요? 불법 의료 행위로 구속됐습니다. 그분의 불법 행위를 누가 고발했을까요? 한의사 자격증 가진 사람입니다. "내가 주의 이름으로 착한 일을 했습니다. 하나님을 주일날 교회 안에만 계시는 분으로 만드는 무지한 사람들로부터 하나님의 명예를 지켜 냈습니다." 주님께서 물으실 것입니다. "내가 너한테 그거 해 달라고 부탁하던?"

하나님께서 하라고 하신 것만 하기에도 우리 실력이 부족합니다. 다윗의 고백처럼 우리 속에 깊이 뿌리 박힌 죄의 본성은, 문득문득 올라오는 것이 아니라 비 온 뒤에 죽순 자라듯이 훅훅 올라옵니다. 어떻게 하려고 그러십니까? 자신을 돌아보고, 하나님께서 주신 명령서, 그 말씀을 계속 확인하면서 잘하고 있는지 점검하며 가기도 바쁩니다. 어디에 가서 내가 뭘 하면 하나님께 영광이 될 수 있겠습니까? 폐나 끼치지 않으면 다행일 것입니다. 다른 사람이 어떻게 신앙생활을 하는지 그것 신경 쓰고 참견할 시간 없습니다. 자기 자신이나 잘하면 됩니다. 저와 여러분, 우리 모두가 자신의 신분, 자기가 받은 사명, 자신의 소속이 어디인지 먼저 확인하시고, 그렇게 만들어 주신 이가 누구신지, 그분이 정하신 기준이 무엇인지 분명히 알고 신앙생활 하시기 바랍니다.

요한복음 17:9~12

하나도 멸망하지 않고

"9. 내가 그들을 위하여 비옵나니 내가 비옵는 것은 세상을 위함이 아니요 내게 주신 자들을 위함이니이다 그들은 아버지의 것이로소이다 10. 내 것은 다 아버지의 것이요 아버지의 것은 내 것이온데 내가 그들로 말미암아 영광을 받았나이다 11. 나는 세상에 더 있지 아니하오나 그들은 세상에 있사옵고 나는 아버지께로 가옵나니 거룩하신 아버지여 내게 주신 아버지의 이름으로 그들을 보전하사 우리와 같이 그들도 하나가 되게 하옵소서 12. 내가 그들과 함께 있을 때에 내게 주신 아버지의 이름으로 그들을 보전하고 지키었나이다 그 중의 하나도 멸망하지 않고 다만 멸망의 자식뿐이오니 이는 성경을 응하게 함이니이다"

우리는 오늘 지금까지 한 번도 드려 본 적이 없는 부활주일 예배를 드리고 있습니다. 우리뿐만 아니라 전 세계를 강타한 코로나바이러스로 인하여, 한국과 미국의 대다수 교회가 온라인으로 부활주일 예배를 드리고 있습니다. 미국만 해도 확진자 수만 50만 명, 사망자도 2만 명 가까이 됩니다. 그렇다 보니 하나님이 계신다면 요즘처럼 전염병이 창궐하여 수많은 사람이 목숨을 잃어 가고 있는데, 이러한 상황을 왜 가만히 지켜만 보고 있는 것이냐는 불만을 토로하는 사람들도 있습니다. 특히 개혁주의 장로교단이 가르치는 예정론에 의문을 품는 사람들은, 이렇게 많은 사람이 갑자기 죽게 되는 것도 하나님의 예정인 것이냐고 묻습니다. 오늘 우리가 살펴볼 말씀은 그와 같은 질문에 답변을 주고 있습니다.

요한복음 17장은 예수님의 십자가 죽음과 부활, 승천 이후에 세상에 남겨질 제자들을 위하여, 하나님께 드리는 예수님의 중보 기도입니다. 12절 중간 부분에 예수님께서 **"내게 주신 아버지의 이름으로 그들을 보전하고 지키었나이다"**라고 기도하고 있습니다. '보전하다'라는 말은, "상함이 없이 온전하게 보호하여 유지하다"라는 뜻입니다. '지키었다'라는 말은, "외부의 공격으로부터 완전하게 방어했다"라는 뜻입니다. 예수님은 아버지께서 맡겨 주신 사람들을 하나도 멸망하지 않도록, 완전하게 보호하고 지켜 내셨습니다. 하지만 예수님께서 '보전하고 지킨 사람' 가운데 포함되지 않은 사람도 있었습니다. 그 사람이 누구인가 하면 12절 마지막에 나오는 '멸망의 자식'입니다. 그러면 "이 멸망의 자식은 도대체 누구인가?" 하는 의문이 듭니다.

> 요한복음 6:39, "나를 보내신 이의 뜻은 내게 주신 자 중에 내가 하나도 잃어버리지 아니하고 마지막 날에 다시 살리는 이것이니라"

예수님은 세상에 사시는 동안 철저하게 아버지의 뜻을 따라 사셨고, 그분의 뜻을 이루는 것 외에 다른 목적을 가져 본 적이 없으신 분입니다. 그리고 마지막 십자가 위에서 죽으실 때 "다 이루었다"라고 말씀하셨습니다. 그런데 정말 예수님은 자신과 함께했던 사람들 가운데 한 사람도 놓치지 않고 다 지켜 내셨느냐고 할 때, "가룟 유다가 있지 않냐?" 하는 의문이 듭니다. 가룟 유다는 예수님의 제자 가운데 한 사람이었지만 돈 받고 예수님을 팔아 버린, 하지만 정작 그 돈은 쓰지도 못하고 스스로 목숨을 끊은 사람입니다.

성경은 가룟 유다를 말할 때, "그는 예수님께서 잃어버린 자가 아니라, 원래부터 멸망의 자식이었다"라고 말씀하고 있습니다. 다시 말씀드려서, 예수님께서 3년 넘도록 가룟 유다를 데리고 다니시면서 그를 회개시키고, 변화시키려고 노력했지만 결국 놓쳐 버린 사람이 아니란 것입니다.

그런데 이렇게 말씀드리면 "아, 그러면 하나님은 구원할 사람 따로 예정하시고, 멸망시키기 위해서 예정해 놓은 사람이 있다는 말이네. 결국, 인간이 뭘 하든지 하나님이 예정한 대로 될 테니 우리가 할 일은 없네" 하며 따집니다. 그러면서 "하나님이 세상을 사랑하셔서 누구든지 예수 믿으면 구원받고 영생을 얻을 수 있다고 해 놓고, 멸망의 자식이 따로 있다는 건 뭐냐?"라고 합니다. 그래서 '예정론'에 관해서 지금까지 많은 논쟁이 있는 것도 사실입니다. 그런데 개혁장로교회가 '예정론'을 말하는 것은, 하나님께서 성경 말씀을 통해 '예정'을 말씀하고 있기 때문입니다.

에베소서 1:3-5, "찬송하리로다 하나님 곧 우리 주 예수 그리스도의 아버지께서 그리스도 안에서 하늘에 속한 모든 신령한 복을 우리에게 주시되 4. 곧 창세 전에 그리스도 안에서 우리를 택하사 우리로 사랑 안에서 그 앞에 거룩하고 흠이 없게 하시려고 5. 그 기쁘신 뜻대로 우리를 예정하사 예수 그리스도로 말미암아 자기의 아들들이 되게 하셨으니"

5절에서 보시는 것처럼 **"그 기쁘신 뜻대로 우리를 예정"**했다고 말씀했습니다. 하나님께서 당신의 기쁘신 뜻을 따라 우리를 예정하신 이유는 무엇일까요?

에베소서 1:6, "이는 그가 사랑하시는 자 안에서 우리에게 거저 주시는 바 그의 은혜의 영광을 찬송하게 하려는 것이라"

우리가 '하나님의 예정'에 대해서 생각하고 말을 하게 될 때 반드시 기억할 것은, **"그의 은혜의 영광을 찬송하게"** 하려고 예정하셨다는 사실입니다. 이것을 놓치면, 하나님께서 은혜로 주신 말씀조차도 논쟁으로 끌고 갑니다. 가룟 유다가 돈을 받고 예수님을 팔고 나서 죄책감에 사로잡혀 스스로 목숨을 끊은 것은, 가룟 유다 본인이 선택한 것입니다. 아담과 하와가 선악과를 따 먹고 타락하여 에덴동산에서 쫓겨난 것도, 하나님의 예정하신 것을 이루기 위해서 타락한 것이 아닙니다.

그런데 방송에 출연한 어떤 목사님은 설교 중에, "아담이 선악과를 따 먹고 타락한 것은 안타까운 일이지만, 그가 선악과를 먹었기 때문에 좋은 일이 일어났다, 그 사건으로 인해 예수님이 오시게 됐기 때문"이라고 말씀했습니다. "아담으로 인해서 낙원을 잃어버린 것은 맞지만, 그보다 억만 배는 더 좋은 예수 그리스도가 오시게 되었기 때문에, 그의 죄는 복된 죄이다"라고도 했습니다. 그 목사님은 자신이 말한 논리적 근거로 어거스틴의 말을 인용해서, "하나님은 악의 존재를 허락하지 않는 것보다, 악에서 선을 이끌어 내는 편이 더 좋다고 판단했다"라고 말했습니다. 상당히 그럴듯하게 들리지 않습니까?

그런데 그 목사님이 인용하신 어거스틴의 말은 원래 그런 뜻이 아닙니다. 그분이 인용한 어거스틴의 말은 '하나님께서 피조물에게 주신 자유의지'에 관한 내용을 설명하는 내용인데, 어떤 맥락에서 어거스틴이 그런 말을 하게 되었는지 그가 말한 전체적인 내용을 알아야 합니다.

"하나님께서는 인간이 이성적 명령으로 자신을 다스리고, 죽음의 위협으로 인해 자신의 잘못을 단념시킬 수 있도록 인간에게 자유의지를 주셨습니다. 하지만 창조주의 선하심은 사악한 천사들이라도 그들 안에 있는 생명과 활기가 보존되는 것을 멈추지 않으십니다. 이러한 보존이 철회되면 그 즉시 그들은 존재하지 않게 되기 때문입니다. 하나님께서는 악이라는 존재 자체를 허락하지 않는 것보다, 악에서 선을 이끌어 내는 것을 더 낫게 여기셨습니다."

요약해서 말씀드리면, "하나님은 사악한 천사라 할지라도 그 존재 자체를 없애 버리지 않으시며, 그들이 어떤 사악한 일을 하더라도 그들이 행한 악한 일을 선하게 바꾸실 수 있는 분"이라는 것입니다. 하나님께서 인간에게 주신 자유의지는, 하나님으로부터 받은 이성적 명령과 그것을 어겼을 때 받게 될 죽음의 위협으로부터 보호받기 위해, 스스로 죄를 포기할 수 있는 그러한 의지였습니다. 하지만 아담과 하와는 하나님으로부터 받은 자유의지를 선하게 사용하지 않고, 먹으면 반드시 죽는다는 하나님의 이성적 명령마저도 저버렸습니다.

다시 말해서 아담과 하와가 지은 죄의 결과로 인해 예수 그리스도께서 세상에 오셨기 때문에, 그들이 지은 죄가 '복된 죄'가 되는 것은 아니라는 것입니다. 만약 그 목사님이 해석한 식으로 선악과와 자유의지를 이해하게 되면, 인간이 지은 모든 죄는 하나님의 선하심을 끌어오는 동기가 되므로, 죄마저도 다 선한 것이 됩니다. 하나님은 당신이 만든 피조물이, 그들에게 부여해 주신 자유의지를 따라 무엇을 하든지, 그것을 억지로 막으시거나 존재 자체를 없애 버리는 분이 아닙니다.

그들이 악한 일을 할지라도 하나님께서는 당신의 전능하신 능력으로, 처음에 하나님이 계획하셨던 선하신 뜻이 손상되지 않도록 만드실 수 있는 분입니다. 그래서 아담과 하와가 선악과를 따 먹고 타락했지만, 그들을 당신이 말씀하신 대로 즉시 죽이는 대신에 '여인의 후손'을 약속해 주시면서 선하게 바꾸셨습니다. 가룟 유다의 경우도, 그가 비록 잘못된 선택을 하여 돈을 받고 예수님을 파는 죄를 범했지만, 하나님께서는 예수 그리스도를 통하여 구원의 역사를 이루시는 일을 하셨습니다. 그런데 이것을 억지로 확대하여 해석해서, 가룟 유다가 예수님을 팔았기 때문에 십자가 구속의 사건이 일어난 것이라고 해석할 수는 없다는 것입니다.

같은 이유로 하나님께서 가룟 유다를 멸망의 자식으로 예정해 놓았기 때문에, 그가 하나님의 예정하신 길을 따라간 것이라고 말할 수 없습니다. 하지만 인간의 죄 된 본성은 늘 하나님을 오해하는 쪽으로, 죄 범한 본인의 잘못을 시인하기보다는 하나님을 악하다고 말하는 쪽으로 향합니다. 그래서 우리가 성경을 읽을 때, 특히 '예정하사' 처럼 생각할 내용이 많이 포함된 말씀을 읽을 때는, 천천히 집중해서 잘 읽어야 할 필요가 있습니다. 에베소서 1장 4절 말씀을 다시 보겠습니다.

에베소서 1:4, "곧 창세 전에 그리스도 안에서 우리를 택하사 우리로 사랑 안에서 그 앞에 거룩하고 흠이 없게 하시려고"

하나님께서 우리를 당신의 백성으로 선택하신 때는, '창세전'입니다. 그러면 우리를 창세전부터 미리 선택하신 이유는 무엇입니까?

에베소서 1:3, "찬송하리로다 하나님 곧 우리 주 예수 그리스도의 아버지께서 그리스도 안에서 하늘에 속한 모든 신령한 복을 우리에게 주시되"

"하늘에 속한 모든 신령한 복을 우리에게 주시려고" 택하신 것입니다. '예정론'에 대해서 이야기할 때, 이 말씀이 가장 핵심입니다. 창세기부터 요한계시록에 이르기까지 성경의 모든 내용은, "하나님께서 당신의 모양과 형상을 따라 지으신 인간에게 주셨던 복에 관한 기록"입니다. 하나님의 창조 사역의 마침표는 사람이었습니다. 그래서 하나님은 당신이 지은 모든 창조물을 다스리고 정복할 수 있는 복을 인간에게 주셨습니다.

창세기 1:28, "하나님이 그들에게 복을 주시며 하나님이 그들에게 이르시되 생육하고 번성하여 땅에 충만하라, 땅을 정복하라, 바다의 물고기와 하늘의 새와 땅에 움직이는 모든 생물을 다스리라 하시니라"

아담과 하와가 하나님께서 만들어 주신 에덴동산에서 살 때, 그들에게 부족한 것이 있었습니까? 아니요, 그들에게는 모든 것이 넉넉했습니다. 하지만 뱀의 미혹을 받아, 하나님께서 먹지 말라고 말씀하신 선악과를 바라본 뒤에는, "하나님이 주지 않은 것도 있다, 부족한 게 있다"라고 느꼈습니다. 그러고 나서 선악과를 보니, 먹으면 정녕 죽으리라고 말씀하셨던 선악과가 먹음직스럽고, 보암직스럽고, 탐스럽게 보였고, 결국 선악과를 따 먹었습니다. 아담과 하와는 하나님께서 주신 복에 만족을 느끼지 못하고, 하나님의 금지 명령을 깨면서까지 자기들이 원하는 것을 얻으려고 했던 것입니다. 그것이 무엇이었습니까? 하나님처럼 되는 것이었습니다. 하나님께서 인간에게 복 주실 것을 계획하시고, 그들을 위하여 천지를 창조하신 후에 인간에게 모든 복을 다 주셨습니다. 하지만 인간이 죄를 범하고 스스로 하나님과 분리되는 길을 택했습니다.

초등학교 미술 시간에 그림을 그리다가 실수하거나, 지점토로 조형물을 만들다가 잘못 만들면 찢어 버리거나 뭉개 버리고 새로 시작하지 않습니까? 마찬가지로 하나님께서도 범죄한 인간을 없애 버리고 다시 만드는 가장 쉬운 방법을 선택하실 수도 있었을 것입니다. 첫 사람인 아담도 하나님이 흙으로 빚어 만드셨고, 여자도 아담에게서 취한 갈빗대로 만드셨는데, 두 번째를 못 만들까요? 그런데 하나님은 당신이 복 주기로 예정한 인간을 위해서 '여인의 후손' 곧, 당신의 아들 예수 그리스도를 보내 주시겠다는 약속까지 해 주시면서 당신이 선택한 사람을 포기하지 않으셨습니다.

하나님께서 "창세 전에 그리스도 안에서 우리를 예정하셨다"라고 말씀하신 것은, 우리에게 복을 주기 위해서 창세전부터 계획하셨다는 뜻입니다. 그런데 사람들은, 하나님께서 인간을 사랑하셔서 복을 주기 위해서 예정하셨다는 말씀을 보면서도 그것을 은혜로 생각하지 않습니다. 자기가 죄를 범하고도, 죄의 결과로 받게 된 형벌을 더 크게 보는 것입니다. 그래서 하는 말이, "하나님께서 인간을 에덴동산에서 쫓아내셨고, 그 결과 인간들은 수고하고 땀을 흘려야 하는 고통과 질병과 죽음이 왔지 않습니까? 그 모든 것이 하나님께서 예정하신 결과가 아닙니까?" 이렇게 따지는 것입니다. 아무리 좋게 해 줘도 이렇게 비틀어서 보고, 거꾸로 해석하면 답이 없습니다.

하나님께서 모세를 통해 이스라엘 백성들을 이끌고 홍해를 건너게 했습니다. 광야로 들어간 이스라엘 백성들은 시내산을 거쳐 가나안 땅이 건너다보이는 가데스 바네아에 도착하게 됩니다. 하나님께서는 이스라엘 백성들에게 그 땅에 들어가라고 말씀했습니다.

신명기 1:19-21, "우리 하나님 여호와께서 우리에게 명령하신 대로 우리가 호렙 산을 떠나 너희가 보았던 그 크고 두려운 광야를 지나 아모리 족속의 산지 길로 가데스 바네아에 이른 때에 20. 내가 너희에게 이르기를 우리 하나님 여호와께서 우리에게 주신 아모리 족속의 산지에 너희가 이르렀나니 21. 너희의 하나님 여호와께서 이 땅을 너희 앞에 두셨은즉 너희 조상의 하나님 여호와께서 너희에게 이르신 대로 올라가서 차지하라 두려워하지 말라 주저하지 말라 한즉"

그런데 이스라엘 백성들은 하나님께서 주신 땅으로 곧장 들어가지 않았습니다. 그 땅이 정말 괜찮은지, 어느 쪽으로 들어가면 좋을지 정탐해 보자고 했습니다. 그래서 각 지파에 한 명씩 대표자를 뽑아서 가나안 땅을 정탐했습니다.

신명기 1:22, "너희가 다 내 앞으로 나아와 말하기를 우리가 사람을 우리보다 먼저 보내어 우리를 위하여 그 땅을 정탐하고 어느 길로 올라가야 할 것과 어느 성읍으로 들어가야 할 것을 우리에게 알리게 하자 하기에"

그 결과 어떻게 됐습니까? 여호수아와 갈렙을 제외한 열 지파의 대표들이 전부 부정적인 보고를 했습니다. 그리고 정탐꾼들의 보고를 들은 이스라엘 백성들은 하나님을 원망했습니다. 하나님께서 그들을 그곳까지 인도해 오신 이유가 무엇입니까? 그들에게 가나안 땅을 주기 위해서입니다.

신명기 1:29-31, "내가 너희에게 말하기를 그들을 무서워하지 말라 두려워하지 말라 30. 너희보다 먼저 가시는 너희의 하나님 여호와께서 애굽에서 너희를 위하여 너희 목전에서 모든 일을 행하신 것 같이 이제도 너희를 위하여 싸우실 것이며 31. 광야에서도 너희가 당하였거니와 사람이 자기의 아들을 안는 것 같이 너희의 하나님 여호와께서 너희가 걸어온 길에서 너희를 안으사 이 곳까지 이르게 하셨느니라 하나"

하지만 이스라엘 백성들은 하나님의 말씀을 믿지 않았습니다. 그리고 모세를 대신할 지휘관을 세워서 애굽으로 돌아가자고 선동했습니다.

민수기 14:2-4, "이스라엘 자손이 다 모세와 아론을 원망하며 온 회중이 그들에게 이르되 우리가 애굽 땅에서 죽었거나 이 광야에서 죽었으면 좋았을 것을 3. 어찌하여 여호와가 우리를 그 땅으로 인도하여 칼에 쓰러지게 하려 하는가 우리 처자가 사로잡히리니 애굽으로 돌아가는 것이 낫지 아니하랴 4. 이에 서로 말하되 우리가 한 지휘관을 세우고 애굽으로 돌아가자 하매"

결국 모세와 아론을 돌로 쳐서 죽이려고 하는 이스라엘 백성들 앞에 하나님께서 나타나셔서 이렇게 말씀합니다.

민수기 14:11, "여호와께서 모세에게 이르시되 이 백성이 어느 때까지 나를 멸시하겠느냐 내가 그들 중에 많은 이적을 행하였으나 어느 때까지 나를 믿지 않겠느냐"

이스라엘 백성들이 가데스 바네아까지 오는 동안 하나님께서 많은 이적을 보여 주셨지만, 그들은 그와 같은 이적을 보고도 하나님을 믿지 않았습니다. 결국 하나님께서 하시는 말씀이 무엇이었습니까? **"이 백성이 어느 때까지 나를 멸시하겠느냐"**라고 했습니다. 하나님께서 은혜를 주시고 복을 내려 주셔도 하나님을 멸시하는 자들은, 그것을 복과 은혜를 받아들이지 않는다는 것입니다. 자그마치 430년 동안 애굽에서 노예로 살던 사람들을 하나님께서 당신의 능력으로 해방시켜서 자유인이 되게 해 주셨습니다. 그뿐만 아니라 정탐꾼들이 직접 눈으로 확인했던 것처럼, 하나님께서 주시겠다고 약속하신 땅은 젖과 꿀이 흐르는 너무나 좋은 땅이었습니다. 하지만 하나님을 믿지 않은 이스라엘 백성들은, 그렇게 좋은 땅을 직접 눈으로 확인하고도 여호와가 자기들을 미워해서 그곳으로 인도했다고 했습니다.

신명기 1:26-27, "그러나 너희가 올라가기를 원하지 아니하고 너희의 하나님 여호와의 명령을 거역하여 27. 장막 중에서 원망하여 이르기를 여호와께서 우리를 미워하시므로 아모리 족속의 손에 넘겨 멸하시려고 우리를 애굽 땅에서 인도하여 내셨도다"

보이십니까? 은혜를 주고, 복을 줘도 은혜가 은혜로 여겨지지 않고, 복이 복으로 믿어지지 않는 사람들이 있더라는 것입니다. "하나님께서 창세전에 우리를 택하시고, 그 기쁘신 뜻대로 예수 그리스도 안에서 우리를 자기의 아들들이 되도록 예정하셨다"라는 말씀은, 우리에게 은혜와 복인 말씀입니까? "그럼 아닌 사람도 있겠네?" 하며 시비할 내용입니까? 그런데 이 말씀을 읽으면서도 비틀어서 보고, 반대로 해석하는 사람이 있습니다. 그런 사람은 하나님을 믿겠다는 사람이겠습니까? 아니면 하나님을 멸시하는 사람이겠습니까? 이것을 알아야 합니다.

1517년 종교 개혁으로 인해 얻은 최고 유익은, 목회자들이 아닌 평신도들도 성경을 읽을 수 있게 되었고, 스스로 하나님을 알아갈 수 있게 된 것입니다. 개혁교회들도 신앙고백과 교리 문답서 등을 만들어서, 평신도의 성경 이해를 도왔습니다. 우리가 배우고 있는 하이델베르크 교리 문답은 1563년에, 웨스트민스터 신앙고백서는 1648년에 만들어진 책들입니다. 그런데 그와 비슷한 시기에, 종교 개혁이 시작됐던 독일과 프랑스, 영국, 네덜란드 등에서 계몽주의 철학이 탄생합니다.

근대철학의 아버지라고 불리는 데카르트는 "모든 것을 철저히 회의하고 의심하라" 하면서, "절대로 확실한 것조차도 확실하다고 믿지 말라" 했습니다. 세상에 확실한 것은 없으며 절대 확실한 것이 있다면 그것조차 의심하며 생각하는 나야말로 무엇인가로 존재하는 것이라고 하면서 "나는 생각한다, 고로 존재한다"라고 했습니다. 중세 교회의 암흑기가 끝나고, 종교 개혁으로 인해 비로소 성경을 배우게 되었고, 이제 막 하나님을 알아 가던 시기에 만들어진 철학 사조가, "하나님을 의심하고 회의하라"였다는 것이 믿어지십니까? 계몽주의 철학은 신학에도 영향을 끼쳐서, 성경을 하나님의 말씀으로 보지 않고 의심하고, 재구성하여 신심을 가진 인간이 편집한 책으로 만들었습니다.

그런데 지금까지는 이런 자유주의 신학이 신학대학 내에서 벌어지는 학술 논쟁이었다면, 코로나 사태로 인하여 예배당에서 주일예배를 드릴 수 없는 상황이 길게 이어지면서, 예배에 대한 논쟁과 함께 새로운 흐름이 보이는 것 같습니다. 그것은 "반드시 교회에 모여서 예배를 드려야 하는 것은 아니다"라는 주장과 함께 "주일에만 예배를 드려야 하는 것은 아니다"라는 주장이 나오는 것입니다.

코로나 사태가 있기 전만 해도 이러한 주장들은 신학적인 논쟁거리가 되지 않는 내용이었습니다. 하지만 이제는 신학 교수나 목회자들뿐만 아니라, 교회를 조금 안다고 자부하는 평신도들까지 나서서 교회의 예배에 대하여 훈수하고 있습니다. 이 말씀을 하는 것은 "주일예배를 모여서 드려야 하느냐? 온라인 예배를 드려야 하는 거냐?" 이런 논쟁을 하려는 것이 아닙니다.

분명한 것은, 하나님께서 안식일을 복되게 하시고, 당신의 백성들에게 은혜를 내려 주시는 수단으로 주신 예배가, 인간의 이성과 상황에 따라 그것이 합리적으로 필요한 것인지 아닌지 선택할 수 있는 도구로 전락했다는 것입니다. 기대하고 바라기는, 코로나 사태가 잘 극복되고 예전의 평범했던 생활로 돌아가게 되면, 중단됐던 예배가 즉시 회복되고 지금까지 우리가 지켜 왔던 것처럼 주일날 하나님께 예배하는 것이 일상화가 되면 좋겠습니다. 하지만 자신의 정치적인 입장에 따라 교단의 방침과 다른 목소리를 냈던 신학자들이, 자신의 정당함을 증명하기 위해서 새로운 논리를 만들어 내고, 목회자가 될 제자들에게 영향력을 끼치고 있기에 심히 걱정됩니다. 이미 기독교 신문에 그런 논조로 기고를 하는 교수들이 있기 때문입니다.

"하나님께서 우리에게 하늘에 속한 모든 신령한 복을 주시기 위해서, 창세전에 우리를 택하시고 예정하셨다"라는 말씀을 살펴보고 있습니다. 하나님께서는 당신의 모든 것을 우리에게 은혜로 주시고 복으로 주셨습니다. 하지만 인간은 하나님의 은혜를 언제나 감사로 받지 않는 것도 사실입니다. 출애굽한 이스라엘 백성들에게서 보는 것처럼, 하나님이 자기들을 죽이려고 광야로 인도했다고 하면서 되려 하나님을 원망하는 것입니다.

창세 전부터 우리에게 복을 주기 위해서 하나님께서 우리를 선택한 것이라는 말씀을 읽으면서, "그러니까 가룟 유다는 하나님이 멸망의 자식으로 선택했다는 거잖아요!" 이렇게 따지는 것입니다. 성경에는 하나님께서 멸망의 자식으로 누군가를 예정했다는 말씀이 없습니다. "하나님께서 주신 은혜 안에 들어오지 않은 사람, 그 복을 굳이 거절하고 차 버린 것을 보니 결국, 그는 멸망의 자식이었다"라는 것을 말씀하는 것입니다.

이 '예정론'을 정확하게 이해하기 위해서 우리는 '죄'의 개념을 다시 한번 확인해 볼 필요가 있습니다. '죄'란 무엇입니까? 하나님으로부터 분리되는 것, 하나님의 뜻을 거슬러 행한 모든 것이 전부 '죄'입니다. '죄'라고 하니까 자꾸 도덕적, 윤리적인 잘못이든지, 실정법을 어겼다든지 뭔가 잘못하거나 어긴 것 정도로만 제한하려는 경향이 있는데 그렇지 않습니다. 하나님께서 복으로 주시고, 은혜로 주신 것을 거부하는 것도 죄입니다.

가장 대표적인 것이 생명입니다. 영생에 대해서 무지하고 관심을 거둔 것입니다. 하나님이 세상을 사랑하셔서, 그 세상의 중심은 사람이기 때문에 사람들을 구원하려고 당신의 아들 독생자를 세상에 보내시고 십자가를 지게 하셨습니다. 죄 없는 하나님의 아들이, 하나님의 뜻을 이루어 그분의 백성들을 구원하기 위해 십자가 위에서 죽으셨습니다. 그리고 하나님께서는, 누구든지 예수님만 믿으면 영생을 얻도록, 생명을 얻도록 해 주셨습니다. 그런데 사람들은 하나님이 은혜로 주신 영생의 길, 구원의 길에는 관심을 보이지 않습니다. 그 대신 반대로 질문하지요. "하나님은 영생 얻지 못하는 사람, 멸망받을 사람도 예정하셨다면서요?" 여러분, 이런 사람은 어떻게 해야 할까요?

다시 말씀드립니다. 하나님께서 '예정'을 말씀하실 때는, 우리에게 하늘에 속한 모든 신령한 복을 주시기 위해서 예정하셨다고 말씀하신 것입니다. 그러면 그 복은 우리가 어떻게 누릴 수 있습니까? 에베소서 1장 4절 말씀처럼, 우리를 "그 앞에 거룩하고 흠이 없는" 사람으로 만들어서 우리에게 주시는 것입니다. 그러면 우리가 스스로 거룩하고 흠이 없는 존재가 될 수 있습니까? 우리의 힘으로는 불가능하죠. 절대로 할 수가 없습니다. 그러면 어떻게 해야 합니까? 그래서 하나님께서 "그리스도 안에서, 그리스도를 통해서" 우리가 하늘에 속한 모든 신령한 복을 받을 수 있게 한 것입니다. 그러면 하나님은 어떻게 우리를 거룩하고 흠이 없는 존재로 만드십니까?

로마서 8:29-30, "하나님이 미리 아신 자들을 또한 그 아들의 형상을 본받게 하기 위하여 미리 정하셨으니 이는 그로 많은 형제 중에서 맏아들이 되게 하려 하심이니라 30. 또 미리 정하신 그들을 또한 부르시고 부르신 그들을 또한 의롭다 하시고 의롭다 하신 그들을 또한 영화롭게 하셨느니라"

"하나님이 미리 아신 자들"이 있고, "미리 정하신" 그들을 부르셨습니다. 그리고 "그 미리 정해진" 자들을 의롭다 하시고 영화롭게 하셨다고 말씀합니다. 결국, 성경이 말씀하는 것은 무엇입니까? 하나님께서 복 주시기 위해서 창세전부터 택하신 사람들, 예정하신 사람들은 마지막 날에 그들이 영화롭게 될 때까지 하나님께서 이끌어 가신다는 것입니다.

그런데 우리가 받은 구원, 우리를 구원하기 원하시는 하나님의 선택과 사랑은 인간의 지성으로 이해가 되고 인정되어서 믿어지는 것이 아닙니다. 그 누구도 자신의 의지나 지식으로 깨달음을 얻어서 구원받은 사람이 없습니다. 구원에 관한 내용은, 하나님께서 빛을 비춰 주셨기 때문에 우리가 본 것입니다.

> 고린도후서 4:5-6, "우리는 우리를 전파하는 것이 아니라 오직 그리스도 예수의 주 되신 것과 또 예수를 위하여 우리가 너희의 종 된 것을 전파함이라 6. 어두운 데에 빛이 비치라 말씀하셨던 그 하나님께서 예수 그리스도의 얼굴에 있는 하나님의 영광을 아는 빛을 우리 마음에 비추셨느니라"

바울과 사도들이 전한 복음은, 그리스도의 예수의 주 되신 것이었습니다. 바울이 활동하던 당시에는 그리스 철학과 함께, 각종 신화에 관한 새로운 이야기들이 계속 만들어지던 때였습니다. 《그리스 로마 신화》 책을 읽어 보시면 당시에 얼마나 많은 신들이 있었는지, 그리고 그 신들에 얽힌 이야기들이 얼마나 많은지도 아실 수 있을 것입니다. 그런데 바울과 사도들이 전한 복음은 그런 철학이나 신화 이야기가 아닙니다.

또한 바울과 사도들은, 자기들의 지혜와 논리적 설득력으로 사람들을 이해시키는 방법으로 복음을 전하지도 않았습니다. 복음에 대한 바울의 설명은 너무나 간단명료합니다. **"하나님의 영광을 아는 빛을 우리 마음에 비추셨느니라"**라고 말씀한 것처럼, 우리 마음에 빛이 비치는 것처럼 복음이 비쳐서 믿게 된 것입니다. 여러분, 빛은 어떻게 우리가 알 수 있습니까? 혹시 한 번도 빛을 보지 못한 사람에게 빛에 대해서 정확하게 설명할 수 있겠습니까? 빛은 설명해서 알게 할 수 있는 것이 아닙니다. 빛은 비쳐서 보는 것입니다. 그러면 복음을 깨닫지 못하고, 믿지 않는 사람들은 왜 그런 것입니까?

고린도후서 4:3, "만일 우리의 복음이 가리었으면 망하는 자들에게 가리어진 것이라"

이 말씀을 잘 이해하셔야 합니다. 만약 누군가에게 복음이 가려졌다면, 그들은 망하는 자들이었기 때문입니다. 그러면 하나님께서 망하는 자들을 따로 만들어 놓으셔서, 그들에게만 복음의 빛을 비춰 주지 않은 것입니까? 그런 뜻이 아닙니다. 태양을 생각해 보십시오. 태양 빛이 누구에게는 비치고, 누구에게는 비치지 않고 그렇습니까? 태양은 모두에게 똑같이 빛을 비춥니다. 만약 태양이 가려졌다면, 그것은 태양이 일부러 그 사람에게만 비추지 않은 것입니까? 아니면 그가 스스로 빛을 가린 것입니까? 스스로 가린 것입니다.

고린도후서 4:4, "그 중에 이 세상의 신이 믿지 아니하는 자들의 마음을 혼미하게 하여 그리스도의 영광의 복음의 광채가 비치지 못하게 함이니 그리스도는 하나님의 형상이니라"

복음이 왜 가려졌습니까? **"이 세상의 신이 믿지 아니하는 자들의 마음을 혼미하게"** 했기 때문입니다. 그러면 '이 세상의 신'은 누구입니까? 원래 있던 존재입니까? 인간이 스스로 만들어 낸 신입니까? 자기들이 만들어 낸 신입니다. 결국 그리스도의 영광의 복음의 광채가 비치지 못한 것은, 그들이 자기들을 위해 신을 만들어 놓고 그 신에게 마음을 줬기 때문이지, 하나님께서 그들에게만 복음의 빛을 비춰 주지 않은 것이 아닙니다. 조금 전에 바울과 사도들이 활동하던 당시에는 '그리스 로마 신화'에 관한 이야기들이 계속 만들어진 때였다고 말씀드렸습니다.

사도행전 17:17-18, "회당에서는 유대인과 경건한 사람들과 또 장터에서는 날마다 만나는 사람들과 변론하니 18. 어떤 에피쿠로스와 스토아 철학자들도 바울과 쟁론할새 어떤 사람은 이르되 이 말쟁이가 무슨 말을 하고자 하느냐 하고 어떤 사람은 이르되 이방 신들을 전하는 사람인가보다 하니 이는 바울이 예수와 부활을 전하기 때문이러라"

이처럼 각종 철학과 신화에 관한 이야기들이 차고 넘치던 시대에, 사람들은 자기들이 믿는 것을 믿으려고 했지, 복음을 믿으려고 하지 않았습니다. 그래서 바울이 전하는 복음을 들은 사람들의 반응이 어땠습니까? 어떤 이는 "이 말쟁이가 무슨 말을 하고자 하느냐?" 하며 논쟁을 했습니다. 또 어떤 이는 “이방 신들을 전하는 사람인가 보다” 하며 지나쳤습니다.

저들은 하나님께서 그들에게 복음의 빛을 가려서 보지 못한 것이 아니라, 그들 마음에 복음의 빛을 차단하는 가림막을 하고 있어서 보지 못한 것입니다. 그러니 하나님께서 그들을 멸망의 자식으로 예정했기 때문에 그들이 복음을 받아들이지 못한 것이 아니라, 하나님께서 주신 은혜를 받을 생각이 처음부터 없었기 때문에 그들은 자기가 선택한 대로 보응받는 것입니다.

하지만 저와 여러분은 하나님께서 비춰 주신 진리를 보고, 생명을 봅니다. 볼 수 있다는 것은, 판단하고 대처할 수 있는 능력이 생겼다는 것입니다. 물웅덩이가 있으면 피해 갈 줄도 알고, 위험한 상황이 벌어지면 길을 멈추고 기다리거나 다른 길로 돌아갈 줄도 아는 것입니다. 우리가 하나님의 말씀을 깨닫고 그 말씀을 기준으로 살면서, 먹든지 마시든지 무엇을 하든지 하나님을 의식하며 살게 된 것이 우리에게 복입니다. 죄 된 본성을 따라 살지 않고, 우리 마음에 계신 성령의 인도하심을 따라 살 수 있게 된 것이 우리에게 복입니다. 하나님께서 창세전에 저와 여러분을 향한 계획을 갖고 계셨습니다. 하늘에 속한 모든 신령한 복을 우리에게 주시려고 예정하시고, 선택하셨습니다.

고린도전서 2:10-12, “오직 하나님이 성령으로 이것을 우리에게 보이셨으니 성령은 모든 것 곧 하나님의 깊은 것까지도 통달하시느니라 11. 사람의 일을 사람의 속에 있는 영 외에 누가 알리요 이와 같이 하나님의 일도 하나님의 영 외에는 아무도 알지 못하느니라 12. 우리가 세상의 영을 받지 아니하고 오직 하나님으로부터 온 영을 받았으니 이는 우리로 하여금 하나님께서 우리에게 은혜로 주신 것들을 알게 하려 하심이라"

우리가 세상의 영을 받지 않고 하나님으로부터 온 영을 받았습니다. 이것은 하나님께서 우리에게 은혜로 주신 것입니다. 하나님께서 주신 은혜를 은혜로 받는 사람이 복이 있습니다. 저와 여러분, 우리 하와이한빛장로교회가 하나님의 큰 은혜 안에 있다는 사실에 감사하시고, 이 은혜가 창세전부터 예정되어 있었다는 사실에 더 감사하시는 부활주일이 되길 주님의 이름으로 축원합니다.

요한복음 17:13~17

악에 빠지지 않게 보전하옵소서

"13. 지금 내가 아버지께로 가오니 내가 세상에서 이 말을 하옵는 것은 그
들로 내 기쁨을 그들 안에 충만히 가지게 하려 함이니이다 14. 내가 아버
지의 말씀을 그들에게 주었사오매 세상이 그들을 미워하였사오니 이는
내가 세상에 속하지 아니함 같이 그들도 세상에 속하지 아니함으로 인함
이니이다 15. 내가 비옵는 것은 그들을 세상에서 데려가시기를 위함이 아
니요 다만 악에 빠지지 않게 보전하시기를 위함이니이다 16. 내가 세상에
속하지 아니함 같이 그들도 세상에 속하지 아니하였사옵나이다 17. 그들
을 진리로 거룩하게 하옵소서 아버지의 말씀은 진리니이다"

요한복음 17장 11절에서 예수님께서 **"나는 세상에 더 있지 아니하오나"**라고 말씀하신 후, 13절에 다시 한번 **"지금 내가 아버지께로 가오니"**라고 말씀하고 있습니다. 예수님은 하나님께서 계획하신 때에 따라 아버지께로 가시게 될 것입니다. 하지만 예수님을 떠나보낸 후 남아 있게 될 제자들은, 한동안 그 충격에서 헤어 나오지 못할 것입니다. 왜냐하면 예수님의 떠나시는 방법이 전혀 일반적이지 않은 것이기 때문입니다. 아무리 극악무도한 죄인이라 할지라도, 그가 범

한 죄의 경중과 형량을 판결하고 확증하기까지는 상당한 시간이 걸리게 되어 있습니다. 예수님 당시의 재판이 오늘날처럼 3심제가 아니었다 할지라도, 성경의 기록을 보면 재판을 끝내자마자 바로 사형을 집행하는 것은 너무 빠르다는 생각이 듭니다.

> 마태복음 27:16-18, "그 때에 바라바라 하는 유명한 죄수가 있는데 17. 그들이 모였을 때에 빌라도가 물어 이르되 너희는 내가 누구를 너희에게 놓아 주기를 원하느냐 바라바냐 그리스도라 하는 예수냐 하니 18. 이는 그가 그들의 시기로 예수를 넘겨 준 줄 앎이더라"

16절에 **"바라바라 하는 유명한 죄수"**가 있었다고 했는데, 요한복음 18장 40에서는 그가 '강도'였다고 말씀하고 있고, 마가복음 15장 7에서는 그가 **"민란을 꾸미고 그 민란중에 살인하고 체포된 자"**였다고 말씀하고 있습니다. 이를 종합하여 우리가 알고 있는 사건과 비교해 보면, 1992년에 있었던 LA 폭동 사건을 예로 들 수 있을 것 같습니다. 6일간 이어졌던 당시 폭동으로 인해 50명이 넘는 사망자와 2,300명이 넘는 부상자가 나왔고, 특히 한인타운도 약탈 피해의 중심에 있었습니다.

그 폭동을 일으켰던 주범이 누구인지는 모르겠지만, '바라바'라고 하는 인물은 예수님 당시에 그와 같은 민란을 꾸미고, 그 혼란 가운데 살인과 강도를 했던 사람이었습니다. 특이한 것은, 당시 사회는 오늘날처럼 미디어나 인터넷이 없던 시절이었음에도, 성경은 그를 가리켜 '유명한 죄수'라고 말하고 있다는 것입니다. 그처럼 '바라바'는 당시에 모르는 사람이 없을 만큼 잔혹한 범죄를 저질렀음에도 재판을 받고 형이 확정될 때까지 구속 기간이 상당히 있었음을 알 수 있습니다. 하지만 예수님은 구속 기간도 없이, 재판 후 바로 십자가 사형을 당했습니다.

자기들과 함께 식사했던 예수님께서 다음 날 십자가 위에서 죽게 되실 것을 제자들이 어찌 예상했겠습니까? 목요일 저녁에 같이 저녁밥 잘 먹고 기도하러 겟세마네 동산에 갔다가 예수님이 체포되신 후, 금요일에 십자가 위에서 죽게 되시는 과정을 멀리서 지켜볼 수밖에 없었던 제자들은 엄청난 혼란과 두려움에 사로잡히게 될 것입니다. 예수님은 그와 같은 일들이 벌어지게 될 것을 미리 아시고 하나님께 기도하고 있습니다. 이런 상황이라면 여러분은 어떤 기도를 하실 것 같으십니까? 아마도 제자들이 당황하지 않게 해 달라거나, 용기를 잃지 말게 해 달라거나, 뭔가 위로가 되고 힘이 될 만한 기도를 할 것 같습니다. 그런데 예수님의 기도는 그런 내용이 아니었습니다.

> 요한복음 17:13, "지금 내가 아버지께로 가오니 내가 세상에서 이 말을 하옵는 것은 그들로 내 기쁨을 그들 안에 충만히 가지게 하려 함이니이다"

"제자들도 내가 가진 기쁨을 충만히 가지길 원합니다"라는 기도였습니다. 예수님께서 가지셨던 기쁨은 어떤 것이었습니까? **"아버지께서 나를 사랑하신 것 같이 나도 너희를 사랑하였으니 나의 사랑 안에 거하라"**(요 15:9)라는 것입니다. 또한 **"거룩하신 아버지여 내게 주신 아버지의 이름으로 그들을 보전하사 우리와 같이 그들도 하나가 되**

게 하옵소서"(요 17:11) 하나가 되는 것입니다. 아버지 하나님의 사랑 안에 거하고, 그 하나님과 하나가 되는 기쁨을 갖길 원하셨습니다.

요즘 제 딸이 저에게 자주 하는 질문이 있습니다. "아빠는 장난감을 사랑해, 나를 사랑해?", "아빠는 성경책을 사랑해, 나를 사랑해?" 보통은 답이 나오는 질문을 합니다. 누굴 사랑한다고 대답했을까요? 당연히 딸입니다. 그런데 며칠 전에는 상당히 난감한 질문을 했습니다. "아빠는 하나님을 사랑해, 나를 사랑해?" 제가 뭐라고 대답을 했을까요? "아빠는 당연히 하나님을 사랑하지만, 하나님께서 가장 사랑하는 주이를 아빠한테 보내 주셨으니까 아빠는 주이를 더 사랑하지." 하나님이 가장 사랑하는 예수님을 우리한테 보내 주셨는데, 우리가 "나는 하나님을 사랑하기 때문에 예수님을 사랑하지 않아"라고 하면 하나님이 좋아하실까요? 그건 하나님을 사랑하는 게 아닙니다.

"하나님이 가장 사랑하고 귀하게 여기는 것을 우리에게 주셨을 때는, 그걸 받는 우리도 가장 감사하고 귀하게 받는 것이 하나님을 사랑하는 거야. 그래서 아빠는 하나님을 사랑하는 것만큼, 주이를 더 많이 사랑하지." 자녀가 아버지의 사랑 안에 거하고, 마음과 뜻이 서로 하나 되는 것만큼 기쁜 것은 없을 것입니다.

요한복음 17:14, "내가 아버지의 말씀을 그들에게 주었사오매 세상이 그들을 미워하였사오니 이는 내가 세상에 속하지 아니함 같이 그들도 세상에 속하지 아니함으로 인함이니이다"

예수님은 왜 자신이 가진 기쁨을 제자들도 충만히 갖길 원하셨을까요? 예수님이 가진 기쁨의 원천은 '아버지의 말씀'입니다. 그리고 예수님은 그 말씀을 제자들에게 다 주었습니다. 이제 제자들은 예수님의 말씀을 받아 가졌고, 예수님이 가지신 기쁨을 함께 그리고 충만히 누릴 수 있게 되었습니다. 그런데 문제가 생겼습니다. 그게 뭐냐면 '세상이 그들을 미워한 것'입니다. 14절 말씀을 원어 그대로 옮기면, "내가 세상에 기원을 두지 않았듯이 저희도 세상에 기원을 두지 않았습니다"라는 해석이 됩니다.

이 말은 출신 성분이나 소속을 뜻하는 말로, 제자들도 예수님과 동일한 출신 성분과 소속을 가졌다고 말씀하는 것입니다. 제자들이 예수님과 똑같은 신분을 갖게 된 근거는, 인간이 가입원서를 작성하거나 어떤 자격 조건을 갖춰서 얻게 된 것이 아닙니다. 하나님께서 은혜로 주신 것이고, 예수님께서 니고데모에게 주셨던 말씀과 같이 성령으로 거듭남으로 인해 예수님께 접붙임을 받은 것입니다. 그리고 예수님의 이 기도는 앞서 15장에서도 이미 가르쳐 주셨던 말씀입니다.

> 요한복음 15:19, "너희가 세상에 속하였으면 세상이 자기의 것을 사랑할 것이나 너희는 세상에 속한 자가 아니요 도리어 내가 너희를 세상에서 택하였기 때문에 세상이 너희를 미워하느니라"

예수님께서 당신이 특별히 더 사랑하는, 세상에 남겨질 제자들을 위해 마지막 기도를 하시는 순간까지 '너희는 내 소속이다, 내 것이다'라고 말씀하시는 것에 주목하시기 바랍니다.

2018년 8월 13일에 북한에 매장되어 있던 미군 참전용사의 유해 55구가 미국으로 송환됐습니다. 기념식에 참석한 트럼프 대통령은, "우리는 한 명의 미국인(전우)도 뒤에 남겨 두지 않는다는 말을 믿는다"라는 말로, 자국민에 대한 보호와 끝까지 그들을 책임질 것을 표명함으로써, 미국 시민에 대한 특별함을 선언했습니다. 비록 한시적인 기간만 대통령의 직을 수행하는 사람의 약속이지만, 그와 같은 연설을 들으면서 '참 고맙다, 미국 시민은 참 좋겠다'는 생각을 했습니다. 세상 나라도, 힘이 있는 나라의 시민이 되면 어딜 가든지 당당합니다. 우리의 신분과 소속이 하나님께 속해 있다는 것이 우리에게 힘인 줄 믿습니다.

그런데 문제는 우리가 하나님께 속해 있음으로 인해 세상으로부터 미움을 받게 된다는 것입니다. 그런데 이 말씀을 주목해 보시기 바랍니다.

> 요한복음 17:14, "내가 아버지의 말씀을 그들에게 주었사오매 세상이 그들을 미워하였사오니"

예수님께서 아버지의 말씀을 전해 주자, 세상이 그들을 미워했습니다. "내가 죽은 뒤에 저들은 미움을 당할 것입니다. 그때 저들을 지켜 주옵소서." 이런 기도가 아닙니다. 이미 저들은 세상으로부터 미움을 받고 있습니다. 세상이 저들을 미워하는 이유는 제자들이 뭘 잘못했다거나, 그들이 싫어하는 행동을 해서 미워하는 것이 아닙니다. 소속이 다르기 때문에 미워하는 것입니다. 적군이기 때문에 미워하는 것입니다. 그러니 우리가 착각하면 안 됩니다. 우리가 세상과 친하게 지내면, 저들이 원하는 것을 들어주고 해 주면 저들이 우리를 좋아하는 것이 아닙니다. 처음부터 소속과 신분이 다르기 때문에 그냥 존재 자체가 미운 것입니다.

그러면 궁금해지는 것이 있습니다. 예수님은 제자들을 사랑하셨습니다. 그리고 예수님이 가진 기쁨을 제자들도 함께 갖길 원하셨고, 무엇보다 주님께서 아버지와 하나이신 것처럼, 제자들도 하나가 되길 원하셨습니다. 그렇다면 제자들을 예수님이 가실 곳으로 함께 데리고 가면 되지 않겠습니까? 하지만 예수님은 제자들을 세상에서 데려가지 않으시고 남겨 두길 원했습니다.

요한복음 17:15, "내가 비옵는 것은 그들을 세상에서 데려가시기를 위함이 아니요 다만 악에 빠지지 않게 보전하시기를 위함이니이다"

예수님은 왜 제자들을 세상에 남겨 두길 원하셨을까요? 그것은 예수님께서 세상에 오신 이유, 그리고 아버지의 때가 이르러 이제 십자가를 지러 가시기까지 세상에 머무르셨던 이유와 같은 것입니다.

사도행전 1:7-8, "이르시되 때와 시기는 아버지께서 자기의 권한에 두셨으니 너희가 알 바 아니요 8. 오직 성령이 너희에게 임하시면 너희가 권능을 받고 예루살렘과 온 유대와 사마리아와 땅 끝까지 이르러 내 증인이 되리라 하시니라"

제자들이 언제까지 세상에 머무르게 될지는 아무도 모릅니다. 하지만 제자들은 성령의 임하심과 성령으로부터 받은 권능으로 예루살렘과 온 유대와 사마리아와 땅끝까지 이르러 예수님의 증인이 되어야 합니다. 제자들이 남아서 해야 할 사명이 있다는 것이죠. 그래서 예수님은 하나님께 제자들이 악에 빠지지 않도록 보전해 달라고 기도하신 것입니다.

그러면 '악에 빠지지 않게 보전해 달라'는 예수님의 기도는 어떤 의미일까요? '악'을 죄를 범하거나 윤리·도덕적으로 잘못하는 것 정도로 이해하면 안 됩니다. 예수님의 기도에 그 답이 있습니다.

요한복음 17:16, "내가 세상에 속하지 아니함 같이 그들도 세상에 속하지 아니하였사옵나이다"

'악에 빠지는 것'은 무엇입니까? 세상에 속하지 않은 제자들이 세상에 빠지는 것입니다. 다시 말해서 제자들이 세상에서 길을 찾고, 세상의 방법을 따라가는 것입니다. 예수님께서는 제자들을 함께 데려가지 않으시고, 남겨 두길 원하셨습니다. 그리고 제자들을 남겨 두길 원하실 땐, 그래야 하는 이유가 있기 때문입니다. 그 이유는 세상이 우리에게 있어서 가장 좋은 훈련 장소이기 때문입니다.

베드로전서 1:3-4, "우리 주 예수 그리스도의 아버지 하나님을 찬송하리로다 그의 많으신 긍휼대로 예수 그리스도를 죽은 자 가운데서 부활하게 하심으로 말미암아 우리를 거듭나게 하사 산 소망이 있게 하시며

4. 썩지 않고 더럽지 않고 쇠하지 아니하는 유업을 잇게 하시나니 곧 너희를 위하여 하늘에 간직하신 것이라"

보시는 것처럼, 그리스도께서 죽은 자 가운데서 부활하심으로 인하여 우리는 거듭나게 되었고, 산 소망을 얻게 되었습니다. 그 소망은 무엇입니까? 썩지 않고, 더럽지 않고, 쇠하지 않는 유업을 잇는 상속자가 되게 하신 것입니다. 우리의 유업은 하늘에 간직되어 있으며, 우리가 주님 앞에 서는 날 받게 될 것입니다. 그런데 그 유업은 우리가 어떻게 받을 수 있습니까? 우리가 세상에 사는 동안 여러 가지 훈련 과정을 거치게 될 것입니다. 그 훈련 과정은 마치 연금술사가 금을 제련하는 것처럼, 혹독하고 어려운 시험의 과정이 될 수도 있을 것입니다. 그런 면에서 우리가 받은 구원은 이미 얻은 구원도 있지만, 또한 완성을 향해 만들어 가야 하는 구원도 있는 것입니다.

베드로전서 1:5-7, "너희는 말세에 나타내기로 예비하신 구원을 얻기 위하여 믿음으로 말미암아 하나님의 능력으로 보호하심을 받았느니라 6. 그러므로 너희가 이제 여러 가지 시험으로 말미암아 잠깐 근심하게 되지 않을 수 없으나 오히려 크게 기뻐하는도다 7. 너희 믿음의 확실함은 불로 연단하여도 없어질 금보다 더 귀하여 예수 그리스도께서 나타나실 때에 칭찬과 영광과 존귀를 얻게 할 것이니라"

마지막 7절 **"칭찬과 영광과 존귀를 얻게 할 것"**이라고 하신 말씀을 주목해 보시기 바랍니다. 아무것도 하지 않았는데도 "칭찬, 영광, 존귀"를 얻는 법은 없습니다. "칭찬, 영광, 존귀"는 언제나, 어떤 수고의 결과로서 얻게 되는 것입니다. 그래서 5절에 **“말세에 나타내기로 예비하신 구원”**이라고 말씀하면서 우리가 얻은 구원이 완성을 향해 가고 있는 것임을 말씀하고 있습니다. 그리고 그 구원의 완성을 위하여 “하나님의 능력으로 보호하심을 받았다”라고 말씀하는 것입니다. 이 말씀은 본문 15절에 예수님께서 제자들이 **“악에 빠지지 않게 보전하시기를 위함이니이다”**라고 하나님께 기도하신 내용과 같은 의미입니다.

그러면 여기서 의문이 생깁니다. 우리가 얻은 구원은 예수님의 십자가 죽으심으로 인해 이미 완성된 것 아닙니까? 그런데 앞으로 우리가 이루어야 할 구원이 있다는 말씀은 무슨 뜻인가요? 그것은 하나님의 자녀와 하나님 나라의 백성이라고 하는 신분과 소속에 대한 구원은 이미 완성되었지만, 하나님의 상속자로서 그리스도와 함께 “칭찬과 영광과 존귀”를 누릴 실력을 만들어 가는 구원을 이루어 가야 한다는 것입니다.

우리나라는 상대적으로 재벌들의 2세, 3세 경영이 많은 편에 속합니다. 하지만 그렇다 하더라도 단지 재벌 회장의 자녀라고 해서 회사를 그냥 물려받아 최고 경영자가 되는 경우는 없습니다. 신분적으로는 다른 사람들보다 절대적인 유리한 면을 가지고 있지만, 그렇다고 해서 회사를 경영할 수 있는 객관적인 실력이 검증되지 않았음에도 최고 경영자의 자리를 내주지는 않습니다. 왜냐하면 그 회사는 개인의 회사가 아니기 때문이고, 그 회사의 주식을 소유하고 있는 주주들의 동의가 반드시 필요하기 때문입니다. 그래서 부모로부터 성공적으로 회사를 물려받은 2세, 3세 경영자들을 보면, 전문가로 인정받을 만한 학위로 실력을 증명하고 현장에서 경험을 쌓는 일을 철저하게 한 사람들입니다. 세상일도 아무것도 하지 않고 가만히 있으면서 "칭찬과 영광과 존귀"를 얻는 예는 없습니다.

6절 말씀에서도 보시는 것처럼, 우리가 얻게 되는 구원의 완성 역시 '여러 가지 시험'이 있을 것이고, 그로 인해 '잠깐 근심하게 될' 것이라고 말씀하고 있으며, '불로 연단하는' 과정을 통해 얻게 될 것이라고 말씀하는 것입니다. 기독교 신앙은 세상의 다른 종교들이 가지고 있는 신앙 형태와 비교했을 때 믿음의 시작이나 과정, 그리고 도달하는 목표치가 다릅니다. 기독교 신앙은 본인이 결정해서 믿기 시작하는 것이 아니라, 하나님께서 택하신 당신의 백성에게 복음의 빛을 비춰 주셔서 빛을 보고 나오게 하십니다. 또한 기독교 신앙은 세상의 아쉬움이나 고달픔을 면하기 위해 신에게 기도해서 문제를 해결 받는 것에 신앙의 목적을 두는 것이 아니라, 불로 연단하는 것 같은 시련의 과정을 통해서 하나님의 상속자의 자격을 만들어 갑니다.

기독교 신앙은 그 결과가 해탈의 과정을 통해 무로 돌아가게 되는 건지, 윤회가 되어 다시 태어나는 건지, 어딘가에 있을 극락이든 낙원이든 그런 곳으로 가는 건지 알지 못하는 상태로 운명에 맡기는 그런 것이 아닙니다. 우리에게는 우리 주 예수께서 예비해 놓으신 영원한 집으로 가게 된다는 분명한 목적지가 있고, 그곳에서 "칭찬과 영광과 존귀"를 누리게 될 것입니다. 그렇기 때문에 하나님께서는 마음이 아프실지라도 우리가 눈물 골짜기를 통과하며 당하게 되는 여러 가지 훈련의 과정을 지켜보고 계시는 것입니다. 그래서 하나님께 열심히 기도하고 신앙생활을 잘했음에도 어려움이 끝나지 않는다면 여러분의 실력과 체력이 더 강해지고 있다는 것을 기억하십시오.

요즘은 등산을 좋아하시는 분이 참 많습니다. 특히 한국 사람들은 가정마다 등산복과 등산화가 없는 분이 없을 정도입니다. 하지만 등산을 좋아하는 사람이라 할지라도, 그래서 매일 몇 시간씩 등산하는 사람이라 할지라도, 전문 산악인처럼 히말라야를 등반할 수는 없습니다. 그런 산을 오르려면 특별한 훈련을 반드시 받아야 할 뿐만 아니라, 훈련받는 과정에서 몸을 상하고 다치게 되는 일도 무수히 많이 생깁니다. 하지만 히말라야 등정을 목표로 삼고 훈련하는 사람이 그 과정이 힘들다고 해서 중간에 포기하겠습니까? 과정이 힘들수록 자기의 실력이 늘어나는 것에 더 감사하며 보람을 느낍니다. 그래서 기독교인과 세상 사람들이 다른 점이 무엇입니까? 우리에게는 뚜렷한 목표가 있다는 것이고, 저들에게는 목표가 없다는 것입니다. 우리의 목표는 "썩지 않고, 더럽지 않고, 쇠하지 않는 유업을 얻는 것"입니다.

베드로전서 1:4, "썩지 않고 더럽지 않고 쇠하지 아니하는 유업을 잇게 하시나니 곧 너희를 위하여 하늘에 간직하신 것이라"

하지만 기독교 신앙을 가진 사람 중에도 목표를 잃어버린 사람들이 있습니다. 세상에 빠져서 세상의 허망한 것을 좇다가 시간을 허비하는 것입니다.

에베소서 4:17, "그러므로 내가 이것을 말하며 주 안에서 증언하노니 이제부터 너희는 이방인이 그 마음의 허망한 것으로 행함 같이 행하지 말라"

예수 믿지 않는 사람들의 특징은. 허망한 것을 좇아 살아간다는 것입니다. 허망하다는 것은 목표가 없다는 것입니다. 마치 허공에 칼을 휘두르고, 활을 당기는 것과 같은 것입니다. 칼을 사용했다면 두부라도 잘라야 하고, 활을 쐈으면 화살이 과녁 근처라도 날아가야 하지 않겠습니까? 하지만 허공에다가 날리면 아무 소용이 없죠.

에베소서 4:18, "그들의 총명이 어두워지고 그들 가운데 있는 무지함과 그들의 마음이 굳어짐으로 말미암아 하나님의 생명에서 떠나 있도다"

이 말씀은 지난주에 우리가 확인했던 고린도후서 4장의 말씀처럼, 그 마음에 담아 둔 세상의 신과 철학이 그들의 마음을 이미 혼미하게 하여 "그리스도의 영광의 복음의 광채"가 비쳤어도 보지 못하게 된 것과 같은 것입니다. "그들의 총명이 어두워졌다, 무지함과 마음의 굳어짐으로 말미암아 하나님의 생명에서 떠났다." 이것은 본인이 스스로 마음을 굳게 하고 떠난 것 아닙니까? 결국 이처럼 하나님의 생명에서 떠난 사람들이 하는 일이 무엇입니까?

에베소서 4:19, "그들이 감각 없는 자가 되어 자신을 방탕에 방임하여 모든 더러운 것을 욕심으로 행하되"

'방탕했다'라는 말은 더럽고 음란한 일을 했다는 말이 아닙니다. 허비하고 낭비했다는 것입니다. 해야 할 일을 하지 않고 게으른 것입니다. 예수님께서 탕자의 비유로 말씀하셨던 둘째 아들이 아버지로부터 받은 유산을 다 갖고 나가서 허랑방탕하여 그 재산을 낭비한 것, 그것이 바로 방탕입니다.

누가복음 15:13, "그 후 며칠이 안 되어 둘째 아들이 재물을 다 모아 가지고 먼 나라에 가 거기서 허랑방탕하여 그 재산을 낭비하더니"

멈추지 않고 흘러가는 시간 속에서, 내게 주어진 삶의 시간을 어떻게 사용해야 하는지 우리는 잘 생각하며 살아가야 합니다. 각자에게 주어진 삶의 시간이 있습니다. 누군가는 좀 더 길고 누군가는 좀 더 짧을 것입니다. 하지만 주어진 시간의 길고 짧음이 중요한 것이 아닙니다. 그 제한된 시간 속에서 어떤 사람은 그 총명함으로 하나님의 생명을 좇으며 사는 사람이 있고, 또 어떤 사람은 무지함과 그 마음의 굳어짐으로 인해 자신의 시간을 허랑방탕하게 사용하는 사람이 있을 것입니다.

운동이든 음악이나 미술이든 어느 한순간에 실력이 느는 법이 없습니다. 만약 전문인이 되길 원한다면 어릴 때부터 잘 훈련받고 연습해야 가능합니다. 언젠가 세계적인 발레리나 강수진 씨의 발 사진을 신문에서 본 적 있습니다. 그분의 발은 정상인의 발이 아니었습니다. 변형된 뼈와 굳은살, 피나는 연습으로 생긴 상처들은 그녀가 얼마나 많은 연습을 했었는지 알 수 있었습니다. 동작 하나를 몸에 익히기 위해서 수없이 넘어지고 실패하면서도 끝내 포기하지 않고 연습해서 자기 것으로 만들었기에 세계적인 무용가가 된 것입니다. 그 동작을 더 아름답게 표현하기 위해서 식사량을 조절하고, 먹고 싶은 욕구를 참는 것은 반드시 필요한 과정이었습니다.

누구나 발레를 시작하면 강수진처럼 될 수 있겠습니까? 누구나 축구를 하면 호날두나 메시처럼 되겠습니까? 그 이면에 보이지 않는 숨은 노력이 그들의 현재를 만든 것입니다. 세상의 성공을 위해서도 뚜렷한 목표 의식이 있어야 하고, 그 목표를 위해 자신의 시간과 열정뿐만 아니라 평범한 욕구마저도 포기하는 것입니다.

에베소서 4:20, "오직 너희는 그리스도를 그같이 배우지 아니하였느니라"

우리는 자신을 방탕에 방임하는 식으로 그리스도를 배우지 않았습니다. 성경은 우리의 목표와 목적지가 세상이 아니라고 반복하여 가르쳐 줍니다.

에베소서 4:21-24, "진리가 예수 안에 있는 것 같이 너희가 참으로 그에게서 듣고 또한 그 안에서 가르침을 받았을진대 22. 너희는 유혹의 욕심을 따라 썩어져 가는 구습을 따르는 옛 사람을 벗어 버리고 23. 오직 너희의 심령이 새롭게 되어 24. 하나님을 따라 의와 진리의 거룩함으로 지으심을 받은 새 사람을 입으라"

예수 안에 있는 진리로 우리가 가르침을 받았으니, 이제 우리는 유혹의 욕심을 따라가는 옛사람을 벗어 버리고, 의와 진리의 거룩함으로 지으심을 받은 새사람으로 살아가야 합니다. 새사람으로 사는 것은 어떤 것일까요? 많은 성도들이 오해하는 것이 자신이 신앙적인 결심을 하고, 종교적인 어떤 일을 하는 것을 새사람으로 사는 것으로 생각합니다.

가령 "이제부터는 매일 성경을 몇 장씩 읽겠다" 시간을 정해 놓고 "하루에 세 번씩 기도할 것이다." 그와 같은 의도와 목적으로 만든 신앙 운동이 있습니다. '3-3-3 영적 부흥 운동'입니다. 하루 세 장씩 성경 읽고, 세 번 정시 기도를 하며, 세 사람에게 복음을 전한다는 것입니다. 그런데 과연 이것이 우리가 새사람이 된 증표라고 할 수 있을까요? 기도하고 성경 읽는 것은 새사람이 되기 위해서 힘과 원리를 공급받는 동기부여는 될 수 있겠지만 그것 자체가 우리의 목표가 될 순 없습니다. 성경 읽고 기도하는 것이 우리의 목표가 아닙니다. 성경 읽고 기도한 대로의 사람으로 변하는 것이 우리의 목표입니다.

그런데 변해야 하는 삶의 현장은 외면하고 전부 기도원에 들어가서 금식만 하고 앉아 있습니다. 그래서야 무슨 변화를 만들어 낼 수 있겠습니까? 그렇게 성경 읽고, 기도만 하는 사람들의 종류에 목사님들이 제일 많습니다. 무슨 일만 생기면 기도원에 들어가서 나올 생각을 안 합니다. 제가 기도원에 가지 말라고 말하는 것이 아니고, 성경 읽고 기도할 필요 없다고 말하는 것이 아닙니다. 그런 것들은 당연히 해야 하는 일들입니다. 하지만 성경 읽고, 기도해서 하나님의 뜻을 발견하고 깨달았다면, 이제는 밖으로 나와서 훈련받고 연습하는 시간을 견뎌 내야 합니다.

무협지나 무협 영화 같은 것을 보면, 최상급 고수가 되기 위해서 그 비법이 담긴 책이나 무술 고수를 찾아 떠나는 사람들의 이야기가 많이 나옵니다. 그래서 우여곡절 끝에 비법서를 얻었습니다. 그러면 그 책을 얻기만 하면 곧장 무술의 고수가 됩니까? 아니지요. 그때부터 피나는 연습을 해야 합니다. 만약 비법이 담긴 책을 얻고도 아무 연습을 하지 않는다면, 결과적으로 그 사람이 그 책을 얻기 위해 쏟았던 시간과 수고는 허망해지는 것입니다.

마찬가지로 우리가 말씀을 읽고 기도하는 이유는, 우리가 싸우고 견뎌 내야 할 삶의 현장에서 힘과 도움을 얻기 위해서 하는 것입니다. 우리가 새사람으로 변하는 목표를 위해서 반드시 말씀과 기도가 있어야 합니다. 하지만 성경을 읽고 기도하는 것으로, 자신이 새롭게 변해야 하는 것을 대신할 수는 없습니다. 우리가 새사람으로 변화되는 일이 하루아침에 만들어지겠습니까? 우리 일생을 통해 다듬어지고 만들어져 가야 합니다.

요한복음 17:16, "내가 세상에 속하지 아니함 같이 그들도 세상에 속하지 아니하였사옵나이다"

예수님께서 이처럼 같은 내용을 반복하신 이유는 그만큼 중요하고, 위험하기 때문입니다. "우리의 소속이 어디냐? 우리의 삶의 목표와 도착해야 하는 지점이 어디냐?" 이것을 잊지 않고 사는 것이 중요합니다. 왜냐하면 우리가 살아가는 곳이 세상이기 때문입니다. 세상 속에서 살면서도 세상과 다르게 살아가려면, 그만큼 뚜렷한 목적의식과 소명 의식이 있어야만 가능합니다. 그 목적의식, 소명 의식은 어떻게 생기는 것일까요?

요한복음 17:17, "그들을 진리로 거룩하게 하옵소서 아버지의 말씀은 진리니이다"

농사를 짓는 아버지가 있었습니다. 그에게는 게으른 아들이 있었습니다. 하루는 아버지가 아들에게 소를 끌고 나가서 밭고랑을 만들라고 시켰습니다. 얼마 후 아버지가 밭에 가 보니 밭고랑이 구불구불 엉망진창이 되었습니다. 아버지는 아들을 불러다가 밭고랑을 만들 때는 목표를 정해 놓고 그 목표를 바라보면서 소를 끌어야 똑바로 만들 수 있다고 하면서 밭고랑을 제대로 만드는 방법을 가르쳐 줬습니다.

다음 날 아버지는 다시 아들에게 밭고랑을 만들라고 시켰습니다. 얼마 후 밭에 가 보니 밭고랑이 어제보다 더 엉망진창이 되어 있었습니다. 그래서 아들을 불러서 "목표를 정해 놓고 밭고랑을 만들라고 가르쳐 줬는데 왜 그렇게 하지 않았느냐?" 하고 야단을 쳤습니다. 아들은 "아버지가 시킨 대로 자기는 목표를 보고 정확하게 했다"라는 겁니다. 그래서 아버지가 아들에게 어딜 보면서 했느냐고 물었습니다. 아들이 신경질을 내면서 아버지에게 말했습니다. '소꼬리.' 자기 눈앞에 있는, 가장 잘 보이는 소꼬리를 보면서 했다는 겁니다. 소가 꼬리를 살랑살랑 흔들면서 밭을 가니까 그걸 보면서 밭을 간 거죠.

이렇게 움직이는 목표, 변하는 목표는 목표라고 볼 수 없습니다. 진리는 무엇입니까? 절대 변하지 않는, 상황에 따라 치우치지 않는 것입니다. 세상에도 진리라고 여겨지는 것이 있습니다. '태양은 언제나 동쪽에서 뜬다'거나 '물은 0도에서 얼음이 되고, 100도가 되면 끓는다'는 것 등입니다. 하지만 그것은 경험으로 검증되고 발견된 것이지, 어떻게 그렇게 된 것인지에 대해서는 대답할 방법이 없습니다. 왜냐하면 사람들이 진리라고 말하는 그 모든 것들이, 그렇게 되게 하신 분은 하나님이시기 때문입니다. 그래서 진리는 오직 하나님 한 분뿐이십니다. 하나님께서 "그렇게 되어라!" 하고 말씀하시면 그렇게 됩니다.

여호수아 10:12-13, "여호와께서 아모리 사람을 이스라엘 자손에게 넘겨 주시던 날에 여호수아가 여호와께 아뢰어 이스라엘의 목전에서 이르되 태양아 너는 기브온 위에 머무르라 달아 너도 아얄론 골짜기에서 그리할지어다 하매 13. 태양이 머물고 달이 멈추기를 백성이 그 대적에게 원수를 갚기까지 하였느니라 야살의 책에 태양이 중천에 머물러서 거의 종일토록 속히 내려가지 아니하였다고 기록되지 아니하였느냐"

보시는 것처럼 이스라엘과 아모리 사람들이 전쟁할 때, 여호수아가 태양과 달을 향해 '그대로 머무르라'라고 명령하자 그렇게 되었습니다. 이 일을 여호수아가 한 것입니까? 하나님께서 그의 입을 빌어 한 것입니다. 태양과 달이 어찌 가던 길을 멈추고 제자리에 머무를 수 있겠습니까? 과학적으로 보면 태양과 달이 멈춘 것이 아니라, 지구가 자전하는 것과 공전하는 것을 멈춘 것인데, 이것은 하나님의 능력이 아니면 불가능한 일입니다. 30마일 미만으로 달리던 자동차가 급정거만 해도 몸이 앞으로 튀어 나가는데 시속 1,667km로 자전하고 있는 지구가 갑자기 멈추면 어떻게 될까요? 하지만 진리이신 하나님께서 그렇게 되라고 명령하시면 그렇게 되는 것입니다.

세상 사람들은 과학과 이성과 합리적 사고가 세상을 움직인다고 생각합니다. 하지만 세상은 그렇게 움직이는 것이 아닙니다. 하나님께서 말씀으로 세상을 창조하셨던 것처럼, 진리이신 하나님께서 말씀으로 움직이는 것입니다. 그래서 우리가 세상에 속하지 않았다, 세상과 다르게 살아야 한다고 말씀드리는 것은, 진리이신 하나님의 말씀을 따라 살아야 한다는 뜻입니다. 우리는 마치 공중에 매달린 한 가닥 외줄 위에 서 있는 것처럼, 아차 하면 떨어지기 쉬운 세상에서 살고 있습니다. 쉽게 세속화되고, 쉽게 세상 힘의 논리를 따라 살게 될 수 있다는 것입니다. 세상이 이끄는 대로 순응하며 살면서도, "그렇게 세상과 잘 어울려 사는 것을 하나님께서 기뻐하신다"라고 생각하며 사는 것입니다.

아합 시대에 시드기야라는 거짓 선지자가, 하나님의 뜻을 전하는 미가야의 뺨을 때리면서 **"여호와의 영이 나를 떠나 어디로 가서 네게 말씀하시더냐"**(왕상 22:24)라고 했습니다. 세상은 하나님께서 말씀으로 창조하셨고, 그 세상은 하나님의 섭리하심과 이끄심을 따라 움직이고 있음에도 불구하고, 세상에서 힘을 가진 사람은 하나님을 모르는 사람들, 무시하는 사람들입니다. 이처럼 세상에서는 세상의 이치를 따라 사는 사람들의 힘이 세게 되어 있습니다. 그래서 우리가 더욱 진리 가운데 살아야 합니다. 분명한 목표 의식과 소명 의식이 없다면, 우리는 언제든지 힘의 논리를 따라 세속화되고, 세상 사람들처럼 살면서도 그것이 진리인 줄 알며 살게 됩니다. 예수님께서 제자들을 위해 기도하시면서, **"다만 악에 빠지지 않게 보전하시기를"** 구하셨다는 것을 기억하시기 바랍니다.

우리는 세상이 목표이거나, 세상을 목적지로 사는 사람들이 아닙니다. 세상은 훈련받는 곳이고, 연습하는 장소입니다. 열심히 잘 훈련받은 뒤에 우리가 '칭찬과 영광과 존귀'를 누릴 곳은, '썩지 않고, 쇠하지 않고, 변하지 않는' 영원한 나라에서입니다. 교회가 필요한 이유가 바로 이것입니다. 예수님께서 제자들을 혼자 내버려두지 않으시고 교회로 불러 모으시고, 그곳에서 서로 하나가 되어 함께 구원의 길을 걸어가게 하신 이유가 이것입니다. 세상이라고 하는 거대한 힘 앞에 우리는 혼자서 버텨 낼 수 없습니다. 하지만 같은 신앙을 고백하고, 진리를 향해 나가는 동지들이 있기 때문에, 그들과 더불어서 우리가 헤쳐 나갈 수 있는 것입니다.

여러분은 혼자가 아닙니다. 무거운 짐을 어깨에 지고 혼자 밤길을 걸어가기는 힘들겠지만, 함께 가는 동료들이 있다면 40km 행군도 가능합니다. 진리를 따르고, 참된 길을 걷기 원하는 믿음의 동료들이, 저와 여러분 주변에 함께 있습니다. 가끔 주변을 돌아보시고, 힘들더라도 얼굴에 미소 한번 지어 주고, 어깨 한번 두드려 주면 그것으로 힘을 얻고 또 같이 걸어갈 수 있는 길입니다. 군대에서 어디가 끝인지 보이지도 않는 길을 행군하면서도, 앞에 선 중대장이 "저 언덕만 넘으면 부대가 나온다"라고 말하면, 그 말에 힘을 얻고 걸어갑니다. 그 언덕만 넘으면 정말 부대가 나올까요? 그런데 그렇게 몇 번만 넘으면 정말 부대가 나왔습니다.

요한계시록 22:20, "이것들을 증언하신 이가 이르시되 내가 진실로 속히 오리라 하시거늘 아멘 주 예수여 오시옵소서"

밤늦게까지 공부하는 자녀를 보는 부모의 마음은 짠하고 아까운 마음이 들지만, 그만하라고 말하지 못하고 '수고한다'고 하며 격려하지 않습니까? 우리 주님께서 곧 오십니다. 수고가 없고, 힘든 일이 없는 것이 아닙니다. 하지만 우리의 실력이 향상되고, 우리의 분량이 자라기까지 우리 주님께서 안타까운 마음으로 바라보며 응원하고 계신다는 사실을 잊지 마십시오. 그리고 우리는 혼자가 아닙니다. 마치 밤늦게까지 불 켜진 도서관처럼, 하와이한빛장로교회라는 한 공동체로 묶여서 함께 그리스도의 장성한 분량까지 훈련받고 자라나고 있는 것입니다. 잘 견디고, 싸워 나가는 저와 여러분이 되길 주님의 이름으로 축원합니다.

요한복음 17:17~19

진리로 거룩하게 하옵소서

"17. 그들을 진리로 거룩하게 하옵소서 아버지의 말씀은 진리니이다 18.
아버지께서 나를 세상에 보내신 것 같이 나도 그들을 세상에 보내었고
19. 또 그들을 위하여 내가 나를 거룩하게 하오니 이는 그들도 진리로 거룩함을 얻게 하려 함이니이다"

오늘 우리가 주목해서 볼 말씀은 18절입니다. 예수님께서 **"아버지께서 나를 세상에 보내신 것 같이 나도 그들을 세상에 보내었고"**라고 기도하셨습니다. 아버지께서 예수님을 세상에 보내신 이유를 우리는 분명히 알고 있습니다. 우리가 받아야 할 죄와 저주의 형벌을 대신 갚아 줄 화목제물로 죄 없으신 예수님을 세상에 보내셨고, 예수님께서는 아버지의 뜻대로 십자가를 지심으로 말미암아 자신을 세상에 보내신 아버지 하나님의 뜻을 다 이루셨습니다. 그런데 아버지께서 예수님을 세상에 보내신 것처럼, 예수님께서도 우리를 세상에 보내셨다고 말씀하고 있습니다.

예수님의 기도를 통해 우리가 알 수 있는 것은, 하나님께서 택하시

고 구원하신 당신의 백성들을 향한 분명한 뜻이 있다는 것입니다. 하나님께서 세상에서 우리를 건져 내어 하나님의 자녀로 삼으신 것은, 단지 신분과 소속을 바꿔 주는 것으로 구원이 완성됐다고 하지 않으신 것입니다. 무슨 말씀이냐 하면, 마치 어린 시절에 했던 땅따먹기 놀이를 하면서 내 땅을 넓혀 가거나, '우리 집에 왜 왔니?' 하면서 가위바위보 해서 이기면 원하는 사람 우리 편으로 끌어오는 식으로 구원이 완성된 것이 아니라는 것입니다.

우리가 받은 구원이 무엇인지, 그것이 어떤 가치를 지녔는지 잘 모르기 때문에, 사람들은 자기가 이해한 범주 안에서 구원을 생각합니다. 그 첫 번째 부작용은, 예수 믿고 교회에 다니는 것만으로 자신의 구원이 완성됐다고 생각하는 것입니다. 물론 교회 다녀도 구원받지 못한다는 말은 아닙니다마는, 구원이라는 것이 하나님께서 우리를 구원하신 것이 영원한 죄의 형벌을 받아 마땅한 우리가, 이제는 예수를 믿었으니 당연히 천국을 가게 됐다는 것이 전부는 아닙니다. 만약 지옥 갈 사람을 천국으로 데리고 오는 것이 하나님의 목적이라고 한다면, 구원이 완성된 지금 우리를 세상에 계속 남겨 둘 이유가 없습니다.

요한복음 17:11, "나는 세상에 더 있지 아니하오나 그들은 세상에 있사옵고 나는 아버지께로 가옵나니 거룩하신 아버지여 내게 주신 아버지의 이름으로 그들을 보전하사 우리와 같이 그들도 하나가 되게 하옵소서"

예수님의 십자가 죽으심으로 인해 우리의 모든 죄는 다 용서받은 것 아닙니까? 그렇다면 부활하신 예수님께서 하늘로 승천하실 때, 당신이 구원한 백성들과 함께 하늘로 올라갔다면 가장 극적이고 멋진 모습이 연출되었을 것입니다. 예수 믿고 구원받은 사람들이 자기들 눈앞에서 하늘로 올라가는 모습을 목격했다면, 그것보다 더 확실한 복음 전도의 방법이 어디에 있을까요? "저것 봐라! 예수 믿으면 저렇게 구원받는다. 부활하신 예수님과 함께 하늘로 올라간 오백여 성도들처럼, 너희도 예수 믿으면 저렇게 구원받는다." 아마도 그랬다면 사도들이나 복음 전도자들이 예수 이름 전하다가 돌에 맞아 죽고, 톱에 켜져서 죽고, 맹수의 먹이가 되어 죽는 일은 없었을 것입니다.

그런데 예수님 본인은 세상에 더 있지 않을 거라고 말씀하시면서, 당신이 구원한 백성들은 세상에서 계속 살게 될 거라고 기도하고 있습니다. 그러면서 아버지의 이름으로 그들을 보전해 달라는 기도를 하셨습니다. 예수님의 기도는, 그 기도의 1차 대상이 되는 제자들을 포함해서 신약의 성도들이 세상에 남아 있어야 하는 분명한 이유가 있음을 뜻하는 것입니다.

그 세상은 어떤 곳입니까? 죄로 가득한 곳이고, 예수님께서 말씀하신 것처럼 자기에게 속하지 않은 제자들과 성도들을 미워하는 곳입니다. 세상은 제자들과 성도들이 자기에게 속하지 않았다는 것을 어떻게 알고 미워하는 것일까요? 마치 이중국적 보유가 허락되지 않는 한국 사람이 미국 시민권을 얻게 되면, 기존의 한국 국적을 포기해야 하는 것처럼 국적을 바꿔서 아는 걸까요? 성경은 예수님께서 제자들에게 하나님의 말씀을 전해 주었기 때문에 세상이 그들을 미워한다고 말씀하고 있습니다.

요한복음 17:14, "내가 아버지의 말씀을 그들에게 주었사오매 세상이 그들을 미워하였사오니 이는 내가 세상에 속하지 아니함 같이 그들도 세상에 속하지 아니함으로 인함이니이다"

그러면 아버지의 말씀이 도대체 무엇이기에, 단지 예수님으로부터 그 말씀을 전해 들었다는 이유만으로 세상은 성도들을 미워하는 것일까요?

요한복음 17:17, "그들을 진리로 거룩하게 하옵소서 아버지의 말씀은 진리니이다"

아버지의 말씀이 진리이기 때문에, 진리가 아닌 세상은 성도들을 미워합니다. 진리는 무엇입니까? 변하지 않는 것입니다. 사람들이 낮과 밤의 순환이나 사계절의 순환과 같은 자연의 법칙을 진리라고 말하는 것은, 1천 년 전이나 지금이나 변하지 않고 똑같기 때문입니다. 하지만 세상에서 만들어 낸 모든 것들은 다 변하는 것입니다.

2차 대전 때까지 통신 수단으로 사용했던 '전서구'라는 것이 있습니다. 전서구는 '통신용으로 훈련된 비둘기'를 가리키는 말로, 오랜 훈련을 통해 새의 발에 메시지를 매달아 원하는 장소에 전달했습니다. 1차 세계 대전 때는, 독일군에 포위됐던 미국 영국 연합군이 전서구를 통해 전달받은 정보를 통해, 독일의 공격을 성공적으로 방어할 수 있었다고 합니다. 그리고 소식을 전달했던 비둘기에게 훈장까지 수여했다고 합니다.

하지만 통신뿐만 아니라 초고속 무선 인터넷까지 상용화된 오늘날에는 개인의 취미가 아닌 이상, 통신을 목적으로 전서구를 사용하는 사람은 없습니다. 전서구뿐이겠습니까? 가정용품, 사무용 도구들, 운송수단을 포함한 오늘날 사람들이 필수적으로 사용하는 용품 대부분이 오랜 과거까지 거슬러 올라가지 않아도 50년 전만 해도 상상하지 못했던 것들입니다. "그때는 맞았지만, 지금은 틀리다." "그때는 유용했지만, 지금은 아니다." 무슨 말씀입니까? 계속 변하는 세상은 절대로 진리가 될 수 없다는 것입니다. 따라서 기독교 신앙의 첫째 원리는, "오직 하나님만이 진리이시다"입니다.

구원에 대해서 잘 모를 때 생기는 두 번째 부작용은, "구원은 모든 사람이 다 받은 것이다, 또는 누구든지 다 받을 수 있는 것이다"라고 생각하는 것입니다. 예수님의 속죄 사역은 유일하고 완전한 희생이며, 온 세상의 죄를 모두 용서해 주신 충분하고 무한한 가치가 있는 죽음입니다. 따라서 그리스도의 죽으심은, 그 효력에 있어서 범위가 제한되지 않습니다. 하지만 기독교의 진리는 오직 예수 그리스도를 믿음으로만 구원을 받는다는 유일성과 함께, 그를 믿지 않는 자는 구원을 얻지 못한다는 배타성도 함께 가지고 있습니다. 이 말은, "오직 예수 그리스도를 통해서만 구원하시겠다"라고 하시는 하나님의 진리를 따르지 않는 사람은 구원을 받을 수 없다는 것입니다.

그런데 1948년 세계교회연합이라고 하는 WCC가 만들어진 이후, 기독교회가 가지고 있는 이와 같은 구원관은 뿌리째 흔들려 버렸습니다. 예수 그리스도를 믿음으로써 구원받게 된다는 구원의 유일성보다는, 하나님께서는 아담에게서 태어난 모든 사람을 구원하신다는 보편적 구원론을 주장하거나, 구원을 얻는 교리에 대해서 가르치지 않는 쪽으로 가 버린 것입니다. 그렇다 보니 어떤 사람은 종교적 신앙 행위와 교회 봉사와 같은 것을 열심히 해야 구원받는 줄 알고 거기에 매달립니다. 또 어떤 사람은 교회에서 예배만 드린다고 구원받는 것이 아니라, 세상으로 나가서 사회적 약자를 돕고 부자와 권력자 쪽으로 기울어진 세상을 평등하게 고치는 것이 구원이라고 말합니다.

WCC는 종교 간의 연합과 사회 정의 구현이라는 일치된 목적을 위해서, 각 종교나 교파가 가진 교리에 관해서 주장하지 않고, 공통분모만 말하자고 합니다. 천주교와 개신교가 일치되기 위해서는 서로 간의 공통분모인 하나님과 예수님만 말하는 것입니다. 그 안에 서로 다른 부분은 그냥 넘어가자는 것이지요. 그리고 그 둘을 합친 기독교와 불교나 힌두교 등 모든 종교가 연합하여 세상에 좋은 영향력을 끼치기 위해서는, 구원이나 기독교의 하나님을 말하지 말고 그냥 '신'이 존재한다, 그 신은 '선한 것, 서로 사랑하는 것'을 좋아한다. 그래서 어느 한 종교에만 구원이 있다고 말하지 말고, "아담의 후손으로 태어난 모든 사람은 다 구원을 받는다." 이렇게 주장하는 것입니다.

더 준비한 내용이 많지만, 그것을 설명해 드리려고 하면 정작 오늘 전하려고 하는 내용까지 집중하시기가 어려울 듯하여 내려놓도록 하겠습니다. 하지만 기억하셔야 할 것은, 예수 그리스도의 십자가 대속은 모든 사람의 죄를 용서하기에 충분하고도 남지만, 그럼에도 불구하고 구원은 길이요 진리요 생명이신 예수 그리스도를 믿지 않는 사람은 받을 수 없습니다.

구원은 마치 무료로 배포되는 신문지 속에 들어 있는 할인 쿠폰처럼, 누구나 원하면 받을 수 있는 그런 것이 아닙니다. 하나님께서 저와 여러분 한 사람, 한 사람의 구원을 위해 자신의 독생자를 세상에 보내어 인간의 모든 고통을 겪게 하시고, 십자가 죽임을 당하게 했습니다. 이것이 대수롭지 않은 일입니까? 누구든지 예수를 믿으면 구원받는다고 하니까, 마치 구원이 시식 코너에서 나눠 주는 음식 조각처럼 생각되십니까?

그런데 구원의 도리에 대해서 제대로 가르쳐 주지 않으니까, 하나님이 그렇게 원하시는 구원을 내가 받아 준 것처럼 그렇게 생각합니다. "내가 예수를 믿어 주고, 내가 교회를 다녀 주고, 내가 헌금도 해 주고, 교회 봉사나 전도도 해 주고, 예수님도 하시지 못한 사회 부조리도 척결해 주고." 여러분, 그것이 구원입니까? 정말 예수를 그렇게 믿어도 된다고 생각합니까? 교회라는 이름으로 연합해서 모여 있으면, 우리가 뭘 하든 그것이 다 하나님을 위하는 일이라고 생각하십니까?

그랬다면 예수님께서 바리새인과 제사장, 서기관들을 책망할 이유가 없습니다. 그들은 하나님을 위하고 성전을 위해 일하는 사람의 대표이기 때문입니다. 하지만 그들은 외식하는 자요, 회칠한 무덤과 같은 자라고 책망받았습니다. 하나님께서 주신 율법을 받아 가지고 있으면서도 그것을 구원의 도리로 사용하지 않고, 자기들을 위하고 세상을 위해서 사용했기 때문입니다.

오늘날 교회가 마땅히 가르쳐야 할 구원에 대해서 전하지 않음으로 인해서, 성도들 각자가 알아서 구원받는 방법을 이해하게 한 것을 회개해야 합니다. 우리가 구원을 받게 된 것은, 고린도후서 4장의 말씀처럼 그리스도의 영광의 복음의 광채가 우리에게 비쳤기 때문입니다. 어떤 사람은 "우리가 그 빛을 보고 나왔으니 구원을 받은 것이 아니냐?"라고 말합니다. 여러분, 빛을 보고 나온 것이 중요합니까? 그 빛이 있었다, 그 빛이 내게 비쳤다는 것이 중요합니까?

동굴로 예를 들겠습니다. 사고로 빛이 들어오지 않는 동굴에 갇혀서 손의 감각만으로 출구를 찾고 있는데, 멀리서 한 가닥 빛이 비쳤습니다. 나를 구조하기 위해 동굴로 찾아온 사람이 비춰 주는 빛을 본 것입니다. 그리고 마침내 구조원을 만나서 바깥으로 나올 수 있었습니다. 그렇다면 고생하는 그를 위해 내가 구조되어 준 것입니까, 그가 나를 구조한 것입니까?

우리를 구원하기 위해서 하나님께서 얼마나 큰 희생을 감내하셨는지 알아야 하고, 죄 없으신 예수님의 십자가 죽음에 대해서 감사를 잊지 말아야 합니다. 그래서 "내가 선택했다, 내가 예수 믿어서 구원받았다" 이런 말은 조심해서 사용해야 합니다. 나를 구원하기 위해 대신 고난을 당하신 예수님의 희생을 너무나 가볍고 초라하게 만드는 구원에 대한 인식을 하고 있다면 너무 죄송하지 않습니까?

둘째로 본문은, 예수님께서 우리를 구원하신 것은 단지 천국 백성이 되게 하는 것만이 아닌, 그 이상의 뜻과 계획이 포함되어 있음을 확인할 수 있습니다. 종교 개혁 이후 17세기 영국의 대각성 운동과

18세기 미국의 대각성운동의 공통점은, 예수 믿고 세례받은 사람들의 소원이 빨리 죽는 것이었습니다. 세상에 사는 동안 죄와 가깝게 지낼 수밖에 없고, 당연히 죄를 또 짓게 될 것이기 때문에, 구원의 은혜를 받았으니 회개한 후 빨리 죽는 것이 유익하다고 생각한 것입니다.

하지만 예수님께서 당신이 사랑하는 제자들을 같이 데려가지 않으시고, 그들을 세상에 남겨 두면서 하나님의 이름으로 그들을 보전해 달라고 기도하신 이유는, 그들이 세상에서 해야 할 일이 있기 때문입니다. 그것이 무엇입니까? 예수님이 하신 것처럼 진리로 거룩해지는 것입니다. 앞서 말씀드린 것처럼, 진리는 하나님입니다. 그리고 하나님의 말씀이 진리입니다. 그래서 진리로 거룩해지라는 것은, 우리의 사고방식과 생활 습관의 모든 부분이 진리이신 하나님의 뜻에 순종해야 한다는 것을 뜻합니다. 그러면 하나님의 말씀과 뜻은 무엇입니까? 내가 생각하고 이해하는 하나님의 말씀이 아니라, 그 말씀을 주신 하나님의 본래 뜻을 찾아 순종하는 것입니다.

개혁주의 신학과 자유주의 신학의 차이는 바로 여기서 생겨났습니다. 하나님 중심의 신학과 인간 이해 중심의 신학이, 말씀에 대한 해석의 차이로 벌어진 것입니다. 대표적인 예가 바로 '사랑'에 대한 해석의 차이입니다.

마태복음 22:34-40, "예수께서 사두개인들로 대답할 수 없게 하셨다 함을 바리새인들이 듣고 모였는데 35. 그 중의 한 율법사가 예수를 시험하여 묻되 36. 선생님 율법 중에서 어느 계명이 크니이까 37. 예수께서 이르시되 네 마음을 다하고 목숨을 다하고 뜻을 다하여 주 너의 하나님을 사랑하라 하셨으니 38. 이것이 크고 첫째 되는 계명이요 39. 둘째도 그와 같으니 네 이웃을 네 자신 같이 사랑하라 하셨으니 40. 이 두 계명이 온 율법과 선지자의 강령이니라"

어떤 계명이 큰 계명입니까? 하나님을 사랑하는 것이 큰 계명입니다. 또한, 내 이웃을 나 자신을 사랑하는 것처럼 사랑하는 것이 큰 계명입니다. 예수님께서 온 율법과 선지자의 가르침이 바로 이 '사랑하라'라는 것에서 나왔다고 말씀하셨습니다. 그런데 여기서 문제가 생깁니다. 하나님을 사랑하고 이웃을 사랑할 때, 어떻게 사랑해야 하는 거냐는 것입니다. 예수님께서 **"네 마음을 다하고 목숨을 다하고 뜻을 다하여"** 하나님을 사랑하라고 말씀하셨습니다.

예수님의 이 말씀은 신명기 6장 5절을 인용한 말씀으로, 신명기 6장에서는 자신뿐만 아니라 자녀와 후손들이 하나님께서 주신 모든 말씀과 명령을 다 지켜 행하도록 곳곳에 말씀을 써서 붙이고, 잘 가르치라는 말씀이 기록되어 있습니다. 신명기는 죽음을 앞둔 모세가 이스라엘 백성들이 가나안 땅에 들어간 후에도 하나님의 은혜를 잊지 말고, 그 말씀대로 지켜 행하라는 고별 설교입니다.

신명기 6:16-19, "너희가 맛사에서 시험한 것 같이 너희의 하나님 여호와를 시험하지 말고 17. 너희의 하나님 여호와께서 너희에게 명하신 명령과 증거와 규례를 삼가 지키며 18-19. 여호와께서 보시기에 정직하고 선량한 일을 행하라 그리하면 네가 복을 받고 그 땅에 들어가서 여호와께서 모든 대적을 네 앞에서 쫓아내시겠다고 네 조상들에게 맹세하신 아름다운 땅을 차지하리니 여호와의 말씀과 같으니라"

모세는 이스라엘 백성들에게 자기들 마음대로가 아니라, 여호와 하나님께서 주신 명령과 말씀을 따라 지켜 행하도록 가르쳐 주고 있습니다. 하지만 모세에게서 말씀을 들은 사람들이 모두 죽은 이후에 태어난 사람들은, 자기들이 왜 하나님께서 명령하신 대로 지켜 행해야 하는지 모를 것입니다. 그래서 그것을 지켜야 하는 이유가 무엇인지. 그 뜻이 무슨 의미인지 물을 것입니다.

신명기 6:20, "후일에 네 아들이 네게 묻기를 우리 하나님 여호와께서 명령하신 증거와 규례와 법도가 무슨 뜻이냐 하거든"

그때 말씀대로 지켜 행하는 것이 그들에게 복이라고 가르쳐 주고 있습니다. 하나님께서 가르쳐 주신 말씀대로 지켜 순종하라고 하는 것은, 항상 복을 누리는 방법으로, 또한 그 복이 일상이 되게 해 주시겠다는 것입니다.

신명기 6:24, "여호와께서 우리에게 이 모든 규례를 지키라 명령하셨으니 이는 우리가 우리 하나님 여호와를 경외하여 항상 복을 누리게 하기 위하심이며 또 여호와께서 우리를 오늘과 같이 살게 하려 하심이라"

큰 수술을 하거나, 몸에 이상이 생겨서 장기간 약을 먹는 경우가 있습니다. 그때 의사는 건강 유지를 위해서 해야 할 것과 조심해야 할 것, 먹어야 할 음식과 먹지 말아야 할 음식 등을 가르쳐 줍니다. 그 의사는 인간의 기본적인 욕구를 제한하고, 환자의 자유를 억압하려고 그런 말을 하는 것입니까? 환자의 건강을 돕기 위해 말하는 것입니까? 환자는 의사의 말을 듣는 것이 좋은 것입니까? 안 듣는 것이 좋은 것입니까? 본인의 건강을 위해서라면 의사가 권면한 것 외에도, 인터넷에서 얻은 출처 불명의 정보까지도 지키면서 사는 사람들이 많습니다. 그런데 영원한 생명과 복을 주시는 하나님의 말씀에 대해서는 너무나 듣기 싫어합니다. 하나님께서 가르쳐 주신 대로 하지 않고 자기가 하고 싶은 대로 하면서 자기들은 하나님을 사랑했다고 말합니다.

> 말라기 1:6, "내 이름을 멸시하는 제사장들아 나 만군의 여호와가 너희에게 이르기를 아들은 그 아버지를, 종은 그 주인을 공경하나니 내가 아버지일진대 나를 공경함이 어디 있느냐 내가 주인일진대 나를 두려워함이 어디 있느냐 하나 너희는 이르기를 우리가 어떻게 주의 이름을 멸시하였나이까 하는도다"

하나님께서 말라기 선지자를 통해 제사장들에게 말씀하고 있습니다. 제사장이라고 하면, 가장 하나님을 잘 섬기는 사람으로 공인된 사람입니다. 그런데 그 제사장들을 향해 너희가 나를 공경하지 않는다, 나를 두려워하는 마음이 없다, 심지어는 나를 멸시한다고 말씀하고 있습니다. 하나님께서 제사장들에게 이와 같은 책망을 하시는 이유가 있습니다.

말라기 1:7, "너희가 더러운 떡을 나의 제단에 드리고도 말하기를 우리가 어떻게 주를 더럽게 하였나이까 하는도다 이는 너희가 여호와의 식탁은 경멸히 여길 것이라 말하기 때문이라"

여기 더러운 떡이라고 말씀한 것은, 제단에 드리는 희생제물을 뜻합니다. 7절 마지막 부분을 새번역 성경은 **"너희는 나 주에게 아무렇게나 상을 차려 주어도 된다고 생각한다."**라고 번역하고 있습니다. 이 말은 "까탈스럽게 굴지 말고, 우리가 주는 대로 받아"라는 뜻입니다. 이스라엘 백성들이 하나님께 희생제물을 드리지 않은 것이 아니고, 여호와께 드릴 절기를 빼먹고 안 드린 것이 아닙니다. 할 건 다 했습니다. 하지만 그들은 하나님께서 가르쳐 주신 대로 하지 않고 자기 마음대로 했습니다.

말라기 1:8, "만군의 여호와가 이르노라 너희가 눈 먼 희생제물을 바치는 것이 어찌 악하지 아니하며 저는 것, 병든 것을 드리는 것이 어찌 악하지 아니하냐 이제 그것을 너희 총독에게 드려 보라 그가 너를 기뻐하겠으며 너를 받아 주겠느냐"

여러분, 치사하지 않습니까? 세상 총독에게 선물을 주거나 뇌물을 줄 때는 가장 좋은 것으로 갖다줄 줄 알면서, 하나님께 드리는 것은 아무렇게나 차려 주면서도 자기들은 하나님께 잘하고 있다고 생각하고 있습니다. 더 가관인 것은 무엇인지 아십니까?

말라기 1:9, "만군의 여호와가 이르노라 너희는 나 하나님께 은혜를 구하면서 우리를 불쌍히 여기소서 하여 보라 너희가 이같이 행하였으니 내가 너희 중 하나인들 받겠느냐"

아쉬운 일이 생기면 하나님을 찾아와서 은혜를 구하고, 우리를 불쌍히 여겨 달라고 기도한다는 것입니다. 하나님께 그렇게 뻔뻔하게 했으면, 무슨 염치로 이런 기도를 하겠습니까? 그런데 하나님에 대한 마음이 조금도 없으면서 하나님의 능력은 필요한 자들이, 아무렇게나 드린 희생제물을 근거로 하나님께 은혜를 구한다는 것입니다.

말라기 1:10, "만군의 여호와가 이르노라 너희가 내 제단 위에 헛되이 불사르지 못하게 하기 위하여 너희 중에 성전 문을 닫을 자가 있었으면 좋겠도다 내가 너희를 기뻐하지 아니하며 너희가 손으로 드리는 것을 받지도 아니하리라"

너희가 드리는 헛된 제사와 가증한 제물을 바치지 못하도록 성전 문을 닫을 자가 있었으면 좋겠다고 말씀합니다. 마지막에 내가 너희를 기뻐하지 않으며, 너희가 드리는 것도 받지 않으리라는 말씀은, 하나님께서 가인이 드린 제사를 받지 않으신 이유와 같은 것입니다.

창세기 4:5, "가인과 그의 제물은 받지 아니하신지라"

하나님께서 모세에게 이스라엘 백성들이 드려야 할 제사의 종류와 방법, 그리고 어떤 경우에 무슨 제사를 드려야 하는지 자세히 가르쳐 주셨습니다. 오늘 본문 19절에서는 **"또 그들을 위하여 내가 나를**

거룩하게 하오니 이는 그들도 진리로 거룩함을 얻게 하려 함이니이다"라고 말씀했습니다. 여기 '거룩하게 하다'라는 단어는 ① 출애굽기 28, 29장에서 제사의 임무를 수행하는 제사장들을 성별하는 경우에 사용되었고, ② 출애굽기 28장과 민수기 18장에 희생제물을 성별할 때 사용한 단어입니다.

하나님께서 제사를 집행하는 제사장과 제물을 거룩하게 하신 이유가 있습니다. 구약의 제사장과 희생제물이 바로 그리스도를 상징하는 것이기 때문입니다. 하나님께서는 당신의 가장 귀한 독생자를 우리를 위해 주시는데, 인간은 그 희생을 상징하는 제사를 너무나 가볍게 여기고 하나님을 멸시하는 것입니다. 이것이 아담의 타락 이후 태어난 인간들의 본성입니다.

하나님께 구원의 은혜를 받고, 거주할 땅을 비롯해 각종 복을 받고서도 정작 하나님에 대한 두려움과 존중이 없습니다. 종교 행위라는 의식만 취하면, 뭐가 됐든 할 의무는 했다는 식이라는 것이죠. 그래서 마음과 뜻과 목숨을 다해서 주 너의 하나님을 사랑하라는 하나님의 말씀은 형식만이 아닌 진정한 의지를 담아서, 적당히 하는 것이 아니라 생명을 다해서, 그리고 분명한 이해와 의지를 담아서 하나님을 사랑하라는 것입니다. 인격과 의지가 담겨 있지 않은 단지 의식에 불과한 종교 행위로 드리는 예배는 하나님께서 받지 않겠다고 말씀하는 것입니다.

코로나 사태가 계속 이어지면서, 함께 드리는 주일예배를 6주째 드리지 못하고 있습니다. 그리고 정부 방침에 의해 5월에도 드리지 못하게 됐습니다. 너무나 안타까운 일이고요, 이렇게 예배가 중단되는 상황이 언제까지 계속 이어질지 염려가 되는 한편에, 말라기 말씀의 경고가 무섭게 다가옵니다. 하나님께서 "내 제단 위에 헛되게 불사르는 가짜 제사를 하지 못하도록 누군가 성전 문을 닫을 자가 있으면 좋겠다"라고 말씀하지 않으셨습니까? 하나님께서 "내가 너희를 기뻐하지 않고, 너희가 드리는 것도 받지 않으시겠다"라고 말씀하신 말라기 선지자의 경고가 2,400년 전 경고로만 들리지 않는 것입니다.

우리가 하나님을 사랑한다며 드린 예배와 찬양, 눈물과 간구로 드리는 기도, 이러한 것들이 과연 하나님께서 받으실 수 있었던 것인지 생각하게 됩니다. 혹시 우리가 지금까지 착각하고 살았던 것은 아니었는지, 하나님께서 받으실 수 없는 가증한 것들을 드렸으면서도, 우리가 언제 그랬느냐고 물었던 말라기 시대의 사람들과 똑같지 않았는지 회개하게 되는 것입니다. 말라기 시대에 하나님을 섬기는 사람들이 했던 말과 하나님을 대하는 그들의 태도를 확인할 수 있는 말씀이 있습니다.

말라기 3:13-15, "여호와가 이르노라 너희가 완악한 말로 나를 대적하고도 이르기를 우리가 무슨 말로 주를 대적하였나이까 하는도다 14. 이는 너희가 말하기를 하나님을 섬기는 것이 헛되니 만군의 여호와 앞에서 그 명령을 지키며 슬프게 행하는 것이 무엇이 유익하리요 15. 지금 우리는 교만한 자가 복되다 하며 악을 행하는 자가 번성하며 하나님을 시험하는 자가 화를 면한다 하노라 함이라"

"우리가 하나님의 명령을 지키고, 우리의 죄를 뉘우치고 슬퍼하는 것이 무슨 유익이 있나? 지금 보니 교만한 자가 오히려 복이 있고, 악을 행하는 자가 잘되며, 하나님을 시험해도 벌을 받지 않는다"라고 했다는 것입니다. 말라기 시대의 사람들이 생각한 가장 큰 복은 무엇입니까? 그가 교만한 자든, 악을 행하는 자든, 하나님을 시험하는 자든 상관없이 세상에서 잘되고 성공하면 그게 복이라고 생각한 것입니다. 하나님 말씀을 지켜 행하고, 죄를 뉘우치고 슬퍼하는 것은 세상에서 잘되는 것과 전혀 상관없더라는 것이죠. 이렇게 모든 중심이 세상을 향한 사람들에게 하나님께서 이렇게 말씀합니다.

> 말라기 3:17-18, "만군의 여호와가 이르노라 나는 내가 정한 날에 그들을 나의 특별한 소유로 삼을 것이요 또 사람이 자기를 섬기는 아들을 아낌 같이 내가 그들을 아끼리니 18. 그 때에 너희가 돌아와서 의인과 악인을 분별하고 하나님을 섬기는 자와 섬기지 아니하는 자를 분별하리라"

'내가 정한 날에 그들을 나의 특별한 소유로 삼고, 그들을 아낄 것이다.' 그때가 되면 너희는 의로운 자와 악한 자의 차이, 하나님을 섬긴 자와 섬기지 않은 자의 차이를 보게 될 것이라고 말씀합니다. 우리는 지금 하나님이 계신 천국에서 살고 있는 것이 아니라, 죄로 가득한 세상에서 살고 있습니다. 당연히 우리가 보고 듣는 것도 세상에서 잘되고, 성공한 사람들입니다. 그리고 그 사람 대부분은 하나님 없이 사는 사람들일 수 있습니다. 말라기 시대의 사람들이 보고 부러워했던 사람들도 그런 사람들이었습니다. 우리가 사는 세상은 끝이 있는 세상입니다. 그리고 언젠가 하나님의 정하신 날이 올 것입니다. 그날 이후로는 영원한 세상이 시작됩니다. 분명한 것은, 하나님께서 직접 본인의 이름으로 그때가 되면 의인과 악인을, 하나님을 섬긴 자와 그렇지 않은 자를 분별하시겠다고 한 것입니다.

말라기 시대나 오늘날이나 하나님께서 찾으시는 사람들은, 마음과 목숨과 힘과 뜻을 다해 하나님을 사랑하는 사람, 하나님 편에 속한 사람들입니다. 내가 필요할 때만 하나님을 찾으면서, 내 할 의무는 했다는 정도의 신앙생활을 한다면 그것을 어찌 참사랑이라고 말할 수 있겠습니까? 마음이 가는 곳에 몸이 있고, 몸이 있는 곳에 마음이 있지 않겠습니까? 사도행전에 왜 그리 많은 사람이 순교하고, 매 맞고, 옥에 갇히고, 대적들에게 쫓겨서 도망가고 하는 일이 기록되어 있는지 생각해 봐야 할 것입니다.

성경은 예수만 잘 믿으면 세상이 아름답게 변한다고 말하지 않습니다. 성경은 복음이 정확하게 잘 전달되는 곳에 핍박과 고난이 있었다고 말씀합니다. 그 일을 누가 주동하고 있습니까? 하나님을 잘 안다고 하는 사람들입니다. 하나님을 위한다는 사람들이었고, 자기들이 정통이라고 하는 사람들이었습니다. 그 사람들이 예수님을 죽였고, 그 사람들이 스데반을 죽였습니다. 그런 사람들에 의해 베드로도, 사도 바울도 죽임을 당했습니다.

오늘날 성경의 복음을 가리는 사람들이 누구입니까? 교회 안의 사람들입니다. 성경을 연구했다는 신학자들이요, 생명을 위하고, 종교의 연합을 위하는 것이 하나님의 뜻이라고 주장하는 WCC에 동참하는 교회와 교단들입니다. 정말 그렇게 아무나 구원받고, 자기들이 만들어 준 대로 하나님은 받기만 하면 된다고 하는 것이 하나님을 참으로 사랑하는 것입니까?

성경이 예수 그리스도를 믿는 자만 구원을 얻는다고 말씀하니까, 그들은 성경은 기독교를 설명하는 문학작품의 하나일 뿐, 성경이 진짜 하나님의 말씀은 아니라고 주장합니다. 참된 기독교 신앙은 예수님이 하나님의 말씀에 순종하여 세상의 가난하고 고통받는 사람들을 도왔던 그 정신을 본받는 것이라고 하면서, 육체 부활은 없으며 천국은 우리가 사는 세상에서 하나님의 공의가 실현되는 것이라고 주장합니다. 결국, 그들이 말하는 구원이나 부활은, 하나님께서 성경을 통해 말씀해 주신 구원이나 부활이 아닌, 세상에서 잘 먹고 잘사는 것입니다.

하나님이 세상을 만드시고 좋았더라고 말씀하셨을 때는 창세기 2장까지가 전부였습니다. 창세기 3장에는 인간의 타락이, 4장에서는 살인이 등장합니다. 세상은 그런 곳입니다. 세상이 언제 한번 공평했던 적이 있었으며, 모든 사람이 함께 잘 살 만할 때가 있었습니까? 모든 사람이 자기를 위해 삽니다. 기회가 오지 않았을 뿐이지 기회가 온다면 나도 독재자가 될 수 있습니다. 다른 사람의 기회와 권리를 빼앗을 때는 '공평'이라는 말을 쓰지만, 내 기회와 권리는 빼앗기지 않으려고 모든 수단을 동원해서 '방어'를 합니다. 그곳에 정당한 '법'이 있습니까? 사실 '법'보다 '진영 논리' 아닙니까? "내 편, 내가 하는 일은 정당하지만 다른 편은 정당하지 않다." 그렇게 자기들이 정당하다는 것을 주장하기 위해서 '하나님의 공의'도 끌어오고, 예수님의 생애도 자기편으로 끌어와서 해석하는 것 아닙니까?

하나님을 사랑하는 것은, '하나님께서 가르쳐 주신 방법대로 사랑해야 하는 것'이지, 내가 하고 싶은 대로 하면서 하나님을 사랑한다고 할 수 없습니다. 하나님께서 가르쳐 주신 방법은, 진리이신 하나님의 말씀에 우리의 생각과 자유의지와 생활 방식을 모두 맡기고 순종하는 것입니다. 현대 과학이 아무리 발전했다 하더라도, 과학은 태양을 만들지 못하고 구름과 비를 만들지 못합니다. 과일에 들어 있는 씨는 없앨 수 있어도, 그 과일 안에 생명이 있는 씨를 만들어서 넣지는 못합니다. 다시 말씀드려서 비진리는 진리를 만들지 못합니다. 우리 인간은 비진리입니다. 인간이 만들어 낸 모든 것들도 비진리입니다. 따라서 진리이신 하나님께 순종하는 것이 우리의 몸과 영혼에 유익입니다. 변하는 세상과 그 안에서도 더 불규칙한 상황에 자신을 맞춰 가면서, 하나님을 사랑하는 방법도 변한 자기를 기준으로 바꿔 나간다면 참사랑이라고 말할 수 없을 것입니다. 기준이 많거나 복잡한 것이 아닙니다. 하나밖에 없습니다. 한 분 하나님과 그분의 말씀에 내 모든 것을 맡기고 순종하는 것입니다. 이해가 되도 맡기고 순종하고, 이해가 안 되어도 맡기고 순종하는 것입니다.

예수님께서 두 번째로 사랑하라고 하신 말씀은, 이웃에 대한 사랑입니다. 우리는 이웃을 어떻게 사랑해야 할까요? 예수님께서 누가복음 10장의 '선한 사마리아인의 비유'를 통해, 이웃 사랑의 방법을 가르쳐 주셨습니다. 어떤 사람이 예루살렘에서 여리고로 내려가다가 강도를 만나서 거의 죽게 되었는데, 그곳을 지나던 제사장과 레위인이 그 사람을 보고도 그냥 지나쳐 갔는데, 유대인들에게 인간 취급도 못 받던 사마리아인이 도왔더라는 것입니다. 그냥 길에서 잠깐 도와

준 것이 아니라, 그 사람을 안전한 곳까지 데리고 와서 치료를 받을 수 있도록 모든 도움을 다 주었더라는 내용입니다.

그래서 '사랑'에 대해서 이야기할 때, '선한 사마리아인'처럼 알지 못하는 사람에게도 아낌없이 사랑을 베풀어야 한다는 식의 결론으로 쉽게 갑니다. 그런데 예수님께서 '선한 사마리아인의 비유'를 말씀하신 것은, 권선징악이나 인과응보의 교훈을 담은 전래동화처럼 비유 자체에 어떤 뜻이 있다기보다는, 그 '비유'를 통해 가르치려는 목적이 있는 것입니다. 그래서 우리가 주목해야 하는 것은, 예수님께서 왜 이와 같은 비유의 말씀을 하시게 되었는지 그 상황에 대한 이해를 먼저 해야만 합니다.

> 누가복음 10:25-29, "어떤 율법교사가 일어나 예수를 시험하여 이르되 선생님 내가 무엇을 하여야 영생을 얻으리이까 26. 예수께서 이르시되 율법에 무엇이라 기록되었으며 네가 어떻게 읽느냐 27. 대답하여 이르되 네 마음을 다하며 목숨을 다하며 힘을 다하며 뜻을 다하여 주 너의 하나님을 사랑하고 또한 네 이웃을 네 자신 같이 사랑하라 하였나이다 28. 예수께서 이르시되 네 대답이 옳도다 이를 행하라 그러면 살리라 하시니 29. 그 사람이 자기를 옳게 보이려고 예수께 여짜오되 그러면 내 이웃이 누구니이까"

앞에서 우리가 읽은 마태복음 22장에도 어떤 율법사가 예수님을 시험하려고 "어떤 계명이 큰 계명이냐?"라고 물었다고 했는데, 누가복음 10장에서도 어떤 율법 교사가 예수님을 시험하려고 질문했다고 말씀하고 있습니다. 그리고 그에 대한 대답도 마태복음과 누가복음이 똑같습니다. 그런데 차이가 있죠. 29절 말씀이 더 있는 것입니다. **"그 사람이 자기를 옳게 보이려고 예수께 여짜오되 그러면 내 이웃이 누구니이까".**

이처럼 예수님의 '선한 사마리아인의 비유'는 한 율법 교사가 자기를 옳게 보이려고 질문한 것에 대한, 예수님의 답변이었다는 것을 알아야 합니다. 이 율법 교사의 질문이 무엇입니까? '어디까지가 내 이웃이냐'는 것입니다. 그런데 예수님은 어디까지가 너의 이웃인지 범위를 정해 주시는 것이 아니라, "강도 만난 사람의 처지에서 볼 때 누가 이웃이냐?"라고 묻습니다.

'사랑'은 참 좋은 것입니다. 그 누구도 '사랑'이라는 대의 앞에서는 얼굴을 찌푸리는 사람 없으며, 그것을 반대하는 사람도 없습니다. 하지만 '사랑'만큼 철저하게 자기중심적인 것도 없습니다. 제사장과 레위인은 그 강도 만난 사람이 아닌 다른 사람들, 즉 성전이나 회당에서 만난 다른 사람들에게는 충분히 사랑을 주는 사람이었을 것입니다. 하지만 정작 도움이 절실히 필요한 '강도 만난 사람'은 그냥 지나쳐 갔습니다. 왜 지나쳐 갔을까요? 사랑을 줄 수도 있고, 안 줄 수도 있는 제사장과 레위인은 강도 만난 사람을 도와주지 않는 쪽을 선택했기 때문입니다. 어쩌면 그 사람이 '강도 만난 사람'이었기 때문에, 그곳에 계속 머물러 있다가는 자기도 강도를 만날까 봐 겁나서 빨리 지나쳐 갔을 수도 있습니다. 하지만 가장 큰 이유는 '강도 만난 사람'이 자기가 도와야 할 이웃이라고 생각하지 않았기 때문에 그냥 두고 간 것입니다.

그런데 자기를 옳게 보이려고 "누가 내 이웃이냐?"라고 묻는 율법 교사에게, 예수님께서는 "누가 강도 만난 사람의 이웃이냐?"라고 다시 물으셨습니다. 도와주든지 거절하든지 선택할 수 있는 내 결정이 아니라, 그 도움이 필요한 사람의 처지에서 이웃이 누구냐고 물으시는 것입니다. 다시 말씀드려서, 우리가 '사랑'해야 하는 이웃은 내가 선택하고 선별해서, 내가 주고 싶은 사람에게 나눠 주는 그런 사랑이 아니라는 것입니다. 그런 사랑은 이방 사람, 세상 사람들도 다 하는 사랑입니다.

요한복음 17:18, "아버지께서 나를 세상에 보내신 것 같이 나도 그들을 세상에 보내었고"

예수님은 자신을 위해서라면 세상에 오실 이유가 전혀 없었습니다. 하지만 하나님께서 우리를 사랑하셔서 예수님을 세상에 보내셨고, 예수님은 보내신 분의 뜻을 따라 세상에 오셔서 십자가에서 죽임을 당하셨습니다. 예수님께서 십자가를 지신 것은 자기를 위해서 지신 것이 아니라, 우리들의 죄가 하나님 앞에서 용서받아야 하므로 우리 대신 지신 것입니다. 그래서 우리를 향한 예수님의 사랑은 철저하게 그 사랑을 받는 우리를 위한 것이었습니다. 그러면 우리는 어떻게 우리의 이웃을 사랑해야 합니까? 예수님께서 당신이 세상에 오신 것과 똑같은 이유로, 우리를 세상에 보내신다고 말씀하셨습니다.

요한복음 17:19, "또 그들을 위하여 내가 나를 거룩하게 하오니 이는 그들도 진리로 거룩함을 얻게 하려 함이니이다"

앞서 말씀드렸던 것처럼, 여기 나오는 거룩은 제사장을 구별하여 세우고, 하나님께 드릴 제물을 거룩하게 성별하여 제단에 올리는 것과 같은 의미입니다. 예수님께서 거룩한 대제사장과 순결한 화목제물이 되어서 우리를 위해 십자가의 희생을 당하셨던 것처럼, 우리도 그렇게 세상에서 제물이 되라고 하십니다. 이 제물은 어떤 제물입니까? 내가 행위의 주관자가 되어서 선택해서 희생해 주고 사랑해 주는 것이 아니라, 보내신 이의 뜻을 따라 사랑하는 것입니다.

'선한 사마리아인의 비유'를 보면서 가장 많이 오해하는 것이, 우리도 '강도 만난 사람'을 찾아서 돕자고 하면서, 그런 사람을 찾아다니는 것입니다. 제사장과 레위인이 '강도 만난 사람'을 찾아가서 만난 것입니까? 그 선한 사마리아인도 '강도 만난 사람'을 찾으려고 후미지고 어두컴컴한 곳, 우범지대를 찾아다니다가 발견한 것입니까? 아닙니다. 예루살렘에서 여리고로 내려가다가 길에서 만난 것입니다.

어떤 목사님은 예루살렘은 교회이고 여리고는 세상으로 해석하면서, 교회에서 세상으로 나갔기 때문에 강도를 만난 것이라고 말씀하시는데, 그게 아닙니다. 그렇게 해석하면 모든 성도들은 예배당 안에서만 살고 바깥으로 나가면 안 됩니다. 교회에서 세상으로 향하는 평범한 일상 속에 '강도 만난 이웃'이 있는 것입니다. 의도하지 않았지만, 우리 주변에 도움이 필요한 사람이 있는 것이지요.

말씀의 초점을, "유대인들이 멸시했던 사마리아 사람이 '강도 만난 유대인'의 이웃이 되어 주었으니, 그 율법 교사도 강도 만난 사마리아 사람을 만나면 도와주라는 명령을 받았다"라는 식으로만 이해하면 안 됩니다. 더 큰 의미는, 그 사람이 누구인지 따지지 말고 도움이 필요한 사람에게 도움이 되어 주라는 것입니다. 하나님께서 예수님을 세상에 보내신 것처럼, 예수님께서도 우리를 세상에 보내셨습니다. 그리고 보냄받은 세상에서 우리가 만나는 사람이 있을 것입니다.

우리가 만나는 '강도 만난 이웃'은 자신의 배우자일 수도 있고, 가족일 수도 있고, 한 교회의 성도나 학교나 직장의 친구와 동료일 수도 있을 것입니다. 제사장과 레위인이 만난 '강도 만난 사람'은, 성전과 회당에서 늘 만나는 형제였고 이웃이었을 것입니다. 그런데 제사장이나 레위인이 아니라 사마리아인을 등장시킨 것은 그가 '의인이었다'는 것을 말하는 것이 아닙니다. 도움이 필요한 사람에게 마땅히 줘야 할 도움을 준 사람은, 제사장도 레위인도 아닌 보통의 생각을 가진 평범한 사람이었다는 것을 말하는 것입니다.

제사장과 레위인이 세상에 보냄받은 목적대로 하지 않았다, 자기가 선택했고 그 선택을 따라 강도 만난 사람을 지나쳐 갔다는 것을 말하는 것입니다. 사마리아인이든, 유대인이든 누구든지 하나님께서 만나게 한 사람이 도움이 필요한 사람이라면 도와줘야 하는데, 자기가 선택했다는 것을 말하는 것입니다. 이것을 이해하지 못하기 때문에 교회마다 '강도 만난 이웃'을 찾겠노라고 온 천지를 뒤지고 다니는 것입니다.

물론 교회가 어렵고 힘든 사람, 소외된 이웃을 찾아 돕는 일을 해야 합니다. 하지만 자기를 옳게 보이려고 '누가 내 이웃이냐?' 묻는 율법 교사에게, 예수님께서 '선한 사마리아인의 비유'를 통해 가르쳐 주시려고 했던 것은, "네가 선택해서 네 자존심 세우는 이웃 사랑 말고, 하나님께서 네게 보낸 사람의 입장에서 네가 해야 할 도움을 주고, 사랑을 주어라"라는 말씀입니다. 결국 '내 이웃을 내 몸과 같이 사랑하라'는 말씀은 무엇입니까? "하나님의 말씀을 따라 하나님을 믿고 섬기는 것처럼, 이웃을 사랑하는 것도 그리스도께서 우리를 세상에 보내신 뜻을 따라 사랑하라는 것"입니다.

다시 말씀드려서, 하나님과의 관계가 올바로 설정되어 있지 않으면, 이웃을 사랑하는 것도 사실은 자기를 높이고, 자기를 위하고, 자신의 자존감과 성취감을 높이는 쪽으로 사용하게 됩니다. 그리고 그런 방식의 이웃 사랑은, '내가 잘 알지 못하는, 또는 책임을 져야 할 가까운 사람이 아닌 사람'에게 주로 친절하고 관대한 경향이 있습니다. 무슨 말씀이냐 하면, 내가 선택해서 내가 찾아간 사람에게는 이웃 사랑을 잘하지만, 정작 내가 늘 만나고 책임져야 하는 가까운 사람은, 내가 사랑해야 할 이웃이라고 생각하지 않는다는 것입니다.

예수님께서 자신이 세상에 온 것처럼, 우리를 세상으로 보내셨습니다. 그 세상에는 우리가 만나는 사람, 만나야 할 사람들이 있습니다. 그 세상에서 우리는 "하나님을 사랑하고, 이웃을 사랑해야 하는" 사명을 받았습니다. 그리고 사람들은 우리가 살아가는 모습을 보게 될 것입니다. 그 일을 어떻게 해야 할까요? 하나님께서 주신 말씀을 따라 해야 합니다. 또한 그 일은 내가 선택해서 결정하는 것이 아니라, 우리를 보내신 하나님의 뜻을 따라서 해야 합니다.

여러분이 가장 많이 만나는 사람이 누구입니까? 여러분의 가족입니다. 직장의 동료이고, 거래처에서 만나는 사람들입니다. 친구이고, 교우들입니다. 어떤 사랑이 어렵습니까? 가장 가까운 사람을 사랑하는 것이 어렵습니다. 내가 책임져야 하는 사람을 사랑하는 것이 어렵습니다. 왜 어렵지요? 그 사람들은 내가 선택해서 사랑할 수 있는 사람들이 아니라, 내가 마땅히 사랑해야만 하는 사람이기 때문에 어렵습니다. 그 사람들을 사랑했다고 해서 내 자존감이 올라가는 것도 아니고, 그 사람들이 나를 알아주는 것도 아닙니다. 당연하게 생각하기 때문입니다.

그런데 우리가 예수님의 십자가 희생을 바라보는 것도 똑같지 않습니까? 당연하다 생각하고, 마치 자기가 예수님을 믿어 주는 것처럼, 구원받아 준 것처럼 그렇게 생각하지 않습니까? 그런데 예수님은 그럴 줄 알고도 십자가를 지셨습니다. 자기 목숨을 내주고도, 별것 아닌 취급을 당하게 될 것을 알고도 끝까지 우리를 사랑하셨습니다. 사랑은 그런 것입니다. 나를 증명해 보이기 위해서 하는 사랑이 아니라, 사랑이 필요한 사람에게 사랑을 해 주었음에도, 그가 잘 알지 못하는 것입니다. "선한 사마리아인의 비유"의 결론이 무엇입니까?

> 누가복음 10:35-36, "그 이튿날 그가 주막 주인에게 데나리온 둘을 내어 주며 이르되 이 사람을 돌보아 주라 비용이 더 들면 내가 돌아올 때에 갚으리라 하였으니 36. 네 생각에는 이 세 사람 중에 누가 강도 만난 자의 이웃이 되겠느냐"

여기에 강도 만난 사람이 자기를 구해 준 사마리아인에게 고맙다고 인사한 것이 있습니까? 아니, 누가 자기를 구해 주었는지 알기는 할까요? 사마리아인은 응급처치뿐만 아니라 사후 치료까지 다 해 주었음에도, 그가 행한 선행에 대하여 아무런 보상이 없었습니다.

예수님은 율법 교사에게, “누가 강도 만난 자의 이웃이 되겠냐?” 물으시면서, 가서 너도 그렇게 하라고 말씀하셨습니다. 하나님을 사랑하는 것이나, 이웃을 사랑하는 것이나, 내가 그 행위의 주체가 되고 주관자가 되어서 내 선택에 의해서 하는 것이 아닙니다. 하나님의 말씀을 따라 하나님을 사랑하는 것이고, 하나님께서 나에게 보내주신 사람을 사랑하는 것입니다. 오늘 저와 여러분, 우리 하와이한빛장로교회가 이런 사랑, 이런 말씀 순종의 삶을 살게 되길 기원합니다.

요한복음 17:17~19

나도 그들을 세상에 보내었고

"17. 그들을 진리로 거룩하게 하옵소서 아버지의 말씀은 진리니이다 18. 아버지께서 나를 세상에 보내신 것 같이 나도 그들을 세상에 보내었고 19. 또 그들을 위하여 내가 나를 거룩하게 하오니 이는 그들도 진리로 거룩함을 얻게 하려 함이니이다"

어느 시대나 영웅이 있었습니다. 우리나라의 경우, 1592년 임진년에는 이순신이라는 불세출의 해군 제독이 있어서 일본의 침략으로부터 나라를 지켜 냈습니다. 그 이전에는 백성들을 위하는 세종대왕이 있어서 한글 창제를 비롯하여 국민의 삶을 혁신적으로 향상시킨 많은 발명품을 만들어 냈습니다. 정치인이나 군인뿐이겠습니까? 인도의 석가모니나 아라비아의 무함마드 같은 종교의 창시자들도, 어느 날 홀연히 나타나 대중의 지지를 받은 사람들입니다.

하지만 예수님은 난세에 갑자기 나타난 영웅이 아닙니다. 18절 말씀처럼, 예수님은 하나님 아버지께서 보내셔서 세상에 오신 분입니다. '보냄을 받았다'라는 것은, 완수해야 할 사명이 있다는 것입니다. 근본 하나님과 본체이신 예수님께서 낮고 천한 인간의 몸, 죄인의 몸을 입고 세상에 오신 것은, 인간의 죄를 대신 짊어지시고 죽기 위해 오신 것입니다.

예수님은 마리아의 몸에 잉태되는 순간부터 십자가 위에서 죽임을 당하는 순간까지, 그분의 모든 삶이 고난이었습니다. 예수님의 말씀 한마디, 행동 하나하나가 관찰과 시빗거리였고, 유대 사회의 주류 권력자들로부터 항상 죽음의 위협을 당하시면서 사셨습니다. 무엇보다도 예수님은 자신이 어떻게 죽게 될 것을 이미 알고 계셨습니다.

예수님께서 겟세마네 동산에서 십자가의 죽음을 앞두고 하나님께 기도하실 때 이마에 흐르는 땀이 떨어지는 핏방울처럼 되었던 것은, 하나님으로부터 단절된 인간의 비참과 지옥의 고통을 미리 당하신 것과 같은 것이었습니다. 우리는 지옥의 고통이 어떤 것인지 모릅니다. 겪어 본 사람이 없기 때문입니다. 하지만 죄로 인하여 지옥에 가게 될 인간들을 대신하여 형벌을 받으셔야 하는 예수님은, 하나님의 긍휼과 자비가 전혀 없는 지옥이 어떤 곳인지 아시기 때문에, 그 고통을 대신 담당하기 위해 기도하시면서 힘들어하셨던 것입니다.

> 마태복음 26:36-38, "이에 예수께서 제자들과 함께 겟세마네라 하는 곳에 이르러 제자들에게 이르시되 내가 저기 가서 기도할 동안에 너희는 여기 앉아 있으라 하시고 37. 베드로와 세베대의 두 아들을 데리고 가실새 고민하고 슬퍼하사 38. 이에 말씀하시되 내 마음이 매우 고민하여 죽게 되었으니 너희는 여기 머물러 나와 함께 깨어 있으라 하시고"

보시는 것처럼 예수님께서 베드로와 세베대의 두 아들인 야고보와 요한에게, “내 마음이 매우 고민하여 죽게 되었다”라고 말씀하시면서, 자신과 함께 깨어 기도해 달라고 부탁하고 있습니다. 예수님의 이런 모습은 돌을 든 성난 군중들 앞에서, 성령 충만하여 하나님의 영광을 바라보며 당당했던 스데반의 모습과 매우 대비되어 보입니다. 스데반은 죽음 앞에서도 의연했고, 예수님은 두려워서 할 수만 있다면 피하려고 했던 것처럼 보이는 것입니다.

하지만 이것은, 인간의 모든 죄의 형벌을 대신 담당해야 하는 예수님께서 짊어지셔야 했던 죄의 무게이자, 그 형벌의 고통을 표현한 것입니다. 십자가의 죽임을 당하셔야 하는 예수님은, 철저하게 인간으로서 그 고통과 저주를 모두 담당하셔야 했기 때문에 고민하고 슬퍼하셨던 것입니다. 그리고 예수님께서 이 모든 고난을 겪으셔야 하는 이유는, 그 일을 위하여 아버지 하나님으로부터 보냄을 받으셨기 때문입니다.

이제 예수님께서는 당신이 아버지로부터 보냄을 받은 것과 같은 이유로 제자들과 우리도 세상에 보내신다고 말씀하고 있습니다. 예수 믿고 구원받으면 그것으로 모든 것이 끝이 아니라는 것입니다.

> 요한복음 17:19, “또 그들을 위하여 내가 나를 거룩하게 하오니 이는 그들도 진리로 거룩함을 얻게 하려 함이니이다”

예수님께서 우리를 위하여 희생제물이 되시고, 그 제사를 하나님께 드리는 대제사장이 되어 주셨습니다. 그리고 예수님께서 세상에 보내시는 제자들과 우리도 그와 같이 진리로 거룩함을 얻게 되길 기도하고 있습니다. "진리로 거룩함을 얻게 하려 한다"라는 것은, 마치 희생제물과 제사장이 깨끗하게 성별되어 하나님 앞에 드려지는 것처럼, 성도들도 진리이신 하나님의 말씀 앞에서 그와 같은 삶을 살게 되길 원한다는 뜻입니다. 자주 드리는 말씀이지만, 하나님의 자녀와 백성인 우리가 가져야 할 유일한 기준은 하나님의 말씀입니다. 오직 하나님만이 진리이기 때문입니다.

이것이 왜 중요합니까? 인간은 자기를 위하여 신을 만들 수 있기 때문입니다. 이스라엘의 우상숭배 역사는 애굽에서 노예 생활을 하던 때가 그 시작이 아닙니다. 하나님께서 택하여 부르셨던 아브라함의 아버지는 '드라빔'이라는 우상을 만들던 사람이었습니다. 당시는 가업을 잇던 시절이었기 때문에 아브라함 역시 그 일을 했을 것입니다. 그러면 아브라함 시대에 비로소 사람들이 우상을 만들어 섬겼을까요? 사실은 가인이 하나님께 드린다고 했던 제사는, 하나님께서 받으실 수 없는 제사였습니다. 왜냐하면, 가인의 제사는 하나님께 드리기 위한 제사가 아니라, 가인 자신을 위한 제사였기 때문입니다. 가인이 자신이 수확한 농작물로 제사를 드린 것은, 아담과 하와가 하나님처럼 되고 싶은 마음에 선악과를 따 먹은 것과 같은 이치입니다.

성경에는 아담과 하와가 하나님께 제사를 드렸다는 기록이 없습니다. 타락하여 에덴동산에서 쫓겨난 후 두 아들을 낳았고, 세월이 지난 후에 아담과 하와의 두 아들이 하나님께 제사를 드린 기록이 나오는 것입니다. 그러면 가인과 아벨은 어떻게 하나님께 제사를 드릴 생각을 했을까요? 그것은 그들이 아담과 하와로부터 배웠기 때문에

할 수 있었던 것입니다.

창세기 4:3-4, "세월이 지난 후에 가인은 땅의 소산으로 제물을 삼아 여호와께 드렸고 4. 아벨은 자기도 양의 첫 새끼와 그 기름으로 드렸더니 여호와께서 아벨과 그의 제물은 받으셨으나"

하나님께서 아벨의 제물을 받으신 것은, 모세에게 주신 제사의 방법을 통해 생각했을 때, 그가 드린 제물을 불로 태워 올리신 것으로 보입니다. 이 말씀을 통해 우리가 추정할 수 있는 것은, 아벨이 목축을 시작하여 처음 얻은 양의 새끼와 그 기름으로 하나님께 제물을 드렸다는 말씀을 통해서 짐작할 수 있습니다. 다시 말씀드려서, 그동안은 아담과 하와와 함께 하나님께 제사를 드렸고, 가인에 이어서 아벨도 성장하여 스스로 일을 하여 제사를 드릴 수 있는 나이가 되었을 때, 비로소 아벨이 부모로부터 배운 바를 따라 제사를 드린 것입니다.

어쩌면 부모에게서 독립한 가인은 그동안 계속 하나님께 땅의 소산으로 제사를 드리고 있었는지도 모릅니다. 그때는 하나님께서 자신의 제사를 받으셨는지, 안 받으셨는지 몰랐겠죠. 하지만 하나님께서 아벨의 제물은 불로 태워 올리시고, 자신이 드린 제물에는 아무런 반응을 보이지 않으신 것에 대해서 분노하며 안색이 변한 것입니다.

창세기 4:5, "가인과 그의 제물은 받지 아니하신지라 가인이 몹시 분하여 안색이 변하니"

가인이 분노하는 이유가 무엇입니까? 아벨의 제사를 하나님께서 받으셨다는 것입니다. 아벨은 하나님께서 아담과 하와를 통해 가르쳐 주신 대로 제사를 드렸습니다. 그리고 하나님께서는 그의 제사를 받으셨습니다. 이것이 잘못된 것입니까? 그런데 가인은 그것을 보면서 분노하여 안색이 변했습니다.

요한복음 17:14, "내가 아버지의 말씀을 그들에게 주었사오매 세상이 그들을 미워하였사오니 이는 내가 세상에 속하지 아니함 같이 그들도 세상에 속하지 아니함으로 인함이니이다"

예수님께서 아버지의 말씀을 제자들에게 주었더니 세상이 그들을 미워했습니다. "진리를 가지고 있다, 아버지 하나님의 말씀을 귀중히 여기며 그 말씀대로 산다." 이것을 세상이 좋아할 것 같습니까? 다시 질문드리겠습니다. 예수님께서 **"세상이 그들을 미워하였사오니"**라고 하셨는데, 그 세상은 어떤 사람들을 가리켜 말하는 것이지요? 일차적으로 유대인, 바리새인들입니다. 하나님을 가장 잘 믿고 섬긴다고 자부하던 자들, 이른바 정통이라고 인정받던 사람들입니다.

가인은 누구입니까? 아담과 하와의 맏아들 아닙니까? 부모가 하나님께 제사드리는 것을 가인이 먼저 봤을 것이고, 아벨보다 훨씬 많이 봤을 것입니다. 하지만 가인은 부모로부터 본 대로, 배운 대로 하지 않았습니다. 하나님을 섬기는 것을 자기가 하고 싶은 대로 했습니다. 이것이 문제입니다. 자기가 하고 싶은 대로 하면서 그것이 "하나님을 위하는 것이다, 하나님을 섬기는 것이다, 하나님이 받으실 거다"라고 생각하는 것입니다. 그렇게만 생각하는 것에만 그치면 그나마 낫죠.

그런데 문제는 무엇입니까? 정말로 하나님을 위하는 사람, 하나님께서 주신 말씀대로 신앙생활하는 사람을 미워하는 것입니다. 더 나아가 가인처럼 그런 사람들을 죽이는 것입니다.

가인은 어떤 사람이었을까요? 하나님께서 가인이 죽인 동생 아벨을 찾자, "내가 아우를 지키는 자냐?"라고 하면서 "자기는 모른다"라고 발뺌했던 사람입니다. 하나님께서 가인이 동생을 죽인 것을 밝혀내시면서, 그가 범한 죄에 대하여 벌을 내리겠다고 말씀하시자, "자기에게 내리는 형벌이 너무 가혹하다" 하면서 하나님의 징계를 받아들일 수 없다고 항변했습니다.

> 창세기 4:13-14(현대인의 성경), "그러자 가인이 이렇게 말하였다. '내 벌이 너무 가혹하여 감당할 수 없습니다. 14. 주께서 오늘 이 땅에서 나를 쫓아내시니 내가 다시는 주를 뵙지 못하고 떠돌아다니는 방랑자가 되어 나를 만나는 자에게 죽임을 당할 것입니다.'"

14절에 가인의 말을 보면, 자기가 다시는 하나님을 보지 못하고 떠돌아다니는 방랑자가 되는 것에 대하여 안타까워하는 것처럼 보입니다. 하지만 가인은 하나님을 보지 못하게 되는 것에 대해서 아쉬워하고 두려워한 것이 아니라, 동생을 죽인 자신을 다른 사람이 죽일 것이라는 염려를 하는 것입니다.

민수기 35장에 있는 '고엘 제도'는, 자신의 혈족이 억울한 죽임을 당했을 때 죽은 사람의 일가친척이 똑같이 보복할 수 있는 법이 있었습니다. 물론 이 제도는 하나님께서 허용하신 제도이긴 하지만, 동시에 하나님께서는 '도피성'이라는 것을 두어 고의가 아닌 실수로 살인을 한 사람이 '도피성'으로 피해서 살 수 있도록 하셨습니다. 지금 드리려는 말씀은, 가인은 하나님을 두려워하거나 하나님의 부재 상태를 염려한 사람이 아니라 자기가 동생을 죽인 일로 인하여, 다른 형제들로부터 죽임을 당하게 될 것을 염려하고 두려워했다는 것입니다. 그래서 하나님께서 가인에게 "아무도 가인을 죽일 수 없는 표"를 주자, 가인은 미련 없이 하나님을 떠났습니다.

> 창세기 4:15-16, "여호와께서 그에게 이르시되 그렇지 아니하다 가인을 죽이는 자는 벌을 칠 배나 받으리라 하시고 가인에게 표를 주사 그를 만나는 모든 사람에게서 죽임을 면하게 하시니라 16. 가인이 여호와 앞을 떠나서 에덴 동쪽 놋 땅에 거주하더니"

창세기 4장에 가인의 이야기가 이렇게 길게 나오는 이유는, 아담과 하와의 타락 이후에 태어난 첫 번째 사람이 얼마나 하나님을 두려워하지 않고, 하나님 없이도 얼마나 잘 살았는지 가르쳐 주고 있기 때문입니다.

> 창세기 4:20-22, "아다는 야발을 낳았으니 그는 장막에 거주하며 가축을 치는 자의 조상이 되었고 21. 그의 아우의 이름은 유발이니 그는 수금과 퉁소를 잡는 모든 자의 조상이 되었으며 22. 씰라는 두발가인을 낳았으니 그는 구리와 쇠로 여러 가지 기구를 만드는 자요 두발가인의 누이는 나아마였더라"

여기 기록된 사람들은 모두 가인의 후손들입니다. '조상이 되었다'는 말은 요즘 식으로 표현하면, '애플의 스티브 잡스, 마이크로소프트의 빌 게이츠, 아마존의 제프 베조스'가 됐다고 이해하시면 됩니다. 세상은 하나님 없이도 잘 사는 사람이 훨씬 많고요, 하나님 없이 살면서도 세상을 움직이는 사람이 훨씬 많습니다. 그러니 하나님의 말씀을 듣고, 그 말씀에 순종하면서 사는 것이 세상에서 어떤 유익이 있을까요? 그렇게 하지 않아도 얼마든지 잘 사는데요.

세상 사람들에게 있어서 신이란, '가끔 자기가 아쉬울 때 도움을 주면 좋은 존재'이지, 자신이 그 신의 명령을 따라 순종해야 한다고 생각하지 않습니다. 그러면 예수님의 제자들은 예수님에 대해서 어떻게 생각했을까요?

누가복음 24:19-21, "이르시되 무슨 일이냐 이르되 나사렛 예수의 일이니 그는 하나님과 모든 백성 앞에서 말과 일에 능하신 선지자이거늘 20. 우리 대제사장들과 관리들이 사형 판결에 넘겨 주어 십자가에 못 박았느니라 21. 우리는 이 사람이 이스라엘을 속량할 자라고 바랐노라 이뿐 아니라 이 일이 일어난 지가 사흘째요"

예수님이 무덤에서 부활하셨다는 것을 듣고 안 제자들이 예루살렘에서 엠마오로 가던 도중에 길에서 부활하신 예수님을 만나고도 알아보지 못했습니다. 슬픈 얼굴로 엠마오로 가는 제자들에게 예수님께서 무슨 이야기를 하면서 가고 있느냐고 묻자 이와 같은 대답을 한 것입니다. 예수님의 제자들조차도 예수님에 대해 기대했던 것이, 마치 모세나 다윗처럼 로마의 압제에서 이스라엘을 구해 낼 분이라고 바랐다는 것이지요. 이것이 예수님을 믿거나, 안 믿거나 보통 사람들이 가지고 있는 '신 또는 메시아'에 대한 기대입니다. '자기들의 아쉬운 문제를 해결해 주는 존재', 그 정도인 것이지요. 그러니 하나님의 말씀이라는 것이 귓등으로라도 들리겠습니까?

하지만 그것과는 별개로, 신에 대한 자신들의 진심이 전달되지 않거나, 자기들의 신앙 행위가 잘못됐다는 취급을 받는 것은 용납하지 않습니다. 가인의 예에서 확인하는 것처럼, 그와 같은 지적을 하나님께서 직접 하셨다 해도 받아들이지 않는 것입니다. 왜요? 자기들의 자존심이 그것을 인정하지 못하기 때문입니다. 예수님을 죽인 바리새인들과 제사장들이 예수님이 부활하실 것을 몰랐을까요? 그들도 알았습니다. 성경의 예언을 통해 알았든, 그동안 예수님께서 행하신 행적을 보고 알았든 이미 알고 있었습니다.

마태복음 27:62-66, "그 이튿날은 준비일 다음 날이라 대제사장들과 바리새인들이 함께 빌라도에게 모여 이르되 63. 주여 저 속이던 자가 살아 있을 때에 말하되 내가 사흘 후에 다시 살아나리라 한 것을 우리가 기억하노니 64. 그러므로 명령하여 그 무덤을 사흘까지 굳게 지키게 하소서 그의 제자들이 와서 시체를 도둑질하여 가고 백성에게 말하되 그가 죽은 자 가운데서 살아났다 하면 후의 속임이 전보다 더 클까 하나이다 하니 65. 빌라도가 이르되 너희에게 경비병이 있으니 가서 힘대로 굳게 지키라 하거늘 66. 그들이 경비병과 함께 가서 돌을 인봉하고 무덤을 굳게 지키니라"

보시는 것처럼, 대제사장들과 바리새인들이 빌라도에게 청원해서, 경비병들을 세워 예수님의 무덤을 지키도록 했습니다. 하지만 아무리 경비병들이 무덤 앞을 지킨다 해도 예수님의 부활은 막을 수 없었습니다. 그리고 부활하신 예수님의 빈 무덤을 확인한 여인들이 제자들에게 그 소식을 알리러 갈 때, 무덤을 지키던 경비병들도 그 사실을 대제사장들에게 알렸습니다.

마태복음 28:11, "여자들이 갈 때 경비병 중 몇이 성에 들어가 모든 된 일을 대제사장들에게 알리니"

경비병들로부터 보고를 들은 대제사장들은, 부활하신 예수님이 지금까지 자기들이 기다리던 메시아라는 사실을 분명히 알았습니다. 정상적인 상황이라면, 그리고 그 사람들이 제사장들의 대표인 대제사장들이라면 자기들의 죄를 회개하고, 부활하신 예수님을 영접해야 옳을 것입니다. 하지만 대제사장들은 그렇게 하지 않았습니다. 오히려 그 반대였습니다.

마태복음 28:12-15, "그들이 장로들과 함께 모여 의논하고 군인들에게 돈을 많이 주며 13. 이르되 너희는 말하기를 그의 제자들이 밤에 와서 우리가 잘 때에 그를 도둑질하여 갔다 하라 14. 만일 이 말이 총독에게 들리면 우리가 권하여 너희로 근심하지 않게 하리라 하니 15. 군인들이 돈을 받고 가르친 대로 하였으니 이 말이 오늘날까지 유대인 가운데 두루 퍼지니라"

대제사장들이 만들어 낸 거짓말은 마태복음이 기록되던 당시뿐만 아니라, 오늘날 자유주의 신학을 주장하는 사람들도 똑같이 하는 말입니다. 당시 대제사장들과 장로들에게 중요한 것은 무엇이었습니까? 자기들이 틀리지 않았다는 것을 지켜 내는 것입니다. 부활하신 예수님이 하나님의 아들이시요, 그분을 하나님께서 보내셨다는 것은 고려 사항이 아닙니다. 그래서 제사장과 바리새인들은 예수가 그리스도인 것을 가르치지 못하도록 협박하고, 고문하고, 옥에 가두고 모든 수단을 다 동원해서 막았습니다.

> 사도행전 4:13-18, "그들이 베드로와 요한이 담대하게 말함을 보고 그들을 본래 학문 없는 범인으로 알았다가 이상히 여기며 또 전에 예수와 함께 있던 줄도 알고 14. 또 병 나은 사람이 그들과 함께 서 있는 것을 보고 비난할 말이 없는지라 15. 명하여 공회에서 나가라 하고 서로 의논하여 이르되 16. 이 사람들을 어떻게 할까 그들로 말미암아 유명한 표적 나타난 것이 예루살렘에 사는 모든 사람에게 알려졌으니 우리도 부인할 수 없는지라 17. 이것이 민간에 더 퍼지지 못하게 그들을 위협하여 이 후에는 이 이름으로 아무에게도 말하지 말게 하자 하고 18. 그들을 불러 경고하여 도무지 예수의 이름으로 말하지도 말고 가르치지도 말라 하니"

당시 유대 사회를 이끌었던 산헤드린 공회의 구성원들인 제사장 그룹의 사두개인과 바리새인들이 두려워했던 것이 무엇이었습니까? 예수가 그리스도이심이 민간에 퍼지는 것이었습니다. 그래서 제자들을 위협하고 경고하면서 예수를 말하지도, 가르치지도 말라고 한 것입니다. 하나님이 진리이시다, 하나님만이 정답이요, 하나님께서 말씀하신 대로 순종하며 살아야 한다는 생각을 가진 사람, 그것을 전하는 사람은 세상에서 미움을 받게 되어 있습니다. 위협을 받고 경고를 받을 수도 있습니다. 그때 제자들은 어떻게 반응했을까요?

> 사도행전 4:19-20, "베드로와 요한이 대답하여 이르되 하나님 앞에서 너희의 말을 듣는 것이 하나님의 말씀을 듣는 것보다 옳은가 판단하라 20. 우리는 보고 들은 것을 말하지 아니할 수 없다 하니"

이것이 진짜입니다. 예수님께서 오늘 본문 17절에서, **"그들을 진리로 거룩하게 하옵소서 아버지의 말씀은 진리니이다"**라고 말씀하신 것도 바로 그 뜻입니다. "우리가 보고 들은 것을 말하지 않을 수 없다, 너희의 말을 듣는 것이 하나님의 말씀을 듣는 것보다 옳은가 판단해 봐라. 너희가 무엇을 주장하든지, 너희가 어떻게 위협하든지 우리는 하나님 말씀을 따라 살 것이다." 적어도 하나님의 백성이라면, 하나님의 자녀라면 이 정도 자신감은 갖고 살아야 하지 않겠습니까? 아무리 부모가 세상에서 인정받지 못하는 부족한 사람이라 할지라도, 그 부모에게서 태어난 사람은 자기 부모를 존중하고 기뻐하는 것이 도리 아닙니까? 그러면 우리에게 하나님은 그 정도도 안 되는 것입니까? 그건 아니지요.

세상 어느 누가 뭐라 해도, 구원받은 우리라면 하나님을 기뻐하고, 하나님을 자랑스러워하며, 하나님 말씀대로 사는 것을 좋아해야 하지 않겠습니까? 하나님 말씀을 듣고, 그 말씀대로 지키며 사는 것은, 사실 대단한 신앙 행위도 아닙니다. 그것은 하나님의 백성으로서 살아야 하는 마땅한 도리입니다. 세상 어느 나라 백성이 자기 나라의 법을 지키지 않으면서도 살 수 있겠습니까?

그런데 희한하게도 하나님 나라의 백성이라는 사람들이 하나님의 말씀을 인정하려고 하지 않고, 하나님의 말씀을 따라 사는 것을 좋아하지 않습니다. 그러면서 하나님의 법은 그런 게 아니라고 합니다. 자기들이 맞다고 합니다. 영원하신 하나님의 말씀을, 2천 년 전에 사도들이 기록하던 시절의 문학작품과 3,400여 년 전에 모세가 살던 시절의 설화 이야기라고 주장합니다. 성경의 기적들은 믿을 수 없다, 예수님의 동정녀 탄생과 육체의 부활도 믿을 수 없다고 말합니다. 하나님의 창조를 믿는다는 사람들이 성경의 기적이나 예수님의 탄생과 부활을 믿지 못하겠다는 것이 말이 됩니까?

하나님은 창조하셨을 뿐만 아니라, 그 창조된 만물이 인간의 역사 속에서 한 치의 오차도 없이 규칙적으로 순환하고 반복되도록 섭리하고 계십니다. 홍해가 갈라지는 것과 지구의 자전과 공전 주기가 같은 것 중에 어떤 것이 더 확률적으로 힘들겠습니까? 만약 25센트 동전 100개를 동시에 던졌을 때, 100개 모두가 조지 워싱턴 얼굴이 있는 앞면이 나올 확률이 얼마나 될까요? 그런데 그 100개의 동전을 100번 던졌는데, 100번 연속으로 앞면만 나올 확률은 얼마나 될까요? 하나님의 섭리가 바로 그런 것입니다. 이것은 마치 동전 100개를 동시에 던졌을 때, 100개 모두가 언제나 앞면만 나오는 것과 같은 기적입니다. 하나님께서 창조하신 만물은 창조된 뜻에 따라, 창조된 시점부터 지금까지 규칙적으로 작동되어 왔고, 또한 종말이 올 때까지 규칙적으로 작동될 것입니다.

창조와 섭리를 믿는다는 사람들이, 단회적 사건인 기적과 예수님의 동정녀 탄생이나 부활을 믿지 못하겠다고 말하는 것이 과연 가능할까요? 따라서 성경의 기적과 예수님의 동정녀 탄생과 육체 부활을 믿지 못하겠다는 사람들은 하나님을 믿지 못하겠다는 것과 같은 말입니다. 신을 믿는다고 하는 사람이, 자기가 믿는 신이 가진 능력과 권위를 인정하지 않으려고 한다면, 과연 그 사람은 신을 믿는 사람일까요?

그런데 사람들은 그게 바로 종교라고 합니다. 어떻게 그것이 가능할까요? 왜냐하면, 그 신은 자기들이 만든 신이기 때문입니다. 신이 가진 권위나 능력이라는 것이, 사실은 인간이 만들어 내서 그렇다고 인정해 주는 것이기 때문에, 인간이 인정해 주면 있는 것이고, 인정하지 않으면 없는 것이 됩니다. 그리고 이러한 본성은, 아담과 하와가 에덴동산에서 선악과를 보암직하고, 먹음직스럽고, 탐스러운 눈으로 쳐다보기 시작할 때부터 있었던 것입니다.

종교적 의식을 취하고, 종교적 진심이 있다고 해서 하나님을 섬기는 것이 아닙니다. 인간은 자기를 위하여, 자신만의 신을 만들어 낼 수 있기 때문입니다. 그래서 하나님께서 십계명 제일 첫째와 두 번째로 주신 것이 무엇이었습니까? "나 외에 다른 신들을 네게 두지 말라, 너를 위하여 우상을 만들지 말라"입니다.

출애굽기 20:3-4, "너는 나 외에는 다른 신들을 네게 두지 말라 4. 너를 위하여 새긴 우상을 만들지 말고 또 위로 하늘에 있는 것이나 아래로 땅에 있는 것이나 땅 아래 물 속에 있는 것의 어떤 형상도 만들지 말며"

우상을 만드는 것이 다른 것이 아닙니다. 하나님의 말씀을 믿지 않는 것, 하나님 말씀보다 자기의 뜻과 의지가 더 높은 것, 이것이 바로 우상숭배입니다. 왜요? 인간이 자기 손으로 우상을 만들고, 거기에다가 권위와 능력을 부여해 주는 것처럼, 하나님의 말씀도 자기가 인정해야 권위와 효력이 있기 때문입니다. 지금까지 우리가 이렇게 신앙생활을 해 왔습니다. 내가 이해하고, 내가 용납할 수 있는 수준에서 하나님의 말씀을 받아들였지, 언제 하나님께서 주신 말씀에 제대로 순종해 본 적이 있습니까?

그러면서도 "내 진심이 있었다, 내가 열심히 종교 행위를 했다"라고 이야기합니다. 사실은 그 모든 것들이 '내 소원을 이루기 위해서' 했던 것들 아닙니까? 그런 종교적 열심과 진심은 절에 가도 있고, 무당집에도 있습니다. 그런 것 말고, 하나님을 섬기고 사랑하는 것도 하나님께서 주신 말씀대로, 그분의 뜻을 따라서 믿고 순종하는 저와 여러분이 되길 기원합니다.

요한복음 17:19~23

하나가 되게 하려 함이니이다

"19. 또 그들을 위하여 내가 나를 거룩하게 하오니 이는 그들도 진리로 거
룩함을 얻게 하려 함이니이다 20. 내가 비옵는 것은 이 사람들만 위함이
아니요 또 그들의 말로 말미암아 나를 믿는 사람들도 위함이니 21. 아버
지여, 아버지께서 내 안에, 내가 아버지 안에 있는 것 같이 그들도 다 하나
가 되어 우리 안에 있게 하사 세상으로 아버지께서 나를 보내신 것을 믿
게 하옵소서 22. 내게 주신 영광을 내가 그들에게 주었사오니 이는 우리
가 하나가 된 것 같이 그들도 하나가 되게 하려 함이니이다 23. 곧 내가
그들 안에 있고 아버지께서 내 안에 계시어 그들로 온전함을 이루어 하나
가 되게 하려 함은 아버지께서 나를 보내신 것과 또 나를 사랑하심 같이
그들도 사랑하신 것을 세상으로 알게 하려 함이로소이다"

요한복음 17장은 제자들과 신약의 성도들을 위한 예수님의 기도입니다. 26절까지 이르는 예수님의 기도를 보면 반복해서 나오는 표현이 있습니다.

첫째는, '아버지께서 예수님을 세상에 보내셨다'는 것입니다.

누군가를 어딘가로 보냈다는 것은, 이유와 목적이 있다는 것입니다. 그 이유와 목적은 우리가 이미 알고 있는 것처럼, 범죄한 인간을 구원하기 위한 하나님의 거룩하신 사랑과 하나님의 공의를 완전히 성취하는 것입니다.

둘째는, '알게 해 달라'는 것입니다.

아버지께서 예수 그리스도를 세상에 보내신 것을 알게 해 달라는 것입니다. 또한 아버지께서 예수님을 사랑하심 같이 세상을 사랑하는 것을 알게 해 달라는 것입니다.

셋째는, '서로 하나가 되게 해 달라'는 것입니다.

아버지와 예수님이 하나인 것처럼 하나님과 우리도 하나가 되게 해 달라는 것이고, 그리스도 안에서 구원받은 성도들이 서로 하나가 되게 해 달라는 것입니다.

예수님의 이 기도는, 기독교 신앙이 무엇인지를 정확하게 가르쳐 줍니다. 최근 들어 교회를 다니고, 예수님을 믿어 구원받은 사람들조차도 예수님께서 왜 세상에 오셨는지 잘 알지 못한다는 느낌을 너무 많이 받습니다. 기독교 신앙의 핵심은, 예수님을 세상에 보내신 하나님을 아는 것입니다. 그리고 세상에 오신 예수님께서 무엇을 하셨는지, 왜 십자가에서 죽고 부활하셔야만 했는지를 정확하게 알아야 합니다. 그렇지 않으면 예수 믿는 것을 자꾸 어떤 방법론으로 이끌고 가게 됩니다.

그것이 무엇입니까? 예수 믿는 사람들로 인해서 세상이 착해지고 평화로워지는 것이, 우리를 구원하신 하나님의 뜻이라고 믿게 되는 것입니다. 아픈 사람 없고, 가난하고 차별받는 사람 없이 모두가 행복하고 아름답다고 느끼는 세상을 만드는 것이, 예수 믿는 사람이 해야 할 일이라고 믿는 것입니다.

그런데 기독교의 존재 이유는 모든 사람이 똑같이 잘 살 수 있도록, 공평과 나눔을 실천하는 것이 아닙니다. 누구도 차별받지 않고 어둡고 추운 곳에 있지 않도록, 따뜻한 아랫목을 내주기 위해 기독교가 있는 것도 아닙니다. 좀 더 세게 표현하면, 세상을 하나님이 통치하시는 천국처럼 만들기 위해서 교회가 존재하는 것이 아닙니다.

누가복음 12:13, "무리 중에 한 사람이 이르되 선생님 내 형을 명하여 유산을 나와 나누게 하소서 하니"

어떤 사람이 예수님께 나와서, 자기 형이 아버지가 남기신 유산을 독차지하고 나눠 주지 않고 있으니, 예수님께서 형의 부당한 일을 지적하여 자신의 몫으로 지정된 유산을 나눠 받을 수 있도록 해 달라고 예수님께 도움을 요청했습니다.

누가복음 12장 1절을 보면, **"그 동안에 무리 수만 명이 모여 서로 밟힐 만큼 되었더니"**라고 했습니다. 이렇게 많은 사람이 예수님 주변에서 그 모습을 지켜보고 있었습니다. 만약 예수님께서 세상에 오신 목적이 불의를 행하는 사람의 잘못을 지적하여 고쳐 주고, 아버지의 유산을 혼자 독차지한 그 형의 탐심을 지적하여 혼내 주는 것이었다면, 그 형을 불러오라고 해서 유산을 나누도록 했을 것입니다. 그런데 예수님은 욕심 많은 형을 불러오라고 말씀하시지 않고, 도리어 그런 부탁을 하는 동생에게 이렇게 말씀하셨습니다.

> 누가복음 12:14, "이르시되 이 사람아 누가 나를 너희의 재판장이나 물건 나누는 자로 세웠느냐 하시고"

정말 이상하지 않습니까? 예수님은 하나님께서 세상에 보내셔서 오신 분이고, 무엇보다 '하나님의 공의'가 무엇인지 정확하게 아시는 분입니다. 예수님이시라면 부당하고, 잘못된 것을 바로잡으실 수 있는 분이십니다. 당연히 형을 불러서 따끔하게 야단치고, 동생 몫의 유산을 나눠 주라고 명령할 수 있었을 것입니다. 그런데 예수님의 대답이 무엇입니까? "나는 너희의 재판장이나 물건 나누는 자가 아니"라는 것입니다.

다시 말씀드려서 예수님께서 세상에 오신 이유가, 인간의 죄 된 본성에서부터 나오는 행위로 인하여, 약자들이 세상에서 당하는 불이익을 제거해 주고 억울함을 풀어 줘서, 공평하다고 느끼도록 해 주려고 오신 분이 아니라는 것입니다. "인류의 역사는 전쟁의 역사"라고 불립니다. 전쟁을 통하여 무기뿐만 아니라 각종 생활 도구를 비롯한 과학 문명이 발달했기 때문입니다. 하지만 그것보다 더 근본적으로는, '소유'에 대한 인간의 욕심이 '전쟁'을 통하여 성취되기 때문에, 개인이나 국가는 끊임없이 전쟁하는 것입니다.

창세기 4:22, "씰라는 두발가인을 낳았으니 그는 구리와 쇠로 여러 가지 기구를 만드는 자요 두발가인의 누이는 나아마였더라"

여기 나오는 '두발가인'은 아벨을 죽인 '가인'의 후손입니다. 창세기 4장에 벌써 구리와 쇠로 각종 기구를 만든 사람이 있었던 것입니다. 학창 시절에 고대 역사를 배울 때, 인간이 돌을 사용하던 시절은 주로 수렵을 하며 살았고, 한곳에 정착하여 농사를 지으며 산 것은 주로 청동기 시대 이후였다고 배웠습니다. 그리고 농사 기술과 더불어 발전한 것이 수확물을 저장하는 저장 기술입니다. 그런데 작물을 심으면 모든 땅에서 잘 자라겠습니까? 잘 자라는 땅이 있는 반면에 그러지 못한 땅도 있습니다. 그렇다 보니 식량이나 좋은 땅이 더 많이 필요한 사람이나 나라는, 그것을 가진 사람이나 나라와 전쟁을 하여 빼앗았던 것입니다.

왜 인류의 역사가 전쟁의 역사이냐? 다른 사람이 저장해 놓은 식량과 땅을 합법적으로 빼앗기 위해서 무기를 만들고 전쟁을 했습니다. 그리고 이와 같은 전쟁의 역사는 다른 민족 또는 나라의 문화와 새로운 기술을 배우고 발전시키는 재발견 내지는 재창조의 효과도 만들어 냈습니다. 오늘날 우리가 사용하고 있는 위성을 이용한 내비게이션이나 인터넷 통신도, 처음에는 군사용 목적으로 만들었던 것이 일반인에게 상용화된 것입니다.

아담과 하와의 타락으로 인해 죄가 세상에 들어왔습니다. 그리고 그 죄는 마치 변종 바이러스처럼 수많은 모양으로 형태를 바꿔서 인간에게 고통을 줬습니다. 전쟁에 승리한 사람은 소유의 기쁨을 누렸겠지만, 그것을 빼앗긴 사람은 죽음의 고통을 감내할 수밖에 없었습니다. 전쟁뿐이겠습니까? 사람의 타고난 모습까지도 누군가에게는 자부심과 기쁨이 되지만, 누군가에게는 부끄럽고 감추고 싶은 콤플렉스가 되기도 합니다. 지금 말씀드리는 것은, 죄 가운데 태어나서 죄로 인하여 죽게 되는 인생과 그 사람들이 모여서 사는 세상에서는, 모두가 행복하고 만족스러운 곳은 없다는 것입니다.

저는 교복을 입던 시절에 중학교에 입학했다가, 교복 자율화 시대에 고등학교를 졸업했습니다. 그런데 지금은 다시 교복을 입는 학교들이 많습니다. 똑같은 옷을 입혀서 차별을 없애자는 것입니다. 그러면 정말로 똑같은 옷을 입으면 차별이 없어질까요? 학교에서도 학생들을 성적순으로 대학에 가도록 하기보다는, 그 학생이 잘하는 것을 격려해서 활동 점수로 대학을 가게 하면 차별이 없어진다고 했습니다. 그런데 정말로 그렇게 됐을까요? 교복을 입혀도 차별은 그대로이고, 수행평가라고 불리는 학교 외 활동도 일반 학생들은 꿈꾸지 못할 더 많은 차별이 있었습니다.

다시 누가복음 12장 말씀으로 돌아오시면, 예수님께서 욕심 많은 형을 불러서 동생 몫의 유산을 빨리 나눠 주라고 말하는 대신, 이렇게 말씀했습니다.

누가복음 12:15, "그들에게 이르시되 삼가 모든 탐심을 물리치라 사람의 생명이 그 소유의 넉넉한 데 있지 아니하니라 하시고"

동생이 예수님께 와서 한 말이 무엇이었습니까? 형이 욕심이 너무 많다는 것입니다. 아버지의 유산을 자기 혼자 다 차지하고 나눠 주지 않았다는 것입니다. 그런데 예수님께서는 욕심 많은 형이 아니라, 예수님을 찾아온 동생을 포함해서 그 자리에 있는 모든 사람에게 **"탐심을 물리치라"** 하고 말씀하셨습니다. 유산을 혼자 독차지한 놀부 같은 형뿐만 아니라 그곳에 있는 모든 사람의 마음에 탐심이 있다는 것이지요.

예수님께서 "나는 너희의 재판관이나 물건 나누는 자가 아니"라고 말씀하신 이유가 여기에 있습니다. 예수님께서 당신을 찾아온 사람의 부탁을 들어줘서, 욕심으로 가득한 형을 야단치고 그 유산을 나눠 주도록 해 주면, 그곳에 모인 모든 사람의 마음에 있는 탐심이 없어집니까? 아니지요. 예수님께서 당시 유대인의 법이나 로마법을 따라 형제에게 유산을 공평하게 나눠 주면, 그 두 사람의 관계가 사이좋게 회복될까요? 그것도 아닐 것입니다. 인간의 탐심은 소유가 공평하다고 해서 없어지는 것이 아닙니다.

저는 여동생이 한 명 있습니다. 어릴 적 우리 남매는 많은 면이 달랐습니다. 가령 부모님이 과자나 귤을 사 놓으시면, 저는 가족들이 다 모였을 때 함께 먹어야 한다고 생각했습니다. 하지만 동생은 먹고 싶으면 그냥 먹었습니다. 그래서 집에 먹을 것이 있을 때마다 동생과 싸우는 일이 많았습니다. 결국, 부모님께서는 우리 둘의 싸움을 멈추게 하려고 동생 몫과 제 몫을 똑같이 나눠 주셨습니다. 그 뒤에 어떻게 됐을까요? 그 뒤에도 싸움은 계속됐습니다. 저는 아껴 두었다가 천천히 먹는 성격이었고, 동생은 먹고 싶을 때 먹는 성격이었는데, 동생이 자기 것을 다 먹고 나면 제가 남겨 둔 것도 먹었기 때문입니다. 지금 같으면 동생이 다 먹어도 하나도 아깝지 않을 것입니다. 하지만 그때는 오빠 것을 탐내어 먹은 걸 후회할 만큼 만들어 줬습니다. 어떻게 했는지는 말하지 않겠습니다.

똑같이 나눠 주면 모두가 행복할까요? 사람마다 씀씀이가 다르고 사용처가 다르기 때문에, 조금만 시간이 지나면 또다시 소유의 차이가 달라질 것입니다. 지금 말씀드리는 것은, 인간의 죄 된 본성에 속한 '탐심'을 그대로 둔 채, 단지 현상의 문제만 해결해 주는 것은 답이 될 수 없다는 것입니다. 그래서 예수님께서 하신 말씀이 무엇이었습니까? '사람의 생명이 그 소유의 넉넉한 것에 있지 않으니 모든 탐심을 물리치라'는 것이었습니다. 그러면서 주신 말씀이 바로 이것입니다.

누가복음 12:16-21, "또 비유로 그들에게 말하여 이르시되 한 부자가 그 밭에 소출이 풍성하매 17. 심중에 생각하여 이르되 내가 곡식 쌓아 둘 곳이 없으니 어찌할까 하고 18. 또 이르되 내가 이렇게 하리라 내 곳간을 헐고 더 크게 짓고 내 모든 곡식과 물건을 거기 쌓아 두리라 19. 또 내가 내 영혼에게 이르되 영혼아 여러 해 쓸 물건을 많이 쌓아 두었으니 평안히 쉬고 먹고 마시고 즐거워하자 하리라 하되 20. 하나님은 이르시되 어리석은 자여 오늘 밤에 네 영혼을 도로 찾으리니 그러면 네 준비한 것이 누구의 것이 되겠느냐 하셨으니 21. 자기를 위하여 재물을 쌓아 두고 하나님께 대하여 부요하지 못한 자가 이와 같으니라"

자기를 위해 재물을 쌓아 두고 하나님께 대하여 부요하지 못하면 어떻게 됩니까? 하나님께서 그의 영혼을 도로 찾으실 때, 그가 쌓아 두었던 모든 것이 소용없게 됩니다. 예수님께서 왜 세상에 오셨는지 우리가 분명하게 알아야 합니다. 예수님은 우리의 재판관이나, 물건 나눠 주는 분으로 오신 것이 아닙니다.

요한복음 17:19, "또 그들을 위하여 내가 나를 거룩하게 하오니 이는 그들도 진리로 거룩함을 얻게 하려 함이니이다"

예수님께서 우리를 위하여 당신의 몸을 희생제물로 하나님께 드렸습니다. 또한, 주님께서 친히 대제사장이 되어 우리의 모든 죄를 하나님 앞에서 대신 용서받으셨습니다. 그리고 예수님께서는 이와 같은 진리로, 우리도 예수님처럼 거룩하게 되길 원하십니다. 그것이 바로 우리가 세상에 남아 있는 이유입니다.

"진리로 거룩하게 되는 것"이 무엇입니까? '진리'이신 하나님의 말씀과 그분의 뜻이 우리의 삶의 기준이 되는 것입니다. 누가복음 12장 식으로 표현하면, "하나님께 대하여 부요한 것"입니다.

요한복음 17:23, "곧 내가 그들 안에 있고 아버지께서 내 안에 계시어 그들로 온전함을 이루어 하나가 되게 하려 함은 아버지께서 나를 보내신 것과 또 나를 사랑하심 같이 그들도 사랑하신 것을 세상으로 알게 하려 함이로소이다"

아버지께서 그리스도를 사랑하심 같이 우리도 사랑하신 것을, 세상이 알기 원하신다고 말씀합니다. 하나님께서 세상을 사랑하신 방법이 무엇입니까? 그리스도를 보낸 것입니다. 자기 아들을 아끼지 않으시고 우리에게 보내신 것은, 우리로 영생을 얻게 하고 하나님과 더불어 하나 되게, 사귐이 깊어지게 하려고 보낸 것입니다.

요한1서 1:3, "우리가 보고 들은 바를 너희에게도 전함은 너희로 우리와 사귐이 있게 하려 함이니 우리의 사귐은 아버지와 그의 아들 예수 그리스도와 더불어 누림이라"

"우리의 사귐은 아버지와 그의 아들 예수 그리스도와 더불어 누림"이라고 했습니다. 대단하지 않습니까? 너무나 감동적이지 않습니까?

학창 시절에 점심시간에 제일 인기 많은 친구는, 소시지볶음이나 계란말이, 구운 김처럼 맛있는 반찬을 가지고 오는 친구들이었습니다. 그런 친구와 같이 밥을 먹으면서 그 친구가 싸 온 반찬을 함께 누릴 수 있는 것처럼 행복한 것이 없었습니다. 우리가 무엇이기에 창조주인 하나님과 그의 아들 예수 그리스도와 더불어 누린단 말입니까? 이게 과연 우리 힘으로 가능한 일입니까? 그러면 하나님께서 우리를 그와 같은 자리로 부르시는 이유는 무엇일까요?

요한1서 1:6-7, "만일 우리가 하나님과 사귐이 있다 하고 어둠에 행하면 거짓말을 하고 진리를 행하지 아니함이거니와 7. 그가 빛 가운데 계신 것 같이 우리도 빛 가운데 행하면 우리가 서로 사귐이 있고 그 아들 예수의 피가 우리를 모든 죄에서 깨끗하게 하실 것이요"

하나님은 우리가 빛 가운데 거하고, 진리 가운데 행하길 원하십니다. 진리 가운데 행하는 것은 무엇일까요? 종교적인 업적이나, 종교적인 행위를 많이 하는 것이 아니라, 하나님이 어떤 분이신지 알고 순종하는 것입니다. 그런데 우리는 하나님을 알고 순종하기보다, 내 생각대로 믿을 때가 많습니다. 가장 대표적인 예가 "예수를 믿었으니 이제는 예전보다 착하게 살고, 남을 위하며 살겠다, 남은 인생은 주를 위해 바치리라" 이렇게 나가는 것입니다. 물론 그런 생각이 틀렸다고 말씀드리는 것은 아니지만, 그러나 거기까지 가기 전에 먼저 거쳐야 하는 단계가 있다는 것을 알아야 합니다. 하나님을 알지 못하고 먼저 행동하는 것은, 이제 걸음마를 막 뗀 아이가, "엄마가 낳아 줬으니 이제 나가서 돈 벌어 올게" 하는 것과 똑같은 것입니다.

에베소서 2:10, "우리는 그가 만드신 바라 그리스도 예수 안에서 선한 일을 위하여 지으심을 받은 자니 이 일은 하나님이 전에 예비하사 우리로 그 가운데서 행하게 하려 하심이니라"

보시는 것처럼, 하나님께서 우리를 만드셨습니다. 하나님은 우리가 그리스도 예수 안에서 선한 일을 하기를 원하십니다. 그런데 이것은 우리가 구원받아 하나님의 백성이 되었으니 그 순간부터 할 수 있는 일이 아닙니다. 그렇게 되기까지 충분히 성장해야 하는 과정이 필요합니다. 내가 충분히 은혜받았으니 이제는 열심히 선한 일을 하겠다고 결정하고 세상으로 뛰어나갈 일이 아니라는 뜻입니다. 오히려 함께 신앙생활하는 성도들과 한 성령 안에서 서로 연결하여 맞춰 가는, 그래서 그리스도 예수 안에서 함께 지어져 가는 과정이 필요합니다.

에베소서 2:18-22, "이는 그로 말미암아 우리 둘이 한 성령 안에서 아버지께 나아감을 얻게 하려 하심이라 19. 그러므로 이제부터 너희는 외인도 아니요 나그네도 아니요 오직 성도들과 동일한 시민이요 하나님의 권속이라 20. 너희는 사도들과 선지자들의 터 위에 세우심을 입은 자라 그리스도 예수께서 친히 모퉁잇돌이 되셨느니라 21. 그의 안에서 건물마다 서로 연결하여 주 안에서 성전이 되어 가고 22. 너희도 성령 안에서 하나님이 거하실 처소가 되기 위하여 그리스도 예수 안에서 함께 지어져 가느니라"

20절에 '모퉁잇돌'이라는 말이 나옵니다. 이스라엘은 우리나라와 집을 건축하는 방법이 다릅니다. 나무가 많은 우리나라는 지붕을 먼저 만든 뒤에 벽을 세워 가는 방법으로 집을 지었지만, 돌이 많은 이스라엘은 벽을 먼저 세운 뒤에 마지막에 지붕을 얹습니다. 우리나라는 기둥을 세운 뒤에, 기둥과 기둥을 잇는 대들보를 얹고, 서까래를 엮어서 지붕을 먼저 만든 뒤에 집을 지었습니다. 하지만 이스라엘은 두 개의 벽이 직각으로 만나는 모퉁이에 벽을 지탱해 주는 큰 주춧돌을 먼저 세워 놓고, 거기에 맞춰서 돌들을 맞춰 가며 집을 지었습니다. 그래서 21절에 **"서로 연결하여 성전이 되어 가고"**, 22절에 **"예**

수 안에서 함께 지어져 가느니라"라는 말씀이 있는 것입니다.

우리 신앙은 일단 기둥을 세우고 대들보를 얹는 것처럼, '예수 믿고 구원받았으니 이제 내가 하나님을 위해 뭔가 큰일을 해 보겠다고' 나서려고 합니다. 하지만 성경은 우리에게 그걸 말하지 않습니다. 모퉁잇돌을 중심으로 하나씩 서로 연결해 가라고 말씀하고 있습니다. 그래서 서로 연결되는 데 필요한 것이 무엇입니까? 옆의 돌과 어우러져서 하나가 되어야 하니, 먼저 깎이고 맞춰 가는 것입니다.

예수 그리스도의 십자가 희생과 부활하심으로 우리의 구원은 완성되었습니다. 하지만 그것은 우리의 구원이 완성된 것이지, 우리의 인격과 성품과 성향과 삶의 방식까지 모두 완성된 것은 아닙니다. 이미 우리의 구원은 완성되었지만, '나'라는 존재는 아직 완성되지 않았습니다. 결정적으로 하나님께서는 '나 한 사람'만 구원하신 것이 아니라, 세상에 있는 당신의 모든 백성을 다 '구원하시길' 원하십니다. 그리고 하나님께서는 세상에서 구원한 당신의 백성들을 그리스도의 피로 세우신 교회로 불러 모으셔서 함께 성전을 지어 가길 원하십니다.

이것이 어려운 점입니다. 나 혼자라면 뭐든지 잘하겠는데, 같이 하려니까 속 터질 일이 계속 생긴다는 거지요. 그런데 우리가 기억해야 할 것이 있습니다. 그것은 우리가 하나님의 거하실 성전이 되기 위하여 서로 깎여 가며 지어져 가고 있다는 사실입니다. 이것이 가능하게 하려고 예수님께서 세상에 오셨고, 십자가에서 죽으셨습니다.

히브리서 11:33-38, "그들은 믿음으로 나라들을 이기기도 하며 의를 행하기도 하며 약속을 받기도 하며 사자들의 입을 막기도 하며 34. 불의 세력을 멸하기도 하며 칼날을 피하기도 하며 연약한 가운데서 강하게 되기도 하며 전쟁에 용감하게 되어 이방 사람들의 진을 물리치기도 하며 35. 여자들은 자기의 죽은 자들을 부활로 받아들이기도 하며 또 어떤 이들은 더 좋은 부활을 얻고자 하여 심한 고문을 받되 구차히 풀려나기를 원하지 아니하였으며 36. 또 어떤 이들은 조롱과 채찍질뿐 아니라 결박과 옥에 갇히는 시련도 받았으며 37. 돌로 치는 것과 톱으로 켜는 것과 시험과 칼로 죽임을 당하고 양과 염소의 가죽을 입고 유리하여 궁핍과 환난과 학대를 받았으니 38. (이런 사람은 세상이 감당하지 못하느니라) 그들이 광야와 산과 동굴과 토굴에 유리하였느니라"

성경에 나오는 믿음의 사람들이 어떻게 본인의 신앙을 지키며, 공동체 안에서 함께 교회를 세워 갔는지를 가르쳐 주는 귀한 말씀입니다. 33~35절에 보면, 그들은 믿음으로 불 가운데서 구원을 받기도 하고, 칼날도 피했으며, 약한 사람이 강해지고 전쟁에서 군대를 무찌르기도 했습니다. 어떤 여자들은 죽은 가족을 다시 살아난 상태에서 맞이하기도 했습니다. 여기까지만 보면, 기독교 신앙은 늘 승리할 뿐만 아니라 어떤 위기도 능히 극복해 낼 수 있는 능력이 있는 것으로 보입니다.

하지만 그 뒤에 나오는 내용을 보면 그들은, 더 나은 부활 신앙을 얻기 위해 고문을 당하고 채찍으로 맞으며, 사슬에 묶여서 옥에 갇히기도 했습니다. 돌로 맞기도 하고, 톱으로 몸이 잘리거나 칼날에 죽임을 당하기도 했습니다. 양이나 염소의 가죽을 옷으로 삼아 두르고 다녔으며, 가난과 고통에 시달리고 온갖 학대를 받기도 했습니다. 그들은 광야와 산과 동굴과 땅굴에서 지내면서도 불편함을 감내했습니다. 그래서 성경은 그들을 가리켜서 **“이런 사람은 세상이 감당하지 못하느니라”**라고 말씀했습니다.

지금 말씀드린 이 사람들은 모두 구약의 성도들입니다. 그들은 예수 그리스도에 대한 약속을 받은 사람들이지, 약속된 예수님을 만나지 못한 사람들이었습니다. 그럼에도 그들은 하나님의 약속을 믿고 신뢰함으로, 마치 예수 그리스도를 본 것처럼 여기고 그 믿음을 이렇게 지켜 냈습니다.

> 히브리서 11:39-40, “이 사람들은 다 믿음으로 말미암아 증거를 받았으나 약속된 것을 받지 못하였으니 40. 이는 하나님이 우리를 위하여 더 좋은 것을 예비하셨은즉 우리가 아니면 그들로 온전함을 이루지 못하게 하려 하심이라”

40절 말씀과 같이, 구약 성도들의 믿음은 신약 성도들로 인해 온전해집니다. 예수님의 죽음과 십자가 부활을 목격하고, 부활 신앙을 가진 신약 성도들의 믿음이, 그리스도를 약속으로 받은 구약 성도들의 믿음을 온전케 하는 것입니다. 그런 맥락에서 에베소서 2장 22절에 **“그리스도 예수 안에서 함께 지어져 가느니라”**라고 말씀하신 것은, 같은 교회를 다니는 성도들끼리만을 말하는 것이 아니라 믿음 안에서 신구약 성도들의 믿음이 함께 지어져 가고 온전해져 가는 것입니다.

히브리서 12:1-2, "이러므로 우리에게 구름 같이 둘러싼 허다한 증인들이 있으니 모든 무거운 것과 얽매이기 쉬운 죄를 벗어 버리고 인내로써 우리 앞에 당한 경주를 하며 2. 믿음의 주요 또 온전하게 하시는 이인 예수를 바라보자 그는 그 앞에 있는 기쁨을 위하여 십자가를 참으사 부끄러움을 개의치 아니하시더니 하나님 보좌 우편에 앉으셨느니라"

우리보다 앞서간 구름 같은 믿음의 증인들이 가르쳐 주는 것이 무엇입니까? 믿음의 주요 온전하게 하시는 이인 예수를 바라보며 살라는 것입니다. 성경을 읽으면서 주의해야 할 것은, 성경을 '영웅전'처럼 읽는 것입니다. 자기 아들도 아끼지 않고 하나님께 드린 아브라함, 애굽 왕 바로에게 10가지 재앙을 내리고 이스라엘을 구출해 낸 모세, 물맷돌만 가지고도 거인 골리앗을 쓰러뜨린 다윗, 하나님께 기도해서 바알과 우상의 선지자 850명을 이긴 엘리야, 이런 식으로 어떤 특정한 사건 위주로 믿음의 사람들을 해석하고, 그들처럼 우리도 하나님과 민족을 위해서 뭔가 특별한 일을 하려고 하는 것입니다. 성경을 이렇게 읽으면, 영웅전기에 나오는 세상의 위인들과 성경에 기록된 믿음의 사람들의 차이점을 전혀 찾을 수 없게 됩니다.

성경에는 믿음의 사람들이 보여 준 놀라운 믿음의 결과뿐만 아니라, 그들이 인간적으로 얼마나 형편없이 연약한 사람이었는지 적나라하게 보여 주고 있습니다. 아브라함이 다른 남자에게 자기 아내를 두 번이나 빼앗겼었던 것을 말합니다. 모세는 하나님 말씀에 순종하지 않아서 가나안 땅에 들어가지 못했습니다. 다윗은 부하 장수를 전쟁터에 보내 죽이고 그 아내를 빼앗았습니다. 엘리야는 이세벨에게 쫓기면서 하나님께 죽기를 청원했던 사람입니다.

하나님께서 당신의 백성들에게 원하시는 것은, "그들이 하나님을 위해 얼마나 대단한 성과를 만들어 냈느냐?"가 아닙니다. 그들이 어떻게 하나님을 알아가게 되었는지, 어떤 인생의 과정을 통해 하나님의 역사하시는 손길을 배웠는지, 그래서 그 일들을 통해서 전능하신 하나님 앞에 겸손한 모습으로 서게 되는 것을 가르쳐 주는 것이 성경입니다.

그래서 기독교 신앙은 무엇입니까? 하나님을 아는 것입니다. 그 하나님은 어떤 분입니까? 나를 구원하여 당신의 자녀로 삼으신 분입니다. 하나님께서 나를 당신의 자녀로 삼으신 것은, 우리가 가진 모든 것을 쥐어짜서 하나님 것으로 만들려고 자녀로 삼으신 것이 아닙니다. 오히려 당신의 모든 유업을 나눠 줄 상속자로 우리를 자녀로 삼았습니다.

> 에베소서 1:3-6, "찬송하리로다 하나님 곧 우리 주 예수 그리스도의 아버지께서 그리스도 안에서 하늘에 속한 모든 신령한 복을 우리에게 주시되 4. 곧 창세 전에 그리스도 안에서 우리를 택하사 우리로 사랑 안에서 그 앞에 거룩하고 흠이 없게 하시려고 5. 그 기쁘신 뜻대로 우리를 예정하사 예수 그리스도로 말미암아 자기의 아들들이 되게 하셨으니 6. 이는 그가 사랑하시는 자 안에서 우리에게 거저 주시는 바 그의 은혜의 영광을 찬송하게 하려는 것이라"

하나님께서 우리를 택하여 그리스도 예수 안에서 자기의 아들들이 되게 하셨습니다. 그렇게 택하신 이유는 무엇입니까? "우리를 하나님의 사랑 안에서 그분 앞에 거룩하고 흠이 없게 하시려고"입니다. 우리가 신앙생활을 해야 하는 이유이고, 나가야 할 목표입니다.

코로나바이러스로 인하여 교회마다 가정에서 온라인 예배를 드리고 있습니다. 그런데 이렇게 예배를 드리다 보니, 앞으로도 모여서 드리는 예배 대신 이렇게 가정에서 예배를 드리는 것도 좋은 면이 있다는 주장들이 나오고 있습니다. 어떤 교회는 목사님이 영상으로 성찬 예식을 인도하면, 가정마다 자기들이 준비한 빵과 포도주를 가지고 온라인 성찬을 하기도 했습니다. 개신교는 가톨릭과 달라서 기념의 의미가 크기 때문에 괜찮다는 것입니다. 어떤 면으로는 가족들끼리 성찬을 나누면서 은혜가 있는 면도 있을 것입니다.

그런데 특수한 상황에 따라 불가피하게 드리게 되는 온라인 예배가 아니라, 평상시에도 이와 같은 예배를 계속 드리는 것은 성경적 예배가 아닙니다. 예수님께서 베드로의 신앙고백 위에 당신의 교회를 세우시고, 구원받은 성도들을 "한 몸이다, 한 나무에 붙어 있는 가지"라고 말씀하신 이유가 있습니다. 그것은 우리가 서로 만들어져 가야 하는 존재들이기 때문입니다.

가령 교회에서 어떤 행사나 봉사를 할 때, 그것을 하려고 하는 의도나 그 일을 했을 때 기대되는 좋은 면들이 많이 있습니다. 하지만 그것을 정말로 은혜롭게, 그리고 모든 사람이 만족하는 결과로 만들어 내기는 쉽지 않습니다. 어떨 때는 나 혼자 하면 훨씬 잘했을 것 같은 느낌이 들 때도 있습니다. 하지만 같이 하려다 보니 의견 충돌도 생기고, 좋은 일 하자고 모였다가 다투기도 하고, 시험도 들고, 그 일 해결한다고 갔다가 문제가 더 커지고 하는 일들이 생깁니다. 우리의 진짜 실력이 거기서 나타나는 것이지요.

> 빌립보서 1:12-17, "형제들아 내가 당한 일이 도리어 복음 전파에 진전이 된 줄을 너희가 알기를 원하노라 13. 이러므로 나의 매임이 그리스도 안에서 모든 시위대 안과 그 밖의 모든 사람에게 나타났으니 14. 형제 중 다수가 나의 매임으로 말미암아 주 안에서 신뢰함으로 겁 없이 하나님의 말씀을 더욱 담대히 전하게 되었느니라 15. 어떤 이들은 투기와 분쟁으로, 어떤 이들은 착한 뜻으로 그리스도를 전파하나니 16. 이들은 내가 복음을 변증하기 위하여 세우심을 받은 줄 알고 사랑으로 하나 17. 그들은 나의 매임에 괴로움을 더하게 할 줄로 생각하여 순수하지 못하게 다툼으로 그리스도를 전파하느니라"

사도 바울이 복음을 전하다가 감옥에 갇히게 되었습니다. 그때 빌립보교회의 어떤 성도들은 주를 신뢰하는 믿음으로, 바울의 뒤를 이어 겁 없이 바깥으로 나가서 담대하게 복음을 전했습니다. 그런데 바울을 시기하던 또 어떤 사람들은, "바울이 만약 정말로 하나님의 종이라면 저렇게 감옥에 갇힐 일이 없다, 그는 가짜다"라고 하면서, 바울이 가짜라는 것을 증명하기 위해 자기들의 방법으로 복음을 전하기 시작했습니다. 17절 말씀처럼 "바울의 매임에 괴로움을 더하게 하려고, 다시 말해서 바울을 궁지에 몰아넣으려고" 순수하지 못한 마음으로 복음을 전했다는 것입니다. 그때 바울이 무엇이라고 대답합니까?

> 빌립보서 1:18, “그러면 무엇이냐 겉치레로 하나 참으로 하나 무슨 방도로 하든지 전파되는 것은 그리스도니 이로써 나는 기뻐하고 또한 기뻐하리라”

“아무렴 어떠냐, 어찌 되었든 무슨 방법으로 전했든 그리스도가 전파되었으니 나는 기쁘고 좋다”라는 것입니다. 우리가 도달해야 하는 실력의 경지가 여기까지 가야 합니다. 하지만 우리의 실력은 보통 어디까지 가죠? 주를 위해 하고자 하는 일도 성공적으로 잘 끝내야 하지만, 동시에 나도 잘했다고 칭찬받고 인정받아야 만족합니다. “일은 잘됐는데, 열심히 수고한 나는 아무것도 아닌 사람이 되었다.” 이렇게 되면 참지 못할 때가 많습니다.

우리 교회는 겨울 김장을 하지 않지만, 한국의 교회는 겨울이 되면 김장을 합니다. 요즘은 김치냉장고가 있어서 항아리 묻는 교회는 많이 없지만, 예전 교회는 남자들은 와서 땅을 파고 항아리를 묻었습니다. 그런데 함께 김장하다 보면, 정말 힘들고 고달픈 일을 말없이 하는 사람도 있지만, 고무장갑도 안 끼고 입으로만 김장하는 사람도 있습니다. 그런가 하면 다 끝날 때쯤에 호빵이나 귤 같은 것을 간식으로 사 와서 나눠 주면서, 밥 제일 많이 먹고 김치만 챙겨 가는 사람도 있습니다. 거기까지는 참을 만한데, 결정적으로 “고맙다, 잘 먹었다” 이런 칭찬은 막판에 간식 사 오고, 삼겹살 사 온 사람이 다 듣습니다. 하루 종일 수고한 사람은 그냥 수고만 한 거지요. 일만 열심히 한 것입니다.

그럴 때, 사도 바울 같은 신앙을 가진 사람은 어떻게 할까요? 아무렴 어떠냐? 어차피 우리 성도들이 나눠 먹을 것이니 괜찮다고 할 것입니다. 하지만 아직 숙성이 덜 된 저 같은 사람은, 속에서 부글부글 올라오는 불편한 마음을 견디지 못하고 "아이고, 오늘 비싼 삼겹살 먹었네. 다른 데서 땅을 팠으면 귤 몇 상자는 샀겠네" 하고 빈정대면서 일은 하지 않고 마지막에 간식 조금 사 왔다고 생색만 낸 사람에게 한소리 할 것입니다.

하지만 성경이 말씀하는 것은 그게 아니라는 것입니다. 모퉁잇돌을 중심으로 담장을 세워 갈 때 큰 돌만 있어서는 담장이 만들어지지 않습니다. 작은 돌도 있어야 하고, 진흙도 이겨서 발라야 합니다. 항아리 묻고, 절여 놓은 배추에 속을 만들어 넣는 사람도 필요하지만, 옆에서 웃긴 이야기도 해 주고 왔다 갔다 하며 심부름해 주는 사람도 필요합니다. 고기 삶는다고 불 피우다가 머리카락 태워 먹는 사람도 필요하고, 전투적으로 먹는 것만 열심히 하는 사람도 필요합니다. 누군가 잘 먹는 사람이 있으면, 옆에서 먹는 사람도 덩달아 잘 먹게 됩니다.

세상에서는 성공해야 살아남기 때문에, 반드시 성공해야만 합니다. 하지만 하나님 나라에는 실패가 없습니다. 우리가 어떤 결과를 만들어 내든지 하나님께서 모든 것이 합력하여 선하게 되도록 하실 것이기 때문입니다.

> 로마서 8:16-21, "성령이 친히 우리의 영과 더불어 우리가 하나님의 자녀인 것을 증언하시나니 17. 자녀이면 또한 상속자 곧 하나님의 상속자요 그리스도와 함께 한 상속자니 우리가 그와 함께 영광을 받기 위하여 고난도 함께 받아야 할 것이니라 18. 생각하건대 현재의 고난은 장차 우리에게 나타날 영광과 비교할 수 없도다 19. 피조물이 고대하는 바는 하나님의 아들들이 나타나는 것이니 20. 피조물이 허무한 데 굴복하는 것은 자기 뜻이 아니요 오직 굴복하게 하시는 이로 말미암음이라 21. 그 바라는 것은 피조물도 썩어짐의 종 노릇 한 데서 해방되어 하나님의 자녀들의 영광의 자유에 이르는 것이니라"

세상은 하나님의 상속자인 우리가 실력을 갖춰 나가는 훈련 연습장입니다. 군대에 가면 받는 훈련 중에 행군과 함께 가장 힘들어하는 것이 있습니다. '사격술 예비 훈련'이라고 총을 들고 사격하는 자세를 배우는 'PRI 훈련'입니다. 군인들은 PRI를 가리켜서 피 나고, 알배고, 이가 갈리는 훈련이라고 부릅니다. 교관이 호명하는 대로 엎드려서 쏘고, 앉아서 쏘고, 쪼그려서 쏘고, 서서 쏘는 훈련을 계속 반복하기 때문에 30분만 반복해도 온몸이 땀에 젖습니다.

그렇게 연습을 많이 하고 실제 사격장에 들어가서 총을 쏘면, 10점 만점에 5~6점이라도 맞으면 얼마나 좋겠습니까? 그런데 표적에 하나도 맞추지 못한 사람, 옆 사람 표적에 맞춘 사람, 교관이 사격 중지 명령 내렸는데 그때 쏘는 사람, 별별 사람이 다 있습니다. 물론 그런 상황이 벌어지면, 바깥으로 나와서 또다시 PRI 훈련을 하고 고생을 합니다. 하지만 훈련이 끝날 무렵에는 참석한 군인들 모두 일정 수준의 점수를 받아서 갑니다. 교관이 원하는 수준까지는 올려놓는다는 것입니다.

요한복음 17:22, "내게 주신 영광을 내가 그들에게 주었사오니 이는 우리가 하나가 된 것 같이 그들도 하나가 되게 하려 함이니이다"

아버지께서 그리스도께 주신 영광을, 그리스도께서 우리에게 주셨습니다. 그 이유가 무엇입니까? **"그들도 하나가 되게 하려 함이니이다"** 그리스도께서 뜻과 목적을 가지고 우리를 이끌어 가신다는 말씀입니다. 빨리 성공하면 빨리 성공한 대로 이끌어 가실 것이고, 계속 실패하면 그 실패를 통하여 가르치고 깨닫게 해서 고쳐 나가실 것입니다. 그렇게 저와 여러분, 우리 모두가 그리스도의 장성한 분량에 이르기까지 자라게 될 것입니다. 그렇게 이끌어 가셔서 우리가 도착하게 되는 최종 목적지가 어디입니까?

요한복음 17:23, "곧 내가 그들 안에 있고 아버지께서 내 안에 계시어 그들로 온전함을 이루어 하나가 되게 하려 함은 아버지께서 나를 보내신 것과 또 나를 사랑하심 같이 그들도 사랑하신 것을 세상으로 알게 하려 함이로소이다"

하나님께서 우리를 어떻게 사랑하시는지 알도록 하시겠다는 것입니다. 우리가 하나가 되어 한 교회를 세워 가는 데 있어서 어떻게 매번 성공하고, 승리하고, 좋은 일만 있겠습니까? 맞는 것도 있고 안 맞는 것도 있고, 좋은 면도 있고 답답한 면도 있을 것입니다. "때로는 저렇게 해 가지고 뭐가 되겠나?" 싶은 면도 있을 것입니다. 하지만 "바늘허리에 실 매어 쓰랴"라는 속담이 있듯이, 하나님 나라의 일은 한 사람 한 사람의 인격과 동의와 의지를 모아서 가는 것입니다.

가장 좋은 것은, 우리 각 사람이 자신의 의지를 서로 하나 되는 것에 스스로 맞추는 것입니다. 스스로 깎고 다듬어서 옆 사람과 맞춰 가면서 함께 어우러지는 것입니다. 하지만 때로는 빌립보교회의 예에서 보는 것처럼, 굳이 바울의 반대편에 서서 하나님의 일을 이루어 가는 사람들도 있습니다. 그럴 때 우리는 어떤 믿음의 자세를 가져야 합니까?

> 빌립보서 1:18, "그러면 무엇이냐 겉치레로 하나 참으로 하나 무슨 방도로 하든지 전파되는 것은 그리스도니 이로써 나는 기뻐하고 또한 기뻐하리라"

이것이 하나님을 알아가는 것입니다. 이것이 서로 하나가 되는 것입니다. 내 편이 아니니까 무너뜨려 버리는 것은, 세상 권력자들이 하는 일입니다. 저와 여러분, 우리 하와이한빛장로교회가 서로 하나가 되길 원합니다. 그리스도께서 당신의 피로 세우신 교회를 한마음으로 만들어 가기 원합니다. 우리는 서로 잘 맞아도 함께 가고, 안 맞아도 함께 가야 하는 사람들입니다. 그리스도께서 그렇게 우리를 인도해 가실 것입니다. 잘 순종하는 저와 여러분이 되길 기원합니다.

요한복음 17:22~23

하나가 된 것 같이

"22. 내게 주신 영광을 내가 그들에게 주었사오니 이는 우리가 하나가 된 것 같이 그들도 하나가 되게 하려 함이니이다 23. 곧 내가 그들 안에 있고 아버지께서 내 안에 계시어 그들로 온전함을 이루어 하나가 되게 하려 함은 아버지께서 나를 보내신 것과 또 나를 사랑하심 같이 그들도 사랑하신 것을 세상으로 알게 하려 함이로소이다"

지난 시간에 말씀드렸던 것처럼, 요한복음 17장에 하신 예수님의 기도의 특징은 '사랑'과 '하나 됨', 그리고 그 사랑을 주신 하나님을 '아는 것'입니다. 그런데 기독교 신앙의 어려움은, 하나님께서 성경에 가르쳐 주신 대로 하나님과 예수 그리스도를 아는 것이 아니라, 사람들이 자기가 알고 싶은 것만 알고 믿고 싶은 대로 믿는다는 것입니다. 그렇게 나타난 부작용이 무엇입니까? 신을 믿는 신앙의 형태에 있어서, 예수 믿는 성도들이 다른 종교를 믿는 사람들과 별로 차이가 없는 것입니다. 어렵고 답답한 일이 생기면 신 앞에 가서 기도하는 것도 똑같고, 신을 감동하게 해야만 하는 절박한 소원이 있을 땐 금식이나 특별한 정성을 들이는 것도 똑같습니다.

단기선교를 다녀왔다거나, 아프리카나 동남아시아의 열악한 나라에 교회나 학교를 지어 주었다는 등의 이야기들도 우리가 자주 듣는 간증들입니다. 그런데 성도들이 가진 이와 같은 신앙의 경력과 자랑은, 전문적으로 그 일에 종사하는 사람 앞에서는 큰 위력을 갖지 못합니다. 일반 신도들이 아무리 기도를 열심히 하고, 경전을 많이 읽고, 자신이 믿는 신을 위해서 최고의 헌신을 한다 해도, 그 일을 전문으로 하는 사람만큼은 할 수 없기 때문입니다.

그래서 종교마다 가장 큰 힘을 가진 사람은 누구입니까? 전문 종교인입니다. 교회에 가면 담임목사가 힘이 있고, 절에 가면 주지 스님이 힘이 있고, 회당에 가면 랍비가, 이슬람 사원에 가면 율법을 해석하는 이맘이 힘이 있습니다. 그리고 이러한 종교인들이 가진 힘은 하등 종교인 무속신앙, 토속신앙으로 내려갈수록 더욱 큰 힘을 발휘합니다. 과거 신분제도가 있던 시절 우리나라에 박수나 무당을 생각해 보십시오. 그들의 신분은 천민이지만, 대갓집 부인들도 그들에게 고개를 숙였습니다.

교회가 교회답냐? 아니면 교회라고 이름은 걸렸는데 그 교회가 절이나 점집 같냐? 또는 그보다도 못한 하등 종교와 같으냐? 하는 것은, 종교를 지탱하는 큰 기둥의 힘이 누구에게 집중되어 있는지를 보면 됩니다. 일반 종교일수록 전문 종교인의 힘이 셉니다. 그리고 하등 종교로 내려갈수록 그 힘은, 그 종교를 대표하는 한 사람에게 더욱 커집니다. 그래서 이단에 속한 곳의 신앙 행태를 보면 모든 힘이 교주 한 사람에게 집중되어 있습니다. 교주가 하는 명령에 절대복종합니다.

인간의 종교심을 이용하는 간악한 자들은, 그런 종교 행위를 열심히 잘하는 것이 좋은 믿음이라고 부추깁니다. 심지어 교회라고 보도된 어떤 곳은 신도에게 인분을 먹이기도 했다고 합니다. 어떻게 이런 일이 가능할까요? 종교에 심취되고 그 종교의 힘에 정신을 빼앗기면 재산을 빼앗기고, 부인과 딸들을 빼앗기고, 구타와 학대를 당하고, 심지어 인분을 먹으면서도 그게 좋은 믿음인 줄로 생각하는 것이 인간의 신앙심입니다. 그리고 그 이면에는 무엇이 있습니까? 자기가 가진 특별한 믿음으로 하나님을 기쁘게 해 드렸다는 생각이 있습니다. 교주에게 재산과 가정을 바치고, 휴식도 없는 노동을 하면서도 구타와 학대까지 당합니다. 그런데 그렇게 비인간적인 취급을 받으면서도 그것이 신을 위한 믿음의 행위라고 생각합니다.

그리고 그런 사람들이 모인 곳에서는, 이런 말도 안 되는 종교 행위를 더 열심히 잘한 사람들이 믿음이 좋은 사람으로 인정을 받습니다. 정상적인 생각을 하는 사람이라면 그러한 믿음이 정말로 성경에서 말하는 믿음인지 확인해 봐야 하지 않겠습니까. 하지만 성경에서 말하는 믿음이 아니라 자기가 생각하고 기대하는 종교 행위를 하면서도 그것이 하나님을 위한 것이라고 생각하기 때문에 이단에 빠지는 것입니다.

예수님께서 유언과 같은 기도를 하나님께 드리면서 무엇을 말씀하고 있습니까? 서로 하나가 되길 원한다, 아버지께서 그리스도를 사랑하신 것처럼 예수 믿는 성도들, 우리들도 사랑하시는 것을 알기 원한다고 말씀하고 있습니다. 그 사랑은 누가 받는 것입니까? 목사가 혼자 다 받아 가지고 있다가, 자기 마음에 드는 사람들에게 하나씩 나눠 주는 것입니까? 그게 아닙니다. 먼저 예수를 믿은 사람이나, 나중에 예수를 믿은 사람이나 그리스도 안에 들어온 사람들은 다 똑같이 받는 사랑입니다. 예수님께서 '포도원 비유'를 말씀하시면서, 일찍 포도원에 들어온 사람이나 마지막 한 시간 남겨 놓고 들어온 사람이나, 똑같이 한 달란트씩을 주셨습니다.

> 마태복음 20:12-16, "나중 온 이 사람들은 한 시간밖에 일하지 아니하였거늘 그들을 종일 수고하며 더위를 견딘 우리와 같게 하였나이다 13. 주인이 그 중의 한 사람에게 대답하여 이르되 친구여 내가 네게 잘못한 것이 없노라 네가 나와 한 데나리온의 약속을 하지 아니하였느냐 14. 네 것이나 가지고 가라 나중 온 이 사람에게 너와 같이 주는 것이 내 뜻이니라 15. 내 것을 가지고 내 뜻대로 할 것이 아니냐 내가 선하므로 네가 악하게 보느냐 16. 이와 같이 나중 된 자로서 먼저 되고 먼저 된 자로서 나중 되리라"

'포도원 비유'에서 말씀하시는 것은, 일찍 들어온 사람에 속한 '유대인'이나 마지막 한 시간을 남겨 놓고 들어온 사람에 속한 '이방인'이나, 주인의 은혜로 같은 품삯 즉, 구원의 은혜를 받는 것은 동일하다는 것입니다. 그런데 일찍 들어온 사람들의 불만이 무엇이었습니까? **"종일 수고하며 더위를 견딘 우리"**와 마지막 한 시간만 남겨 놓고 들어온 사람을 어찌 똑같이 대접할 수 있느냐는 것입니다.

이것이 바로 일반 종교와 기독교의 차이점입니다. 일반 종교는 '신심'이라고 불리는 종교심과 함께, 종일 수고하고 더위를 견딘 신앙의 행위를 더 많이 한 사람이 더 많은 대우를 받고 힘을 갖습니다. 하지만 기독교는 그와 같은 행위와 상관없이, 나중에 온 사람이라도 먼저 온 사람과 똑같은 구원을 주기 원하시는 하나님의 뜻이 있습니다. 그러면서 하나님께서 하신 말씀이 무엇입니까?

마태복음 20:15, "내 것을 가지고 내 뜻대로 할 것이 아니냐 내가 선하므로 네가 악하게 보느냐"

이렇게 되면 우리 마음에 드는 생각이 있습니다, "그러면 열심히 할 필요 없겠네, 수고 하나 안 하나 똑같으면 뭐 하려고 열심히 하나? 어차피 예수 믿으면 천국에 가니까 그냥 대충 살다가 가면 되지." 그래서 우리가 성경을 읽어야 하고, 하나님을 알아야 합니다. 하나님을 인간인 자기 수준으로 끌어내려 놓고 신앙생활을 하니까, 10~20년을 교회에 다니고, 일평생을 교회에 다녀도 그 수준을 벗어나지 못합니다. 일찍 들어온 사람과 마지막에 들어온 사람이 결정적으로 다른 것이 무엇인지 아십니까? 이걸 모른 채 '종일 수고하며 더위를 견딘' 것만 말하고 있으니 발전이 없는 것입니다. 하나님께서 말씀하시는 것은 '종일 노동하고 더위를 견디라는 것'이 아닙니다.

요한1서 1:3, "우리가 보고 들은 바를 너희에게도 전함은 너희로 우리와 사귐이 있게 하려 함이니 우리의 사귐은 아버지와 그의 아들 예수 그리스도와 더불어 누림이라"

영원한 천국을 약속으로 받은 우리가 이 땅에 사는 동안 신앙생활을 하며 누릴 수 있는 최고의 복이 무엇입니까? **"아버지와 그의 아들**

예수 그리스도와 더불어 누리는 것"입니다. 이것을 다른 말로 어떻게 표현합니까? "서로 사랑하는 것"입니다. 기독교 신앙은, "무엇이 더 옳고 착한 일인가? 어떻게 우리가 하나님이 원하시는 일에 벽돌 한 장이라도 올려 줄 수 있을까?"를 고민하는 것이 아닙니다. 그것보다 훨씬 더 높은 수준의 것입니다. 그것이 무엇입니까? "아버지와 그의 아들 예수 그리스도와 더불어 사귀고 누리는 것"입니다.

우리는 아버지와 사귐 자체보다는, 방법과 결과에 관심이 더 많습니다. 우리가 하나님 앞에서 거룩해져야 합니다. 하지만 그 거룩은 하나님과 만남, 그분과 사귐을 위한 것이어야 하지, 자신을 치장하고 자랑하는 것으로 이용되어서는 안 됩니다. 가장 대표적으로 우리가 확인할 수 있는 것이 '예배'입니다. 우리의 신앙생활 속에서 가장 영광스럽고 기쁜 일이 무엇이냐 하면, 주일에 모여서 함께 예배드리는 것입니다. 각자 다른 곳에서 살던 사람들이 같은 신앙고백을 가지고 함께 모이는 것입니다. 이것보다 크고 귀한 일이 없습니다.

이스라엘 민족은 이와 같은 모임을 '성회'라고 불렀습니다. 그런데 이 '성회'는 모임에 참석하는 것 자체가 중요하지, 그들이 모여서 얼마나 열심히 제사를 드렸는지는 나중의 문제입니다. 실제로 구약의 성회를 보면 모여서 성경을 읽는 것이 전부였습니다.

느헤미야 8:5-6, "에스라가 모든 백성 위에 서서 그들 목전에 책을 펴니 책을 펼 때에 모든 백성이 일어서니라 6. 에스라가 위대하신 하나님 여호와를 송축하매 모든 백성이 손을 들고 아멘 아멘 하고 응답하고 몸을 굽혀 얼굴을 땅에 대고 여호와께 경배하니라"

이스라엘 모든 백성 앞에 에스라가 율법책을 펴는 것으로 예배가 시작됩니다.

느헤미야 8:8-9, "하나님의 율법책을 낭독하고 그 뜻을 해석하여 백성에게 그 낭독하는 것을 다 깨닫게 하니 9. 백성이 율법의 말씀을 듣고 다 우는지라 총독 느헤미야와 제사장 겸 학사 에스라와 백성을 가르치는 레위 사람들이 모든 백성에게 이르기를 오늘은 너희 하나님 여호와의 성일이니 슬퍼하지 말며 울지 말라 하고"

지금 말씀드리려고 하는 것은, 구약의 예배나 사도들이 전했던 복음을 듣고 예수를 믿은 성도들의 초창기 예배는, 하나님 앞에 함께 모였다고 하는 그 자체에 감동이 있고 감사가 있었다는 것입니다. 하나님의 말씀을 읽고 그 뜻을 깨달아 아는 것은 그 뒤의 문제입니다. 포로 되어 살던 바벨론에서 예루살렘으로 돌아와서, 무너진 성전을 재건하고 모든 이스라엘 백성들이 함께 모였을 때, 그 자체가 감동이었습니다. 그들이 하나님의 말씀을 듣지 않고 우상을 섬기고 죄를 범하며 자기들 마음대로 살다가, 나라를 빼앗기고 포로가 되어 바벨론의 노예로 살았습니다.

그런데 하나님의 은혜로 예루살렘으로 돌아와서, 성전에 모여 제사장 에스라가 낭독해 주는 율법책을 들을 때, 그곳에 모인 모든 백성이 울었습니다. 그 울음의 의미는 무엇이었을까요? 에스라가 풀어 주는 율법의 뜻이 감동적이어서, 에스라의 설교가 너무 은혜로워서 울었을까요? 아니요, 모여서 성회를 연 건 자체가 그들에게 감동이고 은혜였습니다. 하나님께 예배하고 싶어도 할 수 없던 그들이, 이제는 하나님께 나와서 예배가 회복되고, 하나님과의 관계가 회복될 수 있다는 희망이 감동이었습니다.

> 느헤미야 8:18, "에스라는 첫날부터 끝날까지 날마다 하나님의 율법책을 낭독하고 무리가 이레 동안 절기를 지키고 여덟째 날에 규례를 따라 성회를 열었느니라"

이처럼 첫날부터 끝날까지 날마다 율법책을 낭독하는 것으로 예배를 드렸습니다. 요즘 교회가 드리는 예배에는 엔터테인적인 요소가 참 많이 들어와 있습니다. 그나마 성가대나 경배와 찬양 정도가 전부이던 시절에는 초대형 교회뿐만 아니라 비교적 작은 규모의 교회들도 찬양팀을 만들어서 따라 할 수 있었습니다. 하지만 요즘 초대형 교회들은 영상이나 음향 시설뿐만 아니라, 일반 방송국과 비교해도 손색이 없는 전문가들이 예배를 만들고 진행하고 있습니다.

전문가들이 드리는 찬양과 오케스트라가 연주하는 성가대, 영상으로 잘 제작된 교회 소식에 목사님의 명설교까지, 한 시간 동안 드리는 예배가 너무나 훌륭합니다. 그런 상황에서 요즘처럼 코로나바이러스로 인해 정부에서 집합금지 명령을 내려서 교회마다 어쩔 수 없이 영상으로 예배를 드리는 상황이 계속되다 보니, 주일마다 모여서 예배드리는 예배만이 아니라 안 모여도 되는 예배로 바꿔야 한다는 주장을 하는 사람들이 점점 더 많아지고 있습니다.

이것은 성경의 가르침을 따라 예배가 무엇이며, 그 예배가 어떤 의미가 있는지 알고 순종하기보다는, 실용성과 효력의 측면에서만 예배를 보는 것입니다. 하나님은 우리가 찬양을 해야만 경배를 받으시고, 우리가 모여서 예배를 드려야만 영광을 받으시는 분이 아닙니다. 만약 우리가 찬양하지 않는다면, 하나님께서는 길바닥의 돌을 통해서라도 영광을 받으실 수 있는 분이십니다.

> 누가복음 19:37-40, "이미 감람 산 내리막길에 가까이 오시매 제자의 온 무리가 자기들이 본 바 모든 능한 일로 인하여 기뻐하며 큰 소리로 하나님을 찬양하여 38. 이르되 찬송하리로다 주의 이름으로 오시는 왕이여 하늘에는 평화요 가장 높은 곳에는 영광이로다 하니 39. 무리 중 어떤 바리새인들이 말하되 선생이여 당신의 제자들을 책망하소서 하거늘 40. 대답하여 이르시되 내가 너희에게 말하노니 만일 이 사람들이 침묵하면 돌들이 소리 지르리라 하시니라"

이처럼 하나님은 우리가 드리는 예배나 찬양을 아쉬워하거나, 바라시는 분이 아닙니다. 그러면 우리는 왜 주일마다 모여서 예배를 드려야 합니까? 그것은 우리가 하나님께 예배하는 자체가 우리에게 큰 은혜이고, 선물이기 때문에 그런 것입니다. 우리는 신약시대에 살고 있고, 은혜 시대에 살고 있기 때문에, 우리가 이렇게 모여서 예배할 수 있는 것이 얼마나 큰 복인지 사실 실감하지 못합니다. 하지만 구약시대에는 사람들이 감히 하나님의 영광 앞에 서는 것조차도 두려운 일이었습니다. 신명기 5장에 보면 이스라엘 백성이 시내산 아래에 도착했을 때, 하나님께서 모세를 산 위로 부르시고 그에게 십계명을 만들어 주시면서 당신의 음성을 백성들과 장로들이 듣도록 하신 것을 볼 수 있습니다.

신명기 5:22-27, "여호와께서 이 모든 말씀을 산 위 불 가운데, 구름 가운데, 흑암 가운데에서 큰 음성으로 너희 총회에 이르신 후에 더 말씀하지 아니하시고 그것을 두 돌판에 써서 내게 주셨느니라 23. 산이 불에 타며 캄캄한 가운데에서 나오는 그 소리를 너희가 듣고 너희 지파의 수령과 장로들이 내게 나아와 24. 말하되 우리 하나님 여호와께서 그의 영광과 위엄을 우리에게 보이시매 불 가운데에서 나오는 음성을 우리가 들었고 하나님이 사람과 말씀하시되 그 사람이 생존하는 것을 오늘 우리가 보았나이다 25. 이제 우리가 죽을 까닭이 무엇이니이까 이 큰 불이 우리를 삼킬 것이요 만일 우리가 우리 하나님 여호와의 음성을 다시 들으면 죽을 것이라 26. 육신을 가진 자로서 우리처럼 살아 계시는 하나님의 음성이 불 가운데에서 발함을 듣고 생존한 자가 누구니이까 27. 당신은 가까이 나아가서 우리 하나님 여호와께서 하시는 말씀을 다 듣고 우리 하나님 여호와께서 당신에게 이르시는 것을 다 우리에게 전하소서 우리가 듣고 행하겠나이다 하였느니라"

보시는 것처럼 하나님께서 이스라엘 백성과 장로들에게, **"불 가운데, 구름 가운데, 흑암 가운데에서 큰 음성으로"** 나타내 보이셨습니다. 이 말씀을 보시면서 여러분은 하나님이 어떻게 느껴지십니까? 친밀하고 사랑스럽고, 다정하게 느껴지십니까? 두렵게 느껴지지 않습니까? 시내 산에 하나님이 강림하시자 빽빽한 구름이 산을 뒤엎고, 번개와 천둥이 쳤습니다. 산이 불에 타면서 캄캄한 가운데서 나는 소리도 들렸습니다.

하와이는 산불로 인해서 일반 가정이 피해를 보는 일이 많이 없지만, LA만 해도 해마다 산불로 인해서 주민 대피령이 내립니다. 남아공도 여름철이 되면 일주일 이상 산불이 계속되는 때가 많습니다. 특히 케이프타운 방면의 1번 고속도로가 있는 산에 불이 나면 너무 무섭습니다. 불도 불이지만, 불붙은 나무가 깨지면서 나는 소리가 너무나 크기 때문입니다. 케이프타운 가까운 쪽에 있는 산에는 큰 나무도 별로 없는데, 나무가 타는 소리 때문에 산사태가 나는 건 아닐까 싶을 만큼 크게 납니다. 그런데 가장 중요한 1번 고속도로가 산들이 둘러싸인 사잇길로 만들어져 있다 보니, 고속도로를 지나는 차들이 산불이 난 사이로 통과해야 하기에 불과 연기와 불붙은 나무가 깨지면서 나는 큰 소리로 인해서 운전하는 사람이나, 차에 탄 사람들은 혹시나 해를 당하지 않을까 싶어서 두려워하는 마음으로 그곳을 지나갑니다.

시내산 아래에 있던 이스라엘 백성들 역시 마찬가지였을 것입니다. 빽빽한 구름 속에서 천둥과 번개가 계속 치는 것도 무서운데, 마치 산 전체에 불이 붙은 것 같은 소리가 구름으로 뒤덮인 어둠 속에서 들리는 것입니다. 그러자 이스라엘 백성들이 뭐라고 말합니까? "제발 그만하십시오. 이대로 조금만 더 있으면 우리가 죽을 것 같습니다. 모세, 당신이 대표로 가서 듣고 와서 전해 주십시오." 그러면서 그들이 느낀 두려움에 대해서 모세에게 이렇게 말했습니다.

신명기 5:26, "육신을 가진 자로서 우리처럼 살아 계시는 하나님의 음성이 불 가운데에서 발함을 듣고 생존한 자가 누구니이까"

이게 무슨 뜻입니까? 간접적으로 하나님의 음성을 들어도 죽을 지경인데, 만약 직접 하나님의 음성을 들었다면 어떻게 되었겠느냐는 것입니다.

시편 18:9-11, "그가 또 하늘을 드리우시고 강림하시니 그의 발 아래는 어두캄캄하도다 10. 그룹을 타고 다니심이여 바람 날개를 타고 높이 솟아오르셨도다 11. 그가 흑암을 그의 숨는 곳으로 삼으사 장막 같이 자기를 두르게 하심이여 곧 물의 흑암과 공중의 빽빽한 구름으로 그리하시도다"

하나님께서 어둠과 흑암과 빽빽한 구름으로 자신을 가리셨습니다.

시편 97:1-3, "여호와께서 다스리시나니 땅은 즐거워하며 허다한 섬은 기뻐할지어다 2. 구름과 흑암이 그를 둘렀고 의와 공평이 그의 보좌의 기초로다 3. 불이 그의 앞에서 나와 사방의 대적들을 불사르시는도다"

성경에서 말하는 빽빽한 구름과 불은, 일반적인 구름과 불이 아닙니다. 하나님의 임재를 상징하는 '쉐키나 영광의 구름'이고, 모세가 '호렙산 떨기나무에서 봤던 불'입니다. 또한 이 구름은 사도행전 1장에 예수님께서 승천하실 때, 예수님을 가리어 하늘로 올렸던 구름입니다. 이처럼 구약의 하나님은 사람들에게 자신을 감추고 나타나셨습니다.

그러면 왜 하나님께서는 '구름'으로 당신의 영광을 가리셨을까요? 하나님께서 구약의 사람들에게 나타나실 때는, 모세에게 율법을 주실 때처럼 창조주께서 당신의 종에게 명령을 내리시는 모습으로 상징되기 때문입니다. 다시 말씀드려서 율법을 주신 하나님의 말씀에 순종했을 때와 그렇지 않았을 때의 결과가 분명하게 드러납니다. 하나님의 말씀에 순종한 사람에게는 복과 은혜를 내려 주시지만, 그 율법을 지키지 않은 사람에게는 형벌과 심판으로 나타나시는 것입니다.

모세가 시내산에 올라가 있는 동안, 송아지 우상을 만들어 섬기던 이스라엘 백성들이 하나님의 임재의 소리를 들으면서 죽을 만큼 무서워 떨었던 이유가 바로 이것입니다. 죄 앞에 하나님의 임재는 두려울 수밖에 없습니다. 또한 구약의 성도들은, 그 명령을 듣는 사람이 어떤 사람이든지 하나님 앞에서는 '종'의 자세로 서게 된다는 것입니다.

사무엘상 3:10, "여호와께서 임하여 서서 전과 같이 사무엘아 사무엘아 부르시는지라 사무엘이 이르되 말씀하옵소서 주의 종이 듣겠나이다 하니"

사무엘이 자신을 부르는 하나님께 **"주의 종이 듣겠나이다"**라고 말합니다. 또한 이사야 선지자는, **"야곱아 이스라엘아 이 일을 기억하라 너는 내 종이니라 내가 너를 지었으니 너는 내 종이니라 이스라엘아 너는 나에게 잊혀지지 아니하리라"**(사 44:21) 이렇게 하나님께서 이스라엘 백성에게 '너는 내 종이라'고 말씀했습니다. 우리가 아는 것처럼, 구약의 하나님은 제한된 특별한 사람들, 즉 제사장이나 선지자 또는 다윗과 같은 소수의 왕에게만 나타나 보이셨습니다. 그런데 신약으로 넘어오면 그 분위기가 전혀 달라집니다. 하나님께서 당신의 모습을 전혀 숨기지 않을 뿐만 아니라, 호칭에 있어서도 우리를 더 이상 종이라고 하지 않고 아들이라고 말씀하시는 것입니다.

히브리서 1:5, "하나님께서 어느 때에 천사 중 누구에게 너는 내 아들이라 오늘 내가 너를 낳았다 하셨으며 또 다시 나는 그에게 아버지가 되고 그는 내게 아들이 되리라 하셨느냐"

아들 앞에 자신을 숨기는 아버지가 있겠습니까?

요한1서 1:5, "우리가 그에게서 듣고 너희에게 전하는 소식은 이것이니 곧 하나님은 빛이시라 그에게는 어둠이 조금도 없으시다는 것이니라"

구약의 하나님은 흑암과 구름 가운데 계시면서, 그 음성을 듣는 것만으로도 죽을 것 같은 공포로 다가왔는데, 신약에서는 어둠이 조금도 없다고 합니다. 하나님께서 어둠이 조금도 없는 빛으로 우리에게 나타나시는 이유는 무엇일까요?

요한1서 1:6-7, "만일 우리가 하나님과 사귐이 있다 하고 어둠에 행하면 거짓말을 하고 진리를 행하지 아니함이거니와 7. 그가 빛 가운데 계신 것 같이 우리도 빛 가운데 행하면 우리가 서로 사귐이 있고 그 아들 예수의 피가 우리를 모든 죄에서 깨끗하게 하실 것이요"

기독교 신앙을 이해하려면 우리가 이것을 알아야 합니다. 하나님께서 우리에게 원하시는 것이 무엇입니까? '하나님과 사귐'입니다. 구약에서는 이러한 표현이 없습니다. 율법을 주신 하나님과 율법을 지키지 못한 사람에 대한 심판이 있었습니다. 하지만 그 아들 예수의 피가 우리를 모든 죄에서 깨끗하게 한 뒤에는, 더 이상 죄와 심판의 관계가 아니라 '사귐'의 관계로 우리를 초대하고 있는 것입니다.

기독교 신앙이 '예배'와 '의식'의 차원이 아니라, '하나님과 사귐'의 관계로 초대되고 있다는 것을 모르면, 우리는 자꾸 구약의 하나님을 찾게 됩니다. 주일예배 빠지고 놀러 가면 사고 날 것 같고, 술 마시고 담배 피우면 간암, 폐암 걸려 죽을 것 같은 공포 속에서 신앙생활을 하게 됩니다. 성경이 우리에게 말씀하는 것은 그런 차원의 수동적이고 수직적인 관계로 하나님께 나오지 말고, '하나님과 사귐'이라는 능동적이고 더 친밀한 관계 속으로 들어오라는 것입니다.

그래서 신약에서 말하는 '죄'의 개념은, 구약에서 말하는 '죄'의 개념과 다릅니다. 구약의 '죄'는 심판이고 형벌이었습니다. 하지만 신약에서는 무엇을 말합니까? 하나님과 사귐이 있다고 하는 너희가 여전히 어둠에 거하고, 거짓말을 하며, 진리 가운데 행하지 않는다면, 그건 올바른 사귐이 아니지 않냐는 것입니다.

요한1서 2:1-6, "나의 자녀들아 내가 이것을 너희에게 씀은 너희로 죄를 범하지 않게 하려 함이라 만일 누가 죄를 범하여도 아버지 앞에서 우리에게 대언자가 있으니 곧 의로우신 예수 그리스도시라 2. 그는 우리 죄를 위한 화목 제물이니 우리만 위할 뿐 아니요 온 세상의 죄를 위하심이라 3. 우리가 그의 계명을 지키면 이로써 우리가 그를 아는 줄로 알 것이요 4. 그를 아노라 하고 그의 계명을 지키지 아니하는 자는 거짓말하는 자요 진리가 그 속에 있지 아니하되 5. 누구든지 그의 말씀을 지키는 자는 하나님의 사랑이 참으로 그 속에서 온전하게 되었나니 이로써 우리가 그의 안에 있는 줄을 아노라 6. 그의 안에 산다고 하는 자는 그가 행하시는 대로 자기도 행할지니라"

보시는 것처럼 우리에게 죄를 범하지 말라, 그의 계명을 지키라고 말씀하시는 것이, "그것을 지키지 않으면 죽는다"라고 말씀하는 것이 아닙니다. 1절 말씀에서 보시는 것처럼, **"만일 누가 죄를 범하여도 아버지 앞에서 우리에게 대언자가 있으니 곧 의로우신 예수 그리스도시라"** 우리의 '죄'에 관한 문제는 의로우신 그리스도께서 이미 해결해 주셨습니다. 그러면 뭐가 문제입니까? 그러나 '죄' 문제만 해결되었다고 해서 '하나님과 사귐'의 관계가 저절로 완성되는 것은 아니라는 것입니다.

이런 예를 드리겠습니다. 코로나바이러스 백신과 치료 약을 개발하던 회사의 연구원이 신약 개발에 관한 모든 정보를 가지고 경쟁 회사로 가 버렸습니다. 그렇다면 약을 개발하던 회사에서 어떻게 할까요? 당장 고소해서 그 연구원뿐만 아니라 경쟁 회사도 처벌을 받게 할 것입니다. 그런데 그 연구원이 사장 아들이라면 어떻게 할까요? "너는 어떻게 아들이 아버지한테 그런 짓을 할 수 있니? 지금이라도 늦지 않았으니 연구 자료 가지고 다시 돌아와라"라고 할 것입니다. 연구원이 남이라면 고소라도 하겠지만, 자기 아들이라면 변상할 것을 요구하기 전에 "넌 아들이면서 어떻게 그럴 수 있니?" 하면서 관계에 대해서 먼저 물을 것입니다.

구약에서는 잘못하면 형벌을 받았습니다. 하지만 신약에 오면 그런 이야기가 없습니다. "너희가 잘못한 것을 고백해라, 자녀답게 살아라, 너희가 하나님 아버지와 사귐이 있다고 해 놓고 그렇게 하는 것이 너희 진심이라고 할 수 있냐?" 무슨 말씀입니까? 형벌을 말하는 것이 아니라, 부모와 자녀의 관계가 회복되어야 하는 것 아니냐는 것을 말씀하는 것입니다. 그런데 이와 같은 '하나님과 사귐'의 관계를 알지 못하고 신앙생활을 하게 되면 그 신앙의 방향이 어디로 향하겠습니까?

'의무와 행위'로 향하게 되고, '실용의 관점'에서 책임을 면하는 쪽으로 갑니다. "어쨌든 난 예배는 드렸어, 자동이체로 헌금은 했어, 내가 단기선교도 다녀왔고, 고아원이나 요양원에 가서 봉사도 많이 했어, 새벽예배도 빠진 적이 없고, 난 매일 성경 읽고 기도하고, 노방전도도 열심히 하는 편이야." 네. 교회에 이런 분들만 있다고 한다면, 목사 개인적으로는 너무 좋겠습니다. 그런데 우리가 기독교 신앙생활을 하는 것이 목사에게 잘 보이려고 하는 것이 아니지 않습니까? 사람들에게 '나 믿음 좋은 사람이야' 자랑하려고 하는 것은 아니지 않습니까? 중요한 것은 무엇입니까? '하나님과 사귐, 그분과의 관계'가 정말로 올바로 유지되고 있고, 더욱 친밀해져 가고 있느냐? 하는 것입니다.

이것은 단순히 주일예배를 잘 드렸느냐, 빼먹었느냐의 차원의 이야기가 아닙니다. 성경을 100번 읽었느냐, 한 번도 안 읽었느냐에 관한 것도 아닙니다. 자기를 과시하고 치장하는 방법으로 종교적 행위를 얼마든지 할 수 있습니다. 그리고 이단이나 다른 종교, 하등 종교로 갈수록 그런 사람들은 더욱 인정받고 존중받습니다. 그런데 성경의 기독교, '하나님과 사귐'이 있는 성도들은 그런 것이 자랑이 되지 않습니다. 실제적인 하나님과의 관계 속에서 기쁨을 누립니다.

다시 예배에 관하여 말씀을 드리겠습니다. 예배는 '하나님과 사귐, 그분과의 관계'를 더욱 깊어지게 하는 면에서 유익이 있습니다. 이 예배는 목사가 얼마나 설교를 잘하는지, 오늘 성가대나 찬양팀의 찬양이 얼마나 은혜로웠는지에 따라서 좋은 예배와 아닌 예배가 나뉘는 것이 아닙니다. 오늘날의 예배는, 예배 자체에 대한 신성함과 경외함이 없어졌습니다. 엔터테인적인 요소가 많은 교회에 성도들이 많이 모이고, 교회마다 성도들을 많이 끌어모으기 위해서 더욱 그런 쪽을 강화하는 방향으로 가고 있습니다. 설교도 사람들이 쉽게 이해하고 감동할 수 있는 설교, 그러면서도 짧게 끝내는 설교를 하도록 요구받고 있습니다. 사람들이 '하나님과 사귐, 그분과의 관계'를 위한 예배가 아니라, '내가 만족할 수 있는 예배'만을 찾고 있는 것입니다. 설교든, 찬양이든, 교회의 시설이나 프로그램이든, 그런 것들은 모두 부차적인 것들입니다. 좋으면 더 좋겠지만, 그것이 없어도 상관없는 것이 예배입니다.

사랑하는 연인이 있습니다. 그 연인은 언제나 호텔 스카이라운지에서 식사하고, 오직 두 사람만을 위해 대관한 극장에서 영화를 보며, 퍼스트 클래스 비행기를 타고 해외여행을 다녀야만 그들의 사랑이 진정한 사랑이 되는 것입니까? 각종 기념일마다 또는 만나는 날마다 의미를 부여해서 선물을 주고, 받아야만 그 사랑이 유지되는 것입니까? 만약 여러분의 아들과 사귀는 어떤 여자가 사랑이라는 이름으로 여러분 아들에게 그런 것을 요구한다면 어떻게 하시겠습니까? 사랑은 그런 것이 아니지요. 호텔 스카이라운지가 아니라 길거리에서 파는 떡볶이와 순대를 나눠 먹어도 좋은 것 아닙니까? 돈 내고 들어가는 영화관이 아니라, 모기 물리는 강변 둔치에 앉아서 건너편에 보이는 야경을 구경하고 있어도 행복한 것 아닙니까? 남자 친구가 만날 때마다 감동을 주는 이야기를 해 줘야 사랑을 느낍니까? 아무 말 하지 않고 그냥 둘이 손잡고 걸어만 가도 좋지 않습니까?

예배가 무엇입니까? 하나님과 만나는 것입니다. 사귐이 깊어지는 것입니다. 그러면 뭐가 중요한 것입니까? 그 자리에 있는 것 자체가 중요한 것입니다. 기가 막힌 설교와 은혜로운 찬양, 쾌적한 환경에 시원한 에어컨, 이런 것들은 있으면 금상첨화이겠지만 없어도 괜찮은 것입니다. "우리가 모였다. 같은 신앙을 고백하는 성도들이 한 주간 동안 세상에서 치열하게 살다가 하나님을 만나기 위해 함께 모였다." 이게 바로 예배입니다. 박해를 피해서 지하 공동묘지에 숨어서 예배드리던 초대교회 성도들이 그렇게 모여서 예배를 드렸습니다. 그 성도들이 목소리라도 높여서 찬송을 불렀겠습니까? 통성기도를 했을까요? 아니요. "너 왔구나. 아, 당신도 오셨네요. 무사해서 다행입니다. 이렇게 모여서 예배할 수 있으니 감사하네요." 이것이 그들의 첫 번째 예배였습니다.

일제 치하에서, 6.25 전쟁 때 우리 선조들이 드린 예배도 그런 것이었습니다. 지금도 북한과 중국의 지하교회 성도들, 무슬림권에서 신앙생활을 하는 성도들이 드리는 예배가 그런 예배입니다. 거기에 성가대가 있겠습니까? 목사님의 감동을 주는 설교가 있겠습니까? 그런 것은 하나도 중요하지 않습니다. 몇 명이 되었든 같이 모여서 성경 읽으면서, '하나님, 우리 모였습니다' 이 한마디 기도에 서로 우는 것입니다.

여러분, 그런 예배가 촌스러운 예배입니까? 감동과 깨달음을 주는 설교가 없으니 의미 없는 예배입니까? '나 중심의 예배'가 아니라 '하나님과 사귐'이 있는 예배를 드려야 합니다. 우리가 드리는 이 예배는 구약의 성도들은 꿈도 꾸지 못했던 예배입니다. 죄 있는 인간이 어찌 하나님 앞에 나올 수 있다는 말입니까? 그런데 자신을 구름과 어둠에 감추셨던 하나님께서, 이제는 빛으로 우리에게 나타내 보이시고 하나님의 영광을 우리 마음에 비춰 주셨습니다.

> 고린도후서 4:6, "어두운 데에 빛이 비치라 말씀하셨던 그 하나님께서 예수 그리스도의 얼굴에 있는 하나님의 영광을 아는 빛을 우리 마음에 비추셨느니라"

하나님께서 자신을 드러내실 때, 예수 그리스도의 얼굴을 통해 비추셨습니다. 그리고 하나님께서는 그리스도를 머리로 한 교회라는 몸을 통해서 만나게 하십니다. 그래서 예배가 중요합니다. 아무 데서나 내가 드리고 싶을 때 드리는 예배가 아닙니다. 나에게 깨달음과 감동을 주는, 그러면서도 소속감이 생기고 자긍심이 느껴지는 교회에서 예배를 드려야만 은혜가 있는 것도 아닙니다. 어쩌면 그것은 '나를 위한 예배'일 수 있습니다. 그것이 아니라 나와 같은 신앙을 고백하는, 형제요 지체인 성도들이 그리스도 예수의 이름으로 하나님을 만나기 위해 모인, 그 모임 자체가 예배입니다.

주님 다시 오실 날이 다가올수록, 우리에게 더욱 필요한 것이 예배입니다. 우리가 모이면 무엇을 잘할 수 있을까요? 뭘 하면 더 은혜로울까요? 그런데 그건 2차, 3차 문제입니다. 예배 시간에 함께 모인다는 것이 중요한 것입니다. 사랑하는 연인이 만날 때마다 무슨 목적이 있어야 하고, 의미 있는 결과를 만들어 내야만 하는 것입니까? 그냥 만나는 것이 중요합니다. 한 번 만나는 것보다 두 번, 세 번 만나야 더 관계가 깊어집니다. 일주일, 한 달 만난 것보다는 2년, 3년 만난 사람들의 관계가 더 깊습니다. 일평생을 함께한 할아버지, 할머니의 사랑이 아름다운 것은, 눈만 마주쳐도 불꽃이 튀는 뜨거움 때문이 아닙니다. 서로에 대해서 일생을 알아 오고 이해하는 깊음이 있기 때문에 아름답습니다.

진정한 예배는 무엇입니까? 만남 자체를 기뻐하고 즐거워하는 것입니다. 기념일에만 만나고, 특별한 일이 있을 때만 만나면, 그 관계를 사랑하는 관계라고 말할 수 있겠습니까? 그런 관계는 먼 친척 같은 관계겠죠. 하나님과 여러분의 관계는 어떻습니까? 만나도 또 만나고 싶은 관계입니까? 먼 친척처럼 결혼식이나 장례식에 마주쳐도 좋고, 안 마주쳐도 상관없는 그런 관계입니까? 꼭 결혼식에 가서 봐야 합니까? 어차피 녹화도 다 할 텐데 녹화된 것 보면 되죠. 축의금을 냈으니 할 도리를 다했다고 생각하는 건, 먼 친척 같은 관계에서는 가능합니다.

하지만 내 자식, 내 형제자매의 결혼식이라면 그렇게 못 하지요. 예식에 참석할 뿐만 아니라, 그 예식에 필요한 모든 준비를 다 하지 않습니까? 그렇게 수고하고 준비하면서, 고생했다는 생각을 하겠습니까, 할 일을 한다고 생각하겠습니까? 가족이기 때문에, 그 관계 때문에 기쁨으로 하지 않겠습니까? 비싼 호텔 예식장에서 결혼하면 좋은 결혼식이고, 시골의 교회당에서 결혼하면 형편없는 결혼식입니까? 그건 아니지요. 호텔에서 결혼했다고 더 잘사는 것 아니고, 시골 교회당에서 결혼했다고 못사는 것 아닙니다. 그것보다 더 중요한 것은 두 사람의 관계요, 그 결혼을 지속할 힘이지요.

우리가 드리는 예배가 그런 것입니다. 교회의 형편에 따라 더 많은 수고가 필요하기도 하고, 교회에서 맡은 책임을 따라 더 많은 봉사를 하는 사람도 있을 것입니다. 중요한 것은 각자의 믿음대로, 또 하나님과의 관계 속에서 자신의 예배를 드리게 될 것입니다. 주님 재림의 시간이 가까울수록 '나 중심의 예배'를 드리는 사람이 점점 더 많아질 것입니다. 하지만 그런 속에서도 '하나님과 사귐과 관계가 더 깊어지는 예배'를 드리는 사람들도 있을 것입니다. 여러분은 어떤 예배를 사모하십니까? 어떤 예배를 드리기 원하십니까?

마태복음 11:20-24, "예수께서 권능을 가장 많이 행하신 고을들이 회개하지 아니하므로 그 때에 책망하시되 21. 화 있을진저 고라신아 화 있을진저 벳새다야 너희에게 행한 모든 권능을 두로와 시돈에서 행하였더라면 그들이 벌써 베옷을 입고 재에 앉아 회개하였으리라 22. 내가 너희에게 이르노니 심판 날에 두로와 시돈이 너희보다 견디기 쉬우리라 23. 가버나움아 네가 하늘에까지 높아지겠느냐 음부에까지 낮아지리라 네게 행한 모든 권능을 소돔에서 행하였더라면 그 성이 오늘까지 있었으리라 24. 내가 너희에게 이르노니 심판 날에 소돔 땅이 너보다 견디기 쉬우리라 하시니라"

예수님께서 권능을 가장 많이 행하셨던 벳새다와 가버나움에 사는 사람들이 예수님을 믿지 않는 것을 책망하시는 장면입니다. 오늘날 예배를 실용과 효율적인 면에서 생각하는 성도들을 보면, 구약의 성도들이 뭐라고 말할까요? "우리 때는 꿈도 못 꾸던 예배"라고 하지 않을까요? 물론 우리 교회에는 그런 성도들이 없다는 것을 알고 있습니다. 하지만 현 세태가 그런 줄 알고 우리가 준비를 하고 있어야 합니다. 그래야 미혹하는 자들이 와서 '대세를 따르도록' 요구할 때, 우리가 우리의 믿음을 지켜 낼 수 있습니다.

예배는 '나 중심의 예배'를 드려도 되는 것이 아니라, '하나님과 사귐과 관계의 친밀함, 더 깊어짐'을 위해서 드리는 것입니다. 그리고 그 예배는 나 혼자 드려도 되는 것이 아니라, 하나님께서 예수 그리스도의 이름 위에 세운 교회에 주셨으니, 같은 신앙을 고백하는 성도들이 교회에 모여서 함께 드리는 예배여야 합니다. "그래서 모여서 뭘 하자는 것이냐?"라고 말하는 것은, 하나님과 사귐과 관계가 없는 사람들이 하는 이야기입니다. 사랑하는 사람, 사귐과 관계가 깊은 사람은 뭘 해도 만나고, 뭘 안 해도 만납니다. 그냥 만나서 좋고, 아무것도 안 해도 좋고, 그냥 좋은 것입니다. 우리가 드리는 예배가 그와 같은 예배가 되길 기원합니다.

요한복음 17:23~26

온전함을 이루어

"23. 곧 내가 그들 안에 있고 아버지께서 내 안에 계시어 그들로 온전함을
이루어 하나가 되게 하려 함은 아버지께서 나를 보내신 것과 또 나를 사
랑하심 같이 그들도 사랑하신 것을 세상으로 알게 하려 함이로소이다 24.
아버지여 내게 주신 자도 나 있는 곳에 나와 함께 있어 아버지께서 창세
전부터 나를 사랑하시므로 내게 주신 나의 영광을 그들로 보게 하시기를
원하옵나이다 25. 의로우신 아버지여 세상이 아버지를 알지 못하여도 나
는 아버지를 알았사옵고 그들도 아버지께서 나를 보내신 줄 알았사옵나
이다 26. 내가 아버지의 이름을 그들에게 알게 하였고 또 알게 하리니 이
는 나를 사랑하신 사랑이 그들 안에 있고 나도 그들 안에 있게 하려 함이
니이다"

세상을 창조하시고 아담과 하와를 만드신 하나님께서는 그들과 교제하셨습니다. 동산을 거니시며 아담의 이름을 부르시고, 그와 만나 주셨습니다(창 3:8-9). 하지만 선악과를 따 먹고 범죄한 아담과 하와는, 자기들의 이름을 부르시는 하나님을 피해 나무 뒤로 몸을 숨겼습니다. 하나님과의 관계가 깨진 아담과 하와는 에덴동산에서 쫓겨났습

니다. 비록 인간이 범한 죄로 인하여 하나님과의 관계는 깨졌지만, 하나님께서는 여인의 후손인 그의 아들 그리스도에 관한 약속을 주셨습니다. 본문 23절 말씀처럼, 하나님께서 아들 그리스도를 세상에 보내신 것은 세상을 사랑하셨기 때문입니다. 그러면 하나님께서 그의 아들을 세상에 보내셔서 십자가의 죽음이라고 하는 가장 잔인한 형벌로 희생시키면서까지 우리를 구원하신 이유는 무엇일까요?

바로 에덴동산에서 깨졌던 하나님과의 관계를 회복시키기 위해서였습니다. 그리스도께서 세상에 오시기 전까지, 구약의 백성들은 감히 하나님을 만날 생각조차 하지 못했을 뿐만 아니라, 하나님께서 자신을 빽빽한 구름과 흑암 사이에 감추셨음에도 불구하고 죽을 것 같은 두려움을 느꼈습니다. 하지만 신약의 성도들은 하나님의 임재를 두려워하지 않습니다. 오히려 "오소서 진리의 성령님, 하늘 가르고 임하소서" 찬송하며 맞이합니다. 어떻게 이런 일이 가능하게 되었습니까?

먼저는 그리스도께서 자신을 희생제물로 하나님께 드림으로 인해, 인간이 하나님께 나갈 수 없었던 죄의 문제를 해결했기 때문입니다. 그리고 그리스도께서 당신의 피로 구원하신 백성들을 교회로 모으시고 주님께서 친히 교회의 머리가 되심으로 인해, 우리 모두가 그리스도와 한 몸이 되게 하셨습니다. 이제 그리스도와 한 몸이 된 성도들은, 머리가 되신 그리스도께서 이루신 '의'를 그의 몸인 우리가 이룬 '의'로 여겨 주시어, 하나님 앞에 나아갈 수 있게 되었습니다.

또한 하나님께서 그리스도로 인하여 더 이상 우리를 '종'이라 부르지 않으시고, '아빠 아버지'라고 부를 수 있도록 해 주셨습니다. 이것은 전적으로 하나님의 뜻과 의지이며, 하나님의 은혜입니다. 하나님께서 허락해 주지 않으셨다면, 우리도 역시 구약의 성도들처럼 하나님의 임재를 상징하는 소리를 듣는 것만으로도 공포에 휩싸일 것입니다. 그러면 하나님께서는 왜 우리에게 그와 같은 은혜를 허락해 주신 것일까요?

요한1서 1:3(새번역 성경), "우리가 보고 들은 바를 여러분에게도 선포합니다. 우리는 여러분도 우리와 서로 사귐을 가지기를 바라는 것입니다. 우리의 사귐은 아버지와 또 그의 아들 예수 그리스도와 함께 하는 사귐입니다."

보시는 것처럼 **"아버지와 또 그의 아들 예수 그리스도와 함께 하는 사귐"**을 위해서 우리를 구원하신 것입니다. 지난 시간에 우리는 "하나님과 그리스도와 함께하는 사귐"을 위하여 가장 기본이 되는 예배에 관하여 살펴봤습니다. 하나님께 드리는 예배는 인간이 종교를 만들고 자기들이 섬기는 신을 위해 드리는 그런 예배와 근본적으로 차이가 있다는 것을 말씀드렸습니다. 인간의 모든 종교 행위는 그 행위의 주체와 주관자가 인간 자신입니다. 인간이 자기를 위하여 신을 만들고, 신을 섬깁니다. "어떻게 신을 섬길 것인가?" 하는 것도 인간 스스로가 정한 것입니다.

하지만 예배는 인간이 알아서 만들어서 드려도 되는 것이 아닙니다. 하나님께서 모세를 통하여 하나님께 예배할 성막 만드는 법을 가르쳐 주시고, 그곳에서 드릴 제사와 그 방법을 가르쳐 주셨습니다.

솔로몬과 그 후세대의 사람들이 지은 성전은 모세의 성막을 토대로 하여 지었고, 그곳에서 드리는 제사도 하나님께서 모세에게 주신 법을 따라 드렸습니다. "지금은 구약이 아니라 신약시대인데 무슨 제사를 말하느냐?"라고 물으신다면, 구약의 제사는 오늘날 우리가 드리는 예배의 모든 것들의 상징입니다. 그리스도께서 대속의 제물이 되셔서 우리의 모든 죄를 용서하셨기 때문에 우리가 더는 희생제물을 바칠 필요는 없지만, 구약의 성도들이 드렸던 제사의 의미와 요소들은 오늘날 우리가 드리는 예배에 그대로 남아 있는 것입니다.

또한, 우리의 예배는 2천 년 기독교 역사 속에서, 그리고 종교개혁 이후 개혁신앙을 가르치고 이끌어 온 선배들에 의해서 만들어지고 확인된 것입니다. **"우리가 그의 계신 곳으로 들어가서 그의 발등상 앞에서 엎드려 예배하리로다"**(시편 132:7)라고 말씀하셨고, **"여호와께 그의 이름에 합당한 영광을 돌리며 거룩한 옷을 입고 여호와께 예배할지어다"**(시편 29:2)라고 말씀했습니다. 물론 구약의 성전처럼 하나님께서 교회에 계시니, 그곳에서만 예배를 드려야 한다고 말하는 것은 아닙니다. 하지만 구약시대나 지금이나, 우리는 하나님께 합당한 영광을 돌려야 합니다. 왜냐하면, 우리 하나님은 거룩하신 분이기 때문입니다.

'합당하다'라는 말을 주목하시기 바랍니다. 합당하다는 것은 "어떤 조건이나 기준에 걸맞은 것"을 뜻하는 것입니다. 세종문화회관이나 예술의 전당 같은 공연장에 갈 때 그에 맞는 드레스 코드가 있습니다. 입장권을 구매한 사람이라도, 그 사람이 공연장에서 정한 기준에 걸맞은 복장을 갖추지 않으면 입장을 허락하지 않습니다. 결혼식이나 장례식 같은 사람을 위한 예식에 갈 때도 그에 걸맞은 옷을 입습니다. 그렇게 입고 가는 것이 '합당하다'라고 생각하기 때문입니다. '예배' 역시 마찬가지입니다. 우리가 하나님께 드리는 예배는 아무렇게나 드려도 되는 것이 아닙니다. '합당하게' 드려야 합니다. 우상을 섬기는 사람들이 자기들의 신을 섬기고 드리는 것을 귀하게 여기고, 제 의식을 행할 때도 격식에 갖추어서 하지 않습니까?

그런데 하나님께 예배하는 사람들은 너무나 하나님을 의식하지 않습니다. 하나님이 아니라 사람들이 무엇을 좋아하는지, 어떻게 해야 많은 사람의 관심을 끌고 그들을 불러 모을 수 있을지에 모든 역량을 집중합니다. 에이든 토저 목사님이 쓴 《예배인가? 쇼인가!》라는 설교집을 보면, "교회 강단이 쇼 무대로 변질되고, 그 예배에 참석한 그리스도인의 모습 또한 하나님을 존경하는 마음과는 전혀 무관하게 변질되어 갔다"라고 지적합니다. 우리가 드리는 예배가, 그 예배를 받으시는 하나님 중심의 예배가 아니라, "나, 또는 우리 중심의 인본주의에 의한 행위"가 되었다고도 말합니다. 이와 같은 모습을 보면, 하나님께서 말라기 선지자를 통해 주신 경고의 말씀이 더욱 두렵게 다가옵니다.

말라기 1:10, "만군의 여호와가 이르노라 너희가 내 제단 위에 헛되이 불사르지 못하게 하기 위하여 너희 중에 성전 문을 닫을 자가 있었으면 좋겠도다 내가 너희를 기뻐하지 아니하며 너희가 손으로 드리는 것을 받지도 아니하리라"

성경은 우리가 어떻게 예배를 드릴지라도, 하나님께서는 기뻐 받으신다고 말하지 않습니다.

시편 96:9, "아름답고 거룩한 것으로 여호와께 예배할지어다 온 땅이여 그 앞에서 떨지어다"

왜 이런 모습으로 예배하라고 말씀하셨습니까? 우리 하나님은 거룩하신 분이시기 때문입니다.

시편 99:9, "너희는 여호와 우리 하나님을 높이고 그 성산에서 예배할지어다 여호와 우리 하나님은 거룩하심이로다"

하나님께서 우리에게 예배를 요구하시는 이유는 무엇일까요? 다른 많은 유익함이 있겠지만, 우리가 하나님께 예배하며 그분을 만나는 것이 우리 자신에게 복이고, 은혜이기 때문입니다.

신명기 11:26-27, "내가 오늘 복과 저주를 너희 앞에 두나니 27. 너희가 만일 내가 오늘 너희에게 명하는 너희의 하나님 여호와의 명령을 들으면 복이 될 것이요"

이 말씀을 잘 보시기 바랍니다. 모세오경을 통해 주신 하나님의 말씀을 오해하는 사람들은, "저것 봐라. 하나님께서는 늘 복과 저주를 사람들 앞에 두고 순종을 강요한다"라고 합니다. 마치 하나님께서 사람들에게 벌을 주기 위해 기다리고 계신 것처럼 말합니다. 그런데 이 말씀은 하나님께서 그들에게 복받을 기회를 주셨다는 것에 주목해야 합니다.

대학을 졸업하고 직장을 구하는 청년들은 일정 기간 회사에서 인턴 생활을 합니다. 회사에서 인턴에게 바라는 것은 단순합니다. 회사의 업무를 잘 수행할 수 있는지, 없는지 그 사람의 능력을 보겠다는 것입니다. 그러면 그 회사에 인턴으로 취직한 사람은 어떤 생각을 할까요? "사람을 어떻게 보고 능력을 시험하겠다는 것인가?" 하면서 그 회사를 그만둘까요? 아니면 자신의 능력을 증명해 보일 기회를 얻게 된 것을 기뻐할까요? 구직자 대부분은 기회를 얻은 것에 대해서 감사할 것입니다. 회사에서 인턴을 뽑을 때 그 사람을 시험하여 쫓아내려고 뽑은 것일까요? 아니요, 대부분 회사는 채용한 직원을 위한 자체 교육 시스템을 갖추고 있습니다. 회사의 업무를 파악하고 자기의 역할을 할 수 있는 정도의 능력만 검증되면, 채용한 인턴 직원들을 교육해서 회사가 필요한 인재로 만들어 냅니다.

하나님께서 이스라엘 백성들에게 "복과 저주를 너희 앞에 둔다"라고 말씀하신 것이 그런 의미입니다. 그들에게 특별한 기회를 주신 것입니다. 하나님께서 세상 모든 사람에게 이와 같은 기회를 주시지 않았습니다. 하나님께서 선택하시고 구원하신 자기 백성에게만 이 말씀을 주셨습니다. 시내산 언약을 받은 이스라엘 백성들이 모세를 통해 이와 같은 명령을 받았다면, 오늘 저와 여러분들 앞에는 "하나님께 드리는 예배"가 있는 것입니다. 우리가 무엇으로 하나님 앞에 나갈 수 있으며, 어떤 방법으로 하나님의 말씀을 듣겠습니까?

예배는 우리에게 기회이기도 하고, 은혜이기도 합니다. 우리가 대수롭지 않게 생각하는 예배는, 구원받지 못한 사람들은 상상도 할 수 없는 은혜라는 것을 기억하시기 바랍니다. '복과 저주'를 분별할 수 있는 말씀이 우리에게 주어진 것 자체가 은혜입니다. 그래서 우리는 '하나님께 예배하는 것은 그 어떤 것과도 바꿀 수 없음'을 우리 신앙의 표준으로 삼고 신앙생활을 해야 할 것입니다. 그것이 우리에게 구원의 은혜를 주신 하나님의 사랑에 대한 우리의 '합당한' 반응이기 때문입니다.

그러면 우리가 "예배만 잘 드리면 되는 것이냐?"라고 할 때, 예배는 하나님과의 관계와 사귐을 위한 시작이라고 말할 수 있을 것입니다. 젊은 남녀가 처음 만남을 갖고 서로를 알아 가기 시작할 때, 가장 먼저 필요한 것이 만남의 시간을 갖는 것입니다. 그리고 자주 만날수록 서로에 대한 이해와 감정이 더욱 깊어질 것입니다.

> 요한복음 17:25, "의로우신 아버지여 세상이 아버지를 알지 못하여도 나는 아버지를 알았사옵고 그들도 아버지께서 나를 보내신 줄 알았사옵나이다"

세상은 아버지를 알지 못합니다. 하지만 예수님은 아십니다. 또한, 구원받은 사람들도 예수님을 통하여 하나님을 알게 되었습니다. 그런데 예수님의 마지막 기도는 여기서 좀 더 앞으로 나갑니다.

> 요한복음 17:26, "내가 아버지의 이름을 그들에게 알게 하였고 또 알게

하리니 이는 나를 사랑하신 사랑이 그들 안에 있고 나도 그들 안에 있게 하려 함이니이다"

앞서 25절에서는 "그들도 아버지께서 나를 보내신 줄 알았다"라고 했습니다. 그런데 26절에서는 **"내가 아버지의 이름을 그들에게 알게 하였고 또 알게 하리니"**라고 말씀하시면서 완료형과 미래형의 아는 것이 있음을 말씀합니다. 우리가 이것을 알아야 우리 신앙의 깊이와 높이, 너비와 크기가 커집니다. 예수님께서 당신이 구원한 자기 백성들에게 알게 해 주려고 하는 것이 무엇일까요? 바로 '아버지의 이름'입니다. 아버지가 누구인지 알게 해 주려는 것입니다.

시편 29편의 표현을 빌리자면 **"그의 이름에 합당한 영광"**이며, 시편 96편과 99편의 표현을 빌리면 **"아름답고 거룩한 이름"**입니다. 그 이름에 대해서 예수님께서는 **"의로우신 아버지"**라고 말씀했습니다. 기독교는 우리에게 죄와 사망과 마귀의 권세로부터 해방과 승리와 영생의 복을 약속하고 있지만, 동시에 그 복들은 아버지의 이름 안에 있는 것입니다. 따라서 우리는 하나님의 이름으로 표현된 '의로움, 거룩함'에 대해서 알아야 합니다. 왜냐하면, 하나님께서 우리를 구원하신 목적이 그것이기 때문입니다.

레위기 20:26, "너희는 나에게 거룩할지어다 이는 나 여호와가 거룩하고 내가 또 너희를 나의 소유로 삼으려고 너희를 만민 중에서 구별하였음이니라"

하나님께서 이스라엘 백성들을 애굽에서 꺼내어 광야로 이끄신 이유가 무엇입니까? "하나님의 소유인 그들이 거룩해지도록" 훈련시키기 위함입니다. 하나님께서는 이스라엘에게 약속하신 땅으로 곧장 인도하지 않으시고, 시내산으로 이끌어 오셨습니다. 그들은 그곳에서 십계명과 율법을 받았습니다. 이스라엘은 가나안 땅에 들어가기 전에는, 국가라고 말할 수 없는 구조입니다. 우리가 학창 시절에 배운 것처럼, 국가는 '국민, 영토, 주권'이라는 세 가지 요소가 있어야 합니다. 하지만 광야의 이스라엘은 '국민'이라는 조건은 충족되었을지 모르겠지만, 그들이 거주할 '영토'와 그들의 권리를 지켜 낼 혹은 그 나라가 어떤 나라임을 설명할 수 있는 헌법이 없었습니다.

비록 그들이 하나님의 능력으로 홍해를 건너왔고, 구름 기둥과 불기둥의 보호를 받으며, 하나님께서 주시는 만나를 먹으며 살았지만, 그들의 삶의 방식은 여전히 애굽에서 살던 것처럼 살 수밖에 없었습니다. 먹을 것과 마실 물이 가장 중요했고, 그것이 없으면 원망하고 불평했습니다. 그런 이스라엘 백성들을 하나님께서 시내산으로 부르시고, 모세에게 율법을 주셔서 그것으로 이스라엘 나라의 정체성과 정통성으로 삼게 하셨습니다.

그런데 순서를 보시면, 그들에게 가나안 땅이라고 하는 영토를 먼저 주신 것이 아니라, 율법을 먼저 주셔서 광야 생활을 하는 동안 훈련되게 하셨습니다. 무엇을 위한 훈련입니까? 하나님의 나라에 '합당한 백성'이 되도록 구별되고 거룩하게 되는 훈련을 하게 하셨습니다.

물론 이 말은, 이스라엘 백성들이 하나님께서 주신 율법을 완전하게 다 지켰더니, 비로소 가나안 땅에 들어갈 수 있었다는 것을 말하는 것은 아닙니다. 그들은 광야에서뿐만 아니라 가나안 땅에 들어간 이후에도 하나님께서 주신 말씀대로 순종하지 않고 자기들 마음대로 살았습니다. 하지만 광야 40년의 기간 동안 그들은 하나님의 임재를 상징하는 구름 기둥의 인도를 따라, 앞으로 나갈 때와 멈출 때를 알고 순종하는 법을 배웠습니다.

> 민수기 9:17-18, "구름이 성막에서 떠오르는 때에는 이스라엘 자손이 곧 행진하였고 구름이 머무는 곳에 이스라엘 자손이 진을 쳤으니 18. 이스라엘 자손이 여호와의 명령을 따라 행진하였고 여호와의 명령을 따라 진을 쳤으며 구름이 성막 위에 머무는 동안에는 그들이 진영에 머물렀고"

이처럼 이스라엘은 구름을 따라 머물기도 하고 행진하기도 했습니다. 구름이 한 달이든지 일 년이든지 머무를 때는 머물러 있었습니다.

> 민수기 9:22, "이틀이든지 한 달이든지 일 년이든지 구름이 성막 위에 머물러 있을 동안에는 이스라엘 자손이 진영에 머물고 행진하지 아니하다가 떠오르면 행진하였으니"

우리가 즐겨 부르는 찬양 가운데 〈주님 말씀하시면〉이라는 노래가 있습니다. "주님 말씀하시면 내가 나아가리다 주님 뜻이 아니면 내가 멈춰 서리라" 이러한 찬양입니다. 이스라엘의 광야 생활은 '하나님의 임재를 상징하는 구름'에 의하여 앞으로 나가거나, 그 자리에 서는 것이 훈련되는 생활이었습니다. 또한 그들의 광야 생활은 그들이 하나님의 율법 말씀을 지켜 행하는지 안 행하는지 테스트받는 기간이었습니다.

> 출애굽기 16:4, "그 때에 여호와께서 모세에게 이르시되 보라 내가 너희를 위하여 하늘에서 양식을 비 같이 내리리니 백성이 나가서 일용할 것을 날마다 거둘 것이라 이같이 하여 그들이 내 율법을 준행하나 아니하나 내가 시험하리라"

하나님께서 이스라엘을 이렇게 시험하신 이유가 무엇입니까? 그들을 거룩하신 하나님의 백성으로 만들기 위함입니다. 다시 말씀드리지만, 저들이 그 시험을 완전하게 통과하여 하나님의 기준을 만족시키는 거룩한 백성이 되었다는 것을 말하는 것이 아닙니다. 그들은 여전히 죄를 범하는 사람들이었고, 하나님의 율법을 지키지 못했습니다. 그래서 예수님께서 세상에 오실 수밖에 없었던 것이지요. 하지만 그러한 과정을 통하여 그들이 하나님의 인도하심을 받는 훈련, 하나님의 말씀과 명령을 따라 순종해야 한다는 삶의 연습을 했다는 것입니다.

오늘날 우리가 이 땅에서 신앙생활을 하는 것도 그와 같은 이치입니다. 우리가 구원받은 백성이요 하나님의 자녀가 되었다고 해서 더는 죄를 짓지 않는다거나, 하나님의 말씀에 100% 순종하는 사람이 된 것은 아닙니다. 하지만 우리가 깨달아 알고, 우리 몸이 익숙하게 반응하게 되는 것이 있습니다. 그것은 마치 이스라엘 백성들이 성막 위에 구름이 머무르고 떠오르는 것에 따라 그들의 행진이 멈추거나 이동했던 것과 같습니다.

하나님의 말씀을 듣는 귀가 생겼다는 것이고, 그 말씀에 순종하려는 마음이 생긴 것입니다. 이것이 놀라운 변화입니다. 자연인인 모든 사람은 자기 자신을 위해 살고, 자기의 뜻을 따라 삽니다. 하지만 구원받은 하나님의 백성들은 하나님의 말씀을 듣고, 그 말씀을 따라 순종해야 한다는 성령의 음성을 듣습니다. 그 말씀에 순종했는지, 그렇게 하지 못했는지는 두 번째 문제입니다. 그와 같은 하나님의 법을 우리가 받았다는 것이 더 중요합니다.

하나님께서 애굽 사람, 가나안 사람, 아람이나 바벨론 사람들에게는 율법을 주지 않았습니다. 오직 이스라엘 백성들에게만 율법을 주셨습니다. 왜 그렇게 하셨을까요? 그들이 하나님의 백성이기 때문입니다. 오늘 우리가 자연인인 세상 사람들과 비교해서 다른 점이 무엇입니까? 하나님의 법을 받았다는 것입니다. 이것이 가장 중요합니다. 그리고 그 법을 따라 순종할 것을 요구받고 있다는 것입니다. 하나님의 자녀와 그분의 백성이 되었다는 것을 잘 알지 못하는 사람들은, 하나님의 법을 받았다는 것에 대해서 너무나 불편해합니다. "그건 '율법주의' 아니냐? 지금은 은혜의 시대인데, 구약의 율법을 지키라고 말하는 것은 그리스도의 사랑에서 멀어지게 하는 것이다." 이렇게 말합니다. 하지만 이것은 정말로 복음이 무엇이고, 은혜가 무엇인지 모르는 말입니다.

오늘날 성도들이 가진 자랑이 있습니다. 기쁨과 감격과 감사도 있습니다. 그것은 예수 믿은 기쁨이요, 구원받은 감사입니다. 그래서 자기가 어떻게 하나님의 부르심을 받았는지, 어떤 과정을 통하여 예수님을 영접하게 되었고 하나님의 백성이 될 수 있었는지 감사하고 자랑합니다. 또한, 마지막에 얻게 될 영생과 천국에 대한 소망과 기대도 있습니다. 하지만 문제는 그 중간에 있는, 현재 자신에 관한 이야기가 없습니다. 시작과 끝은 있는데, 신앙의 과정이 무엇 때문에 필요한 것이며, 왜 하나님께서 우리를 이 세상에 계속 살려 두시는지에 대한 생각을 하지 않습니다. 예수님의 기도를 들어야 합니다.

요한복음 17:11, "나는 세상에 더 있지 아니하오나 그들은 세상에 있사옵고 나는 아버지께로 가옵나니 거룩하신 아버지여 내게 주신 아버지의 이름으로 그들을 보전하사 우리와 같이 그들도 하나가 되게 하옵소서"

예수님께서 세상에 오신 목적이 무엇입니까? 우리를 구원하기 위함입니다. 그리고 예수님은 세상에 오신 목적을 다 이루어 우리를 구원하셨습니다. 그러면 된 것 아닙니까? 구원이 목적이었고, 우리를 구원하셨으니 데리고 가면 되는데 왜 예수님만 아버지께로 가시고 우리는 세상에 남겨 두셨을까요? 거룩하신 하나님 나라의 백성이 되는 훈련과 연습이 필요하기 때문입니다. 이것은 이스라엘 백성들이 가나안 땅에 들어가기 전에, 하나님께서 시내산에서 그들에게 율법을 주신 것과 같은 이치입니다.

이스라엘 백성들에게 있어서 광야의 40년이 훈련과 연습의 장소였다면, 오늘날 성도들에게 있어서 훈련과 연습의 장소는 교회입니다. 교회는 하나님을 위해서 성과를 만들어 내는 곳이 아닙니다. 교회가 존재하는 더 큰 이유는, 교회에서 일어나는 모든 사건을 통하여 우리 자신이 훈련되기를 바라는 하나님의 뜻이 있는 것입니다. 자주 말씀드리는 것처럼, 교회라고 하는 곳은 만만한 곳이 아닙니다. 그리스도 안에서 구원받아 한 몸이 된 성도들이, 한 성령 안에서 같은 신앙을 고백하고 예배하면서 주님 오실 날을 기대하고, 영생의 천국을 소망합니다. 하지만 주 안에서 같은 뜻을 품었다고 해서 모든 사람의 생각이 똑같고, 일하는 방법이 똑같은 것은 아닙니다. 바울의 전도를 받아 세워진 빌립보교회 안에서 바울을 시기하고 미워하는 사람이 있었습니다. 그러다 보니 바울이 감옥에 갇혔을 때, 그를 곤란하게 만들기 위해 바울과 반대되는 방법으로 전도하는 사람들이 있었습니다.

> 빌립보서 1:17-21, "그들은 나의 매임에 괴로움을 더하게 할 줄로 생각하여 순수하지 못하게 다툼으로 그리스도를 전파하느니라 18. 그러면 무엇이냐 겉치레로 하나 참으로 하나 무슨 방도로 하든지 전파되는 것은 그리스도니 이로써 나는 기뻐하고 또한 기뻐하리라 19. 이것이 너희의 간구와 예수 그리스도의 성령의 도우심으로 나를 구원에 이르게 할 줄 아는 고로 20. 나의 간절한 기대와 소망을 따라 아무 일에든지 부끄러워하지 아니하고 지금도 전과 같이 온전히 담대하여 살든지 죽든지 내 몸에서 그리스도가 존귀하게 되게 하려 하나니 21. 이는 내게 사는 것이 그리스도니 죽는 것도 유익함이라"

지금 바울이 이와 같은 편지를 쓴 것은, "봐라, 나는 이 정도 도량이 있는 사람이야. 너희도 나를 좀 본받아 봐"라는 말을 하려고 쓴 것이 아닙니다. "교회라는 곳은 그러한 일이 늘 있는 곳이다, 있을 수 있다. 그러니 그런 줄 알고 신앙생활을 하라"라는 것입니다. 아무나 목사가 되겠습니까? 아무나 장로, 권사를 세우겠습니까? 그만큼 신앙생활도 오래 했을 테고, 성도들로부터 신임과 지지를 받아서 투표를 통하여 선출된 사람이 '장로요 권사' 아니겠습니까? 그러면 그런 분들이 하는 일이 언제나 하나님의 뜻을 이루고, 모든 성도의 동의를 얻을 수 있을 만큼 괜찮던가요? 오히려 당회나 제직회 때, 혹은 각종 봉사를 위하여 모였을 때 의견이 다른 것 때문에 다투고 싸우는 일도 많고, 그로 인해 시험에 드는 일도 많습니다.

하나님을 위하고 공동체를 위해 좋은 일을 하지고 모였다가, 오히려 좋았던 관계가 깨지게 되는 일도 종종 일어나는 곳이 교회입니다. 그래서 믿음이 연약한 어떤 분들은, "이럴 바에야 교회에 왜 다녀야 하는지 모르겠다" 하면서 교회를 떠나시는 분도 있습니다. 왜 이렇게 되는 것일까요? 먼저는 구원받은 하나님의 백성들이 세상에 남겨진 이유를 몰라서 생긴 일이고, 하나님께서 그런 사람들을 교회에 불러 모으시고 그리스도를 중심으로 한 몸이 되게 하신 이유를 몰라서 그러는 것입니다.

에베소서 2:20-22, "너희는 사도들과 선지자들의 터 위에 세우심을 입은 자라 그리스도 예수께서 친히 모퉁잇돌이 되셨느니라 21. 그의 안에서 건물마다 서로 연결하여 주 안에서 성전이 되어 가고 22. 너희도 성령 안에서 하나님이 거하실 처소가 되기 위하여 그리스도 예수 안에서 함께 지어져 가느니라"

우리는 어떤 사람들입니까? 그리스도 예수 안에서 함께 지어져 가는 사람들입니다. 그리고 그 '함께' 때문에 훈련도 필요하고, 연습도 필요한 것입니다. Gym에서 근력운동을 할 때, 코치들이 늘 하는 말이 있습니다. "가장 힘들다고 생각할 때 세 번만 더" 들어 올리라는 것입니다. 그러면 그 마지막 세 번이 근육의 힘을 키운다고 말합니다. 훈련은 무엇입니까? 힘들고 어려운 과정을 견뎌 내는 것입니다. 그렇게 견뎌 낸 것이 쌓이고 쌓이면, 결국 그것이 본인의 실력이 됩니다. 교회가 있어야 하는 이유가 무엇입니까? 훈련 연습장이기 때문입니다.

어떤 사람들은 꼭 교회에 다녀야만 믿음이 생기는 것은 아니라고 말하면서 개인적으로 성경 읽고, 기도하면서 혼자 예배드려도 믿음은 자란다고 합니다. 그런데 기독교 신앙은 혼자 기도하고, 성경 읽고, 예배하는 것으로 자신의 경건을 만들어 갈 수 있을지 모르지만, 하나님께서 교회를 통하여 자기 백성을 온전하게 만들어 가는 일에는 참여하지 못하게 됩니다. 에베소서 말씀처럼, 교회는 예수 안에서 함께 지어져 가는 곳입니다.

에베소서 4:15-16, "오직 사랑 안에서 참된 것을 하여 범사에 그에게까지 자랄지라 그는 머리니 곧 그리스도라 16. 그에게서 온 몸이 각 마디를 통하여 도움을 받음으로 연결되고 결합되어 각 지체의 분량대로 역사하여 그 몸을 자라게 하며 사랑 안에서 스스로 세우느니라"

보시는 것처럼, 그리스도를 통하여 각 마디를 통하여 도움을 받음으로 연결되고 결합하여 한 몸을 세워 가는 곳이 교회입니다. 서로 연결되고 결합하여 있는 것이 언제나 좋은 것만을 뜻하는 것은 아닙니다. 하나로 연결되어 있기 때문에 불편한 것이 있을 수도 있습니다. 가령 다리가 부러졌다고 하면 신체의 어떤 부분이 제일 힘들겠습니까? 부러진 다리야 땅을 딛지 않아도 되니 편할지 모르겠지만, 다리를 대신해 줄 목발을 사용해야 하는 팔과 그것을 지탱해야 하는 날갯죽지는 힘들 것입니다. 서로 연결되고 결합되어 있다, 하나가 되었다 하는 것이 그런 것입니다. 교회는 인내를 배우고, 겸손을 배우는 곳입니다. 혼자라면 쉽게 할 수 있는 일을, 같이 하다가 실패하는 것을 견디고 참는 법을 배우는 곳입니다. 결국, 그 안타까움과 원통함을 풀 곳이 없어서 무릎 꿇고 기도할 수밖에 없는 곳이 교회이기도 합니다.

사심 없는 순전한 마음과 진심을 담아 열심히 봉사하면, 사람들이 그 수고를 알아줍니까? 교회에서는 그렇지 않은 경우도 허다히 많습니다. 열심히 일하고도 아무런 결과를 얻지 못했을 뿐만 아니라, 잘못된 결과에 대한 모든 책임을 나 혼자 져야 하는 일이 생기기도 합니다. "정말 더러워서 못 해 먹겠네" 싶을 만큼, 모든 사람으로부터 오해와 욕을 먹게 되는 일을 당하기도 합니다. 물론 누구 때문에 그런 일이 생겼는지 시시비비를 가리면 얼마든지 밝혀낼 수 있을 것입니다.

하지만 현실은 무엇입니까? 누군가의 잘못을 따지기 전에, 지금 그 일을 우리가 당하고 있다는 것입니다. 먹은 음식이 체하거나 식중독이 걸렸을 때, 어떤 음식 때문에 그렇게 되었다고 밝혀낼 수는 있을 것입니다. 하지만 중요한 것은 내가 이미 체했고, 식중독에 걸려 있다는 것입니다. 원인을 알아냈다 하더라도 일정 기간 몸이 아픈 것은 견뎌야 한다는 것이지요. 이것이 바로 우리가 연결되어 서로 하나가 되었다는 것의 의미입니다.

야고보서 1:2-4, "내 형제들아 너희가 여러 가지 시험을 당하거든 온전히 기쁘게 여기라 3. 이는 너희 믿음의 시련이 인내를 만들어 내는 줄 너희가 앎이라 4. 인내를 온전히 이루라 이는 너희로 온전하고 구비하여 조금도 부족함이 없게 하려 함이라"

여기에 보시면, 예수 믿고 교회에 들어오면 시험당할 일이 없다고 말하지 않고, 여러 가지 시험을 당하게 된다고 말씀하고 있습니다. 그리고 그 시험은 우리의 믿음에 시련을 줄 수도 있는 그런 시험입니다. 그런데 그 시련이 가져다주는 결과가 무엇입니까? **"이는 너희로 온전하고 구비하여 조금도 부족함이 없게 하려 함이라"**입니다. 여기에 다시 '온전'이라는 말이 나옵니다. 앞서도 말씀드렸지만 '온전'이라는 말은 '완전'해지기 위해 거쳐야 하는 과정이며, 훈련과 연습을 통해 '준비'되어야 하는 과정입니다. 4절 말씀을 자세히 보십시오. "너희는 조금도 부족함이 없는 사람이 되라"라는 명령형으로 말씀하신 것이 아니라, '하려 함이라' 이렇게 되어 있습니다.

이것은 하나님께서 우리의 장래에 대한 분명한 뜻과 목적이 있다는 것입니다. 그리고 우리가 그 목적지에 도달할 수 있도록 하나님께서 친히 이끌어 가고 있다는 것을 말씀하는 것입니다. 그래서 주신 말씀이 무엇입니까?

야고보서 1:5, "너희 중에 누구든지 지혜가 부족하거든 모든 사람에게 후히 주시고 꾸짖지 아니하시는 하나님께 구하라 그리하면 주시리라"

우리가 교회에서 받는 훈련과 연습은, 우리가 얼마나 크고 멋진 하나님의 성전을 지었느냐, 선교사를 몇 명 파송했느냐가 아닙니다. 하나님께서 우리에게 원하시는 것은, "네가 나를 위해 목회자가 되어라, 선교사가 되어라, 나를 위해 성전을 지어 다오" 이런 것이 아닙니다. 그것은 "너희가 온전한 사람이 되길 원한다"라는 것입니다. 시험이 오고, 시련이 와도 견뎌 낼 수 있고, 서로가 서로에게 맞춰질 수 있는 사람이 되라는 것입니다. 그 훈련을 교회에서 하는 것입니다.

성경에는 수많은 기적이 기록되어 있습니다. 하지만 성경이 말하는 기독교는, 능력 일변도의 종교가 아닙니다. 하나님께서 애굽 왕 바로에게 열 가지 재앙을 내리시고 이스라엘 백성들을 구원하신 것은, 이스라엘을 하나님의 백성으로 삼기 위함이었습니다. 그들에게 하나님의 능력을 보여 주기 위해서 구원하신 것이 아니라는 것입니다. 그리고 그렇게 구원해 내신 이스라엘 백성들에게 하나님께서 요구하신 것이 무엇이었습니까? 내 명령을 지키라, 내가 너희에게 준 법칙을 따라 살라는 것이었습니다. 하나님께서 이스라엘 백성들에게 주신 율법, 계명이 무엇이었습니까? 한마디로 요약하면, "하나님을 사랑하고, 이웃을 사랑하라"라는 것입니다.

생각해 보면, 고대사회로 갈수록 약육강식의 사회였습니다. 힘 있는 사람, 가진 사람이 더 많이 갖고 빼앗을 수 있는 구조였습니다. 그런 사회에서 하나님께서 주신 계명과 율법들은, 힘 있는 사람과 돈 많은 사람이 약한 사람과 가난한 사람, 고아와 과부를 도우며 살라는 것이었습니다. 우리나라도 모두가 춥고, 배고프고, 가난하던 시절에는 '인권'이라는 말을 생각할 수 없었습니다. 삼시 세끼 밥만 잘 먹을 수 있으면 그것이 인권이고 복지였던 때가 있었습니다. 우리가 오늘날 인권을 말하고, 복지를 말할 수 있다는 것은, 그만큼 우리가 살 만해졌다는 것이고, 주위를 돌아볼 여유가 생겼다는 뜻입니다.

그런데 하나님께서 모세에게 주신 율법이 그러한 법이었습니다. 한 가지만 말씀드리면, 집에서 부리는 종이라고 해서 함부로 대하지 말고, 종의 것을 탐내지 말라는 것이었습니다. 여러분 이게 이해되십니까? 주인이 뭐가 아쉬운 것이 있어서 종의 것을 탐내겠습니까? 그런데 실제로 그 당시 사회는, 주인이 종의 것을 탐내고 빼앗았습니다. 남종을 빼앗고, 여종을 빼앗았습니다. 만약 빼앗기지 않으려 하면 죽였습니다. 그리고 주인이 행한 그런 일은, 사회적으로 처벌도 받지 않는 일이었습니다. 우리나라도 사회적 약자에 속한 노비와 농민들이 일으킨 반란들이 많습니다. 이스라엘이 하나님께서 주신 법을 받았다고 하는 것은, 이스라엘을 제외한 다른 나라에서는 꿈도 꾸지 못할 너무나 좋은 법이었습니다. 이 법이 억압으로 느껴지십니까? 도저히 지킬 수 없는 법을 만들어서 마침내 벌을 주기 위해 주신 법이라고 생각되십니까?

당시의 사회 배경으로 들어가서 일반 백성의 처지에서 이 법을 보면, 이것보다 더 좋은 법이 없습니다. 이스라엘이 하나님의 법을 따라 살아야 하는 것은, 하나님 나라의 백성이 되어 하나님과 사귐의 단계까지 가기 위한 필수 단계입니다. 그리고 바로 그것이 이스라엘이 시내산에서 율법을 받은 이유이기도 합니다. 하나님 나라의 백성이 하나님 나라의 법이 아닌, 다른 법으로 살 수 있습니까? 그럴 수 없죠. 하나님의 백성은 하나님의 법을 따라서 살아야 합니다. 그러면 구약의 성도들에게 내 법을 지키라고 말씀하셨던 하나님께서 우리에게는 무얼 말씀하십니까? 아버지의 거룩하심 같이 너희도 거룩하라는 것입니다. 육체의 욕심을 따라 살기보다는 하나님의 자녀답게 살라는 것입니다.

> 로마서 6:12-14, "그러므로 너희는 죄가 너희 죽을 몸을 지배하지 못하게 하여 몸의 사욕에 순종하지 말고 13. 또한 너희 지체를 불의의 무기로 죄에게 내주지 말고 오직 너희 자신을 죽은 자 가운데서 다시 살아난 자 같이 하나님께 드리며 너희 지체를 의의 무기로 하나님께 드리라 14. 죄가 너희를 주장하지 못하리니 이는 너희가 법 아래에 있지 아니하고 은혜 아래에 있음이라"

이제 우리에게는 '죄를 지었느냐, 안 지었느냐?' 그래서 '합격과 불합격'을 나누는 심판에는 걸리지 않습니다. 하지만 '죄에서 해방시켜주었더니 다시 죄로 들어갔느냐?'라는 지적이 있습니다. 그 말이 **"너**

희 지체를 불의의 무기로 죄에게 내주지 말"라는 것입니다. 그러면서 너희 지체를 '의의 무기'로 하나님께 드리라고 말씀합니다.

그리스도께서 우리를 죄에서 구원하여 주셨으니, 이제는 우리가 자동으로 괜찮은 사람이 된 것이 아닙니다. 로마서 말씀처럼 자기가 빠져나온 죄의 자리에 다시 들어가거나, 또는 죄가 부르는 달콤한 유혹에 마음이 휙휙 움직이는 것이 사실입니다. 그럴 때 가장 안전한 방법은 어떤 것일까요? 혼자 있지 않는 것입니다. 믿음의 사람, 하나님의 법을 따라 살려는 사람과 함께 있는 것입니다. 그래서 구약 이스라엘 백성들의 진영 중앙에 성막이 있었습니다. 성막을 중심으로 동서남북 네 방향에 세 지파씩 진을 이루어 살았습니다.

신약의 성도들에게는 구약의 성막과 같은 역할을 하는 교회가 있습니다. 앞서도 말씀드렸지만, 교회가 모든 면에 완전하고 완벽해서 좋은 것이 아닙니다. 하지만 교회에는, 하나님의 말씀대로 살기 원하는 성도들이 있습니다. 또한, 그곳은 죄의 유혹과 맞서서 함께 싸울 믿음의 동료들도 있습니다. 그 안에서 우리가 훈련받고 연습하는 어려운 과정이 있을 것입니다. 그래도 우리가 그 안에 있을 때 훨씬 안전할 것입니다. 죄와 싸우고, 죄의 유혹을 참아 내고 견뎌 낼 힘을 얻을 수 있을 것입니다.

히브리서 10:25, "모이기를 폐하는 어떤 사람들의 습관과 같이 하지 말고 오직 권하여 그 날이 가까움을 볼수록 더욱 그리하자"

우리는 함께 어우러져서 하나님 거하실 성전을 만들어 가야 할 사람들입니다. 마지막 때에 사탄이 주는 가장 강력한 유혹은, 모여 있는 성도들을 흩어 놓는 것입니다. 그리고 모든 수단을 동원하여 모이기를 폐하도록 할 것입니다. 그럴 때일수록 더욱 우리의 마음이 하나로 모여야 할 것입니다. 예배할 수 있고, 모일 수 있고, 훈련받는 교회가 있다는 것에 감사합시다. 그리고 더 위하고, 사랑하는 우리 하와이한빛장로교회가 되길 기원합니다.

요한복음 18:1~9

너희가 누구를 찾느냐

“1. 예수께서 이 말씀을 하시고 제자들과 함께 기드론 시내 건너편으로 나
가시니 그 곳에 동산이 있는데 제자들과 함께 들어가시니라 2. 그 곳은 가
끔 예수께서 제자들과 모이시는 곳이므로 예수를 파는 유다도 그 곳을 알
더라 3. 유다가 군대와 대제사장들과 바리새인들에게서 얻은 아랫사람들
을 데리고 등과 횃불과 무기를 가지고 그리로 오는지라 4. 예수께서 그 당
할 일을 다 아시고 나아가 이르시되 너희가 누구를 찾느냐 5. 대답하되 나
사렛 예수라 하거늘 이르시되 내가 그니라 하시니라 그를 파는 유다도 그
들과 함께 섰더라 6. 예수께서 그들에게 내가 그니라 하실 때에 그들이 물
러가서 땅에 엎드러지는지라 7. 이에 다시 누구를 찾느냐고 물으신대 그
들이 말하되 나사렛 예수라 하거늘 8. 예수께서 대답하시되 너희에게 내
가 그니라 하였으니 나를 찾거든 이 사람들이 가는 것은 용납하라 하시니
9. 이는 아버지께서 내게 주신 자 중에서 하나도 잃지 아니하였사옵나이
다 하신 말씀을 응하게 하려 함이러라”

육신의 몸을 입고 세상에 오신 예수님의 모든 행적을 기록한 사복음서는, 예수님께서 붙잡히시던 저녁에 일어난 일부터 부활하실 때

까지 일어난 일들을 자세하게 기록하고 있습니다. 오늘 본문에도, 제자들과 함께 유월절 마지막 저녁 식사 자리에서 그들을 위해 기도해 주신 예수님께서, 겟세마네 동산에서 자신을 붙잡으러 온 가룟 유다와 군병들을 만나시는 모습을 기록하고 있습니다.

그런데 요한복음의 말씀은 다른 복음서들의 기록과 조금 다른 면이 있습니다. 그것은 마태, 마가, 누가복음 모두에 기록되어 있는 겟세마네 기도의 내용이 없고, 제자들도 다 알고 있던 장소에서 붙잡히셨다고만 기록한 것입니다. 18장~21장까지 기록된 예수님의 마지막 행적에 관한 기록을 보면, 공관복음이라고 불리는 다른 복음서들과 비교했을 때 그 설명의 결이 조금 다릅니다. 그것은 십자가의 죽음을 앞두고, 그리고 십자가 위에서 인간의 몸을 입고 당하신 예수님의 고통과 번뇌의 모습이 보이지 않는다는 것입니다.

겟세마네의 사건만 해도, 다른 복음서에서는 예수님께서 제자들에게 자신을 위해 기도해 달라고 부탁하셨고, 피곤하여 잠이 든 제자들을 향하여는 "너희가 나를 위해 한 시간도 깨어 있을 수 없었느냐?" 하며 서운해하셨습니다.

> 마태복음 26:40, "제자들에게 오사 그 자는 것을 보시고 베드로에게 말씀하시되 너희가 나와 함께 한 시간도 이렇게 깨어 있을 수 없더냐"

또한, 제자들과 떨어져서 혼자 기도하실 때에는 땀이 떨어지는 핏방울과 같이 될 만큼 간절하게 기도하셨습니다.

누가복음 22:44, "예수께서 힘쓰고 애써 더욱 간절히 기도하시니 땀이 땅에 떨어지는 핏방울 같이 되더라"

예수님께서 하신 기도의 내용은 무엇이었습니까? 십자가 고난의 잔이 자신에게서 옮겨지기를 구하는 것이었습니다.

마가복음 14:36, "이르시되 아빠 아버지여 아버지께는 모든 것이 가능하오니 이 잔을 내게서 옮기시옵소서 그러나 나의 원대로 마시옵고 아버지의 원대로 하옵소서 하시고"

마태복음에는 예수님께서 이와 같은 기도를 세 번 드리셨다고 기록했습니다.

마태복음 26:44, "또 그들을 두시고 나아가 세 번째 같은 말씀으로 기도하신 후"

이처럼 다른 복음서들이 한결같이 겟세마네에서 기도하시던 예수님의 모습을 기록하고 있는 데 반해서, 요한복음은 그 내용을 다 빼버렸습니다. 대신 자신을 붙잡으러 온 사람들 앞에 당당히 나서서 "너희가 누굴 찾아왔느냐?" 하고 물으신 후, **"내가 그"**이니 나를 잡아가라고 말씀하고 있습니다.

요한복음 18:4-5, "예수께서 그 당할 일을 다 아시고 나아가 이르시되 너희가 누구를 찾느냐 5. 대답하되 나사렛 예수라 하거늘 이르시되 내가 그니라 하시니라 그를 파는 유다도 그들과 함께 섰더라"

여기 4절에 보시면, 다른 복음서에 없는 표현이 있습니다. **"예수께서 그 당할 일을 다 아시고"**라는 것입니다. 이 말씀은 한밤중에 예수님께서 기도하고 있는 곳에, 가룟 유다와 군병들이 마치 기습 작전을 하듯이 붙잡으러 온 것이 아니라, 예수님께서 그들이 올 것을 다 알고 기다리고 있었던 것으로 묘사되고 있는 것입니다. 그걸 확인할 수 있는 내용이 6절 말씀입니다.

요한복음 18:6, "예수께서 그들에게 내가 그니라 하실 때에 그들이 물러가서 땅에 엎드러지는지라"

마지막에 **"그들이 물러가서 땅에 엎드러지는지라"**라고 했는데, 원어의 뜻은 "튕겨 나가서 땅에 곤두박질하는 것"을 의미합니다. 이것은 예수님의 '신적 권위'에 관한 표현입니다. 예수님을 붙잡으러 온 자들이 자기들의 힘과 무기로 체포하듯 예수님을 붙잡아 간 것이 아니라, "성자 하나님의 위엄 앞에서 마치 튕겨 나가듯 땅에 엎드려서, 예수님께 긍휼을 구하고 있음"을 보여 주는 것입니다.

공관복음에서는 겟세마네에서의 예수님을 기록할 때, 인간의 몸을 입고 세상에 오신 '예수님의 인성'을 위주로 기록했습니다. 인간이 지은 죄의 무게와 그 형벌의 고통이 얼마나 처절하고 괴로운 것인지를 예수님의 기도와 마지막 십자가 위에서의 모습을 통해 보여 준 것입니다. 그래서 "나의 하나님, 나의 하나님, 어찌하여 나를 버리셨나이까"(마 27:46, 막 15:34)와 같은, 죽음 앞에서 고통당하시는 예수님의 모습을 보여 줬습니다.

그런데 요한복음에서는 인성을 가진 예수보다는, 신적 권위를 더 드러냅니다. 물론, 요한복음에서도 **"내가 목마르다"**와 같은 인간 예수가 당하신 연약함을 기록하기는 했습니다. 그런데 그때에도 요한복음은 조금 더 분명한 표현을 함께 기록했습니다.

> 요한복음 19:28, "그 후에 예수께서 모든 일이 이미 이루어진 줄 아시고 성경을 응하게 하려 하사 이르시되 내가 목마르다 하시니"

"내가 목마르다"라고 말씀하시기는 했는데, 두 가지 전제가 먼저 있습니다. 하나는 **"모든 일이 이미 이루어진 줄 아"**셨다는 것입니다. 또 하나는 **"성경을 응하게 하려 하사"** 그와 같은 말씀을 하셨다는 것입니다. 이것은 오늘 본문 4절에 **"예수께서 그 당할 일을 다 아시고"**라고 하신 말씀과 똑같은 내용입니다. 앞으로 우리가 살펴보겠지만, 예수님께서 빌라도에게 심문을 받으시고 대제사장들과 사람들에게 내준 바 되어 십자가 죽임을 당하게 되는 모든 과정을 보면, "예수님께서 그 일 당하게 되는 것을 허락하고 있음"을 볼 수 있습니다. 이것은 요한복음이, 예수님의 구속 사역과 기독교 복음의 진리가 어떻게 완성되고 있는지 정확하게 가르쳐 주고 있는 것입니다. 요한은 자기가 이 복음서를 기록한 목적에 대해서 이렇게 말합니다.

> 요한복음 20:31, "오직 이것을 기록함은 너희로 예수께서 하나님의 아들 그리스도이심을 믿게 하려 함이요 또 너희로 믿고 그 이름을 힘입어

생명을 얻게 하려 함이니라"

이스라엘이 나라를 빼앗긴 절망의 시대를 보내고 있을 때 예수라고 하는 착한 사람이 홀연히 등장해서, 가난하고 병들고 소외된 사람들을 도와줬던 사람으로 오신 것이 아니라 그리스도로 오셨다는 것을 믿게 하려고 썼다고 합니다. '그리스도'는 누구입니까? 하나님의 아들이십니다. 그리고 사도 요한은, 요한복음을 통해 그 아들을 믿고, 그 이름을 힘입어 생명의 구원을 얻게 하려 함이라고 분명히 말씀하고 있습니다.

기독교의 정체성이 무엇입니까? 죄로 인하여 영원히 죽고 멸망 당한 인간을 "예수 그리스도의 이름"으로 구원하는 것입니다. 교회의 존재 목적은 무엇입니까? 예수 그리스도의 이름으로 구원받은 사람들이 모여서 하나님의 나라의 거룩한 백성이 되는 법을 배우고 훈련하는 곳입니다. 지난 시간에 살펴본 것처럼, 하나님께서 이스라엘 백성들을 광야로 이끄신 후에 그들에게 십계명과 율법을 먼저 주시고, 광야에서 훈련받게 하셨습니다. 훈련이 필요한 이유는 익숙하지 않기 때문입니다.

군대에 가면 제일 먼저 받는 훈련이 줄을 맞춰서 걸어가는 훈련입니다. 걸어가는 것도 훈련을 받습니까? 네. 아주 긴 시간 훈련받아야 합니다. 걷지도 못할 사람이라면 군대에 가지도 못할 텐데, 무슨 그런 훈련을 받나요? 혼자서는 잘 걸어 다니지만, 훈련받지 않으면 함께 걸어가는 것은 불가능합니다. 그래서 처음 훈련소에 들어가면 '제식훈련'이라고 해서 그냥 발 맞춰서 걸어가는 훈련, 총을 들고 걸어가는 훈련을 몇 날 며칠이고 합니다. 첫 단계인 제식훈련이 안 되면, 다른 훈련으로 넘어가지 못합니다.

하나님께서 이스라엘 백성들에게 '율법'을 먼저 주신 것은, 그들의 삶의 방식이 애굽에서 사는 방식에 익숙해 있었기 때문입니다. 하나님의 능력으로 그들을 구원해 주셨지만, 그것은 그들의 신분이 변화된 것이지 그들의 삶의 형태까지 다 변화된 것은 아닙니다. 그들의 삶의 형태는 어떤 것이었습니까? 먹고, 마시고, 즐기는 것이었습니다. 출애굽 이후 그들의 불만은 언제나 먹고, 마시는 것이 부족한 것이었습니다. "당장 먹고 마실 것이 없어서 죽게 생겼는데 어떻게 하나님을 섬길 수 있겠느냐?"라는 것이었습니다. 그래서 하나님께서 모세에게 주신 말씀이 무엇이었습니까? "정말 그것 때문에 너희가 나를 섬기지 못한다는 것이냐? 그렇다면 정말 먹고 마시는 것 때문에 그런 것인지 내가 다 주고 나서 한번 보겠다"였습니다.

> 출애굽기 16:4, "그 때에 여호와께서 모세에게 이르시되 보라 내가 너희를 위하여 하늘에서 양식을 비 같이 내리리니 백성이 나가서 일용할 것을 날마다 거둘 것이라 이같이 하여 그들이 내 율법을 준행하나 아니하나 내가 시험하리라"

하나님께서 광야의 이스라엘 백성들에게 언제까지 일용할 양식을 주셨을까요? 그들이 광야에서 살 때뿐만 아니라, 가나안 땅에 들어가서 첫 수확을 거두어 먹을 때까지 주셨습니다.

여호수아 5:10-12, "또 이스라엘 자손들이 길갈에 진 쳤고 그 달 십사일 저녁에는 여리고 평지에서 유월절을 지켰으며 11. 유월절 이튿날에 그 땅의 소산물을 먹되 그 날에 무교병과 볶은 곡식을 먹었더라 12. 또 그 땅의 소산물을 먹은 다음 날에 만나가 그쳤으니 이스라엘 사람들이 다시는 만나를 얻지 못하였고 그 해에 가나안 땅의 소출을 먹었더라"

그러면 이스라엘 백성들이 아무런 수고도 하지 않고 하나님께서 주시는 양식을 40년 이상 매일 먹었으니, 하나님의 말씀을 잘 지켰을까요? 하나님께서 "그같이 하여 그들이 하나님의 말씀을 준행하는지, 하지 않는지" 지켜보겠다고 하신 이유가 무엇일까요? 이스라엘이 하나님의 말씀을 지키지 않는 이유가, "단지 먹을 것이 부족하기 때문"이 이유가 아니라는 것을 하나님도 알고 계신다는 뜻입니다.

하나님께서 이스라엘을 자신의 백성으로 삼아 애굽에서 구원해 내셨습니다. 하지만 그들은 하나님 나라의 백성으로 사는 훈련과 연습의 시간을 보내야 했습니다. 그것이 바로 광야 40년의 생활이었습니다. 사실 그들은 곧장 가나안으로 들어갈 수도 있었습니다. 그들이 하나님의 말씀을 믿고 신뢰함으로 그 땅에 들어갔다면, 40년 광야 생활은 하지 않았을 것입니다. 그러나 그들은 하나님의 약속과 인도하심을 믿지 않았고, 정탐꾼들을 그 땅에 먼저 보내서 자기들 눈으로 확인하길 원했습니다.

우리가 알고 있는 것처럼, 가나안 땅을 정탐해 본 이후 이스라엘이 내린 결론은 무엇이었습니까? 하나님께 대한 원망이었습니다. 자기들을 광야에서 죽게 하려고 그들을 그곳까지 데리고 왔다는 것이었지요. 이것을 모세 시대의 이스라엘 백성들의 이야기로만 봐서는 안 됩니다. 오늘날 우리도 별로 다르지 않은 생각과 삶의 방식을 갖고 있기 때문입니다.

요한복음 21:25, "예수께서 행하신 일이 이 외에도 많으니 만일 낱낱이 기록된다면 이 세상이라도 이 기록된 책을 두기에 부족할 줄 아노라"

예수님께서 행하신 기적과 표적들을 낱낱이 기록하면, 이 세상이라도 그 기록한 책을 두기에 부족할 만큼 많은 일들을 행하셨습니다. 그런데 그럼에도 사도 요한이 예수님께서 행하신 기적 중에 몇 가지라도 더 기록해서 사람들에게 알려 주기보다는, '예수가 그리스도'이심을 알려 주려고 한 이유가 무엇입니까? 사람들이 예수님께 기대하는 것과 그리스도이신 예수께서 사람들에게 오신 목적이 서로 다르기 때문입니다.

우리가 요한복음 17장에서 매주 반복하다시피 확인한 것이 있습니다. 그것은 **"영생은 곧 유일하신 참 하나님과 그가 보내신 자 예수 그리스도를 아는 것이니이다"**(요 17:3)입니다. "참하나님과 예수 그리스도를 알기 원한다"라고 하신 예수님의 기도입니다. 요한복음 17장에서 예수님께서는 계속 반복해서 "그들이 알기 원한다, 내가 그들에게 알려 줬다, 그들이 이제 알게 되었다"라고 말씀합니다.

예수님께서 제자들에게 알려 주신 것, 그들이 알기를 원했던 것,

그리고 마침내 그들이 알게 된 것이 무엇입니까? '예수가 그리스도'라는 것입니다. 그리고 "그 예수 그리스도를 믿는 것이 유일한 영생의 길"이라는 것입니다. 하지만 광야의 이스라엘 백성들이나, 초대교회 당시의 성도들이나, 오늘날 신앙생활하고 있는 사람들의 관심은 '구원과 영생'보다는 다른 쪽에 있습니다.

디모데후서 4:1-2, "하나님 앞과 살아 있는 자와 죽은 자를 심판하실 그리스도 예수 앞에서 그가 나타나실 것과 그의 나라를 두고 엄히 명하노니 2. 너는 말씀을 전파하라 때를 얻든지 못 얻든지 항상 힘쓰라 범사에 오래 참음과 가르침으로 경책하며 경계하며 권하라"

사도 요한과 사도 바울, 초대교회의 전도자가 가르쳐 준 내용이 똑같습니다. 사람들에게 '그리스도'를 알게 하는 것, '그리스도'를 전하는 것입니다. 2절에 **"때를 얻든지 못 얻든지"**라고 한 말씀은, 군인이 언제 어떠한 상황에서도 자신에게 주어진 임무와 명령을 수행해야 하는 것을 뜻하는 것입니다. **"경책하며 경계하며 권하라"**라는 것은, 판사가 유죄를 판결하듯 사람들의 죄를 뼈저리게 지적하여, 회개하고 돌이키게 하라는 뜻입니다.

사도들과 복음 전도자들이 자신의 목숨을 돌아보지 않고 전한 복음이 무엇이었을까요? '예수가 그리스도'이심이었습니다. 하지만 반복되는 역사처럼, 사람들의 성향과 관습과 습관도 똑같습니다.

디모데후서 4:3-4, "때가 이르리니 사람이 바른 교훈을 받지 아니하며 귀가 가려워서 자기의 사욕을 따를 스승을 많이 두고 4. 또 그 귀를 진리에서 돌이켜 허탄한 이야기를 따르리라"

여기 말씀하는 때는 일차적으로 바울이 사역하던 때를 가리키지만, 그리스도의 재림이 가까울수록 벌어지게 될 현상을 가리키는 말씀이기도 합니다. '바른 교훈'은 그리스도를 통해 얻게 되는 구원의 소식을 말합니다. 그리스도의 때가 가까울수록 사람들은 그리스도를 통해 얻게 되는 구원의 소식을 받지 않을 것이라고 경고합니다. 대신 그들이 좋아하는 것은 무엇입니까? '귀가 가려워서'라고 했는데, 이것은 간지러운 곳을 긁어서 만족감을 얻으려는 것으로, 자신들의 본성을 충족해 주는 솔깃한 이야기를 좋아하는 것입니다. '많이 두고'는 만족을 모르는 욕망을 가리키는 것입니다.

4절에 **"그 귀를 진리에서 돌이켜"**라고 하는 것은, 사도들이 전하는 복음이 진리인 것을 알면서도 일부러 듣지 않는 것을 뜻합니다. 진리는 무엇입니까? 인간의 죄를 드러내는 것입니다. 그래서 복음을 들은 사람들은 자신의 죄와 그 죄의 결과를 두려워하면서, 죄를 용서해 주신 그리스도 앞으로 나오게 되어 있습니다.

사도행전 2:37-38, "그들이 이 말을 듣고 마음에 찔려 베드로와 다른 사도들에게 물어 이르되 형제들아 우리가 어찌할꼬 하거늘 38. 베드로가 이르되 너희가 회개하여 각각 예수 그리스도의 이름으로 세례를 받고 죄 사함을 받으라 그리하면 성령의 선물을 받으리니"

복음을 의도적으로 듣지 않는 사람들은 복음을 듣고 그리스도께로 나오기보다는, 예수님의 말씀처럼 복음 전하는 사람을 미워하고 죽입니다. 사도행전 7장에서는 스데반의 설교를 들은 유대인들이 돌을 던져서 스데반을 죽인 사건이 기록되어 있습니다. "그 귀를 진리에서 돌이킨" 사람들이 좋아하는 것은 무엇입니까? 허탄한 이야기를 따르는 것입니다. '허탄한 이야기'는 근거도 없고 실체도 없는 '신화'와 관련된 이야기입니다. 바울이 활동하던 시기의 로마 제국은 '신화 이야기'로 가득했습니다. 자고 일어나면 새로운 신과 그 신에 관한 이야기들이 넘치던 시기였습니다. 신화의 신들은 어떤 신들입니까? 인간의 욕망을 '신화'라는 이름으로 정당화하고 이야기화해서 인간 내면의 욕망을 표출하는 것을 합리화한 것입니다.

그리스 로마 신화는, '제우스'라는 절대 신과 그의 부인 '헤라'의 이야기가 가장 큰 뼈대를 이룹니다. 하지만 제우스에게는 부인인 '헤라' 외에도 45명의 연인과 그들에게서 낳은 자식들이 있었습니다. 하지만 그것으로 끝이 아니라 알려지지 않은 다른 여자도 많이 있었습니다. 그리고 제우스의 부인인 '헤라'는 질투의 여신답게 남편이 바람피운 여인들과 그에게서 낳은 자식에게 복수하는 것이 그리스 로마 신화의 내용입니다. 과연 그러한 이야기들이 인간이 믿어야 할 '신'과 '신앙'에 관한 것입니까? 오히려 그것들은 인간 내면에 깊이 감춰져 있어도 부끄러울 내용입니다.

마태복음 5:27-28, "또 간음하지 말라 하였다는 것을 너희가 들었으나 28. 나는 너희에게 이르노니 음욕을 품고 여자를 보는 자마다 마음에 이미 간음하였느니라”

예수님께서 산상수훈에서 주신 말씀이 인간 내면에 있는 간음이나 음욕에 관한 경고였습니다. 그런데 사도들에 의해 복음이 전해지던 당시 사람들의 관심이 ‘신이 하는 사랑’이라는 이름으로 자기 마음에 드는 모든 여인을 취하여 그들에게서 자식을 낳고, 그것을 질투한 부인이 그들에게 복수하는 것을 정당화하는, ‘허탄한 신화’와 관련된 이야기들이었습니다. ‘신화’라고 이야기하지만, 사실은 사람마다 가진 음란한 마음을 정당화하고 자연스러운 감정처럼 생각하도록 마음과 정신을 빼앗아 버린 것입니다.

사도 바울은 디모데에게 보낸 편지에서, 사람들이 복음 자체에 관심을 두기보다는 색다르고 감각적인 것에 많은 관심을 기울이고, 그릇된 욕심을 충족시킬 거짓 교사들을 많이 둘 것이라고 분명히 가르쳐 주고 있습니다. 이미 고린도교회에는 우상의 신전에 가서 그 신을 섬기는 사람들과 함께 음식을 먹고 교제를 나누면서도, 자기들의 믿음에는 아무런 문제가 없다고 주장하는 사람들이 있었습니다. 오히려 그런 것을 금하는 바울의 믿음이 쪼잔하다고 손가락질을 했지요.

바울 당시의 사람들이 허탄한 신화 이야기에 빠져 있었다면, 오늘날의 사람들은 ‘인문학’에 빠져 있습니다. 인간의 생각과 삶 또는 인간다움 등 인간의 근원 문제에 집중하여, 그 문제를 해결해 보자는 것이 인문학입니다. 사실 학문적 분류의 기준으로 보면 문학이나 예술뿐만 아니라 역사나 철학, 그리고 신학도 인문학의 범주 안에 있습니다. 그리고 문학이나 예술, 철학 등의 학문들은, 인간 내면의 생각을 각기 다른 다양한 방법으로 표현해 내는 학문입니다.

그런데 최근에는 신학마저도 적극적으로 '인문학' 속으로 들어가고 있습니다. 신학은 인문학과 출발선이 다르고, 가는 길도 다릅니다. 인문학이 인간의 아름다움, 가능성을 발견하는 것에서 출발했다면, 신학은 죄로 인하여 멸망당한 인간을 구원하기 원하시는 하나님의 뜻에서 출발합니다.

인문학은 인간이 하는 모든 생각과 행위가 아름다운 것이라고 합니다. 제가 고등학생, 대학생 시절에 '마광수'라는 연세대학교 교수가 있었습니다. 당시 그분이 쓴 소설 《즐거운 사라》는 그것을 과연 문학작품이라고 할 수 있는지 아닌지를 놓고 논쟁을 벌일 정도였습니다. 그런데 요즘의 현실에서 보면, 그분의 책은 양반입니다. 그보다 더한 세상이 펼쳐지고 있기 때문입니다. 제가 드리려는 말씀은, 인문학의 기준에서 보면 인간이 하는 모든 행위, 즉 생각이나 표현이나 그들이 하는 모든 행동은 이유가 있고 가치가 있는 것이기 때문에 아름답다고 판단한다는 것입니다.

하지만 신학은 무엇을 말합니까? 하나님의 뜻을 거슬러 행한 모든 것이 죄라고 말합니다. 그 거슬러 행한 것 중에는 마태복음의 말씀과 같이 마음으로 미워하고, 마음으로 음욕을 품은 것까지 다 포함되는 것입니다. 사실은 하나님을 떠나서 인간 혼자 있는 것 자체가 죄입니다. 그래서 복음이 가르쳐 주는 것이 무엇입니까? 예수 그리스도를 믿고 하나님께 나오라는 것입니다. 아버지와 그리스도가 하나인 것처럼, 너희도 그리스도와 하나 되어 아버지 하나님과 하나가 되라는 것입니다.

그런데 오늘날 교회에서 전파되는 설교가 '신학'이 아닌 '인문학'이 중심이 된 설교로 넘쳐 나고 있습니다. 그분들은 '신학'이라는 몸 위에 '인문학'이라는 옷을 입혀서, 청중들이 이해할 수 있는 언어로 설교해야 성도들에게 공감과 감동을 줄 수 있다고 말합니다. 그런데 사도행전에 기록된 베드로와 스데반의 설교를 보십시오. 바울이 전한 복음을 보십시오. 거기에 인간에 대한 이해나 공감이나 감동이 있습니까?

너희의 조상 때부터 하나님께서는 너희를 위하시고 사랑하셨다. 하나님께서 너희를 불러 함께하시기 위해 모세와 선지자들을 보냈지만, 너희가 그들의 말을 듣지 않았다. 결국, 하나님께서 그 아들 예수 그리스도를 보내셨지만, 그분마저도 너희가 십자가에 못 박아 죽이지 않았느냐? 이제 너희는 어떻게 할래? 여기에 인문학이 있습니까? 그들의 죄를 이해해 주고 합리화해 주는 것이 있습니까? 복음은 그런 것이 아닙니다. 복음은 인간의 죄를 있는 그대로 드러냅니다. 그리고 그 죄 문제를 해결할 유일한 구세주인 그리스도를 알게 해 주는 것입니다.

언젠가부터 소화가 잘 안되고 속이 더부룩해서 동네 병원을 찾아갔습니다. 환자를 진료한 의사는 소화제와 위벽을 보호하는 약을 처방해 줬습니다. 그런데 그 환자가 약을 먹은 뒤에도 계속 찾아온다면 어떻게 해야 할까요? 실력 있는 의사는 정밀검사를 해서 원인을 찾아 해결하려 할 것입니다. 환자에게 친절하게 웃어 주면서 좋은 소화제만 처방해 주면 좋은 의사입니까? 같은 증상이 반복될 땐 근본적인 문제를 발견하고 처방해서 환자가 또다시 같은 증상으로 찾아오지 않도록 해 줘야 좋은 의사입니다.

인간의 모든 문제가 '죄' 때문에 생긴 것인데, 그 '죄'는 가만히 내버려두고 "나는 당신을 이해합니다, 그럴 수 있죠, 당신도 가능성이 있습니다" 이런 말만 하면 정말로 괜찮아집니까? 예수 이름은, 발전 가능성이 너무나 많은 인간이 상처로 인해 힘들어할 때, 연고처럼 발라 주라고 있는 것이 아닙니다.

죄가 무엇인지, 그 죄로 인한 결과가 무엇인지 가르쳐 주지 않으니까, 교회에 오래 다니고 예수 잘 믿는다고 하던 사람도 문제만 생기면 뭐라고 말합니까? "그럴 줄 몰랐다." 뭐가요? "내가 그렇게 예수를 잘 믿었는데, 내가 얼마나 교회 봉사도 많이 하고, 헌금도 많이 하고, 새벽기도도 안 빠졌는데 어떻게 나한테 이럴 수 있냐? 하나님이 살아 계시면 그럴 수 없지." 그러고 있습니다. 언제 한 번이라도 하나님을 제대로 배워 보고, 복음을 제대로 배워 본 적이 있어야 할 텐데, 맨날 교회에서 예수 이름으로 위로만 받고 있으니 뭐가 문제인지조차도 모르는 것입니다.

구약 광야의 이스라엘 백성들이나 예수님 당시 사람들의 관심은, 세상에서 잘 사는 것이었습니다. "'금강산도 식후경'이라고 하나님의 말씀도 배불러야 지키는 것이지, 당장 눈앞에 어려운 문제들이 산적해 있는데 무슨 소리냐?" 이런 것입니다. 그래서 그런 사람들이 하나님과 예수님께 요구한 것이 무엇이었습니까? 구약 이스라엘 백성들은 먹을 것과 마실 물을 달라는 것이었고, 예수님 당시의 사람들은 로마의 압제로부터 해방해 달라는 것이었습니다.

그러면 오늘날 사람들의 요구는 무엇입니까? 일주일 동안 세상에서 피곤하고 지치고 힘든 삶을 살다가 왔으니까 힘과 위로와 용기를 주는 설교, 가슴이 따뜻해지는 감동을 주는 설교를 해 달라 합니다. 제가 설교에 대해서 자꾸 말씀을 드리는 것은, 성도의 신앙은 설교를 통해서 형성되기 때문에 그렇습니다. '인문학'의 옷을 입은 설교를 계속 들으면, 신앙이 그쪽으로 가게 됩니다. "인간을 사랑하고, 인간을 위해 오신 예수님, 인간의 필요를 도우시는 성령님." 이런 설교만 계속 듣다 보면, 기독교의 신은 그런 분이라고 생각하게 됩니다.

결국, 기독교의 기능이라는 것이 세상에서 걱정 없이 잘 살기 원하는 인간을 돕기 위해 예수님이 존재하고, 성령님이 필요한 것이 되고 맙니다. 이것이 바로 디모데후서에서 바울이 디모데에게 말했던 것처럼, **"사람이 바른 교훈을 받지 아니하며 귀가 가려워서 자기의 사욕을 따를 스승을 많이 두고, 그 귀를 진리에서 돌이켜 허탄한 이야기를 따르리라"**(딤후 4:3-4)라는 것입니다.

그런 시대를 살고 있고, 또 바울의 뒤를 이어 복음 전도자의 일을 해야 할 사람인, 디모데에게 준 말씀이 무엇이었습니까?

딤후 4:5, "그러나 너는 모든 일에 신중하여 고난을 받으며 전도자의 일을 하며 네 직무를 다하라"

복음을 거부하고 허탄한 신화를 좇는 사람들과 반대되는 길을 가라는 것입니다. 요한복음 16장에서 살펴본 것처럼, 세상은 예수님과 하나 된 사람, 예수님과 같은 편이 된 사람을 미워하고 쫓아낼 뿐만 아니라 죽이기까지 할 것입니다. 하지만 그러할 때도 주님께서 원하시는 것은 무엇입니까? '고난을 받으며 네 직무를 다하라'는 것입니다. 예수 잘 믿으면 고난당할 일이 없는 것이 아닙니다. 오히려 예수 이름과 복음을 위해 고난을 받는 일이 생길 것입니다.

요한복음 18:4, "예수께서 그 당할 일을 다 아시고 나아가 이르시되 너희가 누구를 찾느냐"

그 당할 일을 다 아시고도 자기를 붙잡으러 온 사람들에게 먼저 가셨습니다. "너희가 누구를 찾느냐?" 이것이 우리가 배워야 할 신앙의 자세입니다. 어떻게 하든 힘들고 어려운 자리, 곤란해질 것 같은 자리는 피하고 보는 것이 아니라, 그 당할 일을 알고도 "너희가 누구를 찾느냐?"라고 나서는 것입니다.

사도행전 26장에 보면, 유대의 총독인 베스도와 헤롯 아그립바왕 앞에서 복음을 전하는 사도 바울의 모습이 나옵니다. 바울은 복음을 전하다가 죽임을 당할 수도 있다는 것을 알고도 갔습니다.

사도행전 26:25-28, "바울이 이르되 베스도 각하여 내가 미친 것이 아니요 참되고 온전한 말을 하나이다 26. 왕께서는 이 일을 아시기로 내가 왕께 담대히 말하노니 이 일에 하나라도 아시지 못함이 없는 줄 믿나이다 이 일은 한쪽 구석에서 행한 것이 아니니이다 27. 아그립바 왕이여 선지자를 믿으시나이까 믿으시는 줄 아나이다 28. 아그립바가 바울에게 이르되 네가 적은 말로 나를 권하여 그리스도인이 되게 하려 하는도다"

바울이 전하는 복음을 들은 아그립바왕이 한 말이 무엇입니까? "네가 적은 말로 나를 권해서 그리스도인으로 만들려고 하느냐?"였습니다. 당시에 그리스도인이 된다는 것은 목숨을 버릴 각오를 해야 하는 일입니다. 로마 황제로부터 지방의 왕으로 임명받은 아그립바가 자신의 모든 것을 다 포기하고 그리스도인이 되는 것은 상상하지도 못할 일이지요. 그러니 "네가 나를 그리스도인으로 만들려고 하는 일은 어림없는 일이다. 그렇게 되지 않을 것이다, 그렇게 될 일도 없다." 그런 대답을 한 것입니다. 그러자 바울이 다시 말합니다.

사도행전 26:29, "바울이 이르되 말이 적으나 많으나 당신뿐만 아니라 오늘 내 말을 듣는 모든 사람도 다 이렇게 결박된 것 외에는 나와 같이 되기를 하나님께 원하나이다 하니라"

"자기가 결박된 것 외에는 아그립바 왕뿐만 아니라 그곳에 있는 모든 사람이 복음을 듣고 그리스도인이 되길" 원한다고 말하는 것입니다. 예수님의 제자가 되고, 그리스도인이 된다는 것이 무엇입니까? "그렇게 당하게 될 것을 알면서"도 "내가 그니라" 하며 가는 것입니다.

마지막 때가 가까울수록 사람들은, 세상은 자기들 편이 되라고 할 것입니다. 노골적으로 자기편이 되라고 요구하는 방법도 있지만, 우리가 예수 편이라고 말하지 못하도록 하는 방법도 사용할 것입니다. "그냥 입 다물고 있어라, 그러면 괴롭히지는 않을게." 이런 것입니다. 그럴 때 우리는 어떻게 해야 할까요?

마태복음 10:32-33, "누구든지 사람 앞에서 나를 시인하면 나도 하늘에 계신 내 아버지 앞에서 그를 시인할 것이요 33. 누구든지 사람 앞에서 나를 부인하면 나도 하늘에 계신 내 아버지 앞에서 그를 부인하리라"

겟세마네 동산에서 자기를 잡으러 온 사람들 앞에 당당하게 나서서, "누구를 찾으러 왔느냐? 내가 바로 그니라"라고 말씀하신 예수님을 닮기 원합니다. 자기를 향해 돌을 던지려고 준비하고 있는 사람들 앞에서, 환한 얼굴로 하늘을 바라보며 "그리스도께서 하나님 우편에 서 계신 것을 보노라"라고 말했던 스데반 집사의 믿음을 닮기 원합니다. 아그립바 왕의 판단에 따라 삶과 죽음의 길이 나뉠 수도 있는 재판 현장에서 "결박당한 일 외에는 나와 같이 되길 원한다, 그곳에 있는 모든 사람이 그리스도인이 되길 원한다"라며 당당하게 복음을 전한 바울을 닮기 원합니다. 그리스도를 믿는 것은 부끄러운 일이 아닙니다.

사도행전 4:19, "베드로와 요한이 대답하여 이르되 하나님 앞에서 너희의 말을 듣는 것이 하나님의 말씀을 듣는 것보다 옳은가 판단하라"

그리스도의 재림의 때가 가까울수록 세상은 더욱더 사람들을 '인본주의'로 이끌어 갈 것입니다. 이미 '인본주의' 설교가 교회 안에 대세로 들어와 있고, 그 설교에 익숙해진 성도들은 '인간 이해'와 '인간 사랑'이 성경의 가르침인 줄 알고 있습니다.

요한복음 17:22-23, "내게 주신 영광을 내가 그들에게 주었사오니 이는 우리가 하나가 된 것 같이 그들도 하나가 되게 하려 함이니이다 23. 곧 내가 그들 안에 있고 아버지께서 내 안에 계시어 그들로 온전함을 이루어 하나가 되게 하려 함은 아버지께서 나를 보내신 것과 또 나를 사랑하심 같이 그들도 사랑하신 것을 세상으로 알게 하려 함이로소이다"

복음은 무엇입니까? 그리스도께서 우리 안에 계시고, 아버지께서 그리스도 안에 계시어, 아버지와 그리스도와 우리가 하나가 되는 것입니다. 그러면 복음이 아닌 것은 무엇입니까? 아버지와 그리스도를 빼놓고, 우리끼리 하나가 되어 사랑하는 것입니다. 이것을 절대 잊지 마십시오. 아버지와 그리스도가 없는 곳은 복음이 아닙니다. 거기에 그 어떤 좋은 명분과 설득과 감성과 착함을 끌어 담아 놓아도, 하나님의 말씀이 없고 그리스도의 보혈이 없다면 그것은 복음이 아닙니다.

자동차 대리점에 아무리 차가 많이 있어도 열쇠가 없다면, 그 차는 내 차가 아닙니다. 세상에 아무리 많은 진리와 따뜻함과 착함이 있다 해도, 그리스도의 복음과 하나님의 말씀이 없다면 그것은 허탄한 이야기일 뿐입니다. 저와 여러분, 우리 하와이한빛장로교회가 진리를 따라 살기 원합니다. 복음을 기뻐하며, 복음 때문에 고난당하는 일을 겪게 된다 할지라도, 알면서도 "내가 그니라" 하며 당당하게 나갈 수 있는 신앙 갖기를 원합니다. 그렇게 주님 다시 오실 그날까지 신자로서, 하나님의 자녀와 백성으로서의 정체성을 유지하며, 함께 격려하며, 전우와 같이 함께 견뎌 나가길 기원합니다.

요한복음 18:12~18

너도 이 사람의 제자가 아니냐

“12. 이에 군대와 천부장과 유대인의 아랫사람들이 예수를 잡아 결박하
여 13. 먼저 안나스에게로 끌고 가니 안나스는 그 해의 대제사장인 가야
바의 장인이라 14. 가야바는 유대인들에게 한 사람이 백성을 위하여 죽는
것이 유익하다고 권고하던 자러라 15. 시몬 베드로와 또 다른 제자 한 사
람이 예수를 따르니 이 제자는 대제사장과 아는 사람이라 예수와 함께 대
제사장의 집 뜰에 들어가고 16. 베드로는 문 밖에 서 있는지라 대제사장
을 아는 그 다른 제자가 나가서 문 지키는 여자에게 말하여 베드로를 데리
고 들어오니 17. 문 지키는 여종이 베드로에게 말하되 너도 이 사람의 제자
중 하나가 아니냐 하니 그가 말하되 나는 아니라 하고 18. 그 때가 추운 고
로 종과 아랫사람들이 불을 피우고 서서 쬐니 베드로도 함께 서서 쬐더라”

오늘 본문에 세 사람의 주요 등장인물 이름이 기록되어 있습니다. 대제사장 가야바와 그의 장인 안나스, 그리고 베드로입니다. 먼저 본문 12~13절에 보면, 군대와 천부장과 유대인의 아랫사람들이 예수님을 붙잡아서 먼저 ‘안나스’라는 사람에게로 끌고 갔다고 되어 있습니다. 그 ‘안나스’가 누구인가 하면, 그 해의 대제사장인 가야바의 장

인이었습니다.

원래 구약의 대제사장은 종신직이었습니다. 하지만 로마의 지배가 시작된 이후 유대 사회를 대표하는 대제사장은, 로마에 대한 적극적인 추종자들에 의해 자주 교체되었습니다. 그럼에도 불구하고 당시의 대제사장은 로마 정부와의 협력적 상호 관계 속에서 막대한 권력과 부를 누리는 최고 요직이었습니다. 일제강점기 시절 고위직 공무원을 했던 사람을 연상하면 비슷할 것입니다.

역사 기록에 의하면 '안나스'는 기원후 6~15년 사이에 대제사장직을 맡았었는데 당시 로마 총독이었던 '그라투스'라는 사람에 의해 폐위된 것으로 나옵니다. 하지만 안나스의 뒤를 이어 그의 아들이 잠깐 대제사장을 했었고, 다시 사위인 가야바가 18~36년까지 대제사장직을 수행한 것으로 기록되어 있습니다. 군대와 유대인의 아랫사람들이 예수님을 붙잡아서 '안나스'에게로 데리고 간 것으로 볼 때 당시 '안나스'의 종교적, 정치적 영향력을 짐작할 수 있습니다. 그가 비록 '대제사장 직위'에서는 쫓겨났지만, 그의 아들을 이어 사위가 대제사장이 되므로 인해, 실제적 권한이 '안나스'에게 있었음을 알 수 있습니다.

원래 대제사장은 죄인을 용서하시고 받아 주시는, 하나님의 사랑과 구속의 방법을 가르쳐 주기 위해 상징적으로 만든 제도의 책임자입니다. 그런데 예수 그리스도를 상징해서 만들어진 대제사장들이, 예수님을 죽이기 위해 대를 이어서 자기들이 가진 모든 힘을 다 쏟고 있음을 볼 수 있습니다. 14절에 '가야바'는 유대인들에게, 한 사람이 백성을 위하여 죽는 것이 유익하다고 권고했던 사람이었다고 했습니다. 당시 대제사장이었던 가야바가 예수님을 죽이는 데 주도적인 역할을 했던 것입니다.

> 요한복음 11:49, "그 중의 한 사람 그 해의 대제사장인 가야바가 그들에게 말하되 너희가 아무 것도 알지 못하는도다"

앞서 말씀드린 것처럼, 원래 대제사장은 율법에 따라 종신직이었으나, 당시 유대를 통치하고 있던 총독에 의해 자주 바뀌게 되었습니다. 당장 자신의 장인이었던 안나스와 처남도 대제사장에서 물러나지 않았습니까? 그렇다 보니 그 해의 대제사장이었던 가야바는, 그 누구보다 로마 총독의 눈치를 살필 수밖에 없었던 것입니다.

> 요한복음 11:50, "한 사람이 백성을 위하여 죽어서 온 민족이 망하지 않게 되는 것이 너희에게 유익한 줄을 생각하지 아니하는도다 하였으니"

가야바가 주장하는 것은, 유대 백성들이 예수님을 추종하여 따르는 것을 그대로 두면, 로마 총독이 군대를 끌고 와서 자기들을 망하게 하리라는 것이었습니다. 하지만 사실 빌라도나 로마 정부는 예수님에 대해서 걱정하지 않았습니다. 빌라도가 대제사장이 사형시켜 달라고 요구하며 이끌어 온 예수님을 풀어 주기 위해서, 명절이 되면 죄수 한 사람을 놓아주는 전례를 사용하려고 했던 것이 그것을 증명합니다. 당시에 가장 유명했던 강도였던 바라바와 예수님 중에서 누굴 풀어 주면 좋겠는지 의견을 물은 것입니다. 빌라도 생각에는 바라바가 지은 죄목과 예수님의 죄목은 비교할 수도 없는 것이었기 때문에, 사면 제도를 통해서 예수님을 풀어 주려고 했던 것입니다.

마가복음 15:9-10, "빌라도가 대답하여 이르되 너희는 내가 유대인의 왕을 너희에게 놓아 주기를 원하느냐 하니 10. 이는 그가 대제사장들이 시기로 예수를 넘겨 준 줄 앎이러라"

이 말씀은 유대의 총독으로 와 있던 빌라도가, 대제사장과 유대 지도자들의 주장처럼 예수님을 민란을 일으킬 만한 수괴로 보지 않았다는 증거입니다. 가야바는 왜 유대가 망하지 않으려면 예수님을 죽여야 한다고 주장했을까요? 가야바는 혹시나 유대 백성들에 대한 예수님의 영향력이 더 커지면, 로마의 총독이 자기를 물리치고 다른 사람을 대안으로 선택할 것을 염려했습니다. 그래서 백성들에게 예수님을 죽이는 것이 유대가 망하지 않을 방법이라고 선동했던 것입니다. 하지만 사도 요한은 이 일에 대해서 이렇게 말했습니다.

요한복음 11:51-52, "이 말은 스스로 함이 아니요 그 해의 대제사장이므로 예수께서 그 민족을 위하시고 52. 또 그 민족만 위할 뿐 아니라 흩어진 하나님의 자녀를 모아 하나가 되게 하기 위하여 죽으실 것을 미리 말함이러라"

예수님께서 죽게 되신 것은 가야바의 선동 때문이 아니라, 예수님께서 유대 민족과 흩어진 하나님의 자녀들을 위해 죽으셔야 하는 이 일에 가야바의 대제사장 직분이 이용된 것이었다고 말합니다. 50절에서 가야바가 했던 말과 같이 **"한 사람이 백성을 위하여 죽어서 온 민족이 망하지 않게 되는"** 구속의 사건이 곧 일어나게 될 것입니다. 대제사장 가야바는 산헤드린 공회로 대표되는 자신들의 기득권 유지를 위해서 예수님을 죽이는 것이 모두에게 유익하다고 했지만, 결국 그들의 선전 선동은 예수님의 십자가 구원을 완성하는 도구로 사용되었던 것입니다.

우리가 하나님의 섭리하심을 믿는다고 할 때, 모든 환경과 여건과 상황이 우리에게 유리하고 유익하게 되기 때문에 믿는 것이 아닙니다. 예수님의 십자가 구속만 해도, 표면적으로는 예수님께서 억울하게 붙잡히셔서 말도 안 되는 재판을 통해 단 하루 만에 죽임을 당하는 것으로 보입니다. 하지만 하나님께서는 당시 대제사장과 산헤드린 회의의 결정권자들, 빌라도 총독과 국가 권력을 모두 사용하여 예수님의 십자가 구속을 완성하셨습니다. 여기에 예수님 개인의 억울함이라든지, 예수님과 함께했던 제자들이나 또는 예수님으로부터 각종 은혜를 입은 사람들이 어떻게 예수님의 편을 들려고 했었는지 이런 것은 나오지 않습니다.

우리가 잘 이해하지 못하고, 풀지 못하는 일 가운데 하나가 억울함입니다. 억울한 일을 당하고 나면, 잠도 잘 오지 않고 숨도 제대로 쉬어지지 않습니다. 누구라도 붙잡고 자신의 억울한 사연을 토로해서, 그 한 사람만이라도 나를 이해해 주고 내 편이 되어 주면 그나마 살 것 같습니다. 내 편이 되어 주는 사람이 많아서 상황이 역전되고, 억울한 일이 풀리게 되면 너무나 좋을 것입니다. 하지만 가까웠던 사람조차도 나를 이해해 주지 않고 등을 돌리면, 더는 세상에서 살아갈 이유를 찾지 못하게 됩니다. 그래서 세상을 스스로 등지는 사람들도 발생합니다.

성경은 그런 면에서 희한한 책입니다. 예수님에게 아무런 죄가 없다는 것은, 당시 재판관으로서 사건을 맡았던 빌라도 총독도 인정했던 사실입니다. 예수님은 오직 저들의 '시기함'으로 인해 억울한 죽음을 당했습니다. 그렇다면 성경 어디 한 군데라도, 예수님이 받은 재판은 부당한 재판이었고, 예수님은 이렇게 억울하게 돌아가셨다는 말이 있어야 하지 않습니까? 그 성경은 누가 쓴 것입니까? 예수님의 제자들이 썼고, 누구보다 예수님 가까운 곳에서 예수님과 제자들의 하는 모든 일을 직접 목격한 사람들이 썼습니다. 중립적 시각과 사건 중심의 보도를 표방하는 신문사나 방송국에서도, 여당 출입 기자와 야당 출입 기자는 같은 사건을 기사로 다루더라도 관점이 다릅니다. 자기가 출입하는 정당에 '팔이 안으로 굽는' 기사를 쓰는 것입니다.

그런데 예수님의 탄생에서부터 부활, 승천에 이르기까지 일어난 모든 행적을 기록한 복음서의 공통점은, 예수님의 수난 사건에 대하여 개인적인 안타까움이나 소위 말해서 예수님을 편드는 내용이 전혀 없습니다. 요한복음의 기사에서도 확인하는 것처럼, **"예수께서 그 민족을 위하시고, 또 그 민족만 위할 뿐 아니라 흩어진 하나님의 자녀를 모아 하나가 되게 하기 위하여 죽으실 것을 미리 말함이러라"** 이렇게 하나님의 관점에서만 말한 것입니다. 이것은 하나님께서 우리를 구원하시고 섭리하시는 방법이 어떤 것인지, 또한 예수님께서는 하나님의 방법에 어떻게 순종하셨는지를 보여 주는 사건입니다.

로마서 5:19, "한 사람이 순종하지 아니함으로 많은 사람이 죄인 된 것 같이 한 사람이 순종하심으로 많은 사람이 의인이 되리라"

한 사람이 순종하지 않음으로 인해서 많은 사람이 죄인이 되었다는 것은, 아담의 범죄로 인해 모든 사람이 죄인이 된 것을 말합니다. 뒤이어 한 사람이 순종하심으로 많은 사람이 의인이 되었다는 것은, 예수님의 순종으로 인하여 그를 믿는 모든 사람이 구원에 이르게 된 것을 말합니다. '순종'이라는 말에 우리가 다시 한번 주의를 집중해야 합니다. 우리가 생각하는 '순종'은 타당한 것, 손해 보지 않고 억울하지 않은 것, 누가 봐도 그 결과가 괜찮은 것이 전제될 때 할 수 있는 일이라고 생각하기 쉽습니다. 하지만 앞서도 우리가 살펴본 것처럼, 하나님의 뜻에 대한 예수님의 순종은 누가 봐도 타당하지 않고 억울한 것이었고, 결과는 비참한 죽음이었습니다. 그러나 예수님의 그 억울하신 죽음이 '하나님의 의'의 기준을 만족시켰습니다.

로마서 3:21-26, "이제는 율법 외에 하나님의 한 의가 나타났으니 율법과 선지자들에게 증거를 받은 것이라 22. 곧 예수 그리스도를 믿음으로 말미암아 모든 믿는 자에게 미치는 하나님의 의니 차별이 없느니라 23. 모든 사람이 죄를 범하였으매 하나님의 영광에 이르지 못하더니 24. 그리스도 예수 안에 있는 속량으로 말미암아 하나님의 은혜로 값 없이 의롭다 하심을 얻은 자 되었느니라 25. 이 예수를 하나님이 그의 피로써 믿음으로 말미암는 화목제물로 세우셨으니 이는 하나님께서 길이 참으시는 중에 전에 지은 죄를 간과하심으로 자기의 의로우심을 나타내려 하심이니 26. 곧 이 때에 자기의 의로우심을 나타내사 자기도 의로우시며 또한 예수 믿는 자를 의롭다 하려 하심이라"

로마서는 '하나님의 의'가 어떤 것인지에 대해서 말씀하고 있습니다. 우리가 '의'라고 할 때 생각하는 개념은, '법과 원칙'에 부합하는 것입니다. 그리고 하나님의 법과 원칙은 '율법'으로 확인할 수 있습니다. 하나님께서 모세에게 율법을 주셨을 때, 이스라엘 백성들이 그 율법을 지키면 복을 받고, 지키지 않으면 화를 입게 되는 '법과 원칙'으로 주신 것이었습니다. 그런데 예수 그리스도에 대해서 말씀하면서 '율법 외에 하나님의 한 의가 나타났다'라고 말씀하고 있습니다. '의'를 말하면서 율법이 아니라는 것입니다. '옳고 그름'을 말해야 하는데, 그건 '법으로 정해진 기준'이 아니랍니다. 그 기준을 누가 주십니까? 하나님께서 그 기준을 주고 있습니다.

오늘 본문에서 대제사장 가야바가 "한 사람이 백성을 위하여 죽는 것이 온 민족이 망하게 되는 것보다 낫다"라고 백성들을 선동했습니다. 가야바는 자기의 기득권을 지키기 위해서 이런 말을 했지만, 사실은 하나님께서 예수 그리스도를 통한 구원의 사역을 완성하기 위해 가야바가 가졌던 대제사장의 직분을 사용하신 것이었습니다. 이것을 가리켜서 '하나님의 섭리'라고 말씀드린 것입니다. 그런데 '하나님의 섭리'는 그것을 받는 사람에게 언제나 유익하게 작동되는 것은 아닙니다. 오히려 억울하게, 고통스럽게, 비참하게 다가오기도 합니다. 그때 '예수님의 순종'이 등장하는 것입니다. 자신이 만든 피조물에게 뺨을 맞고, 침 뱉음을 당하며, 수치와 저주의 십자가 위에서 죽임을 당하면서까지도 하나님의 말씀에 순종하셨습니다.

그런데 더 이해가 되지 않는 것은, 예수님의 그 모든 행적을 기록하여 성경으로 남긴 제자들이나 성경의 저자들조차 예수님의 편을 들지 않는 것입니다. "예수님이 너무 억울하게 돌아가셨다, 그때 대제사장 가야바는 정말 나쁜 놈이었다." 이러한 이야기가 전혀 없습니다. 다만 요한복음 11장의 말씀처럼, 예수님의 희생으로 말미암아 유대 민족뿐만 아니라 흩어진 하나님의 자녀들을 모아 하나가 되도록 하려고 예수님은 죽으셔야만 했으며 그것이 '하나님의 섭리'였다고 말할 뿐입니다.

로마서에서는 그것이 바로 '하나님의 의'라고 말씀합니다. 우리가 읽었던 로마서 3장 25절 말씀처럼, '하나님의 의'는 법대로 공정하게 따져 봐서 옳고 그름을 판별하자는 것이 아니라, 하나님께서 화목제물로 예수 그리스도를 대신하시고, 그 피를 믿는 자를 의롭다고 여겨 주시는 것입니다. 어떻게 의롭다고 여겨 주십니까? **"길이 참으시는 중에 전에 우리가 지은 죄를 간과하심으로 자기의 의로우심을 나타내려 하심"**으로 여겨 주십니다. 이 말씀을 잘 봐야 합니다. 우리가 지은 죄를 보지 못했다, 또는 그건 죄라고 보기에는 부족하다, 그 정도는 괜찮다는 말씀이 아닙니다. 길이 참으시면서 우리가 지은 죄를 간과하셨다는 말씀은, "대수롭지 않은 것으로 여기고 지나쳐 줬다"입니다.

아주 유명한 조각가가 있었습니다. 오랫동안 많은 작품을 만들어서 드디어 전시회 날이 되었습니다. 유명한 작가이다 보니 신문과 방송에서 기자들이 오고, 귀빈들도 많이 와서 축하도 해 주고 작품도 사 주고 했습니다. 그렇게 분위기가 좋았는데 장난치기 좋아하는 조각가의 어린 자녀가 사람들이 많은 그 분위기에 기분이 좋아져서 뛰어놀다가 전시한 작품을 넘어뜨려 깨 버렸습니다. 이걸 어떻게 해야 할까요? 다른 사람이 작품을 깼다면 배상을 받을 것입니다. 하지만 자기 자녀가 깼다면 속상하고 화는 나겠지만 배상하라고는 못 하지요. 그때 할 수 있는 말이 '간과'입니다. 그냥 지나쳐 주는 것입니다. 아마도 집에 가서 혼이 나겠지요. 하지만 법으로 따져서 처벌하고 배상받겠다는 것이 아니라 아버지니까 손해를 감내합니다.

우리 인간의 죄가 별것 아니어서 괜찮아지는 것이 아닙니다. 하나님께서 자기 아들을 우리 대신 십자가에 죽도록 내어주셔서 죄에 대한 모든 값은 지급하게 하시고, 대신 우리의 죄는 간과해 주시는 것입니다. 그래서 요한복음 17장에서 예수님께서 계속 반복해서 하시는 말씀이 있었죠. "내가 저들에게 하나님에 대해서 알려 주었다, 저들이 알기를 원한다, 그리고 저들이 알게 되었다"라는 것이었습니다.

우리가 이 '하나님의 의'를 알지 못하면, '하나님의 섭리'에 대해서는 오해할 수밖에 없습니다. 그래서 우리를 구원하기 위해서 자기 아들을 대신 죽이시고, 그 죽음을 통해서 우리를 의롭다고 여겨 주시는 '하나님의 의'를 알아야 하나님의 섭리를 이해할 수 있습니다. 그렇지 않으면 우리의 수준이라는 것이 늘 눈앞에 보이는 것, 당장 우리에게 유익이 되고 이문이 남는 것만 가지고 하나님의 있고, 없고를 따지게 됩니다. 우리를 구원하기 위해, 우리의 죄를 '간과'하시기 위해서 하나님께서 어떤 희생을 감내하셨는지 생각하지도 못하고, 내 눈앞의 현실만 보고 불평하게 됩니다.

성경을 통해 가르쳐 주신 하나님의 뜻은 분명합니다. 모든 것이 우리에게 유익하게 되도록 '하나님께서 섭리'하신다는 것입니다. 그것이 지금 당장 우리에게 불리하고 불합리하게 느껴지고, 억울하게 느껴지는 것이 있다 할지라도 그 안에 하나님께서 감춰 두신 뜻이 있다는 것이지요. 그 뜻이 무엇인지 우리는 잘 모릅니다. 그래서 기도하고 순종해야 합니다. 십자가 위에서 죽기까지 낮아지신 '예수님의 순종'을 우리가 보지 않았습니까? 그렇게 가까이서 예수님을 따라다녔으면서, 그래서 우리가 주와 함께 죽으러 가자고 말할 만큼 의리가 있어 보이는 말을 한 사람들이 제자들 아닙니까?

그런데 예수님의 고난과 죽음 앞에서 어느 누구도 예수님을 편들지 않습니다. 다만 하나님의 관점에서 결과론적으로 하나님의 섭리를 말할 뿐입니다. 인간의 도리, 사제 간의 의리를 말하는 것이 아닙니다. 하나님을 제대로 안 사람들이 어떤 방식으로 주어진 사건을 바라보았는지, 그리고 어떻게 세상을 살아갔는지를 성경을 통해 살펴보고 있는 것입니다.

그래서 마지막으로 살펴보려고 하는 사람이 베드로입니다. 15절에 보면, 시몬 베드로와 또 다른 제자 하나가 예수를 따랐다고 했습니다. 이 또 다른 제자는 사도 요한으로 보입니다. 사도 요한의 어머니 살로메는 예수님의 어머니 마리아와 자매지간이었습니다. 그리고 그들은 제사장 사가랴의 아내였던 엘리사벳의 친척이었습니다. 따라서 요한은 제사장 가문과 가까운 친척 관계였던 것으로 보입니다.

요한복음 18:16, "베드로는 문 밖에 서 있는지라 대제사장을 아는 그 다른 제자가 나가서 문 지키는 여자에게 말하여 베드로를 데리고 들어오니"

예수님께서 대제사장 가아바의 집으로 붙잡혀 왔는데, 뒤따라온 베드로는 아무런 연고도 없고 자격도 없어서 들어오지 못하고 문밖에 서 있었습니다. 그때 '그 다른 제자' 곧 요한이 문 지키는 여자에게 말해서 베드로를 안으로 데리고 들어왔습니다. 그리고 우리가 아는 바처럼 가야바의 뜰까지 따라온 베드로는 그곳에서 예수님을 세 번 부인하는 사건이 벌어집니다.

그런데 이 장면은 다른 복음서에는 없고, 오직 요한복음에만 기록된 내용입니다. 그것은 또 다른 제자인 사도 요한이 문 바깥에 서 있는 베드로를 안쪽으로 들어오게 했다는 것입니다. 그리고 베드로에게 "너도 이 사람의 제자 중 하나가 아니냐?"라고 물었던 사람은 가야바 집의 문을 지키던 여종이었다고 기록하고 있습니다. 그 여종에게 베드로를 들여보내라고 말한 사람이 누구였죠? 사도 요한입니다. 그런데 베드로도 예수님의 제자였지만, 요한도 예수님의 제자였습니다.

요한복음 18:26, "대제사장의 종 하나는 베드로에게 귀를 잘린 사람의 친척이라 이르되 네가 그 사람과 함께 동산에 있는 것을 내가 보지 아니하였느냐"

대제사장 집에 많은 종이 있었겠지요. 요한의 지시를 따라 문 열어준 여종이 베드로에게 귀를 잘린 사람과 어떤 연관이 있는지 우리는 모릅니다. 하지만 조금 전에 예수님을 붙잡으러 갔다가 귀가 잘리는 경험을 하고 돌아온 이 사건을, 같은 집에서 일하는 종들이 모를 수가 있었을까요? 그러니까 다른 종과 아랫사람들과 함께 곁불을 쬐던 베드로를 알아보고서, 네가 예수님과 함께 동산에 있는 것을 내가 봤다고 말했던 것입니다.

그러면 그 사람은 베드로만 봤을까요? 캄캄한 밤이어서 요한도 거기에 있었다는 것을 몰랐을까요? 그렇지는 않았을 것입니다. 우리가 낯선 곳을 방문했더라도, 그리고 그곳에 많은 사람이 있다 할지라도 친분이 있고, 아는 사람은 금방 발견하고 알아보게 됩니다. 베드로가 동료의 귀를 잘랐기 때문에 그 사건이 강렬하긴 했지만, 종들이 예수님을 붙잡으러 갔을 때 그곳에 요한이 있었다는 것은 금방 알았을 것입니다. 군사들까지 동원해서 예수님을 붙잡아 와 심문을 하고 있는 자리에, 베드로를 들여보내라고 말할 수 있는 사람이라면 종들이 어찌 요한을 모를 수 있을까요? 그런데 그 여종은 굳이 베드로만 지목해서 "너도 그 사람의 제자 중 하나가 아니냐?"라고 묻고 있습니다. 그 이유가 무엇일까요?

그것은 예수님께서 최후의 만찬 자리에세 베드로에게 "네가 오늘 밤 닭 울기 전에 세 번 나를 부인하리라"라는 말씀이 이루어져야 하기 때문이었습니다. 물론 베드로는 주를 위해 자기 목숨도 버릴 것이라고 말했습니다. 하지만 인간의 확고한 의지, 타고난 성격, 강력한 추진력 따위로 '하나님의 섭리'를 거스를 수 있는 것이 아닙니다.

요한복음 13:37-38, "베드로가 이르되 주여 내가 지금은 어찌하여 따라 갈 수 없나이까 주를 위하여 내 목숨을 버리겠나이다 38. 예수께서 대답하시되 네가 나를 위하여 네 목숨을 버리겠느냐 내가 진실로 진실로 네게 이르노니 닭 울기 전에 네가 세 번 나를 부인하리라"

어쩌면 베드로가 가야바의 뜰까지 예수님을 따라온 것은, 자기가 목숨을 걸고서라도 예수님이 가시는 곳을 따라가겠다고 한 약속을 지키기 위한 것이었을 수도 있습니다. 하지만 베드로의 호기로움과 의리의 한계는 거기까지였습니다. 일차적으로는 문 바깥에서 서성거리면서, 정작 예수님이 계신 안뜰까지는 들어가지도 못하는 것이었습니다. 뜰 안으로 들어간 뒤에는 어떻게 했습니까? 부당한 재판을 받으시는 예수님 가까이에 가서, 자기가 장담했던 것처럼 목숨까지 버릴 각오로 예수님의 편을 자처하면서 예수님을 도왔나요? 오늘 성경은 이렇게 말씀합니다.

요한복음 18:18, "그 때가 추운 고로 종과 아랫사람들이 불을 피우고 서서 쬐니 베드로도 함께 서서 쬐더라"

사도 요한의 묘사가 너무나 정확해서 마치 사진이나 영화의 한 장면을 보는 것 같습니다. 대제사장 가야바와 산헤드린 공회의 의원들, 그리고 그 재판을 참관하는 윗사람들은 예수님을 재판하는 곳에 다 모여 있습니다. 그런데 그 자리에 참석하지 못하는 종과 아랫사람들은, 주인이 재판을 끝마치고 돌아올 때까지 마당 한쪽에 불을 피우고 기다리고 있습니다. 베드로도 종과 아랫사람들이 피운 불 곁에 서서 곁불을 쬐고 있었습니다. 최후의 만찬 자리에서 수제자로서의 위치와 자신감은 사라지고 없습니다. 다만 여느 집 종이나 아랫사람들과 한 부류가 되어 곁불이나 쬐고 있습니다. 그리고 예수님을 세 번 부인하는 사건은 바로, 종과 아랫사람들과 더불어 곁불 쬐던 그 자리에서 일어나는 것입니다.

이 사건은 인간의 결심과 실력만 갖고서는 도무지 넘어설 수 없는 어떤 벽이 있음을 가르쳐 주는 사건입니다. 베드로가 자신의 의지와 동료인 요한의 도움을 받아 가야바의 뜰 안쪽까지 들어오는 것은 할 수 있었습니다. 하지만 베드로의 한계는 거기까지였습니다. 예수님이 재판을 받으시는 곳까지 가지도 못하고, 종과 아랫사람들이 불을 피우고 기다리고 있는 옆에 서서, 곁불이나 쬐는 정도까지였습니다. 그러다 그 결말이 어떻게 끝납니까? 예수님을 부인하다 못해 나중에는 저주하고 맹세까지 하면서 예수님을 모른다고 합니다.

마가복음 14:71, "그러나 베드로가 저주하며 맹세하되 나는 너희가 말하는 이 사람을 알지 못하노라 하니"

그리고 닭 우는 소리를 들은 베드로는 예수님께서 자기에게 하신 말씀이 생각나서, 바깥으로 뛰어나가서 울었습니다.

마가복음 14:72, "닭이 곧 두 번째 울더라 이에 베드로가 예수께서 자기에게 하신 말씀 곧 닭이 두 번 울기 전에 네가 세 번 나를 부인하리라 하심이 기억되어 그 일을 생각하고 울었더라"

그런데요, 베드로의 이 모습이야말로 우리가 배워야 하는 신앙의 자세입니다. 자기가 어떤 사람인지 알지도 못하면서 감히 예수님 앞에서 호언장담했던 베드로가 닭 우는 소리를 듣고 예수님의 말씀을 기억했다는 것은, 그의 마음에 예수님께서 베드로에게 하신 말씀이 있었다는 것입니다. 우리는 벌어진 상황 속에서 주님의 말씀을 기억하고 돌이킬 수 있는 신앙의 자세가 필요합니다. 후회하고, 부끄러워하며, 바깥으로 나가서 우는 애통하는 마음이 필요합니다.

> 민수기 22:25-28, "나귀가 여호와의 사자를 보고 몸을 담에 대고 발람의 발을 그 담에 짓누르매 발람이 다시 채찍질하니 26. 여호와의 사자가 더 나아가서 좌우로 피할 데 없는 좁은 곳에 선지라 27. 나귀가 여호와의 사자를 보고 발람 밑에 엎드리니 발람이 노하여 자기 지팡이로 나귀를 때리는지라 28. 여호와께서 나귀 입을 여시니 발람에게 이르되 내가 당신에게 무엇을 하였기에 나를 이같이 세 번을 때리느냐"

구약의 발람 선지자는, 자기가 늘 타고 다니던 나귀가 입을 열어 가르쳐 줬어도, 하나님의 뜻을 발견하지 못하고 자기가 가고 싶은 길로 갔습니다. 빛이 비추어졌어도 어둠을 더 사랑하면, 어둠 속으로 들어가 버리는 것입니다.

대제사장 안나스와 가아바가 자기들의 기득권을 지키기 위해서 백성들을 선동하고, 빌라도를 위협하여 예수님을 죽이는 데 앞장섰습니다. 하지만 그들이 행한 모든 일은, 모든 민족과 흩어진 하나님의 백성들을 하나로 모아 구원하기 위한 하나님의 섭리에 도구로 사용된 것이었습니다. 베드로가 죽기를 각오하고 예수님을 따라가겠노라고 호언장담했지만, 재판의 현장도 아닌 종과 아랫사람들 옆에서 겉불이나 쬐다가 예수님을 모른다고 세 번 부인하게 되는 것 역시 인간의 한계를 보여 주는 것입니다.

하나님의 말씀은 마치 바람에 낙엽이 날리듯이 날려지는 말씀이 아닙니다. 우리 인간은 자기가 말해 놓고도 기억하지 못하거나, 상황에 따라 마음이 변해서 했던 말을 바꾸거나, 또는 의도적으로 거짓말을 하는 때도 있습니다. 하지만 하나님의 말씀과 뜻은 그대로 이루어집니다. 그리고 그 말씀과 뜻은 언제나 '합력하여 우리에게 선하게 되도록' 이루어집니다. 우리가 '하나님의 섭리'를 믿는다고 하는 것은 바로 이것을 믿는 것입니다.

비록 우리가 지금 당장 당한 현실이 답답하고 어렵더라도, 모든 것이 합력하여 선하게 인도하시는 하나님의 섭리를 믿고 기도하며 기다리는 것입니다. 예수님을 십자가에 못 박아 죽게 한 사람들도 하나님의 섭리에 도구로 사용되었고, 호언장담하며 목숨을 바쳐서라도 주님과 함께하겠다던 베드로도 인간의 나약함과 비겁함을 확인하는 것으로 예수님의 말씀이 이루어졌습니다. 그래서 우리는 더욱 겸손해져야 할 것입니다. 눈앞에 벌어진 현실만 보고 일희일비할 것이 아니라, 그 이면에 역사하시는 하나님의 섭리를 기대하며 순종하며 나가야 할 것입니다. 자기 기득권을 지키려고 했던 대제사장들의 모략은 실패하고 말았습니다.

앞서 가야바가 **"한 사람이 백성을 위하여 죽어서 온 민족이 망하지 않게 되는"** 방법이라고 한 것이 예수님의 구속 사건을 예언한 것이었다고 했습니다. 하지만 그 구속의 사건은, 가야바 자신의 권한을 유지하고 확대하는 방향으로 향하지 않고, 오히려 가야바를 마지막으로 대제사장 직분이 없어지고 맙니다. 예수님의 십자가 죽으심으로 인하여 더 이상 희생제물을 드려야 할 이유가 사라졌기 때문에 대제사장도 필요가 없어진 것입니다.

이사야 53:7, “그가 곤욕을 당하여 괴로울 때에도 그의 입을 열지 아니하였음이여 마치 도수장으로 끌려 가는 어린 양과 털 깎는 자 앞에서 잠잠한 양 같이 그의 입을 열지 아니하였도다”

하나님의 뜻과 섭리하심에 그의 입을 열지 않고 순종하신 예수님의 순종을 배워야 합니다. 누구보다 하고 싶은 말이 많고, 억울함을 풀고 싶은 마음도 간절한 일을 당할 때라도, 잠잠히 기도하며 하나님의 뜻을 구하는 저와 여러분이 되기 원합니다. 이렇게 어렵고 힘든 상황에도 예배를 사모하면서, 주님 앞에서 예배하는 성도 여러분께 진심으로 감사의 말씀을 드립니다.

더 간절한 기도가 필요한 때인 것 같습니다. 주일날 모여서 예배드리는 것이 ‘간절한 바람이고 소원’이 되는, 그런 날이 생기게 될지 몰랐습니다. 하지만 하나님께서 우리를 이와 같은 상황으로 인도하셨다면, 그 안에 숨겨진 하나님의 뜻을 발견하고 순종하는 것은 우리의 몫인 것 같습니다. 잘 인내하고, 잘 순종하여 더 깊이, 더 넓고 크게 하나님을 알아가기 원합니다.

요한복음 18:19~24

그의 교훈에 대하여 물으니

"19. 대제사장이 예수에게 그의 제자들과 그의 교훈에 대하여 물으니 20. 예수께서 대답하시되 내가 드러내 놓고 세상에 말하였노라 모든 유대인들이 모이는 회당과 성전에서 항상 가르쳤고 은밀하게는 아무 것도 말하지 아니하였거늘 21. 어찌하여 내게 묻느냐 내가 무슨 말을 하였는지 들은 자들에게 물어 보라 그들이 내가 하던 말을 아느니라 22. 이 말씀을 하시매 곁에 섰던 아랫사람 하나가 손으로 예수를 쳐 이르되 네가 대제사장에게 이같이 대답하느냐 하니 23. 예수께서 대답하시되 내가 말을 잘못하였으면 그 잘못한 것을 증언하라 바른 말을 하였으면 네가 어찌하여 나를 치느냐 하시더라 24. 안나스가 예수를 결박한 그대로 대제사장 가야바에게 보내니라"

요한복음 18장은 대제사장 가야바의 집으로 끌려온 예수님께서 유대 종교법에 따라 대제사장으로부터 심문을 당하는 모습을 설명하고 있습니다. 19절에 대제사장은 예수님께 두 가지 질문을 하고 있음을 알 수 있습니다.

첫째는, 예수님의 제자들에 관한 질문이었습니다. 제자들의 실제 숫자, 그들의 성향, 그리고 제자들을 불러 모으신 이유 등을 물었던 것으로 보입니다. 예수님께서 제자들에게 무엇을 가르쳐 주었으며, 예수님이 제자들을 모아서 지향하는 바가 무엇인지를 따져 물은 것입니다. 마치 이슬람 무장단체 IS처럼, 예수님도 유대 백성들을 규합해서 무력 혁명을 일으키려는 것은 아니었는지를 물었던 것으로 보입니다.

> 요한복음 11:47-48, "이에 대제사장들과 바리새인들이 공회를 모으고 이르되 이 사람이 많은 표적을 행하니 우리가 어떻게 하겠느냐 48. 만일 그를 이대로 두면 모든 사람이 그를 믿을 것이요 그리고 로마인들이 와서 우리 땅과 민족을 빼앗아 가리라 하니"

지난 시간에도 말씀드렸던 것처럼, 대제사장으로 대표되는 지도자 그룹은 로마 정부에 협조하면서 자기들의 기득권을 유지하던 사람들이었습니다. 그런데 유대 백성들의 지지와 관심이 예수님께로 옮겨 가면, 유대의 종교법으로 세워지는 대제사장마저도 자신의 권한으로 바꿔 버리는 로마 정부의 관리로 온 총독은, 그 역할을 예수님이나 그 추종자를 대표로 세울 수도 있었습니다. 그러니 대제사장은, 예수님을 수행하는 12명의 핵심 제자들 외에 또 다른 세력이 있는 것은 아닌지 걱정하지 않을 수 없었던 것입니다. 그도 그럴 것이 예수님이 가시는 곳마다 사람들이 수만 명씩 모여들어서 예수님께서 행하시는 기적을 보고, 그분의 말씀을 들었습니다.

누가복음 12:1, "그 동안에 무리 수만 명이 모여 서로 밟힐 만큼 되었더니 예수께서 먼저 제자들에게 말씀하여 이르시되 바리새인들의 누룩 곧 외식을 주의하라"

여기 '그동안에'라고 말씀하고 있는데, 이 상황은 어떤 바리새인이 예수님께 자기 집으로 점심 식사 초대를 해서 그 집에 들어가셨습니다. 그런데 예수님께서 유대인의 결례대로 음식을 먹기 전에 손을 씻지 않는 것을 보면서 이상하게 생각할 때, 예수님은 바리새인들의 외식을 지적하셨습니다. 그것이 누가복음 11장 37~54절까지 기록된 말씀입니다. 이 부분에 대해서는 조금 뒤에 자세히 설명해 드리도록 하겠습니다.

둘째는, 예수님께서 전하셨던 교훈에 대한 질문이었습니다. 대제사장이 예수님께 그가 전하신 교훈을 물어본 것은, 그 말씀을 듣고 따르겠다는 것이 아니라 예수님께서 가르쳐 주신 내용이 구약의 교훈에서 벗어났는지를 찾아서 정죄하려고 묻는 것입니다. 사실 대제사장뿐만 아니라 바리새인들은 집요하게 예수님을 따라다니면서 예수님의 말씀 한마디, 행동 하나하나를 꼬투리 잡으려고 했었습니다. 그리고 의도적으로 접근하여 시험한 적도 많았습니다.

예수님을 시험하려고 했던 대표적인 질문이, 율법 중에 어떤 계명이 크냐는 것이었고, 가이사에게 세금을 내는 것이 옳으냐고 물은 적도 있었습니다. 사실 대제사장의 무리들은 예수님이 무슨 말씀을 하시고, 무엇 때문에 기적을 행하시며, 그것들을 통해 무엇을 가르치려고 하는지는 관심이 없습니다. 단지 정치 종교적으로, 감정적으로 예수님을 죽이고 싶었을 뿐입니다.

오늘 본문에 대제사장이 예수님을 신문하는 내용도 그 연장선에 있습니다. 하나님의 아들이신 예수님께서 빛으로 세상에 오시고, 그들을 구원하기 위해 오셨지만 저들은 빛이나 구원이나 진리에 관심이 없습니다. 자기들의 기득권을 위협하는 존재인 예수님을 없애는 것만이 목적이었습니다.

마태복음 26:57-59, "예수를 잡은 자들이 그를 끌고 대제사장 가야바에게로 가니 거기 서기관과 장로들이 모여 있더라 58. 베드로가 멀찍이 예수를 따라 대제사장의 집 뜰에까지 가서 그 결말을 보려고 안에 들어가 하인들과 함께 앉아 있더라 59. 대제사장들과 온 공회가 예수를 죽이려고 그를 칠 거짓 증거를 찾으매"

여기서 말하는 공회를 오늘날 제도로 말하면 '국회청문회' 정도가 되겠습니다. 다만 다른 것은, 국회가 입법의 역할만 한다면 당시 '공회'는 사법적 판단까지 함께 내릴 수 있는 막강한 통치 권력 기관이었다는 것입니다. 그런데 성경은 대제사장들과 온 공회가 모인 이유에 대해서 말씀합니다. 그것은 59절 말씀처럼 "예수를 죽이려고 거짓 증거"를 찾으려고 모였습니다.

마태복음 26:60-62, "거짓 증인이 많이 왔으나 얻지 못하더니 후에 두 사람이 와서 61. 이르되 이 사람의 말이 내가 하나님의 성전을 헐고 사흘 동안에 지을 수 있다 하더라 하니 62. 대제사장이 일어서서 예수께

묻되 아무 대답도 없느냐 이 사람들이 너를 치는 증거가 어떠하냐 하되"

그런데 거짓 증인이 많이 왔지만, 예수님에게 사형에 해당할 만큼 결정적인 죄목을 찾지 못했던 것 같습니다. 그러자 마지막에 두 사람의 증인이 등장했습니다. 이 두 사람은 신명기 19장 15에 기록된 최소한의 증인을 의미합니다.

신명기 19:15, "사람의 모든 악에 관하여 또한 모든 죄에 관하여는 한 증인으로만 정할 것이 아니요 두 증인의 입으로나 또는 세 증인의 입으로 그 사건을 확정할 것이며"

어떤 사람을 고소할 때, 한 사람의 증언만 가지고는 안 된다는 것입니다. 적어도 그 사람의 죄를 증언할 사람이 두 명은 되어야 한다는 것이지요. 성경이 두 사람의 증인을 요구하는 것은, 어떤 일에 원한을 갖거나 복수심을 가진 사람이 거짓말로 모함을 하거나 증거를 조작할 수 있기 때문입니다. 하지만 이 법은 억울한 피해자를 만들지 말라고 주신 법이었지, 두세 사람의 증인을 만들 수 있다면 누구라도 범죄자를 만들 수 있다는 것은 아니었습니다.

그런데 율법을 지키고 가르쳐야 하는 대제사장과 바리새인들, 서기관들이 하나님께서 사람을 위해 주신 법을 이용해서 예수님을 죽이려 하고 있습니다. 그것도 예수님이 정말로 범죄 혐의가 있고, 그것을 증명해 줄 증인이 있어서 재판을 연 것이 아니라, 처음부터 예수님을 죽이기 위해 거짓 증인들을 만들어서 그들로 하여 말도 안

되는 증언을 하게 한 것입니다.

예수님을 심문하는 대제사장과 서기관, 공회원들을 보시기 바랍니다. 저들은 모세의 율법을 하나도 어기지 않고 순서대로 재판하고 있습니다. 증인도 둘 이상 세웠고, 자기들이 예수님을 직접 죽이지 않고 빌라도 총독에게 보내어 로마의 법을 따라 사형당하게 합니다. 또한 저들은 유월절 절기를 율법대로 지키기 위해서 빌라도의 관정에도 들어가지 않았습니다.

요한복음 18:28, "그들이 예수를 가야바에게서 관정으로 끌고 가니 새벽이라 그들은 더럽힘을 받지 아니하고 유월절 잔치를 먹고자 하여 관정에 들어가지 아니하더라"

죄인을 고발하겠노라고 관정으로 끌고 온 사람들이 정작 재판정 안으로는 들어가지 않고 바깥에서 소란을 피우고 있습니다. 오늘 본문은 그 시간이 새벽이었다고 말하고 있습니다. 뭐가 얼마나 급했으면 일과 시간도 아닌 새벽에 예수님을 끌고 왔을까요? 그런데 사형에 처하도록 해야 할 만큼 중요한 죄인을 새벽에 끌어오고도, 대제사장과 그 무리들은 부정하게 될까 봐 정작 관정에는 들어가지 않았습니다. 하지만 성경은 그들이 율법을 따라 합법적인 절차를 거쳤기 때문에 저들의 행위가 정당했다고 말하지 않습니다. 앞서 누가복음 11장에서 예수님께서 하신 말씀이 바로 이것입니다. 누가복음에 기록된 것과 같은 내용의 말씀을 마태복음에서는 이렇게 표현했습니다.

마태복음 23:23-25, "화 있을진저 외식하는 서기관들과 바리새인들이여 너희가 박하와 회향과 근채의 십일조는 드리되 율법의 더 중한 바 정의와 긍휼과 믿음은 버렸도다 그러나 이것도 행하고 저것도 버리지 말아야 할지니라 24. 맹인 된 인도자여 하루살이는 걸러 내고 낙타는 삼키는도다 25. 화 있을진저 외식하는 서기관들과 바리새인들이여 잔과 대접의 겉은 깨끗이 하되 그 안에는 탐욕과 방탕으로 가득하게 하는도다"

예수님께서 서기관과 바리새인들의 외식을 지적하시며 하신 말씀을 보십시오. 저들은 음식에 넣는 향신료인 박하와 회향과 근채의 십일조까지 드릴 만큼, 율법의 아주 작은 것 하나까지도 철저하게 지키려고 했던 사람들이었습니다. 음식에 넣는 향신료처럼 아주 작은 것, 하루살이처럼 눈에 잘 보이지도 않는 것들은 얼마나 잘 지키고 걸러 내는지 모릅니다. 하지만 하나님께서 그 율법을 왜 주셨는지, 그 율법을 통해 하나님께서 그들에게 가르쳐 주려고 하신 것이 무엇이었는지는 생각하지 않았습니다. 그래서 예수님께서는 저들의 행위를 가리켜서 24절 말씀처럼 하루살이는 걸러 내고 낙타는 삼킨 자들이라고 하셨습니다.

모세의 율법을 가지고 예수님을 심문할 때 두 사람 이상의 증인이 필요하다는 것도 지켰고, 유월절 절기를 지키기 위해 관정에는 들어가지도 않았습니다. 하지만 낙타와 같이 큰 문제 즉, 거짓 증인을 동원해서 예수님을 죽이는 일에는 아무 거리낌 없이 자기들의 권력을 동원하고 있습니다. 그런데 이와 같은 이중적 신앙 행태를 보이는 사람들이 과연 2천 년 전의 대제사장과 바리새인들뿐이었을까요?

사실은 오늘날 신앙생활을 하는 우리에게도 그와 같은 요소가 있습니다. 예수님께서 서기관과 바리새인을 향해 외식하는 자들이라고 말씀하신 이유가 무엇이었습니까? 저들이 종교 행위를 치장으로만 가지고 있었기 때문입니다.

누가복음 5:29-33, "레위가 예수를 위하여 자기 집에서 큰 잔치를 하니 세리와 다른 사람이 많이 함께 앉아 있는지라 30. 바리새인과 그들의 서기관들이 그 제자들을 비방하여 이르되 너희가 어찌하여 세리와 죄인과 함께 먹고 마시느냐 31. 예수께서 대답하여 이르시되 건강한 자에게는 의사가 쓸 데 없고 병든 자에게라야 쓸 데 있나니 32. 내가 의인을 부르러 온 것이 아니요 죄인을 불러 회개시키러 왔노라 33. 그들이 예수께 말하되 요한의 제자는 자주 금식하며 기도하고 바리새인의 제자들도 또한 그리하되 당신의 제자들은 먹고 마시나이다"

여기 '레위'라는 사람은 예수님의 제자인 마태인데, 그는 세리였습니다. 당시 로마 정부는 유대인들로부터 주민세, 토지세, 통행세와 같은 세금을 효과적으로 거두기 위해, 관리인으로 유대인 조세 징수관을 두었습니다. 주민세나 토지세와 같은 세금들은 집마다 다니며 거둬야 했기 때문입니다. 그래서 로마 정부로부터 임명받은 고위직 유대인 징수관은, 직원을 고용해서 길목에서 통행세를 받게 하거나 주민세와 토지세 등을 거두도록 했습니다. 레위 마태는 가버나움 지역에 있던 세관에서 통행세를 받던 사람이었습니다.

가버나움은 나사렛, 벳세다와 함께 갈릴리 지역에 있던 곳이었기 때문에 예수님은 그곳을 지나시면서 레위 마태를 자주 보셨던 것으로 보입니다. 그리고 마태는 예수님께서 "나를 따르라" 하셨을 때, 마태 역시 베드로나 다른 제자들처럼 모든 것을 버리고 일어나 예수님을 따랐습니다.

그런데 문제는 마태가 예수님을 자기 집에 초대했고, 자기와 함께 일하던 다른 동료들도 불러서 잔치를 벌인 것을 바리새인과 서기관들이 본 것입니다. 바리새인과 서기관들은 예수님과 제자들을 향해 "너희는 어떻게 세리와 죄인들과 함께" 밥을 먹을 수 있느냐며 비난을 했습니다. 바리새인과 서기관들이 세리와 함께 지목한 '죄인'이라고 표현한 사람들은 아마도 국경 세관에 근무하던 이방 사람들을 가리켜 말한 것으로 보입니다. 유대인들에게 있어서 율법을 갖지 않은 이방인은 죄인과 같은 의미입니다. 그래서 유대인들은 이방인들과 같이 식사를 하지 않았습니다.

이와 같은 유대인들의 전통은 복음이 이방 나라와 도시들로 퍼져나가서 곳곳마다 교회들이 세워져 가고 있을 때, 베드로조차 넘어졌던 전통이었습니다.

갈라디아서 2:11-14, "게바가 안디옥에 이르렀을 때에 책망 받을 일이 있기로 내가 그를 대면하여 책망하였노라 12. 야고보에게서 온 어떤 이들이 이르기 전에 게바가 이방인과 함께 먹다가 그들이 오매 그가 할례자들을 두려워하여 떠나 물러가매 13. 남은 유대인들도 그와 같이 외식하므로 바나바도 그들의 외식에 유혹되었느니라 14. 그러므로 나는 그들이 복음의 진리를 따라 바르게 행하지 아니함을 보고 모든 자 앞에서 게바에게 이르되 네가 유대인으로서 이방인을 따르고 유대인답게 살지 아니하면서 어찌하여 억지로 이방인을 유대인답게 살게 하려느냐 하였노라"

여기 게바라는 사람은 베드로입니다. 베드로가 안디옥교회에 머물면서 그 교회 성도들과 식사를 하고 있을 때, 야고보에게서 온 어떤이 즉, 예루살렘 교회에서 온 어떤 사람들이 안디옥교회를 찾아온 것입니다. 당연히 예루살렘 교회에서 온 유대인들은 할례를 받은 사람들이었고, 유대인의 전통에 익숙한 사람들이었습니다. 그러자 베드로가 슬그머니 일어나서, 마치 자기는 이방인들과 함께 밥을 먹지 않은 것처럼 나가 버린 것입니다. 그런데 베드로가 나가니까 베드로와 함께 식사하던 유대인들은 물론이고, 그 자리에 같이 있었던 바나바까지도 베드로를 따라 밖으로 나가 버렸습니다. 그들은 이방인과 같이 밥을 먹지 않는다는 유대 전통을 어겼다는 이유로, 혹시나 예루살렘에서 온 사람들에게 비난을 받을까 봐 두려워했던 것입니다. 바울이 그 사실을 알고서 베드로를 만나 그를 책망했다는 이야기입니다.

갈라디아서 2:16-17, "사람이 의롭게 되는 것은 율법의 행위로 말미암음이 아니요 오직 예수 그리스도를 믿음으로 말미암는 줄 알므로 우리도 그리스도 예수를 믿나니 이는 우리가 율법의 행위로써가 아니고 그리스도를 믿음으로써 의롭다 함을 얻으려 함이라 율법의 행위로써는 의롭다 함을 얻을 육체가 없느니라 17. 만일 우리가 그리스도 안에서 의롭게 되려 하다가 죄인으로 드러나면 그리스도께서 죄를 짓게 하는 자냐 결코 그럴 수 없느니라"

바울의 말이 무엇입니까? "베드로 네가 율법을 지켜서 의로워진 것이냐? 오직 예수 그리스도를 믿음으로 말미암아 의롭게 된 것 아니었느냐?"라는 것입니다. 율법의 행위로는 의롭다 함을 얻을 육체가 없는데, 왜 이방인 성도들에게 잘못된 메시지를 주느냐는 것입니다. 이처럼 유대인들이 가진 율법의 전통은 수제자인 베드로와 바울과 함께 이방 복음 전도의 핵심 역할을 했던 바나바마저도 껄끄러워했던 것입니다.

복음이 이방 나라에 전파되어 유대인이 아닌 사람들이 주로 모이는 교회에서도 이러한 상황이니, 예수님과 제자들이 세리 마태의 집에서 그의 동료들과 함께 잔치를 벌이는 것을 본 바리새인들이 가만히 있을 리가 없습니다. 당연히 "너희가 어찌하여 세리와 죄인들과 함께 먹고 마시느냐?" 하고 따지는 것입니다. 그들의 관점에서 보면, 율법을 지키지 않은 유대인들 역시 죄인입니다. 결국 바리새인과 서기관들이 하고 싶은 말은 무엇입니까? 예수님과 그의 제자들 모두 죄인이라는 것입니다. 그러자 예수님께서 그들에게 뭐라고 말씀하십니까?

누가복음 5:31-32, "예수께서 대답하여 이르시되 건강한 자에게는 의사가 쓸 데 없고 병든 자에게라야 쓸 데 있나니 32. 내가 의인을 부르러 온 것이 아니요 죄인을 불러 회개시키러 왔노라"

예수님께서 부르러 온 사람들은, 바리새인과 서기관 같은 자칭 의로운 자들이 아니라 죄인을 불러 회개시키러 오신 것이라고 말씀하셨습니다. 하지만 세리와 죄인들과 함께 잔치를 벌이고 음식을 먹는 것을 본 바리새인과 서기관이, 예수님이 하시는 말씀을 듣고 그냥 물러날 리가 없습니다. 그래서 자기들이 준비한 회심의 무기를 꺼내 들어서 예수님을 찔렀습니다.

누가복음 5:33, "그들이 예수께 말하되 요한의 제자는 자주 금식하며 기도하고 바리새인의 제자들도 또한 그리하되 당신의 제자들은 먹고 마시나이다"

저들이 지적하는 것이 무엇입니까? "당신들은 왜 그따위냐?"라는 것입니다. "세례요한의 제자는 자주 금식하며 기도하고, 바리새인의 제자들도 그렇게 하는데 당신의 제자들은 늘 먹고 마시더라." 그들이 하려 말이 무엇입니까? "제자들을 보니 선생인 당신도 알겠다"입니다. 어떻게든 예수님에 대한 꼬투리를 잡아서 넘어뜨리고 죽이기 위해, 자기들이 가진 모든 종교적인 지식과 율법을 동원하고 있습니다. 원래 하나님께서 이스라엘에게 주셨던 율법의 뜻과 목적은 온데간데 없고, 대신 그 율법을 가지고 누군가를 때려잡는 쪽으로 사용하고 있는 것입니다. 오늘 본문에 대제사장이 예수님을 심문하는 것도 똑같습니다.

마태복음 26:63-66, "예수께서 침묵하시거늘 대제사장이 이르되 내가 너로 살아 계신 하나님께 맹세하게 하노니 네가 하나님의 아들 그리스도인지 우리에게 말하라 64. 예수께서 이르시되 네가 말하였느니라 그러나 내가 너희에게 이르노니 이 후에 인자가 권능의 우편에 앉아 있는 것과 하늘 구름을 타고 오는 것을 너희가 보리라 하시니 65. 이에 대제사장이 자기 옷을 찢으며 이르되 그가 신성모독 하는 말을 하였으니 어찌 더 증인을 요구하리요 보라 너희가 지금 이 신성모독 하는 말을 들었도다 66. 너희 생각은 어떠하냐 대답하여 이르되 그는 사형에 해당하니라 하고"

원래 율법은 사람을 살리는 법으로, 서로를 위하고 사랑하는 법으로 주신 것입니다. 하나님께서 우리에게 무엇인가를 꼭 해야 한다, 지켜야 한다고 말씀하시는 것이 있다면, 그것은 반드시 우리에게 복이 되기 때문에 하라고 하신 것입니다. 하나님께서 천지를 창조하시고, 당신이 창조하신 모든 것을 다스리고 지키며 누릴 수 있는 권한을 사람에게 주셨습니다. 그것이 하나님의 뜻이었고 하나님께 기쁨이 되었기 때문입니다. 아담과 하와에게 선악과를 먹지 말라고 말씀하신 것도, 그들이 영원토록 하나님과 함께 살 수 있는 길, 그들에게 복이 되는 길이 그것이었기 때문입니다. 하지만 아담과 하와는 하나님께서 말씀하신 대로 순종하지 않았습니다. 그들의 관심은 하나님과 함께 사는 것이 아니라, 하나님처럼 되는 것이었기 때문입니다.

하나님께서 모세를 통하여 그들에게 복이 되는 길, 그들의 왕이 되시는 하나님과 대를 이어 함께 사는 방법으로 율법을 주셨습니다. 이 율법은 신명기에서 모세가 고별 설교를 통해서, 그들이 어떻게 애굽으로부터 구원을 받을 수 있었는지, 그들이 받은 율법이 얼마나 그들에게뿐만 아니라 대대손손 하나님의 보호 아래 살 수 있는 것인지 잘 가르쳐 주었습니다.

신명기 32:45-47, "모세가 이 모든 말씀을 온 이스라엘에게 말하기를 마치고 46. 그들에게 이르되 내가 오늘 너희에게 증언한 모든 말을 너희의 마음에 두고 너희의 자녀에게 명령하여 이 율법의 모든 말씀을 지켜 행하게 하라 47. 이는 너희에게 헛된 일이 아니라 너희의 생명이니 이 일로 말미암아 너희가 요단을 건너가 차지할 그 땅에서 너희의 날이 장구하리라"

이 율법의 말씀을 지켜 행하는 것은 너희에게 헛된 일이 아니라, 너희의 생명이다, 이 율법을 잘 지키면 그 땅에서 너희의 날이 장구하리라고 했습니다. 가나안 땅에 들어와서 지파별로 땅을 분배받은 후, 여호수아가 **"오직 나와 내 집은 여호와 하나님만 섬기겠노라"**(수 24:15)라고 했을 때, 온 이스라엘 백성들이 자기들도 그렇게 따르겠노라고 맹세했던 율법이었습니다.

여호수아 24:20-28, "만일 너희가 여호와를 버리고 이방 신들을 섬기면 너희에게 복을 내리신 후에라도 돌이켜 너희에게 재앙을 내리시고 너희를 멸하시리라 하니 21. 백성이 여호수아에게 말하되 아니니이다 우리가 여호와를 섬기겠나이다 하는지라 22. 여호수아가 백성에게 이르되 너희가 여호와를 택하고 그를 섬기리라 하였으니 스스로 증인이 되었느니라 하니 그들이 이르되 우리가 증인이 되었나이다 하더라 23. 여호수아가 이르되 그러면 이제 너희 중에 있는 이방 신들을 치워 버리고 너희의 마음을 이스라엘의 하나님 여호와께로 향하라 하니 24. 백성이 여호수아에게 말하되 우리 하나님 여호와를 우리가 섬기고 그의 목소리를 우리가 청종하리이다 하는지라 25. 그 날에 여호수아가 세겜에서 백성과 더불어 언약을 맺고 그들을 위하여 율례와 법도를 제정하였더라 26. 여호수아가 이 모든 말씀을 하나님의 율법책에 기록하고 큰 돌을 가져다가 거기 여호와의 성소 곁에 있는 상수리나무 아래에 세우고 27. 모든 백성에게 이르되 보라 이 돌이 우리에게 증거가 되리니 이는 여호와께서 우리에게 하신 모든 말씀을 이 돌이 들었음이니라 그런즉 너희가 너희의 하나님을 부인하지 못하도록 이 돌이 증거가 되리라 하고 28. 백성을 보내어 각기 기업으로 돌아가게 하였더라"

이스라엘 백성들이 세겜이라는 곳에 모여서, 여호수아 앞에서 하나님의 율법과 법도를 지키겠다는 약속을 맺고, 그 모든 내용을 하나님의 율법책에 기록하고 큰 돌을 가져다가 기념비를 세웠습니다. 그래서 성경에 '세겜 언약'이라는 말이 나오면, 바로 이 사건을 말하는 것입니다.

27절에 여호수아가 이스라엘 백성들에게 다짐하는 것이 무엇입니까? 여호와의 성소 곁에 있는 상수리나무 아래에 세워 둔 돌이, 다시는 이스라엘 백성들이 하나님을 부인하지 못하도록 증거가 된다고 했습니다. 그 증거의 핵심 내용이 무엇이었습니까? 24절 말씀처럼 **"우리 하나님 여호와를 우리가 섬기고 그의 목소리를 우리가 청종하리이다"**라는 것이었습니다. 이 세겜 언약은 다윗이 그 아들 솔로몬에게 준 유언에도 등장합니다.

열왕기상 2:3-4, "네 하나님 여호와의 명령을 지켜 그 길로 행하여 그 법률과 계명과 율례와 증거를 모세의 율법에 기록된 대로 지키라 그리하면 네가 무엇을 하든지 어디로 가든지 형통할지라 4. 여호와께서 내 일에 대하여 말씀하시기를 만일 네 자손들이 그들의 길을 삼가 마음을 다하고 성품을 다하여 진실히 내 앞에서 행하면 이스라엘 왕위에 오를 사람이 네게서 끊어지지 아니하리라 하신 말씀을 확실히 이루게 하시리라"

3절에서 다윗은 솔로몬에게 **"그 법률과 계명과 율례와 증거를 모세의 율법에 기록된 대로 지키라"**라고 했습니다. 그 율법에 기록된 내용은 앞서 여호수아 24장에서 여호수아가 이스라엘 백성들과 함께 세겜 땅에서 맺었던 언약도 함께 기록된 것이었습니다.

그러면 그와 같은 율법의 내용을 대제사장과 바리새인들은 알았을까요, 몰랐을까요? 율법의 전문가들이었기 때문에 당연히 알았을 것입니다. 하지만 율법을 백성들에게 가르치고, 율법의 본뜻을 누구보다 잘 지켜야 할 대제사장이 하는 일을 보십시오. 앞서도 말씀드렸던 것처럼, 율법의 본뜻은 사람을 살리는 법이었습니다. 세상을 움직이는 약육강식의 힘의 논리가 아니라, 하나님의 뜻과 보호 아래서 모든 사람이 평화롭고 행복하게 살 수 있는 생명의 법이었습니다.

하지만 대제사장과 바리새인들은 생명이나 하나님의 백성들을 보호하는 것에 관한 관심이 전혀 없습니다. 대신 율법의 조문 하나하나를 따져서 예수님을 트집 잡아 죽이는 일에 율법을 쓰고 있습니다. 이것은 율법을 주시고, 구원을 주신 하나님의 뜻을 발견하지 못하고, 그분의 뜻을 따라가지 않으면 우리의 신앙이 어떻게 변질되고 잘못

될 수 있는지 가르쳐 주는 말씀입니다.

요한복음 17장에서 예수님은 반복하여 "내가 아버지의 이름을 그들에게 나타냈습니다, 아버지의 말씀을 그들에게 주었습니다, 그들은 이제 내가 아버지께로부터 왔음을 알았습니다, 이제 우리가 하나가 되게 하옵소서" 하고 기도했습니다. 예수님께서 사람들에게 아버지의 이름을 나타내시고, 아버지의 말씀을 전해 주시고, 사람들로 아버지를 알게 하려고 하신 이유가 무엇일까요? 그것은 지금까지 사람들이 아버지를 제대로 알지 못했기 때문입니다. 아담과 하와로부터 예수님이 세상에 오셨을 때까지 사람들은 하나님을 제대로 알지 못했고, 하나님께서 주신 말씀을 제대로 이해하지 못했습니다.

하나님과 사귐이 있고 하나가 되게 하려고 주신 계명과 율법을 자기들의 권력을 유지하고 계승하는 수단으로 삼아 버렸고, 하나님께 예배하고 하나님 앞에 나가는 각종 종교의식은 자기들의 경건을 자랑하고 치장하는 데 써 버렸습니다. 그래서 바리새인과 서기관들이 마태의 집에 들어가신 예수님에게 트집 잡고 따졌던 것이 무엇이었습니까? "요한의 제자들이나 자기들은 자주 금식하고 기도하는데, 당신 제자들은 늘 먹고 마시고 즐깁니다. 제자를 보면 스승을 안다고, 당신이 뭐 하나 제대로 하는 게 있습니까? 어디 가서 함부로 선생질하지 마시고 손이나 씻고 밥 먹으시오." 이것이 바로 바리새인과 서기관들이 이해한 율법이었습니다.

우리가 예수 그리스도를 통해서 우리를 구원하신 하나님을 알지 못하고 성경을 알지 못하면 우리의 신앙생활이라는 것도 얼마든지 저들처럼 될 수 있습니다. 저들이 손 씻고 밥을 먹었기 때문에 구원을 받는 것이 아니었습니다. 저들이 박하와 회향과 근채의 십일조를 드리고, 자주 금식하며 기도했기 때문에 구원을 받는 것이 아니었습니다. 저들이 유월절 절기를 철저하게 잘 지키려고 로마 재판관의 관정에 들어가지 않았기 때문에 하나님 앞에 합격 점수를 받게 되는 것이 아니었습니다.

저들은 하루살이는 잘 걸러 냈지만, 낙타를 집어삼키는 자들이었습니다. 무엇 때문에 그렇습니까? 율법을 주신 더 중요한 것을 놓쳐 버렸기 때문입니다. 그 더 중요한 것이 무엇이었지요? 마태복음 23장 23절의 말씀처럼, "율법의 더 중요한 정의와 긍휼과 믿음은 버렸기" 때문입니다.

정의는 무엇입니까? 하나님의 뜻과 목적, 그분이 주신 말씀에 합한 것입니다. 긍휼은 무엇입니까? 하나님의 마음으로 그분의 백성을 바라보는 것입니다. 믿음은 무엇입니까? 하나님께서 주신 구원의 방법을 믿고 따르는 것입니다. 하지만 대제사장과 바리새인들은 하나님의 뜻과 목적, 그분이 주신 말씀을 따라 살기보다는, 자기들의 기득권을 유지하는 쪽으로 율법을 사용했습니다. 하나님은 당신의 백성 한 사람까지도 살리기 위해 당신의 외아들 예수 그리스도를 세상에 보냈는데, 저들은 그 예수를 십자가에 못 박아 죽였습니다. 하나님께서는 당신의 아들 예수 그리스도를 믿는 자는 누구든지 구원받을 수 있게 해 주셨는데, 저들은 하나님께서 주신 방법을 쓰레기통에 처박아 버렸습니다. 대신 사람들 앞에서 기도하기 좋아하고, 사람에게서 영광을 받으려고 회당과 거리에서 구제하며, 자기가 금식한 것을 알게 하려고 얼굴을 흉하게 했습니다.

> 마태복음 6:1-5, "사람에게 보이려고 그들 앞에서 너희 의를 행하지 않도록 주의하라 그리하지 아니하면 하늘에 계신 너희 아버지께 상을 받지 못하느니라 2. 그러므로 구제할 때에 외식하는 자가 사람에게서 영광을 받으려고 회당과 거리에서 하는 것 같이 너희 앞에 나팔을 불지 말라 진실로 너희에게 이르노니 그들은 자기 상을 이미 받았느니라 3. 너는 구제할 때에 오른손이 하는 것을 왼손이 모르게 하여 4. 네 구제함을 은밀하게 하라 은밀한 중에 보시는 너의 아버지께서 갚으시리라 5. 또 너희는 기도할 때에 외식하는 자와 같이 하지 말라 그들은 사람에게 보이려고 회당과 큰 거리 어귀에 서서 기도하기를 좋아하느니라 내가 진실로 너희에게 이르노니 그들은 자기 상을 이미 받았느니라"
>
> 마태복음 6:16, "금식할 때에 너희는 외식하는 자들과 같이 슬픈 기색을 보이지 말라 그들은 금식하는 것을 사람에게 보이려고 얼굴을 흉하게 하느니라 내가 진실로 너희에게 이르노니 그들은 자기 상을 이미 받았느니라"

예수님께서 바리새인의 외식을 지적하며 반복하여 말씀하시는 것이 있습니다. 그것은 **"사람에게서 영광을 받으려고"**, **"사람에게 보이려고"**입니다. 하나님께서 저들에게 율법을 주신 것은 정의와 긍휼과 믿음을 위해 주셨는데, 저들은 그 율법을 가지고 자기를 자랑하고 영광을 받는 것에 써 버렸습니다. 그 믿음의 완성을 위해서 예수 그리스도를 보내 주셨지만, 저들은 예수님이 자기들의 자랑과 영광에 방해가 된다고 생각해서 결국 십자가에 못 박아 죽입니다. 이것이 2천 년 전의 바리새인과 서기관들만의 모습일 것 같습니까? 사실은 오늘날 우리가 가진 신앙의 모습과 별로 다르지 않습니다. 곳곳마다 금식한 사람들이 얼마나 많은지, 아침저녁으로 큐티며 명상 기도 하는 사람은 또 얼마나 많은지, 각종 봉사활동과 구제 사역은 얼마나 열심히 하는지 모릅니다. 교회마다 또한 그런 교회를 다니는 성도들의 자랑도 그런 것들입니다.

제가 드리는 말씀은, "그러한 신앙 행위들을 하지 말라, 그건 잘못된 것이다" 이런 말씀을 드리는 것이 아닙니다. 예수님께서도 **"그러나 이것도 행하고 저것도 버리지 말아야 할지니라"**(마 23:23)라고 하시면서 저들의 신앙 행위 자체는 잘못된 것이 아니라고 분명히 말씀하셨습니다. 하지만 문제는 무엇입니까? 거기에 자리 잡고 앉아서 더 이상 자라지 않는 것입니다. 신앙의 수준이 더 이상 앞으로 나갈 생각을 하지 않는 것입니다.

그러한 신앙 행위를 했기 때문에 구원받는 것이 아니고, 그런 행위들 때문에 하나님의 사랑과 긍휼을 더 받는 것이 아닌데, "내가 종교적으로 할 일은 다 했으니 이제 하나님은 내 기도에 응답해 주세요" 이러고 있습니다. 우리가 조금 더 깊게 하나님을 알아 가길 원합니다. 하나님을 위한다는 이름으로 내가 행한 종교 행위나 착한 일이 자랑이 되고 남과 비교되기 시작하는 순간, 우리는 대제사장 바리새인과 똑같이 됩니다.

그런데 이렇게 말씀드리면 또 반대로 이해하고 오해하는 사람이 있습니다. "난 그럴까 봐 아무것도 안 해. 행함으로 구원받나? 믿기만 하면 되지." 이렇게 갑니다. 예수님께서도 말씀하셨지만, "이것도 행하고 저것도 버리지 말아야" 합니다. 예수님께서 바리새인들의 외식을 지적하신 것은, 그들이 그 행위 자체에 안주하면서 그것으로 자기들의 영광과 치장으로 삼은 것을 말씀하신 것입니다. 그들의 행위가 잘못됐다고 말씀하신 것이 아니라, 그들의 생각과 신앙의 자세가 잘못되었다고 말씀하신 것이지요. "그럴 바엔 안 해"라고 하는 것이나 "신앙 행위를 자기의 영광과 치장으로 삼는 것"이나 하나님께서 주신 구원의 도리를 잘못 이해한 것은 똑같습니다. 둘 다 자기를 위하고, 자기가 주인이 되어 하는 일이기 때문입니다.

우리가 밥을 먹고 운동을 하는 것은 본인의 건강을 위해 좋은 것입니다. 좋고 맛있는 음식은 인간에게 기쁨과 만족을 주는 가장 기본적이고 필수적인 생존 방식입니다. 운동을 통해 근육과 몸매가 잘 만들어지고 건강해지는 것은, 해 보지 않은 사람은 알 수 없는 기쁨과 행복입니다. 살찔까 봐 밥 안 먹고, 힘들고 다칠까 봐 운동하지 않는 것은, 장기적으로 봤을 때 본인의 건강에 좋지 않다는 것은 모두가 아는 사실입니다.

우리가 하나님의 뜻과 목적에 따라, 겸손히 하나님의 말씀에 순종했을 때 얻게 되는 유익이 있습니다. 그것은 물질적인 복, 세상의 복을 받게 된다는 차원의 것이 아니라, 그 일을 통해서 하나님과 더 가까워지고 하나님을 알아가게 되는 복입니다. 마치 규칙적인 식생활과 운동을 통해 몸이 건강해지는 것을 느끼는 것처럼, 하나님과 가까워지고, 하나님을 알게 될 때 느끼는 영혼의 건강함이 있습니다. 그 영혼의 건강함은, 하나님과 가까워 보지 않고 하나님과 동행하는 것을 느껴 보지 못한 사람은, 단지 설명만 들어서는 이해할 수 없는 기쁨입니다.

언제나 그렇듯이 하나님께서는 우리 앞에 선택지를 주셨습니다. 하나님께서 주신 자유의지를 따라 우리는 어떤 것도 선택할 수 있습니다. 여러분은 어떤 것을 선택하시겠습니까? 본인의 영광과 자랑을 위해 신앙생활을 하시겠습니까, 아니면 그럴 바엔 안 하는 것을 선택하겠습니까? 예수님께서는 "그러나 이것도 행하고 저것도 버리지 말라"라고 말씀하셨습니다.

아버지와 내 뜻은 하나라고 말씀하신 예수님의 말씀을 이해할 수 있게 되길 원합니다. 언제쯤 우리는 하나님께서 은혜로 주신 말씀과 구원의 복음을, 주신 분의 뜻을 따라 이해하고 순종할 수 있을까요? 왜 우리는 은혜로 주신 것을 자기 자랑으로 삼거나, 그 은혜를 오해해서 구원받았으니 나는 아무것도 안 하겠다는 양쪽 극단으로 향하는 사람들이 많을까요? 우리 마음에 자기 자신만을 위하는 죄 된 본성이 여전히 남아 있기 때문입니다. 예수님의 고난과 십자가 사건을 2천 년 전의 대제사장과 바리새인들이 행한 흉악한 역사적 사실로만 이해해서는 안 될 것입니다. 그들이 그와 같은 행동을 하게 된 영적인 요소, 하나님의 말씀이 아니라 자기 자신을 위하는 죄 된 본성이 우리에게도 있지 않은지를 돌아봐야 합니다. 복음을 잘 이해하고 잘 순종해서, 하나님과 그리스도를 더욱 깊이 알아가고 더 깊은 친밀한 교제의 관계 속으로 들어가는 저와 여러분이 되길 기원합니다.

요한복음 18:33~38

진리가 무엇이냐?

"33. 이에 빌라도가 다시 관정에 들어가 예수를 불러 이르되 네가 유대인
의 왕이냐 34. 예수께서 대답하시되 이는 네가 스스로 하는 말이냐 다른
사람들이 나에 대하여 네게 한 말이냐 35. 빌라도가 대답하되 내가 유대
인이냐 네 나라 사람과 대제사장들이 너를 내게 넘겼으니 네가 무엇을 하
였느냐 36. 예수께서 대답하시되 내 나라는 이 세상에 속한 것이 아니니
라 만일 내 나라가 이 세상에 속한 것이었더라면 내 종들이 싸워 나로 유
대인들에게 넘겨지지 않게 하였으리라 이제 내 나라는 여기에 속한 것이
아니니라 37. 빌라도가 이르되 그러면 네가 왕이 아니냐 예수께서 대답하
시되 네 말과 같이 내가 왕이니라 내가 이를 위하여 태어났으며 이를 위
하여 세상에 왔나니 곧 진리에 대하여 증언하려 함이로라 무릇 진리에 속
한 자는 내 음성을 듣느니라 하신대 38. 빌라도가 이르되 진리가 무엇이
냐 하더라 이 말을 하고 다시 유대인들에게 나가서 이르되 나는 그에게서
아무 죄도 찾지 못하였노라"

오늘 우리가 살펴보려고 하는 내용은 설교의 제목과 같이 38절에서 빌라도가 예수님께 물었던 "진리가 무엇이냐?"라고 하는 것입니

다. 먼저 우리가 살펴봐야 할 것은, 대제사장과 많은 사람이 새벽 시간에 예수님을 관정으로 끌고 가서 빌라도에게 예수님을 심문할 것을 요구한 내용입니다.

빌라도는 AD 26년부터 36년까지 유대 지방의 총독으로 있었던 사람입니다. 1세기 유대인 철학자 필로(Philo)라는 사람의 기록에 의하면, 빌라도는 잔인하고 오만하며, 쉽게 분노하는 성격을 가진 사람으로 유대인과 사이가 좋지 않았다고 기록하고 있습니다. 빌라도는 그가 총독으로 부임할 때부터 유대인들과 심각한 대립 관계에 있었다고 합니다. 특히 빌라도는 군사를 동원하여 유대인을 잔인하게 죽인 것으로 인해, 유다의 분봉왕이었던 헤롯과 원수지간처럼 되기도 했습니다.

누가복음 13:1, "그 때 마침 두어 사람이 와서 빌라도가 어떤 갈릴리 사람들의 피를 그들의 제물에 섞은 일로 예수께 아뢰니"

역사가 요세푸스(Josephus)의 기록에 의하면, 어떤 유월절 제사 때는 3천 명의 유대인들이 마치 제단에 바쳐지는 짐승들처럼 학살당했다고 기록했으며, 또 다른 유월절에는 2만 명이나 되는 유대인들이 학살당했다고 기록했습니다. 누가복음의 기록이 어떤 사건을 말한 것인지는 분명하지 않지만, 식민지 통치자로 온 로마 총독과 피식민지 백성인 유대인들 사이의 관계를 볼 수 있는 대목입니다. 우리도 일제강점기 시절에, 단지 피식민지 백성이라는 이유만으로 박해를 받지 않았습니까? 그래서 그런 일들이 낯설지 않은 일임을 알 수 있습니다.

갈릴리 지역은 헤롯 왕이 머물던 가이사랴 빌립보 지역의 관할 구역이었습니다. 헤롯은 자신의 지역에 허가도 받지 않고 군사들을 끌고 와서 갈릴리 사람들을 학살한 빌라도에 대해서 자신을 무시한 행위라고 생각했고, 그 일로 원수지간처럼 되었습니다. 그런데 유대의 총독이었던 빌라도가 늘 막강한 권력만 행사한 것은 아닙니다. 그가 총독으로 재임하던 시절에 유대인들에 의해 그의 총독직을 위협받는 민중 봉기를 두 번이나 당했습니다. 첫 번째는, 로마군을 투입하여 예루살렘 성전에 로마식 신상을 세웠다가 유대인들의 폭동으로 인해 5일 만에 철거한 일이 있었습니다. 두 번째는, 성전의 자금을 가져다가 로마식 수도관을 건설하는 정책을 세웠는데 역시 유대인들의 봉기로 인해 철회하는 일이 있었습니다. 그런데 자신의 관할 지역에서 대규모 민중 봉기가 자주 일어나는 것은, 로마 황제에게 빌라도의 정치력과 통치력에 심각한 결함이 있는 것으로 보이게 되는 사건입니다.

결국 빌라도는 어떤 부분은 유대 지도자들과 정치적 타협을 하게 됩니다. 오늘 본문에 나오는 '예수님에 대한 심문' 사건이 그 대표적인 예입니다. 평상시의 빌라도 같았더라면 죄인으로 잡혀 온 사람은 관정에 있고, 고소인은 바깥에 있는 사건을 재판하기 위해서, 그것도 새벽에 일어나서 관정과 바깥을 왔다 갔다 하면서 재판하는 일은 없었을 것입니다. 여러분은 이러한 재판이 이해가 되나요? 더구나 빌라도가 생각했을 때, 죄인으로 붙잡혀 온 예수님에게서 어떤 죄목도 발견해 낼 수 없는 그런 사건이었습니다.

요한복음 18:29, "그러므로 빌라도가 밖으로 나가서 그들에게 말하되 너희가 무슨 일로 이 사람을 고발하느냐"

빌라도는 로마의 재판절차를 따라 예수님에게 어떤 혐의 사실이 있는지 물었습니다. 그러자 예수님을 고소한 사람들이 이렇게 대답합니다.

요한복음 18:30, "대답하여 이르되 이 사람이 행악자가 아니었더라면 우리가 당신에게 넘기지 아니하였겠나이다"

'행악자'라고 번역된 원문의 뜻을 보면, "법률 위반 여부와 관계없이 심성 자체가 악하며, 인격이 바르지 못한 사람"을 가리키는 말입니다. 구체적 범죄 사실에 대한 소명이 아니라, "저 사람은 못된 사람이에요, 인격이 글러 먹었어요"라는 식의 감정적 고소였다는 것입니다. 예수님을 끌고 온 대제사장과 그 무리들이 '행악자'라고 말한 이유에 대해서 공관복음에 기록된 내용을 보면, 예수님께서 스스로 하나님의 아들이신 것을 밝힘으로 인해 신성모독 죄를 범했다고 여겼기 때문입니다.

마가복음 14:60-65, "대제사장이 가운데 일어서서 예수에게 물어 이르되 너는 아무 대답도 없느냐 이 사람들이 너를 치는 증거가 어떠하냐 하되 61. 침묵하고 아무 대답도 아니하시거늘 대제사장이 다시 물어 이르되 네가 찬송 받을 이의 아들 그리스도냐 62. 예수께서 이르시되 내가 그니라 인자가 권능자의 우편에 앉은 것과 하늘 구름을 타고 오는 것을 너희가 보리라 하시니 63. 대제사장이 자기 옷을 찢으며 이르되 우리가 어찌 더 증인을 요구하리요 64. 그 신성모독 하는 말을 너희가 들었도다 너희는 어떻게 생각하느냐 하니 그들이 다 예수를 사형에 해당한 자로 정죄하고 65. 어떤 사람은 그에게 침을 뱉으며 그의 얼굴을 가리고 주먹으로 치며 이르되 선지자 노릇을 하라 하고 하인들은 손바닥으로 치더라"

그런데 유대인들이 예수님을 사형에 해당한다고 한 것은 자기들의 종교법에 관한 것으로, 로마 법정은 식민지의 종교법에 대해서는 관여하지 않았습니다. 결국 대제사장과 함께 온 사람들은 종교적인 고소를 통해서는 의도한 대로 예수님을 죽일 수 없다는 사실을 알았기 때문에 '행악자'라고 표현한 것입니다. 그런데 세상 어떤 재판관이 "심성이 못됐다, 인격이 글러 먹었다" 이런 죄목으로 재판을 하겠습니까? 그러니까 빌라도가 이렇게 말합니다.

요한복음 18:31, "빌라도가 이르되 너희가 그를 데려다가 너희 법대로 재판하라 유대인들이 이르되 우리에게는 사람을 죽이는 권한이 없나이다 하니"

빌라도가 유대인들이 제기한 고소 고발 사건에 대하여 좀 더 구체적인 죄목을 따져 묻지 않고, "데려가서 너희 법대로 재판하라"라고 한 이유가 뭘까요? 당시의 역사 기록들을 토대로 신학자들이나 성경 주석가들의 내용을 종합해 보면, 빌라도는 여러 경로의 첩보 활동을 통해 예수님과 관련하여 유대 사회에서 벌어지고 있는 일들을 이미 알고 있었던 것으로 보입니다. 그래서 명절에 죄인 한 사람을 놓아주는 전례를 통해 예수님을 풀어 주려고 했던 이유도, 그들이 시기로 예수님이 재판에 넘겨진 것을 알았기 때문입니다.

마태복음 27:17-18, "그들이 모였을 때에 빌라도가 물어 이르되 너희는 내가 누구를 너희에게 놓아 주기를 원하느냐 바라바냐 그리스도라 하는 예수냐 하니 18. 이는 그가 그들의 시기로 예수를 넘겨 준 줄 앎이더라"

또 한편으로는, 앞서도 말씀드렸던 것처럼 유대인들과 좋지 않은 관계였던 빌라도가, 예수를 넘겨줌으로 인해 정치적 관계를 좋게 하려고 했기 때문입니다. 그런데 성경은 빌라도가 유대인들에게 제안한 이 일에 대해서 이렇게 말합니다.

요한복음 18:32, "이는 예수께서 자기가 어떠한 죽음으로 죽을 것을 가리켜 하신 말씀을 응하게 하려 함이러라"

앞서 31절에서, **"유대인들이 이르되 우리에게는 사람을 죽이는 권한이 없나이다"**라고 말했던 것처럼, 유대인들이 빌라도에게 원하는 것은 '예수를 죽여 달라'는 것입니다. 그리고 빌라도는 유대인 지도자들이 시기심 때문에 예수님을 죽이려고 하는 것도 알았습니다. 그럼에도 빌라도가 재판관으로서의 소신으로 공정한 판결을 하지 않고, 유대인들과 정치적 타협을 통해 예수님을 십자가에 못을 박아 죽이는 사형에 내어준 것은, 그것이 예수님께서 이미 하신 말씀을 이루기 위한 것이었다고 성경은 분명하게 말씀하고 있습니다.

마태복음 20:17-19, "예수께서 예루살렘으로 올라가려 하실 때에 열두 제자를 따로 데리시고 길에서 이르시되 18. 보라 우리가 예루살렘으로 올라가노니 인자가 대제사장들과 서기관들에게 넘겨지매 그들이 죽이기로 결의하고 19. 이방인들에게 넘겨 주어 그를 조롱하며 채찍질하며 십자가에 못 박게 할 것이나 제삼일에 살아나리라"

우리가 기독교 신앙에 관하여 바르게 이해하려면 예수님의 수난과 관련된 이 장면 하나하나를, 성경에 기록된 대로 정확하게 이해하고 알고 있어야 합니다. 기독교 복음을 인본주의 시각으로 바꾸려는 사람들은, 예수님의 수난 사건에 대해서 말하지 않거나, 특별한 의미를 부여하여 설명하려고 하지 않습니다. 대신 예수님께서 세상에 오셔서 행하신 일들에 초점을 맞춥니다. 그분이 행하신 기적, 그분이 돌아보신 사람들, 그분이 가르치신 말씀 중에서 특히 이웃 사랑에 관한 것에 초점을 맞추어 가르칩니다. 그러면서 우리도 예수의 삶을 본받아야 한다, 예수의 정신을 가져야 한다고 말합니다. 그래서 그냥 들으면 너무나 좋은 말씀들이고, 감동과 깨달음을 얻기도 합니다.

하지만 예수님께서 전하신 모든 말씀과 그분이 행하신 모든 기적들은, 예수님의 십자가 죽음과 부활을 향하고 있는 것들입니다. 다시 말씀드려서 예수님의 십자가와 부활을 빼놓고, 단지 예수님께서 행하신 기적이나 가르침을 나열하는 것은 기독교 복음이 될 수 없다는 것입니다. 자유주의 신학이 무엇입니까? 예수님의 동정녀 탄생과 예수께서 십자가에서 죽임당하신 이후 부활하시고 승천하신 것을 지워버린 것입니다. 그건 과학적으로, 이성으로 설명이 되지 않는 일이니, 무식하게 그런 이야기는 하지 말라는 것입니다.

그 대신 "가장 낙후된 촌 동네 나사렛 출신의 예수가, 어떻게 인간이 하나님의 뜻을 따라서 살 수 있는지를 사람들에게 모범적으로 보여 주셨고, 자신을 희생하여 십자가 위에서 죽으심으로 인해 하나님의 아들로 인정받았다. 그러니 우리도 인간 예수의 삶을 본받아 삶으로 인해서 하나님의 아들이 되자. 구원이 무엇이냐? 우리가 사는 세상에 하나님의 공법이 물같이, 정의가 하수같이 흐를 수 있도록 아름다운 세상을 만드는 것이다." 이렇게 갑니다. 그러면서 우리 마음 안에 하나님이 있다면 그곳이 바로 천국이지, 무슨 죽은 뒤에 부활해서 천국에 간다는, 그런 말을 하냐? 그런 것은 없다고까지 합니다.

그게 기독교입니까? 그러면 왜 그렇게 됐겠습니까? 예수님의 수난과 죽음, 부활 승천에 관하여 성경적 지식과 이해를 갖지 않았기 때문에 그런 것입니다. 빌라도가 예수님을 대제사장과 유대인들이 원하는 대로 죽음에 넘겨주는 이유에 대해서 성경은 뭐라고 말씀하고 있습니까? 예수님께서 하신 말씀을 이루려 하심이라고 분명하게 말씀하고 있습니다. 이 말은 예수님께서 세상에 오신 이유가, 자신이 인간의 죄를 대신 담당할 희생제물이 되어 십자가 위에 드려질 것을 처음부터 알고 오셨고, 또한 그 일을 위해 오셨다는 뜻입니다. 그러니 기독교 복음 진리가 무엇입니까? 예수님의 십자가 죽음과 부활입니다. 그래서 십자가와 부활을 빼놓고 기독교를 이야기하면, 우리 기독교도 다른 일반 종교와 다를 것이 하나도 없어집니다.

인간 이해와 사랑을 말하고, 이웃을 돕고 이해하고, 평화와 화해를 말하는 것이 똑같아집니다. 종교적 관점에서 인간의 욕심을 버리고 무소유의 경지로 들어가자는 것과 그것을 위해서 깊은 명상과 기도와 같은 수양을 하자는 것도 똑같아집니다. 그래서 종교다원주의를 말하는 사람들의 주장이 무엇입니까? 모든 종교는 다 똑같다는 것입니다. 어떤 신을 믿든지 구원받는다는 것입니다. 왜 이런 현상이 생긴 것입니까? 인간 예수의 삶은 인정하지만, 그분의 수난과 부활과 승천을 인정하지 않기 때문에 벌어지는 일입니다.

예수님께서는 자신이 어떤 죽임을 당하게 되실지 알고 계셨습니다. 그리고 죽음으로 끝나는 것이 아니라 제삼일에 다시 살아나실 것도 알았습니다. 이 일을 부활하신 다음에 제자들을 만나서 "내 느낌이 그럴 것 같더라고, 나는 왠지 죽을 것 같지 않았어." 그렇게 이야기한 것이 아닙니다. 예수님은 처음부터 하나님의 뜻을 이루기 위해 죽으려고 세상에 오셨고, 그 하나님의 뜻에 완전히 그리고 온전히 순종하여 우리의 구원을 완성하셨습니다. 그러니 누군가가 기독교 복음이 무엇이냐고 묻는다면, 예수님의 십자가 죽으심과 부활하심이라고 말씀하시기 바랍니다. 기적이 아니고 산상수훈이 아닙니다.

무엇보다도 부활의 첫 열매가 되신 우리 주님께서, 우리도 예수님처럼 부활하게 하여 하나님 계신 영원한 처소로 인도하시는 것이라고 말씀하시기 바랍니다. 이것을 빼놓고 인간들이 좋아하고 인정하는 어떤 가치든, 철학이든, 유토피아든 그 무엇이라도 기독교를 대변할 수 없고, 기독교 진리를 대신할 수 없습니다. 그리고 예수님의 부활과 천국을 말하지 않는 기독교라면, 그것은 사실 기독교가 아니라 일반 종교입니다.

이제 오늘 우리가 살펴보려고 하는 진리가 무엇인지에 대해 알아보겠습니다. **"이에 빌라도가 다시 관정에 들어가 예수를 불러 이르되 네가 유대인의 왕이냐"**라고 물었습니다. 빌라도가 예수님께 왜 이런 질문을 하는지 요한복음에는 나와 있지 않지만, 누가복음에는 이렇게 기록하고 있습니다.

> 누가복음 23:1-2, "무리가 다 일어나 예수를 빌라도에게 끌고 가서 2. 고발하여 이르되 우리가 이 사람을 보매 우리 백성을 미혹하고 가이사에게 세금 바치는 것을 금하며 자칭 왕 그리스도라 하더이다 하니"

유대인들이 예수님을 빌라도에게 끌고 와서 고발하는 이유가 세 가지입니다. 첫째는, 예수가 유대 백성들을 미혹하는 가르침과 행동을 한다는 것입니다. 둘째는, 가이사 즉, 로마 황제에게 세금 바치는 것을 막았다는 것입니다. 셋째는, 자기를 가리켜서 유대인의 왕인, 그리스도라고 했다는 것입니다.

그런데 유대인들이 예수님에 대하여 첫째 죄목으로 말한 것은, 빌라도에게는 전혀 문제가 되지 않는 내용이었습니다. 예수님이 로마 백성을 미혹하는 말과 행동을 했다고 한다면 그건 문제입니다. 하지만 유대인이 자기 나라 백성들을 미혹했다고 하는 것은, 로마 총독까지 나서야 할 일이 아니라 유대인들끼리 자체적으로 해결하면 될 일입니다.

둘째 죄목으로 말한 세금에 관한 문제는, 사실 대제사장과 바리새인들 스스로가 로마 정부에 내는 세금에 관하여 우호적이지 않고 반항적이었습니다. 그래서 바리새인들이 예수님을 시험하려고 가이사에게 세금을 내는 것이 합당한지 물었던 것은 그들의 성향 자체가 세금 내는 것을 싫어했기 때문입니다. 그리고 빌라도는 그런 사실을 누구보다 잘 알고 있었습니다.

하지만 세 번째 죄목으로 말한 예수가 '유대인의 왕'인지에 대해서는, 상황에 따라서 문제가 크게 될 수도 있는 내용이었습니다. 그래서 "예수가 과연 유대인의 왕"인지에 관해서 빌라도가 묻고 싶은 것은 두 가지였을 것입니다.

첫째는, 과연 예수님이 유대인들의 민심을 하나로 묶어서 로마에 저항할 실제적인 지도자인가 하는 의혹입니다. 사실 예수님을 자기에게 끌어온 대제사장이나 서기관들, 산헤드린 의원들은 정치적으로는 로마에 협조하며 자기들의 기득권을 유지하는 자들이었습니다. 그래서 《빌라도의 보고서》라는 책에 보면, 로마 황제에게 그들을 사기꾼으로 보고하고 있을 정도였습니다. 그러한 상황에서 대제사장이나 산헤드린 의원들처럼 로마 정부에 우호적이지 않고, 로마로부터 이익을 취하지 않으면서도 백성들을 이끌 수 있는 지도자가 나타난다면, 총독인 자신은 물론이고 로마 정부에도 큰 위협이 될 것입니다.

둘째는, 물 위를 걷고 오병이어의 기적을 행하며 병들고 귀신 들린 사람들을 고칠 뿐만 아니라 죽은 사람도 살려 낸다는 예수가 왜 이렇게 무력하게 잡혀 왔는가 하는 것입니다. 그래서 빌라도가 예수님께 "네가 유대인의 왕이냐?"라고 물은 질문에는 이 두 가지 의미가 함축된 것입니다. 그러자 예수님께서는 빌라도에게 이렇게 질문하셨습니다.

요한복음 18:34, "예수께서 대답하시되 이는 네가 스스로 하는 말이냐 다른 사람들이 나에 대하여 네게 한 말이냐"

예수님께서 빌라도에게 묻는 것은 이것입니다. "네가 스스로 하는 말이냐?"라고 물으시는 것은, 왕으로 오신 예수님에 대해서 알고 싶은 것이냐, 즉 진리를 알고 싶어서 묻는 것이냐는 것입니다. 하지만 "다른 사람들이 나에 대하여 네가 한 말이냐?"라고 물으시는 것은, 로마 황제로부터 관리자로 파송받아 온 총독으로서, 자신의 정치적 책임을 면하기 위해서 사람들이 고소하는 것을 묻는 것이냐고 묻는 것입니다. 다시 말씀드려서, 빌라도가 예수님께 묻는 것은 구원이나 진리에 관하여 알고 싶어서 묻는 것이 아니라, 정치적 판단으로 묻는 것 아니냐고 말씀한 것입니다. 그러자 빌라도가 대답합니다.

요한복음 18:35, "빌라도가 대답하되 내가 유대인이냐 네 나라 사람과 대제사장들이 너를 내게 넘겼으니 네가 무엇을 하였느냐"

"나는 유대인이 아니라 로마 정부에서 파송받은 총독으로 있는 것이다. 내가 할 일은 유대인과 대제사장들이 너를 고소한 사건을 재판하는 것이지, 구원이나 진리에 관하여는 관심이 없다." 이렇게 대답했습니다. 그래서 빌라도가 예수님께 "네가 무엇을 하였느냐?"라고 묻는 것은, 네가 사람들에게 붙들려서 재판장에 오게 된 죄목이 뭐라고 생각하느냐는 것입니다.

요한복음 18:36, "예수께서 대답하시되 내 나라는 이 세상에 속한 것이 아니니라 만일 내 나라가 이 세상에 속한 것이었더라면 내 종들이 싸워 나로 유대인들에게 넘겨지지 않게 하였으리라 이제 내 나라는 여기에 속한 것이 아니니라"

앞서 빌라도가 '자신은 유대인이 아니라 로마의 총독으로 이 재판을 맡았을 뿐'이라고 말했기 때문에, 예수님께서는 그에 대한 대답을 해 주었습니다. 유대인들이 자신을 빌라도에게 넘겨준 죄목이, 예수가 스스로 '유대인의 왕'을 지칭하면서 반역을 꾀한다는 이유였기 때문에 그에 대해 대답을 하신 것입니다. "내 나라는 이 세상에 속한 것이 아니다. 만약 내 나라가 세상에 속한 것이었다면, 나를 따르는 사람들이 나를 이렇게 넘겨주도록 가만히 있었겠느냐?" 이 말은 예수님께서 말씀하신 나라가 이 세상 나라가 아니라는 것입니다.

만약 예수님께서 말씀하신 나라가 세상 나라였다면, 예수님이 유대인들에게 붙잡혀서 이 재판정에 오게 되었겠느냐, 그들과 합심하여 로마와 싸우지 않았겠느냐고 말씀하신 것입니다. 결국 예수님께서 말씀하신 나라는, 세상 나라들처럼 서로 싸워서 빼앗고 유지하는 나라가 아닙니다. 그런 나라였다면 유대인들이 예수님을 고발하지는 않았을 것입니다.

요한복음 18:37, "빌라도가 이르되 그러면 네가 왕이 아니냐"

예수님의 대답을 들은 빌라도는 "그러면 네가 왕이 맞구나?"라고 했습니다. 빌라도가 이렇게 말한 것은 두 가지의 의미가 있습니다. 첫째는, 유대인들이 예수님을 고소한 것처럼 예수님이 이 세상에 자기 왕국을 만들기 위해서 반란을 꾸미고 있는 것이 아니라는 것을 알았다는 것입니다. 둘째는, 예수님이 말씀하신 나라가 세상이 아닌 진리에 속한 나라이며 영적인 나라인 것을 알겠고, 예수님이 그 진리에 속한 나라의 왕이라는 것은 알겠지만 자기는 그 나라에 관심이 없다는 것입니다. 그래서 "그러면 네가 왕이 아니냐?"라고 말하면서 "네가 말하는 그 나라에서 너는 왕 노릇 계속해라. 나는 관여하지 않겠다" 이런 의미입니다.

이처럼 예수님을 고소한 유대인들의 주장이 부당하다는 것을 알게 된 빌라도는, 예수님을 붙잡아 온 유대인들에게 "나는 그에게서 아무 죄도 찾지 못했다"라고 38절에 말했습니다. 오늘 우리가 살펴보려고 하는 내용이 바로 이것입니다.

요한복음 18:37, "예수께서 대답하시되 네 말과 같이 내가 왕이니라 내가 이를 위하여 태어났으며 이를 위하여 세상에 왔나니 곧 진리에 대하여 증언하려 함이로라 무릇 진리에 속한 자는 내 음성을 듣느니라 하신대"

예수님은 자신이 말한 나라가 정치적인 세상 나라가 아니라, 37절 말씀과 같이 '진리에 속한 나라'인 것을 빌라도에게 다시 한번 확인해 주었습니다. 예수님이 세상에 오신 이유와 목적은 "진리에 대하여 증언하기" 위함입니다. 그리고 그 진리는, '진리에 속한 자'만이 주의 음성을 들을 수 있습니다. 빌라도가 예수님을 심문하는 내용이 무엇입니까? 세상 나라에 관한 것입니다. 과연 예수가 유대인들을 규합해서 로마 정부에 대항할 의지가 있는지, 그리고 그 뜻에 동참하는 추종자들이 얼마나 있는지를 묻고 있습니다. 그런데 예수님은, "내 나라는 세상의 나라가 아니라 진리에 속한 나라이다. 이 진리에 속한 나라는 그 나라 백성들만 들을 수 있다"라고 대답하셨습니다.

요한복음 6:65, "또 이르시되 그러므로 전에 너희에게 말하기를 내 아버지께서 오게 하여 주지 아니하시면 누구든지 내게 올 수 없다 하였노라 하시니라"

진리는 누가 들을 수 있습니까? 아버지께서 오게 해 주신 자, 듣게 해 주신 자가 들을 수 있습니다. 이때 예수님의 대답을 들은 빌라도가 하는 말이 무엇이었습니까? "진리가 무엇이냐, 진리가 밥 먹여 주냐? 정신 차려, 당신 지금 곧 죽게 생겼어."

요한복음 18:38, "빌라도가 이르되 진리가 무엇이냐 하더라"

여러분 진리가 무엇입니까? 빌라도의 이 대답은 오늘날 신앙생활하는 우리가 귀담아들어야 할 말입니다. 당시 로마가 비록 헬라 문화를 그대로 이어받기는 했지만, 종교와 철학, 그리고 그림과 건축, 학문 등에서 세계 문화를 선도하던 나라였습니다. 비록 유대가 작은 나라이기는 하지만, 로마로부터 한 나라의 총독으로 임명받아 올 정도라면, 빌라도는 그의 지식이나 정치력을 인정받은 사람 아닐까요?

그런 빌라도가 철학적 사고가 없었겠습니까, 종교적 지식이 없었겠습니까? 그런 면에서 그는 세계를 제패한 로마 정부의 고위직 관료로서 그 누구보다 자긍심이 있었을 것입니다. 그러니 로마 제국 전체로 봤을 땐 너무나 작고 미미한 유다 나라 백성이, 그나마도 자기 나라 사람들에게조차 인정받지 못해서 사형을 요구받으며 끌려온, 예수가 말하는 '진리'에 무슨 관심이 있었을까요?

그래서 예수님께서 "내가 온 것은 진리에 대하여 증언하려 함이라"라고 하셨을 때, "진리가 무엇이냐?"라고 비웃듯이 대답하고 나가 버린 것입니다. 그러고 나서 예수님을 붙잡아 온 유대인들에게 하는 말이 무엇입니까?

> 요한복음 18:38, "이 말을 하고 다시 유대인들에게 나가서 이르되 나는 그에게서 아무 죄도 찾지 못하였노라"

예수님이 말한 '진리'에 관하여 나는 관심도 없고, 관여하고 싶은 생각도 없다. 하지만 적어도 예수님이 실정법을 어기지 않았다는 것은 알겠다는 것입니다. 이런 경우 정상적인 재판이라면 예수님은 무죄로 석방되어야 합니다. 하지만 예수님은 대제사장과 유대인들의 요구대로 사형에 내준 바 됩니다. 여러분은 예수님이 십자가 죽임을 당하게 되는 이유가 무엇 때문이라고 생각하십니까? 예수님이 말씀하신 '진리' 때문입니다. 만약 예수님께서 각종 기적만 행하시고 '진리'를 말씀하지 않으셨다면, 유대인들로부터 십자가 죽임을 당하지 않으셨을 것입니다.

진리는 무엇입니까? 하나님께서 당신의 아들 예수 그리스도를 세상에 보내어 인간이 지은 모든 죄를 대신 지게 하시고, 인간을 구원하시겠다는 하나님의 뜻입니다. 그 하나님의 뜻에 예수님께서 완전히, 그리고 온전히 순종하셔서 세상에 오셨고, 그 하나님의 시간표에 따라 빌라도 법정까지 오게 된 것입니다. 예수님께서 "나와 아버지는 하나"라고 말씀하신 것이 바로 그것입니다.

그 인간의 범주에 빌라도는 포함이 되었을까요, 안 되었을까요? 그 인간의 범주에는 오직 유대인들만 들어가는 것이었을까요? 하지만 이방인이었던 빌라도든, 율법을 받았던 유대인들이든 그 모든 사람은 '진리'에 관심이 없었습니다. 그들의 관심은 오직 '세상'이었습니다. 바로 이것이 오늘 우리가 깊이 생각해야 하는 문제입니다.

'진리'에 관심이 없는 것은 단지 빌라도뿐이었을까요, 예수님 당시의 유대인들만 그랬을까요? 사실 오늘날 사람들도 '진리'에 관심이 없는 것은 똑같습니다. 사람들이 관심이 있는 것은 무엇입니까? 세상에서 잘 사는 것입니다. 건강하게 살고, 혹시 불치병이 걸렸더라도 기도하면 낫는 것입니다. 먹고사는 문제가 해결되는 것이고, 단순히 먹고사는 문제만 해결되는 것이 아니라 중간중간에 재미와 감동도 있고, 사는 기쁨과 보람도 있어야 합니다. 그런데 먹을 것이 없어서 하나님을 섬기지 못하겠다는 광야 이스라엘 백성들에게, 하나님께서 만나를 내려 주시면서 하신 말씀이 무엇이었습니까?

출애굽기 16:4, "그 때에 여호와께서 모세에게 이르시되 보라 내가 너희를 위하여 하늘에서 양식을 비 같이 내리리니 백성이 나가서 일용할 것을 날마다 거둘 것이라 이같이 하여 그들이 내 율법을 준행하나 아니하나 내가 시험하리라"

광야에서 금식하신 예수님에게 돌로 떡을 만들어 먹으라고 시험하던 마귀에게 예수님께서 하셨던 말씀도 이와 같은 말씀이었습니다.

마태복음 4:4, "예수께서 대답하여 이르시되 기록되었으되 사람이 떡으로만 살 것이 아니요 하나님의 입으로부터 나오는 모든 말씀으로 살 것이라 하였느니라 하시니"

"하나님의 율법, 하나님의 입으로부터 나오는 모든 말씀" 이것이 진리입니다. 그 진리의 완성으로 오신 분이 예수 그리스도입니다. 그래서 기독교는 진리이신 예수 그리스도를 믿는 것입니다. 그 예수 그리스도는 어떤 분입니까? 인간을 구원하기 위해 동정녀에게서 나시고, 세상에서 고난과 죽임을 당하신 후 부활하셔서 우리를 위하여 하나님 우편에 앉아 계시면서 우리를 위해 중보하시고, 우리 처소를 예비하시는 분입니다. 그래서 기독교 진리가 무엇이냐고 묻는다면, 우리가 해야 할 대답은 간단합니다. "하나님의 아들이신 예수께서 동정녀를 통해 세상에 오셔서, 우리의 모든 죄 문제를 해결하기 위해 십자가 위에서 죽으셨고, 친히 부활의 첫 열매가 되심으로 인하여 그를 믿는 모든 사람을 구원하시겠다고 약속하신 것"입니다.

하지만 사람들은 이 '진리'에는 별로 관심이 없습니다. 죄 용서니 구원이니 하는 피상적인 이야기 하지 말고, 세상에서 건강하고 행복하게 잘 사는 이야기를 해 달라고 합니다. 가뜩이나 세상 살기가 힘들어 죽겠는데 교회에서도 어렵고 힘든 이야기를 하면 누가 교회를 오려고 하겠느냐면서 편한 이야기, 세상 사는 데 도움이 될 만한 긍정적이고 힘과 위로를 주는 이야기를 해 달라고 합니다. 하지만 죄송하게도 그것은 복음이 아니고, 진리가 아닙니다.

예수님이 세상에서 오병이어의 기적을 행하시고, 병든 사람과 귀신 들린 사람들을 고치셨기 때문에 죽임을 당하신 것이 아닙니다. 인간을 구원하시려는 하나님의 뜻을 전하시고, 인간이 구원 얻을 수 있는 '진리'를 전하셨기 때문에 죽임을 당하신 것입니다. 하지만 사람들이 진리를 얼마나 싫어하는지 아십니까? 차라리 강도를 살려 줄지언정, 진리이신 또한 진리를 전하는 예수는 죽여야 할 만큼 싫어합니다.

요한복음 18:39-40, "유월절이면 내가 너희에게 한 사람을 놓아 주는 전례가 있으니 그러면 너희는 내가 유대인의 왕을 너희에게 놓아 주기를 원하느냐 하니 40. 그들이 또 소리 질러 이르되 이 사람이 아니라 바라바라 하니 바라바는 강도였더라"

여러분, 이것이 2천 년 전에 빌라도 법정에서 일어난 일이라고 생각되십니까? 지금도 사람들은 '진리'를 싫어합니다. 사실 기독교는 이 '진리'를 전하다가 순교한 복음 전도자들과 이 '진리'를 사수하기 위해서 믿음을 지키다가 순교한 사람들의 피 위에 세워졌습니다. 세상이 환영하고 즐거워하며 추구하던 그 어떤 가치와 행복보다 더 소중하기에, 이 '진리'를 가진 성도들은 자신의 목숨을 바쳐서라도 지켜냈던 것입니다.

하지만 오늘날 기독교와 동네마다 들어선 수많은 교회에, 과연 예수님께서 빌라도에게 말씀하셨던 그 '진리'가 똑같이 선포되고 있는지는 의문입니다. 예수님께서 직접 **"내 나라는 이 세상에 속한 것이 아니니라 … 내 나라는 여기에 속한 것이 아니니라"**라고 분명히 말씀하셨음에도, 오늘날 교회마다 세상에 대한 이야기들로 차고 넘칩니다. 세상에서 사랑받은 이야기, 세상에서 위로받은 이야기, 세상에서 병 고침 받고 성공한 이야기들로 차고 넘칩니다.

만약 기독교가 전하고자 하는 것이 그것이었다면, 예수님은 죽지 않고 계속 살아 계셔야 합니다. 예수님이 전능한 하나님 아닙니까? 얼마든지 죽지 않고 영원히 사실 수 있는 분 아닙니까? 그런데 왜 예수님은 죽으셔야 했습니까? 그것이 인간을 구원하시려는 '진리'를 완성하는 유일한 방법이었기 때문입니다. 그리고 주님께서는 지금도 우리를 '진리'로 인도하고 있습니다. 여러분은 이 진리를 믿으십니까? 여러분은 이 진리에 속해 있으십니까? 세상의 그 어떤 가치와 유익함보다 이 진리가 더욱 귀하다고 여겨지십니까? 그렇다면 여러분은 진리에 속한 사람들입니다. 그래서 여러분들이 주님의 그 음성을 들을 수 있고, 이해할 수 있고, 믿을 수 있게 된 것입니다.

빌라도는 이 진리가 얼마나 귀한 것인지 몰랐습니다. 그래서 예수님을 십자가 죽음에 내줬습니다. 바리새인과 유대인들도 이 진리가 얼마나 귀한 것인지 몰랐습니다. 그들은 자기들이 세상에서 사는 동안 사람들에게 인사받고 대우받으면서 사는 것을 좋아했습니다.

그런데 그때로부터 2천 년이 지난 지금도, 사람들은 진리에 관심이 없습니다. 대신 서로 간에 사랑해 주고, 인정해 주고, 이해와 격려해 주고, 평화롭게 따스하게, 세상 사는 동안에 행복하게 잘 사는 방법에 관심이 있습니다. 하지만 이것은 진리가 아니고, 복음이 아닙니다. 그렇게 행복하게 한세상 잘 살다가 죽으면 끝이라고 한다면, 그것보다 좋을 수 없겠지만, 그러나 죽음 뒤에는 심판이 있고 행한 대로 보응이 있습니다. 그래서 우리는 영원을 준비하며 살아야 합니다. 그 영원은 오직 '진리'이신 예수 그리스도, 그분으로 말미암은 복음으로만 준비할 수 있습니다.

빌라도가 예수님께 물었습니다. "진리가 무엇이냐?" 하지만 빌라도는 예수님께서 직접 대답해 주셨어도 관심을 두지 않았습니다. 여러분께 묻습니다. "진리가 무엇입니까?" 여러분에게 진리가 정말로 중요하십니까? 혹시 그 진리를 위해서 모든 것을 바쳐야 한다면, 그럴 준비가 되어 있습니까? 저와 여러분이 진리로 잘 준비되고 무장되길 기원합니다.

요한복음 19:12~16

가이사 외에는 우리에게 왕이 없나이다

"12. 이러하므로 빌라도가 예수를 놓으려고 힘썼으나 유대인들이 소리 질러 이르되 이 사람을 놓으면 가이사의 충신이 아니니이다 무릇 자기를 왕이라 하는 자는 가이사를 반역하는 것이니이다 13. 빌라도가 이 말을 듣고 예수를 끌고 나가서 돌을 깐 뜰(히브리 말로 가바다)에 있는 재판석에 앉아 있더라 14. 이 날은 유월절의 준비일이요 때는 제육시라 빌라도가 유대인들에게 이르되 보라 너희 왕이로다 15. 그들이 소리 지르되 없이 하소서 없이 하소서 그를 십자가에 못 박게 하소서 빌라도가 이르되 내가 너희 왕을 십자가에 못 박으랴 대제사장들이 대답하되 가이사 외에는 우리에게 왕이 없나이다 하니 16. 이에 예수를 십자가에 못 박도록 그들에게 넘겨 주니라"

본문은 예수님께서 빌라도의 판결로 십자가에 못 박히시게 되는 내용입니다. 유대 지도자들은 예수님을 십자가에 못 박아 죽이기 위해 강력하게 빌라도를 압박하고 있습니다. 그리고 빌라도는 12절 말씀처럼, 예수님을 놓아주려고 힘썼음에도 결국 그들에게 내주고 맙니다. 사실 유대인들이 예수님을 십자가에 못 박게 해 달라고 하는 요구는, 빌라도 개인의 양심에 거리끼는 일이었고 로마 정부의 이해관계와도 전혀 상관이 없는 것이었습니다. 저들은 처음부터 예수님을 죽이기 위해 거짓 증인들을 많이 내세웠지만, 마땅한 죄목을 찾지 못하던 상황이었습니다. 그러던 상황에서 예수님께서 스스로 그리스도라고 하시면서, "마지막 날에 권능의 보좌 우편에 계실 것과 구름을 타고 오실 것"이라고 말씀하시자 '신성모독'의 죄목을 붙여서 예수님을 죽이려고 했던 것입니다.

마가복음 14:61-64, "침묵하고 아무 대답도 아니하시거늘 대제사장이 다시 물어 이르되 네가 찬송 받을 이의 아들 그리스도냐 62. 예수께서 이르시되 내가 그니라 인자가 권능자의 우편에 앉은 것과 하늘 구름을 타고 오는 것을 너희가 보리라 하시니 63. 대제사장이 자기 옷을 찢으며 이르되 우리가 어찌 더 증인을 요구하리요 64. 그 신성모독 하는 말을 너희가 들었도다 너희는 어떻게 생각하느냐 하니 그들이 다 예수를 사형에 해당한 자로 정죄하고"

그런데 오늘 본문을 읽으면서, 단순히 그날 빌라도의 재판정에서 일어났던 사건과 그 후 예수님께서 억울하게 십자가의 형벌을 받으셨다는 정도로만 이해하면 안 됩니다. 물론 성경의 1차 기록 목적은, 예수님의 십자가 죽으심이 역사적 사실로 증명된 사건임을 가르쳐 주는 것이기는 합니다. 하지만 그에 못지않게 또는 그것보다 더 중요한 또 다른 의미가 있습니다. 그것은 예수님께서 왜 십자가의 죽음을 당하실 수밖에 없었는지, 그리고 예수님께서 십자가 고난을 받으신 사건을 통해 오늘 우리가 알아야 하는 내용이 무엇인지 살펴봐야 합니다.

지난 시간에 살펴봤던 것처럼, 대제사장과 유대인들이 예수님을 빌라도에게 끌고 온 죄목은 세 가지였습니다. 첫째는, 예수님께서 유대 백성들을 미혹하는 가르침을 한다. 둘째는, 예수님이 가이사에게 세금 내는 것을 막았다. 셋째는, 예수님이 자기가 왕이라고 말하고 다닌다는 것이었습니다. 그런데 이와 같은 죄목은 당시의 시대 상황을 고려해도 말이 안 되는 것입니다. 식민지 백성이 침탈자인 로마에게 세금을 내지 말라 했다고 자기 백성을 로마 총독에게 고발하는 것이 말이 되는 이야기입니까? 어느 식민지 백성이 자기 나라를 침탈한 나라에 세금을 내고 싶어 할까요? 그리고 식민지 백성으로서 어렵고 힘들게 살고 있던 시기에 백성들의 마음과 뜻을 하나로 모을 수 있는 누군가가 있다면, 그 자체로 힘이 되지 않겠습니까?

우리나라도 일제강점기 시절에 이승만과 김구, 안중근과 윤봉길 등 많은 독립운동가들이 백성들의 마음을 하나로 묶어서 독립에 대한 희망을 이어 가게 하지 않았습니까? 그런 관점에서 본다면, 예수님은 당시 유대 사회에서 마땅히 존중받고 보호받아야 하는 분이었습니다. 하지만 실제는 어땠습니까? 오히려 자기 백성들에 의해 죽임을 당했습니다. 그리고 그렇게 된 배경에 예수님에 대하여 대제사장을 비롯한 유대인들의 배척이 있었습니다. 빌라도가 "내가 너희 왕을 십자가에 못 박으랴?"라고 물으니, 대제사장들이 대표로 나서서 가이사 외에는 우리에게 다른 왕이 없다고 대답했습니다.

요한복음 19:15, "그들이 소리 지르되 없이 하소서 없이 하소서 그를 십자가에 못 박게 하소서 빌라도가 이르되 내가 너희 왕을 십자가에 못 박으랴 대제사장들이 대답하되 가이사 외에는 우리에게 왕이 없나이다 하니"

왜 이런 현상이 벌어졌는지는 당시의 역사적, 정치적 배경을 알아야 합니다. 말라기 이후 세례 요한이 등장하기까지 약 400년의 기간을 침묵기, 암흑기, 또는 신구약 중간기라고 말합니다. 유다를 멸망시켰던 바벨론은 고레스 대왕의 페르시아(바사)에 의해 멸망했고, 페르시아는 알렉산더 대왕의 헬라에 의해 멸망했습니다. 그리고 헬라는 다시 로마에 의해 멸망했습니다. 물론 헬라 시대와 로마 시대 중간에 짧게 독립 유대 시대가 있기는 했지만, 어쨌든 예수님 당시의 유대는 로마의 지배 아래 있었던 시기였습니다. 다시 말씀드려서 유다가 바벨론에 의해 멸망한 이후 400년 동안 유다 나라는 백성은 있지만, 자기 영토와 주권이 없는 나라였다는 것입니다. 당시는 왕정 사회였기 때문에 왕이 있어야 나라의 '주권'이 있을 수 있는데, 영토를 빼앗겨 자기들의 왕이 없었으니 당연히 '주권'은 없었습니다.

그런데 정말로 유대 사회에 '왕'이 없었느냐 하면 반드시 그렇지는 않습니다. 바벨론을 멸망시켰던 고레스 대왕의 페르시아는 식민지 국가를 직접 지배하기보다는 자율성을 허용하는 정책을 폈습니다. 따라서 비록 유대 나라에 명목상 왕은 없었지만, 페르시아 황실의 허락 아래서 대제사장이 정치적 지도자 역할을 대신했습니다. 그리고 헬라 시대와 로마 시대의 중간에 짧게 있었던 톨레미 왕조시대, 마카

비 혁명 시대, 하스몬 왕조 시기에도 유다는 대제사장이 통치권을 행사했습니다.

다시 말씀드려서 예수님 당시 유대 나라에 분봉왕 헤롯이 있었고, 빌라도가 총독으로 와 있긴 했지만, 유다 나라가 멸망한 이후 400년 동안 당시 유대 사회의 실질적 지도자는 대제사장이었다는 것입니다. 그러니 대제사장은 '그리스도'로 오신 예수님을 인정할 수 없었던 것입니다. 당시 유대 사회의 중심은 대제사장이었는데, 유대 백성들의 관심과 환호가 예수님께로 옮겨 가고 있으니, 대제사장은 누구보다 위기의식을 느낄 수밖에 없습니다. 그래서 대제사장들이 빌라도에게 한 말이 무엇이었습니까? **"가이사 외에는 우리에게 왕이 없나이다"**였습니다.

그러면 예수님은 당시 최고 권력자였던 대제사장의 눈엣가시 같은 존재였기 때문에 정치적 희생양이 되어 죽으신 것이었습니까? 또는 오늘 본문에 나타난 것처럼, 예수님에게 죄가 없다는 것을 알면서도 정치적 위험을 감내하기 싫어했던 빌라도의 우유부단함 때문에 죽으신 것일까요? 그에 대해서, 예수님께서 빌라도에게 이렇게 대답하셨습니다.

요한복음 19:10-11, "빌라도가 이르되 내게 말하지 아니하느냐 내가 너를 놓을 권한도 있고 십자가에 못 박을 권한도 있는 줄 알지 못하느냐 11. 예수께서 대답하시되 위에서 주지 아니하셨더라면 나를 해할 권한이 없었으리니 그러므로 나를 네게 넘겨 준 자의 죄는 더 크다 하시니라"

예수님을 놓아줄 권한이나 십자가에 못 박을 권한이 자기에게 있다고 말하는 빌라도에게, "위에서 주지 아니하셨더라면 나를 해할 권한이 너에게 없다"라고 말씀하신 것입니다. 이와 같은 내용은 예수님께서 겟세마네 동산에서 베드로에게도 말씀하셨습니다. 가룟 유다가 군사들을 이끌고 와서 예수님을 붙잡으려고 하자, 베드로가 검을 들어 대제사장의 종 말고의 귀를 베었을 때 베드로에게 하신 말씀입니다.

마태복음 26:51-54, "예수와 함께 있던 자 중의 하나가 손을 펴 칼을 빼어 대제사장의 종을 쳐 그 귀를 떨어뜨리니 52. 이에 예수께서 이르시되 네 칼을 도로 칼집에 꽂으라 칼을 가지는 자는 다 칼로 망하느니라 53. 너는 내가 내 아버지께 구하여 지금 열두 군단 더 되는 천사를 보내시게 할 수 없는 줄로 아느냐 54. 내가 만일 그렇게 하면 이런 일이 있으리라 한 성경이 어떻게 이루어지겠느냐 하시더라"

53절에 보시는 것처럼, 예수님께서 아버지께 구하기만 하시면 열두 군단도 더 되는 천사들을 보내어 예수님을 지켜 줄 것이라고 말씀하십니다. 당시 로마군의 기준으로 한 군단은 약 6천 명 정도의 군인이었고, 오늘날 군대의 규모로 본다면, 하나의 군단에 약 2만 명 정도의 군인이 있습니다. 그런 군단 규모의 천사들을 12개나 보내어 예수님을 지켰을 것이라고 합니다.

세상의 그 어떤 군대가 24만도 넘는 천사 군대를 무찌르고 예수님을 해칠 수 있겠습니까? 하나님께서 허락하지 않으신다면 절대 불가능하지요. 그래서 예수님께서 베드로와 빌라도에게 하신 말씀을 종합해 보면, 비록 예수님의 십자가 사건이 사람들의 손에 의해 이루어진 것처럼 보일지라도, 그 일은 하나님께서 허락하셨기 때문에 이루어진 일이라는 것입니다.

그래서 우리가 기억해야 할 것은, 예수님의 십자가 사건을 단지 2천 년 전에 대제사장 가야바의 뜰과 빌라도 법정, 그리고 겟세마네 동산에서의 사건으로만 바라보고, 감성적으로 접근해서는 안 될 것입니다. 만약 우리가 2천 년 전의 가야바 뜰과 빌라도 관정에 있었다면 달랐을까요? 아마 다르지 않았을 것입니다. 그래서 예수님의 십자가 사건을 보면서 섣부른 감성과 근거 없는 자신감으로 남의 일 보듯 봐선 안 됩니다.

성경이 이러한 기록을 남겨서 우리에게 가르쳐 주려고 하시는 것은 무엇일까요? "예수님을 십자가에 못 박은 당시의 대제사장들과 바리새인들에게 분노하라 성도들이여!", "억울하게 돌아가신 예수님을 추모하며 가슴에 리본을 달라!" 성경은 우리에게 이와 같은 감정적인 선동을 요구하지 않습니다. 오히려 예수님께서 베드로에게 하신 말씀처럼, "네가 하나님의 일은 생각지 아니하고 사람의 일만 생각하는구나" 하시며 책망하고 있습니다.

예수님의 십자가 사건은 당시 유대 사회와 빌라도의 탐욕과 정치적 야합의 결과라기보다는, 그것이 아버지의 뜻이었기 때문에 이루어진 사건이었습니다. 본문에 기록된 것처럼 예수님께서 채찍으로 맞으시고, 가시관을 쓰시고, 십자가를 지게 되신 것이 대제사장과 유대인들의 요구 때문에 된 것이 아닙니다. 그것이 하나님께서 요구하신 것이었고, 뜻이었음을 잊어서는 안 됩니다. 만약 이것을 놓치게 된다면 예수님의 십자가 사건은, 오늘날 자유주의 신학을 하는 사람들의 주장처럼 엉뚱한 방향으로 흘러갈 수 있게 됩니다. 또한 십자가 사건을 지나치게 감성적으로만 이해해서, 단지 십자가 밑에 나와서 회개하고 눈물 흘린 것으로 모든 것을 다 한 것처럼 여기게 됩니다.

우리가 예수님의 십자가를 생각할 때 반드시 기억해야 할 것이 있습니다. 그것은 예수님께서 죽으신 것이 당시 유대 사회를 지배했던 대제사장 가야바와 그의 장인 안나스가 너무나 탐욕적인 인물이어서, 예수님을 죽이자고 말하지 않으면 안 될 것 같은 분위기를 만들었기 때문에 죽으신 것이 아닙니다. 그때 빌라도가 좀 더 소신이 있고 강단이 있는 사람이었다면 예수님에게 죄가 없다는 것을 알았으니 놓아주었을 텐데 그가 비겁해서 죽으신 것이 아닙니다. 다시 말씀드려서 예수님의 십자가 사건은, 당시에 예수님을 그렇게 십자가로 몰아가는 데 직접적인 원인 제공을 했던 사람들에게만 있는 것이 아닙니다.

우리는 역사적 사건을 보면서 누군가에게 책임을 묻고, 그 결과에 합당한 배상 내지는 형벌을 내리는 것에 익숙합니다. 그리고 그와 같은 판결은 시대가 바뀌고 권력 잡은 사람들이 바뀔 때마다 기준이 달라지는 것도 여러 번 경험하고 있습니다. 물론 근현대사에서 우리가 경험한 아픔과 슬픔에 대해서 원인을 파악하고, 책임을 져야 할 누군가가 있다면 그렇게 해야만 할 것입니다. 하지만 그러한 역사 인식이 우리에게 너무 익숙하다 보니, 예수님의 십자가 사건을 볼 때도 그와 같은 관점으로 보는 것입니다. 전지적 타인의 시각에서 자기 자신은 배제된 채, 성경에 기록된 것처럼 당시 예수님을 십자가에 못 박도록 한 사람들에게만 책임을 묻는 것입니다. 그리고 자신은 그 십자가 밑에 나와서, 곡하고 우는 것으로 자기가 할 일은 다 했다고 여기는 것입니다. 과연 그럴까요?

이스라엘이 이방 나라에 의해 멸망하게 된 원인이 무엇이었을까요? 이방 민족들과 교류하며 그들의 우상을 섬기고, 가증한 일을 행하며, 하나님의 법을 떠났기 때문이었습니다. 그렇게 하나님 앞에 죄를 범하다가 나라가 멸망하고, 포로가 되어 노예로 70년을 살다가 고향으로 돌아왔으면 정신을 차리고 잘 살았어야 하지 않았을까요?

> 말라기 3:7, "만군의 여호와가 이르노라 너희 조상들의 날로부터 너희가 나의 규례를 떠나 지키지 아니하였도다 그런즉 내게로 돌아오라 그리하면 나도 너희에게로 돌아가리라 하였더니 너희가 이르기를 우리가 어떻게 하여야 돌아가리이까 하는도다"

말라기 선지자는 유다의 마지막 선지자입니다. 바벨론을 멸망시킨 페르시아의 고레스왕 시대에, 이스라엘로 돌아가기 원하는 사람들을 자기 땅으로 돌려보냈습니다. 이것이 1차 예루살렘 귀환이었습니다. 당시 스룹바벨이 총독을 중심으로 학개, 스가랴 선지자 등이 예루살렘으로 돌아와서 무너진 예루살렘 성을 재건하려고 했습니다. 그 후 아닥사스다가 왕 시절에, 학사 에스라가 남아 있던 이스라엘 백성들과 함께 2차 귀환을 하게 됩니다.

하지만 1차로 귀환한 이스라엘 백성들은 물론이고, 에스라와 함께 2차로 귀환한 사람들까지 가나안의 족속들과 서로 통혼하며 죄를 범하긴 마찬가지였습니다. 비록 에스라가 강력한 개혁을 실행하여 이스라엘을 바른길로 이끌려고 했지만, 느헤미야가 총독이 되어 3차 귀환을 할 때까지도 사정은 바뀌지 않았습니다.

> 느헤미야 1:1-5, "하가랴의 아들 느헤미야의 말이라 아닥사스다 왕 제이십년 기슬르월에 내가 수산 궁에 있는데 2. 내 형제들 가운데 하나인 하나니가 두어 사람과 함께 유다에서 내게 이르렀기로 내가 그 사로잡힘을 면하고 남아 있는 유다와 예루살렘 사람들의 형편을 물은즉 3. 그들이 내게 이르되 사로잡힘을 면하고 남아 있는 자들이 그 지방 거기에서 큰 환난을 당하고 능욕을 받으며 예루살렘 성은 허물어지고 성문들은 불탔다 하는지라 4. 내가 이 말을 듣고 앉아서 울고 수일 동안 슬퍼하며 하늘의 하나님 앞에 금식하며 기도하여 5. 이르되 하늘의 하나님 여호와 크고 두려우신 하나님이여 주를 사랑하고 주의 계명을 지키는 자에게 언약을 지키시며 긍휼을 베푸시는 주여 간구하나이다"

나라를 빼앗기고 자기 백성들이 뿔뿔이 흩어져 사는 것은 정말 괴로운 일입니다. 그런데 하나님께서 페르시아 황제의 마음을 바꿔 주어서 원하는 사람들이 자기 나라, 자기 고향으로 돌아가서 마음껏 살 수 있도록 해 주었으면 정말 감사한 일 아니겠습니까? 자기들이 나라를 빼앗기게 된 원인을 생각하고 반성해서, "이제부터는 정말 하나님 말씀을 잘 듣고 순종하자" 이렇게 가야 하지 않겠습니까?

하지만 이스라엘 백성들은 그렇게 하지 않았습니다. 포로가 되었다가 돌아와서도, 예전에 하나님께 죄를 범했다가 멸망당한 자기 조상들이 하던 짓을 똑같이 했습니다. 그것이 1차로 돌아온 사람, 2차로, 3차로 돌아온 사람 전부 다 똑같았습니다. 느헤미야는 자기 나라가 왜 그 지경이 되었는지, 자기 백성들이 왜 그렇게 뿔뿔이 흩어지게 되었는지 알고 있었습니다. 그래서 이렇게 기도했습니다.

> 느헤미야 1:6-10, "이제 종이 주의 종들인 이스라엘 자손을 위하여 주야로 기도하오며 우리 이스라엘 자손이 주께 범죄한 죄들을 자복하오니 주는 귀를 기울이시며 눈을 여시사 종의 기도를 들으시옵소서 나와 내 아버지의 집이 범죄하여 7. 주를 향하여 크게 악을 행하여 주께서 주의 종 모세에게 명령하신 계명과 율례와 규례를 지키지 아니하였나이다 8. 옛적에 주께서 주의 종 모세에게 명령하여 이르시되 만일 너희가 범죄하면 내가 너희를 여러 나라 가운데에 흩을 것이요 9. 만일 내게로 돌아와 내 계명을 지켜 행하면 너희 쫓긴 자가 하늘 끝에 있을지라도 내가 거기서부터 그들을 모아 내 이름을 두려고 택한 곳에 돌아오게 하리라 하신 말씀을 이제 청하건대 기억하옵소서 10. 이들은 주께서 일찍이 큰 권능과 강한 손으로 구속하신 주의 종들이요 주의 백성이니이다"

"이스라엘 자손이 주께 범죄한 죄들을 자복합니다. 우리가 주님 앞에 크게 악을 행했습니다. 하나님께서 모세에게 주신 명령을 지키지 않았습니다. 사실 하나님께서는 모세를 통해서 만약 우리가 하나님의 명령과 규례를 지키지 않으면, 여러 나라 가운데 흩어 버릴 거라고 이미 말씀해 주셨습니다. 하지만 우리가 정신 못 차리고 하나님 말씀을 듣지 않았습니다. 이제 용서를 구하오니 우리를 기억해 주시고, 주의 권능과 강한 손으로 우리를 구원해 주십시오. 우리는 주의 백성입니다."

그리고 이런 기도를 드린 느헤미야가 직접 총독이 되어 마지막 3차로 이스라엘 백성들을 이끌고 예루살렘으로 돌아온 것입니다. 이 정도 강력한 지도자가 왔으니 이스라엘은 정신을 차렸을까요? 말라기 선지자는 느헤미야와 같은 시대를 살았던 사람입니다. 그리고 그 말라기 선지자가 이스라엘의 죄악을 지적한 것이 말라기서입니다. 앞서 말라기 3장 7절에서 하나님께서 이스라엘 백성들에게 말씀하셨지요. "너희 조상 때부터 지금까지 너희는 내 법을 떠나 지키지 않았다. 그래서 내가 너희에게 '너희는 나에게 돌아오라. 그러면 나도 너희에게 돌아가겠다'라고 말했다. 그러자 너희는 '우리가 어떻게 돌아가야 합니까?' 하고 묻는구나."

여러분, 이것이 무슨 상황인지 이해가 되십니까? 하나님께서 이스라엘 백성들에게 돌아오라고 말씀하니까, 어떻게 하는 것이 하나님께 돌아가는 거냐고 다시 묻습니다. 그리고 그에 대한 대답은 그 밑에 좀 더 구체적으로 설명되고 있습니다.

말라기 3:13-15, "여호와가 이르노라 너희가 완악한 말로 나를 대적하고도 이르기를 우리가 무슨 말로 주를 대적하였나이까 하는도다 14. 이는 너희가 말하기를 하나님을 섬기는 것이 헛되니 만군의 여호와 앞에서 그 명령을 지키며 슬프게 행하는 것이 무엇이 유익하리요 15. 지금 우리는 교만한 자가 복되다 하며 악을 행하는 자가 번성하며 하나님을 시험하는 자가 화를 면한다 하노라 함이라"

이스라엘 백성들이 하나님께 뭐라고 말했었죠? "우리가 하나님을 떠난 적이 없는데 뭘 새삼스럽게 하나님께 돌아오라고 합니까? 그럼 어떻게 하는 게 돌아가는 겁니까, 어떻게 해 줄까요?"라고 했습니다. 이미 자기들은 하나님과 같은 편에 있고, 늘 하나님 편에 함께 있었다는 식으로 들립니다. 그런데 뒤돌아서는 뭐라고 말합니까? "야, 하나님 잘 섬기고, 그 명령 지켜 봐야 아무 소용없다. 죄 안 지으려고 노력하고, 슬퍼하며 회개해도 세상에서 잘 사는 것과 상관없더라. 봐라, 교만하고 악을 행하는 사람, 하나님을 시험하는 사람도 잘만 살더라."

여러분, 몸만 하나님께 나와 있으면 그게 하나님 편이 된 것입니까? 안식일과 절기 잘 지키고, 십일조와 헌금 잘하고, 금식과 기도도 시간을 정해서 하고, 구제하는 것도 잘하면 그게 하나님 편이 된 것입니까? 말라기 1장에서 하나님께서는 그와 같은 행위를 하지 못하도록, 누군가 성전 문을 닫았으면 좋겠다고 말씀했습니다.

말라기 1:10, "만군의 여호와가 이르노라 너희가 내 제단 위에 헛되이 불사르지 못하게 하기 위하여 너희 중에 성전 문을 닫을 자가 있었으면 좋겠도다 내가 너희를 기뻐하지 아니하며 너희가 손으로 드리는 것을 받지도 아니하리라"

예수님께서도 그와 같은 종교 행위만 열심히 잘하는 바리새인과 서기관에게 이렇게 말씀했습니다.

마태복음 6:2, "그러므로 구제할 때에 외식하는 자가 사람에게서 영광을 받으려고 회당과 거리에서 하는 것 같이 너희 앞에 나팔을 불지 말라 진실로 너희에게 이르노니 그들은 자기 상을 이미 받았느니라"
마태복음 6:5, "또 너희는 기도할 때에 외식하는 자와 같이 하지 말라 그들은 사람에게 보이려고 회당과 큰 거리 어귀에 서서 기도하기를 좋아하느니라 내가 진실로 너희에게 이르노니 그들은 자기 상을 이미 받았느니라"
마태복음 6:16, "금식할 때에 너희는 외식하는 자들과 같이 슬픈 기색을 보이지 말라 그들은 금식하는 것을 사람에게 보이려고 얼굴을 흉하게 하느니라 내가 진실로 너희에게 이르노니 그들은 자기 상을 이미 받았느니라"

바리새인, 서기관들이 구제도 하고, 기도도 하고, 금식도 했습니다. 그들은 자기들이 그렇게 하면 하나님께서 좋아하며 받으실 거로 생각했고, 그것이 바로 자기들이 하나님께 속해 있다는 증거라고 생각했습니다. 하지만 그들이 하는 종교 행위는 모두 자기 자신을 위한 것들이었지 하나님께 드려지는 것, 하나님께서 받으실 수 있는 것이 아니었습니다.

말라기 시대에 이스라엘 백성들이 유월절과 절기를 지키지 않은 것이 아닙니다. 그들은 제사도 드렸고, 십일조도 드렸고, 해야 할 일은 했습니다. 그런데 그들의 문제가 무엇이었습니까? 하나님을 향한 공경함이 없었습니다. 하나님을 주인이라고 말하면서도 하나님을 두려워하지도 않았습니다. 하나님을 멸시하는 행위를 하면서도 우리가 언제 그렇게 했느냐고 따졌습니다. 그들은 세상 총독은 두려워하고 섬겼지만, 앞서 우리가 읽었던 말라기 1장 6절부터 9절까지 말씀처럼 하나님은 함부로 대했습니다.

예수님을 십자가에 못 박으라고 선동하고 분위기를 이끈 사람이 대제사장 한 사람뿐이라고 생각하십니까? 일부 바리새인 기득권자들인 것 같습니까? 말라기 선지자가 한 말처럼, 저들은 조상 때부터 하나님의 말씀을 듣고 순종한 적이 없었습니다. 하나님께서 그들에게 줄 수 있는 모든 복을 다 주었어도, 그들은 틈만 나면 하나님을 떠나서 이방 나라와 교류하고, 그들이 섬기는 우상을 함께 섬기면서 세상의 복과 즐거움을 찾았지, 하나님을 기뻐하고 즐거워한 적이 없었습니다.

그들이 하나님의 말씀을 순종하지 못하겠다고 한 이유가 무엇이었습니까? 배가 고프다는 것이었습니다. 먹고 살기가 힘들어서 그랬다는 것입니다. 그래서 하늘에서 비가 내리는 것처럼 먹을 것을 주니 하나님 말씀에 순종했습니까? 아니요. 하나님의 말씀에 순종하지 못할 또 다른 이유를 말했습니다. "목이 마르다, 길이 험하다, 하나님이 주겠다고 하시는 땅을 정탐해 보니까 그곳 사람들은 키도 크고 얼마나 잘나 보이던지 우린 메뚜기처럼 느껴지더라. 하나님 없이 사는 사람들은 잘만 살던데, 하나님을 믿으며 사는 우리는 이게 뭐냐?" 사람들이 하나님을 떠날 이유는 천 가지도 넘었습니다.

그러면 저들이 하나님을 완전히 떠나서 세상으로 갔느냐, 그건 또 아닙니다. 왠지 뒤가 찜찜하거든요. 혹시 하나님이 노를 발하시면 어쩔까 싶으니까 자기들이 해야 할 의무는 하는 것입니다. 그래서 형식상 십일조도 하고, 형식상 안식일과 절기도 지키고, 형식상 기도와 금식과 구제도 하면서, 할 만한 건 다 한 것입니다. 그런데 하나님께서 보시는 것은 무엇이었습니까? 그들의 형식이 아니었습니다. "너희가 나를 공경함이 없다, 너희는 나를 두려워하지 않는구나. '하나님 섬겨 봐야 아무 소용 없더라, 교만하고 악을 행하는 자가 더 잘 살더라'라고 하면서 그들을 부러워하고, 실제로 그들처럼 살면서 몸만 나오면 다냐?"

말라기 선지자가 했던 말과 예수님께서 공생애 사역을 시작하시면서 처음 하신 설교가 똑같지 않습니까? 결국 그 예수님을 누가 십자가에 못 박도록 내줬습니까? 외식하는 바리새인과 서기관들, 대제사장들이 내줬습니다. 그들은 하나님을 공경하지 않았습니다. 하나님을 섬기지 않았습니다. 단지 하나님이라는 존재가 마치 병풍처럼 자기들 뒤에 있어야, 사람들이 자기들을 두려워하면서 따를 것이기 때문에 하나님을 이용한 것이지요.

기독교 신앙은 감격과 감동이 아닙니다. 울며 소리 지르며 하나님께 기도하고, 천상의 하모니라고 할 만큼 아름다운 찬양을 드린다고 해서 우리의 신앙이 완성되는 것이 아닙니다. 수천, 수만의 성도들이 모여서 예배드리는 곳에 나도 있어서, 그 많은 성도들이 드리는 예배의 향연에 동참하고 있으면 우리 신앙이 완성되는 것이 아닙니다.

보다 근본적으로 우리가 하나님의 말씀대로 사는 사람이 되어야 할 것입니다. 우리가 신앙적인 지식이나, 신앙적인 경험이 없겠습니까? 뭐든 이야기하려고 한다면 밤을 지새워도 모자랄 만큼 신앙과 관련된 이야깃거리가 많을 것입니다. 하지만 우리가 하나님의 살아계심을 지식이 아니라 실제 삶에서 인정하고, 그분의 말씀을 성경대로 따르고 있느냐고 묻는다면 어떨까요? 그건 너무 지나친 기대일까요? 또는 "그러는 당신은 성경대로 따라 살고 있느냐?"라고 물으실까요?

바울이 로마서에서 한 고백처럼, "선을 행하기 원하는 나에게 악이 함께 있어서 내 속사람으로는 하나님의 법을 즐거워하지만, 원치 않는 악이 나를 죄의 법 쪽으로 사로잡아 갈"(롬 7:21-23) 수도 있을 것입니다. 하지만 바울의 고백이 특별한 것은 무엇입니까? 그가 끊임없이 하나님의 법을 따라 살려고 애를 썼다는 것입니다. 하나님의 존재와 하나님의 법에 대하여 단지 지식과 종교적 형식으로만 가지고 있었던 대제사장과 바리새인들은 예수님을 십자가에 못 박아 죽였습니다. 하지만 예수님의 십자가 죽음과 부활을 목격하고, 성령의 임재하심으로 부활의 신앙을 가진 제자들과 사도들, 초대교회 성도들은 이 기독교 신앙을 지키고 전하다가 순교를 당하는 한이 있더라도 이 신앙을 포기하지 않았습니다.

오늘날 성도들도 마찬가지일 것입니다. 우리 신앙이 '하나님 중심의 신본주의'로 무장되어 있지 않고, 기독교 문화와 기독교 교양 수준의 신앙에 머물러 있게 된다면, 환경과 상황의 변화에 따라 하나님을 섬기는 모습이 선택적으로 달라질 것입니다. 한 발은 하나님께 두고, 또 한 발은 세상에 두고서 여기서도 버림당하지 않고, 저기서도 손해 보지 않는 신앙생활을 하게 될 것입니다.

우리가 조금 더 하나님께 가까워지는 신앙생활을 했으면 좋겠습니다. 말라기 시대의 성도들, 예수님 당시의 대제사장과 바리새인들 같은 신앙의 모습은 곤란합니다. 대제사장은 원래 그리스도의 직분 가운데 제사장으로 오실 그리스도를 상징하여 세워진 사람이었습니다. 대속죄일에 짐승의 피를 가지고 하나님 앞에 나가서 이스라엘 백성들의 모든 죄를 용서받는, 하나님과 가장 가까운 인간의 대표로 상징되는 인물입니다.

하지만 그 대제사장이 세상의 왕이 되어 유대 백성들의 지배자가 되고 나니, 그리스도로 오신 예수님을 십자가에 못 박아 죽였습니다. 그들이 빌라도에게 했던 말이 무엇이었습니까? "가이사 외에는 우리에게 왕이 없다"였습니다. 차라리 가이사가 자기들의 왕이 될망정 예수님이 왕이 되는 것은 받아들일 수 없다는 것이었습니다. 그러면 대제사장은 정말로 가이사가 그들의 왕이라고 생각했을까요? 아니지요. 가이사를 왕이라고 말해 주면, 자기의 권한이 보장되니까 그렇게 한 것입니다.

예수님을 시험한 마귀는 자기에게 한 번만 경배하면, 천하 모든 영광을 너에게 주겠다며 시험했습니다. 마귀의 전략은 언제나 이렇습니다. 그 대제사장이 누구입니까? 2천 년 전의 가야바와 안나스입니까? 그들이 예수님을 죽인 이유는, 그들이 가진 왕권을 놓치고 싶지 않아서였습니다. 오늘날 저와 여러분의 모습은 아닙니까? 나는 아닐 거라고 생각하지 마십시오.

가야바가 참지 못하고 "사형에 해당하는 죄"라고 말한 죄목이 무엇이었습니까? 예수님께서 자신을 가리켜서 "하나님의 아들 그리스도"라고 말씀했기 때문입니다. 그들은 그들의 조상 때부터 하나님께서 보내실 메시아를 기다려 왔습니다. 하지만 정작 하나님의 아들 그리스도가 오시니, 신성모독이라 하며 십자가에 못 박아 죽였습니다. 이게 어떻게 된 일일까요? 그리스도가 오시는 건 좋지만, 자기가 대제사장으로 왕권을 행사하고 있을 때 오는 건 안 된다는 것입니다. 그건 양보할 수 없다는 거죠. 지금도 하나님은 끊임없이 우리에게 물으실 것입니다. "누가 너의 왕이냐?" 오늘 우리도 하나님 중심의 신본주의 신앙이 아니라, 자기 자신이 왕이 되어 신앙생활을 하고 있다면, 대제사장 가야바와 전혀 다르지 않을 것입니다.

하나님의 말씀을 자기 생각과 관점으로 해석해서 적용하고, 선택적으로 선별적으로 순종하는 순간, 우리도 예수님을 죽인 그 대제사장이 되는 것입니다. 우리가 눈물 흘리며 기도하고, 아름다운 목소리와 악기들로 찬양하며 예배한다고 해서 하나님의 백성으로 사는 사람이 되는 것이 아닙니다. 우리의 실제 삶이 그리스도를 왕으로 삼고, 하나님의 말씀을 삶의 기준으로 삼고, 그 말씀대로 살아야 비로소 하나님의 백성다운 사람이 되는 것입니다. 누가 여러분의 왕입니까? "명목상 하나님이 왕이십니다, 명목상 그리스도가 왕이십니다." 이런 것 말고 실제 여러분의 삶에서 왕이 누구입니까? 저와 여러분이 하나님의 말씀과 머리이신 그리스도를 중심으로 사는 '신본주의' 기독교 사상으로 무장된 신앙생활을 하게 되길 진심으로 기원합니다.

요한복음 20:13~18

여자여 어찌하여 우느냐?

"13. 천사들이 이르되 여자여 어찌하여 우느냐 이르되 사람들이 내 주님을 옮겨다가 어디 두었는지 내가 알지 못함이니이다 14. 이 말을 하고 뒤로 돌이켜 예수께서 서 계신 것을 보았으나 예수이신 줄은 알지 못하더라 15. 예수께서 이르시되 여자여 어찌하여 울며 누구를 찾느냐 하시니 마리아는 그가 동산지기인 줄 알고 이르되 주여 당신이 옮겼거든 어디 두었는지 내게 이르소서 그리하면 내가 가져가리이다 16. 예수께서 마리아야 하시거늘 마리아가 돌이켜 히브리 말로 랍오니 하니 (이는 선생님이라는 말이라) 17. 예수께서 이르시되 나를 붙들지 말라 내가 아직 아버지께로 올라가지 아니하였노라 너는 내 형제들에게 가서 이르되 내가 내 아버지 곧 너희 아버지, 내 하나님 곧 너희 하나님께로 올라간다 하라 하시니 18. 막달라 마리아가 가서 제자들에게 내가 주를 보았다 하고 또 주께서 자기에게 이렇게 말씀하셨다 이르니라"

1절에 '안식 후 첫날'이라고 말씀하고 있습니다. 유대인들의 하루 개념은 우리가 사용하는 하루의 개념과 서로 다릅니다. 우리가 하루를 계산할 때 시간상의 개념으로는 자정(밤 12시)부터 시작해서 다음 날 자정까지이지만, 보통 아침부터 저녁까지를 하루로 생각합니다. 그래서 아침에 출근하거나 학교에 갔다가 저녁에 돌아와서, 저녁 식사를 마치고 나면 하루가 끝이 난 것으로 생각합니다. 하지만 유대인들은 해가 지는 시간부터 다음 날 해가 지는 시간까지를 하루로 계산합니다. 하루를 저녁부터 시작해서 다음 날 일몰 때까지로 보는 것입니다.

창세기 1:5, "하나님이 빛을 낮이라 부르시고 어둠을 밤이라 부르시니라 저녁이 되고 아침이 되니 이는 첫째 날이니라"

보시는 것처럼, **"저녁이 되고 아침이 되니 이는 첫째 날이니라"**라고 말씀합니다. 이처럼 유대인들의 하루는, 일과를 마치고 퇴근하여 저녁이 되면 하나님과 함께 새로운 하루를 시작합니다. 군대에 가면 모든 병사가 불침번이라고 해서, 병사들이 잠을 자는 시간에 깨어서 근무지를 지키며 혹시 모를 적의 침입을 대비하는 경계근무를 섭니다. 보통 내무반의 경우 1시간 간격으로 돌아가며 불침번을 서고, 철책선이나 외곽 근무를 서는 경우 2~3시간씩 경계근무를 서는 때도 있습니다. 불침번 근무는 다른 어떤 훈련보다 중요해서, 혹시 불침번 근무 때 잠을 자거나 정신을 팔고 있다가 당직 근무자에게 발견이 되면 호된 벌을 받습니다. 사실상 모든 병사가 불침번 근무자를 믿고 잠을 자기 때문에, 그 사람이 경계근무를 소홀히 하게 되면 그 부대 전체가 위험에 빠질 수 있기 때문입니다.

시편 127:1, "여호와께서 집을 세우지 아니하시면 세우는 자의 수고가 헛되며 여호와께서 성을 지키지 아니하시면 파수꾼의 깨어 있음이 헛되도다"

유대인들은 여호와 하나님께서 밤에도 그들을 지키신다고 생각했습니다. 나는 쉬는 것으로 하루를 시작하지만, 하나님은 그 시간에도 계속 일하십니다. 그러니 나는 여유 있고 마음 편히 쉬다가 편히 단잠을 잘 수 있습니다. 또한, 하나님께서는 "그 사랑하시는 자에게 잠을 주신다"라고 하셨습니다.

시편 127:2, "너희가 일찍이 일어나고 늦게 누우며 수고의 떡을 먹음이 헛되도다 그러므로 여호와께서 그의 사랑하시는 자에게는 잠을 주시는도다"

또 한 가지의 의미는, 그들은 "밤이라는 시간이 지나고 나면 광명한 해가 떠오르는 낮이 온다"라는 신앙의 의미를 하루라는 개념 속에 가지고 있었습니다. 인생을 살다 보면 긴긴 겨울밤 어둠 속의 추위를 견디는 것과 같은 시기를 보내기도 합니다. 이스라엘의 역사는 침략과 포로의 역사라고 할 만큼 주변 강대국으로부터 수많은 괴로움을 당했지만, 그들은 그 모든 고난과 역경을 견뎌 냈습니다. 독일 나치 시대에도 수많은 유대인이 학살당했지만, 그 역경의 시간을 이겨 내고 살아남을 수 있었던 것도, 그들이 가진 하루의 개념 때문이었습니다. 그것이 바로 "밤이 지나고 나면 반드시 태양이 떠오른다"라는 시간의 개념이었으며, 그것은 창세기 1장의 하나님 말씀에 대한 믿음에 근거하고 있습니다.

오늘 우리도 시간의 개념을 한번 생각해 볼 필요가 있습니다. 요즘 사람들은 성경이나 유대인의 시간 개념과는 다른 의미의 저녁을 보냅니다. 저녁부터 시작해서 새벽 동틀 때까지 술 마시고 논 뒤에, 아침에 자고 오후에 일어나는 사람들이 많습니다. 그런 식의 하루 개념이 아니라, 유대인들의 하루 개념처럼 하나님께서 지켜 주시는 밤 시간에 평안한 안식을 잘 누리고, 활기차게 아침을 맞는 것입니다. 그리고 요즘과 같이 우리 인생에 어떤 예상하지 못한 어려운 일이 찾아오더라도, 하나님께서 반드시 동녘의 태양과 같은 아침을 주신다는 믿음을 갖는다면 "이 또한 지나갈" 시간을 견딜 힘을 얻게 될 것입니다.

본문에서는 **"안식 후 첫날 일찍이 아직 어두울 때에"**(요 20:1)라고 했습니다. 이 표현은 마태복음과 마가복음의 표현과 조금 차이가 있습니다.

> 마태복음 28:1, "안식일이 다 지나고 안식 후 첫날이 되려는 새벽에 막달라 마리아와 다른 마리아가 무덤을 보려고 갔더니"
> 마가복음 16:2, "안식 후 첫날 매우 일찍이 해 돋을 때에 그 무덤으로 가며"

복음서의 기록들을 종합해서 볼 때, 막달라 마리아를 비롯한 여인들이 아직 해가 뜨지 않은 어두울 때 집에서 출발해서, 아침 해가 돋을 때 무덤에 도착한 것으로 보입니다. 사복음서 모두에 여인들이 새벽 일찍 예수님의 무덤에 찾아갔다는 기록을 남겼다는 것에 주목하시기 바랍니다. 이들이 이렇게 일찍 예수님의 무덤을 방문한 것은, 예수님에 대한 그들의 사랑과 열정이 여전히 그들에게 있었음을 알 수 있습니다. 하지만 여인들이 예수님께 대하여 가졌던 사랑과 열정이 예수님의 부활 사실과 만났을 때, 그들이 마땅히 가져야 할 신앙에서 얼마나 그 간격이 벌어져 있는지, 믿음과 상관없었는지를 확인할 수 있습니다.

우리가 가진 신앙의 개념은 무엇입니까? 내 정성입니다. 진심이고 사랑입니다. 신을 향해 가진 내 사랑과 진심이 얼마나 지극정성으로 그분께 도달할 수 있는지, 그분에게 감동을 줘서 마음을 움직일 수 있는지가 중요합니다. 사실 신앙생활에 있어서 그것만큼 중요한 것이 없습니다. 또 필요합니다. 그런데 우리 기독교 신앙은 내 정성과 진심과 사랑 이전에 반드시 전제되는 것이 있습니다. 그것은 주님께서 우리에게 무엇을 말씀하셨는가? 하는 것입니다.

막달라 마리아를 비롯한 여인들이 예수님의 무덤을 찾아가 보니 무덤을 막았던 돌은 옆으로 굴려져 있고, 그 안에 계셔야 할 예수님의 시신은 보이지 않았습니다. 그래서 베드로와 제자들에게 달려가서 예수님의 시체가 없어졌다고 말했습니다. 본문 2~3절 말씀을 보면, 여인들의 말을 들은 베드로와 예수께서 사랑하시던 그 다른 제자, 곧 요한이 여인들을 따라 예수님의 무덤으로 즉시 달려갔습니다. 예수님의 시체가 없어졌다는 소식을 들은 이후 제자들이 보인 즉각적인 반응을 보면, 제자들 중에 누군가가 예수님의 시신을 다른 곳으로 옮겨 놓고 마치 예수님이 부활한 것처럼 꾸민 것으로 보이지 않습니다. 만약 그랬더라면 베드로나 요한이 그것을 몰랐을 리가 없고, 여인들의 말을 듣고 즉시 일어나 무덤까지 달려가지 않았을 것입니다.

4절에 요한이 베드로보다 더 빨리 달려가서, 빈 무덤 안을 들여다 보았습니다. 요한이 무덤에 먼저 도착할 수 있었던 것은, 예수님의 십자가 처형을 목격한 유일한 제자가 요한이었기 때문에, 그분의 무덤을 잘 알았을 것으로 보입니다. 5~6절 말씀을 보면, 무덤에 먼저 도착한 요한은 몸을 굽혀 무덤 안을 들여다보았지만, 베드로는 거침없이 무덤 안으로 들어가서 확인해 보았습니다. 무덤에는 예수님을 쌌던 세마포가 누우셨던 자리에 놓여 있었고, 7절에 머리에 쌌던 수건은 다른 곳에 쌌던 대로 놓여 있었습니다.

복음서에서 예수님의 빈 무덤의 상태를 이렇게 자세히 묘사하는 것은, 당시 대제사장들이 무덤을 지키던 군병들을 회유하여 제자들이 예수님의 시신을 훔쳐 갔다는 가능성이 근거가 없음을 가리키는 것입니다. 만약 누군가가 시체를 훔쳐 갔다면 세마포를 벗겨 두고 가거나 머리에 감쌌던 수건을 벗겨 내어 정돈해 놓고 갈 이유가 없기 때문입니다.

8절에 베드로가 무덤 안에 먼저 들어간 뒤에, 요한도 뒤따라 들어와서 보고 믿었다고 기록하고 있습니다. 여기서 요한이 믿었다고 말한 것이 무엇을 뜻하는지 살펴봐야 합니다. 어떤 학자들은 베드로와 요한이 최초로 예수님의 부활을 믿었다고 주장합니다. 그런데 만약 그들이 예수님의 부활을 믿었다면, 무덤 밖에서 울고 있는 막달라 마리아에게 예수님이 부활하셨다는 것을 왜 확실하게 가르쳐 주지 않았을까 하는 의문이 생길 수 있습니다.

또 어떤 학자들은 여인들이 제자들에게 전해 준 말처럼, 예수님의 시신이 없어졌다는 사실을 알았다고 보는 견해입니다. 하지만 일반적인 학자들의 견해는, 베드로와 요한이 충분하지는 않지만 예수님께서 말씀하셨던 것처럼, 그분의 부활을 믿었다고 보고 있습니다. 그 이유는 9절, **"(그들은 성경에 그가 죽은 자 가운데서 다시 살아나야 하리라 하신 말씀을 아직 알지 못하더라)"**라고 하신 말씀입니다.

여러분이 가지신 성경 9절의 마지막을 보면 붉은 글씨로 시편 2장 7절이, 이 말씀과 관련된 성구로 기록되어 있는 것을 보실 수 있습니다.

> 시편 2:7, "내가 여호와의 명령을 전하노라 여호와께서 내게 이르시되 너는 내 아들이라 오늘 내가 너를 낳았도다"

이 시간에 시편 2편을 다 살펴볼 수는 없지만, 요약하자면 이 시는 하나님께서 다윗에게 주셨던 다윗 언약의 성취가 예수 그리스도로 이루어진 것입니다. 이방 나라와 세상의 군왕들과 권원들이 서로 꾀하여 여호와의 기름 부음 받은 자를 대적할지라도, 하나님께서 비웃으시며 그들을 물리치실 것입니다. 비록 잠깐 동안 세상이 그리스도를 십자가에 못 박음으로 인해 승리한 것처럼 보이지만, 하나님께서 친히 낳은 예수께서 무덤에 머물러 있을 수는 없습니다. 만약 죽음을 이기지 못하시는 그리스도라면 어떻게 하나님의 나라를 세우고 통치하실 수 있으며, 그분의 뜻을 이루실 수 있겠습니까? 오히려 하나님께서는 세상을 향하여, 부활하신 예수님께 입 맞추며 그 앞에 굴복할 것을 명령하셨습니다. 그렇지 않으면 길에서 망할 것이고, 그에게 피하는 자는 복이 있다고 했습니다.

> 시편 2:12, "그의 아들에게 입맞추라 그렇지 아니하면 진노하심으로 너희가 길에서 망하리니 그의 진노가 급하심이라 여호와께 피하는 모든 사람은 다 복이 있도다"

하지만 앞서 살펴보았던 것처럼, 베드로와 요한은 예수님의 부활에 관하여 믿기는 했지만, 성경의 기록대로 확실하게 이해하지는 못한 것으로 보입니다. 왜냐하면, 만약 요한이 성경에 기록된 대로 예수님께서 죽은 자 가운데서 다시 살아나신 것을 믿었다면, 9절 말씀을 기록할 이유가 없기 때문입니다.

본문 10절에 **"이에 두 제자가 자기들의 집으로 돌아가니라"**라고 했는데, 베드로와 요한이 따로 간 것이 아니라 제자들이 머물던 숙소로 돌아간 것으로 보입니다. 빈 무덤을 확인한 여인들이 제자들이 함께 머물던 숙소로 찾아갔기 때문입니다. 11절에 제자들이 돌아간 후, 막달라 마리아는 무덤 밖에 서서 울고 있었습니다. 사도 요한은 마리아가 언제 다시 돌아왔는지, 또는 두 제자가 무덤에 올 때 함께 왔었는지에 관하여는 말하고 있지 않습니다. 다만 그들이 집으로 돌아갈 때 마리아가 무덤 밖에 서서 울고 있었다는 장면으로 새로운 이야기를 전개하고 있습니다.

여기 '울면서'로 번역된 헬라어 '클라이오'는 조용히 눈물을 흘리면서 우는 것이 아니라, 감정을 억제하지 못하고 큰 소리로 통곡하고 우는 것을 말합니다. 만약 마리아가 예수님의 부활에 대하여 조금이라도 생각을 했다면, 이렇게까지 통곡하며 울지는 않았을 것입니다.

그런데 마리아가 예수님의 무덤 앞에서 울고 있는 이 장면을 잘 보시기 바랍니다. 무엇인가 이상하지 않습니까? 새벽 동이 트기도 전에, 아직 캄캄한 밤중에 어둠을 헤치고 예수님의 무덤까지 찾아온 마리아의 진심과 정성은 모든 사람이 인정할 만한 행동입니다. 하지만 무덤 앞에서 울고 있는 마리아의 모습은 상당히 당황스럽습니다.

요한복음 20:13, "천사들이 이르되 여자여 어찌하여 우느냐 이르되 사람들이 내 주님을 옮겨다가 어디 두었는지 내가 알지 못함이니이다"

마리아의 대답을 다시 자세히 보시면, "예수님의 시체가 무덤에 그냥 그대로 있었다면 안심이 되고 기뻤을 것인가?" 하는 반문을 해 볼 수가 있습니다. 물론 우리는 예수님의 시체가 무덤에 그대로 머물러 있을 수 없다는 것을, 성경의 기록과 예수님의 부활을 목격한 사람들의 증언 등을 통해 역사적 사실로 믿고 있습니다. 하지만 당시 막달라 마리아가 예수님을 향해 가졌던 인간적인 진심과 사랑과는 별개로, 부활하신 예수님에 관한 믿음은 없었다는 것을 알 수 있습니다. 마리아가 부활하신 예수님에 관한 믿음이 없었다는 것은, 14절 말씀을 통해 다시 한번 확인할 수 있습니다.

요한복음 20:14, “이 말을 하고 뒤로 돌이켜 예수께서 서 계신 것을 보았으나 예수이신 줄은 알지 못하더라”

마리아는 뒤로 돌이켜서 예수님이 계신 것을 보고도 알아보지 못했습니다. 마리아는 자기가 본 사람이 동산지기인 줄 알았다고 15절에 기록했습니다. 우리 신앙이 마리아가 가졌던 신앙의 모습과 같지 않은지 살펴봐야 합니다. 하나님의 진리 말씀과 부활의 사실에 입각한 신앙이 아니라, 주를 향한 내 진심과 내가 생각하는 사랑과 내 기대와 희망이, 현재의 내 신앙을 이끌어 가는 것은 아닌지 돌아봐야 합니다.

마리아는 자기가 생각한 예수님에 대한 사랑과 감정과 기대만을 가지고 무덤을 찾아갔습니다. 마리아의 기대는 무엇입니까? 십자가 위에서 죽으신, 온몸의 물과 피가 다 빠져나간 앙상한 몸의 예수님의 시체라도 부둥켜안고 울어야겠다는 것입니다. 그런데 완전히 울 준비를 다 하고 무덤을 찾아왔는데 시체마저 없어졌습니다. 이제는 울 대상마저도 사라져 버린 것이지요. 그러니 통곡을 하는 것입니다.

그런데 우리가 알아야 할 것은, 기독교 신앙은 내가 믿고 싶은 것을 믿는 신앙이 아니라 하나님께서 우리에게 주신 진리의 말씀을 믿는 신앙입니다. 그 진리의 말씀은 구약 이스라엘의 역사를 통해서, 하나님의 약속이 하나도 변하지 않고 다 이루어졌다는 사실을 확인할 수 있는 말씀입니다. 그 진리의 말씀은 예수 그리스도의 부활 승천 이후, 제자들과 사도들과 초대교회 성도들과 그 후 교회의 역사를 통해 검증되고 확인된 사실의 말씀입니다. 기독교 신앙은 철저하게 예수님의 십자가 죽음과 부활, 그리고 승천 위에 세워져 있습니다. 사도 바울의 고백처럼, 만약 그리스도께서 부활하시지 않았다면 우리의 믿음은 헛된 것이 되고 맙니다.

고린도전서 15:12-14, "그리스도께서 죽은 자 가운데서 다시 살아나셨다 전파되었거늘 너희 중에서 어떤 사람들은 어찌하여 죽은 자 가운데서 부활이 없다 하느냐 13. 만일 죽은 자의 부활이 없으면 그리스도도 다시 살아나지 못하셨으리라 14. 그리스도께서 만일 다시 살아나지 못하셨으면 우리가 전파하는 것도 헛것이요 또 너희 믿음도 헛것이며"

만약 부활이 없는데도 기독교 복음을 전하는 자들이 있다면 그들은 모두 거짓 증인이며, 그들의 말을 믿고 기독교 신앙을 가진 사람들은 불쌍한 사람들입니다.

고린도전서 15:15-19, "또 우리가 하나님의 거짓 증인으로 발견되리니 우리가 하나님이 그리스도를 다시 살리셨다고 증언하였음이라 만일 죽은 자가 다시 살아나는 일이 없으면 하나님이 그리스도를 다시 살리지 아니하셨으리라 16. 만일 죽은 자가 다시 살아나는 일이 없으면 그리스도도 다시 살아나신 일이 없었을 터이요 17. 그리스도께서 다시 살아나신 일이 없으면 너희의 믿음도 헛되고 너희가 여전히 죄 가운데 있을 것이요 18. 또한 그리스도 안에서 잠자는 자도 망하였으리니 19. 만일 그리스도 안에서 우리가 바라는 것이 다만 이 세상의 삶뿐이면 모든 사람 가운데 우리가 더욱 불쌍한 자이리라"

하지만 예수님의 죽음 이후 2천 년이 넘는 세월 동안, 기독교 복음이 온갖 핍박 속에서도 그 빛을 잃지 않고 더욱 찬란해진 이유가 무엇입니까? 그것은 부활의 복음, 하나님의 진리가 사실이기 때문입니다.

고린도전서 15:20-22, "그러나 이제 그리스도께서 죽은 자 가운데서 다시 살아나사 잠자는 자들의 첫 열매가 되셨도다 21. 사망이 한 사람으로 말미암았으니 죽은 자의 부활도 한 사람으로 말미암는도다 22. 아담 안에서 모든 사람이 죽은 것 같이 그리스도 안에서 모든 사람이 삶을 얻으리라"

하지만 이와 같은 부활 신앙이 막달라 마리아에게는 없었습니다. 그래서 천사는 마리아에게 예수님께서 전에 하셨던 말씀을 기억해 보라고 말해 줬습니다.

마태복음 28:5-6, "천사가 여자들에게 말하여 이르되 너희는 무서워하지 말라 십자가에 못 박히신 예수를 너희가 찾는 줄을 내가 아노라 6. 그가 여기 계시지 않고 그가 말씀 하시던 대로 살아나셨느니라 와서 그가 누우셨던 곳을 보라"

"그가 말씀하신 대로"는 무엇일까요? 예수님께서 오병이어의 기적을 행하신 후 제자들에게 사람들이 예수님에 대해서 누구라고 하더냐고 물으셨습니다. 제자들은 사람들이 더러는 세례 요한, 엘리야, 예레미야나 선지자 중의 하나라고 말한다고 대답했습니다. 예수님께서 다시 제자들에게 너희들은 나를 누구라고 하느냐고 물으셨을 때,

베드로가 주는 그리스도시요 살아 계신 하나님의 아들이라고 대답했습니다. 그때 예수님께서 제자들에게 주신 말씀이 바로 부활에 대한 것이었습니다.

마태복음 16:21, "이 때로부터 예수 그리스도께서 자기가 예루살렘에 올라가 장로들과 대제사장들과 서기관들에게 많은 고난을 받고 죽임을 당하고 제삼일에 살아나야 할 것을 제자들에게 비로소 나타내시니"

우리가 주목해서 봐야 할 말씀이 "그가 말씀하신 대로"입니다. 같은 상황을 설명한 누가복음의 말씀도 함께 살펴겠습니다.

누가복음 24:5-6, "여자들이 두려워 얼굴을 땅에 대니 두 사람이 이르되 어찌하여 살아 있는 자를 죽은 자 가운데서 찾느냐 6. 여기 계시지 않고 살아나셨느니라 갈릴리에 계실 때에 너희에게 어떻게 말씀하셨는지를 기억하라"

여기에서도 **"너희에게 어떻게 말씀하셨는지를 기억하라"**라고 말씀합니다. 기독교 신앙의 특징, 기독교 신앙만이 가진 강점이 무엇입니까? 그것은 "주께서 말씀하신 대로, 그가 어떻게 말씀하셨는지" 기억하는 것입니다. 만약 이것이 빠진다면, 사람마다 기독교 신앙을 자기가 이해하고 싶은 대로 이해할 것입니다. 자기가 믿고 싶은 것을 믿고 따르고 싶은 것을 따를 것입니다. 막달라 마리아가 예수님의 무덤 앞에서 보였던 신앙이 바로 그런 것입니다. 모든 소망의 줄이 끊어지고, 어둠과 절망만 남아 있는 것 같은 상황에서 우리가 할 수 있는 일이 단지 목 놓아 우는 것뿐이라면, 우리가 세상의 다른 종교를 믿는 사람과 다를 점이 무엇이겠습니까?

엠마오로 향해 가던 두 제자에게도 예수님께서 이렇게 말씀하셨습니다.

누가복음 24:25-26, "이르시되 미련하고 선지자들이 말한 모든 것을 마음에 더디 믿는 자들이여 26. 그리스도가 이런 고난을 받고 자기의 영광에 들어가야 할 것이 아니냐 하시고"

무덤 앞의 막달라 마리아와 엠마오로 가는 두 제자, 그리고 오늘날 우리들의 공통점이 무엇입니까? 주님의 말씀을 너무나 가볍게 받아들이고, 더디 믿는다는 것입니다. 하나님의 말씀이 신앙의 중심에 있지 않다 보니 말씀으로 힘을 얻어서 일어나야 할 결정적인 순간에 마리아처럼 울고 통곡하거나, 또는 엠마오로 가는 두 제자처럼 이미 지나가 버린 이야기나 하는 모습으로 나타나게 됩니다.

그 두 종류 사람의 공통점이 무엇인지 아십니까? 예수님의 말씀이 예수님의 죽으신 몸과 함께 무덤에 들어가 버렸다는 것입니다. 아무리 좋은 약속이라도 약속한 사람이 살아 있어야 효력이 있지, 그 사람이 죽어 버렸다면 그 약속이 무슨 소용이 있겠습니까? 결국 그들이 할 수 있는 것은 무덤 앞에서 통곡하는 것뿐이고, 이상하게 생각하면서 마치 소문의 소문을 이야기하듯 이야기하는 것뿐이었습니다.

사실은 예수님의 시체가 사라진 것을 보며 기뻐해야 하는 것 아닙니까? "예수님께서 십자가에서 죽임을 당하기 전에, 대제사장과 서기관과 장로들에게 고난을 당하고 사흘 만에 다시 살아나실 것을 말씀하셨는데 정말로 다시 살아나셨구나." 이렇게 예수님의 말씀을 기억하고 기뻐해야 하지 않겠습니까? 하지만 마리아는 예수님의 말씀은 전혀 마음에 남아 있지 않고, 단지 대성통곡하는 것으로만 예수님을 향한 자신의 마음을 표현하고 있습니다.

예수님의 십자가 죽음과 부활의 사건 앞에서, 우리가 어떤 수준의 신앙을 가졌는지 다시 점검해야 하는 지점입니다. 마리아가 기억하는 것은 무엇입니까? 십자가에서 죽으신 예수님의 몸을 가져다가 무덤에 넣어 두고 돌을 굴려 그 입구를 막은 것입니다. 그게 왜 중요하죠? 그 일을 자기들이 했기 때문입니다. 그런데 우리 신앙의 수준이 딱 거기까지입니다. 자기가 한 것까지이죠.

세상 모든 종교의 형태가 그렇지 않습니까? 신을 위해 자기가 정성과 열심을 드리고, 뭔가를 바쳐서 신의 마음을 움직여서 소원을 이루는, 결국 자신의 열심을 증명하는 것이 세상의 종교입니다. 하지만 기독교 신앙은 하나님께서 우리를 구원하기 위해 당신의 아들을 세상에 보내시고, 그분의 십자가 대속과 부활하심으로 이루어진 것입니다. 거기에 우리가 거든 것이 하나도 없습니다.

심지어 우리는, 하나님께서 세상을 창조하기 전부터 우리를 구원하여 당신의 자녀와 백성을 만들기로 선택하시고, 그 일을 이루기 위해서 당신의 아들을 보내어 그와 같은 놀라운 구원 역사를 이미 이루셨는지 알지도 못했습니다. 다만 하나님의 섭리와 은혜의 때를 따라 우리가 구원받고 교회에 나와서 말씀을 듣고 보니, 우리가 구원받은 것이 내 의지나 결정이나 내 행위로 구원받은 것이 아니라 하나님의 은혜였다는 사실을 뒤늦게 알고 감사하는 것이지요.

그나마도 깨닫고 감사할 수 있으면 다행입니다. 마치 자녀가 철이 들고 나면 비로소 부모님의 은혜를 깨닫게 되는데, 주로 그 장소가 부모님 산소라고 합니다. 그런데 이와 같은 구원의 이치에 대해서 가르쳐 줘도 잘 모를뿐더러, 인정하려고 하지 않는 사람들도 있습니다. 여전히 자기가 한 일이 너무나 크고 위대해서, 스스로의 열심과 결심에 감동하고 감격하면서 거기에 머물러 있는 것이지요. 철이 안 드는 것이지요.

본문 15절에 **"예수께서 이르시되 여자여 어찌하여 울며 누구를 찾느냐"**라고 묻는 이 물음을, 오늘 저와 여러분에게 물으시는 주님의 음성으로 들으시기 바랍니다. 우리가 운다면 무엇을 위해서 우는 것입니까? 무엇을 찾고 싶은 것입니까? 자기가 돌아가신 예수님을 무덤에 장사 지냈으니, 예수님은 거기에 죽은 상태로 계속 누워 있어야 하는 건가요? 그런데 그와 같은 모순적인 신앙생활을 하고 있습니다. 게다가 너무나 아름답고 숭고해 보이기까지 합니다. 하지만 그것은 올바른 신앙이 아닙니다. 무엇보다 그런 신앙이 말씀에 근거한 신앙이 아니기 때문에 더욱 그렇습니다. 주님의 말씀이 있어야 할 자리에 자기 확신과 자기감정, 자신의 이성과 경험, 자기가 행한 행위와 같은 것이 들어가면, 거기서 나오는 결과는 마리아가 했던 것처럼, 믿음을 보여야 할 시간에 우는 것 외에는 할 것이 없게 됩니다.

하나님께서 우리에게 주신 말씀에 근거한 신앙을 갖게 되시길 기원합니다. 우리 신앙의 근거는 예수 그리스도의 십자가 죽음과 부활입니다. 그 십자가와 부활은 우리가 동의해 주고 믿어 줘서 비로소 효력을 발생하게 된 것이 아니라, 하나님께서 이루어 놓으신 은혜를 우리가 그냥 받는 것입니다. 이것을 잊지 마십시오. 예수님께서 붙잡히기 전에 고난받고 죽게 되실 것을 말씀하셨고, 죽은 뒤 부활하실 것도 말씀해 주셨습니다. 그리고 예수님은 말씀대로 다시 살아나셨습니다. 마리아와 제자들이 예수님의 말씀을 마음에 두고 기억해 내서 부활하신 예수님을 찾아다니다가 만난 것이 아니라, 예수님께서 그들에게 찾아오셨습니다. 예수님이 그들을 찾아오기 전에 그들이 한 것은 단지 통곡하며 우는 것뿐이었고, 마치 소문 이야기하듯 이야기하며 자기 갈 길을 가던 사람들이었습니다.

우리도 그 마리아나 제자들과 같은 사람이었습니다. 예수님께서 직접 찾아와 주시고, 가르쳐 주시고, 믿게 해 주시지 않았다면 우리가 아무리 뛰어난 신앙심을 가졌다고 한들, 우리가 할 수 있는 최고의 신앙 행위는 통곡하며 울거나, 정성을 들이는 그 수준을 벗어날 수 없습니다.

우는 것이 좋은 신앙이 아닙니다. 내 진심을 보여 주고, 내가 가진 종교적 열심을 사람들이 인정해 주고, 사람들에게 칭찬받는 것이 좋은 신앙이 아닙니다. 그게 좋은 신앙일 것 같았으면, 무덤 앞에서 울고 있던 마리아를 찾아온 천사가 그의 등을 두드려 주고 안아 주면서 위로했을 것입니다. 하지만 천사가 마리아에게 한 말은 무엇이었습니까? **"여자여 어찌하여 우느냐?"**였습니다. 마리아가 왜 울고 있는지 천사가 몰라서 물었겠습니까? 마리아의 울음은 본질을 벗어난 것이었기에 왜 우느냐고 한 것입니다.

요한복음 20:16, "예수께서 마리아야 하시거늘 마리아가 돌이켜 히브리 말로 랍오니 하니 (이는 선생님이라는 말이라)"

예수님께서 마리아의 이름을 부르셨고, 마리아는 돌이켜서 그분이 예수님인 줄 보고 알았습니다. 이제는 마리아가 울어야 할 일이 사라져 버린 것입니다. 그 뒤에 마리아가 한 일이 무엇이었습니까?

요한복음 20:18, "막달라 마리아가 가서 제자들에게 내가 주를 보았다 하고 또 주께서 자기에게 이렇게 말씀하셨다 이르니라"

그런데 예수님께서 막달라 마리아뿐만 아니라 다른 모든 제자들도 이렇게 직접 찾아와서 만나 주시고 확인해 주심으로 인해서 부활 신앙을 갖게 되었습니다. 그리고 기독교 신앙은 하나님께서 주신 약속의 말씀과 부활하신 예수님을 직접 만난 증인들의 증언 위에 세워져 있습니다.

부활하신 주님께서는 마리아와 제자들뿐만 아니라 우리도 찾아오셔서, 우리의 마음을 열어 주시고, 이 말씀을 믿을 수 있도록 해 주셨습니다. 성령으로 찾아오셨고, 진리의 말씀으로 찾아오셨습니다. 이 말씀은 들었다고 해서 모든 사람이 믿을 수 있는 것이 아닙니다. 오직 들을 귀 있는 사람들이 듣는 말씀이고, 성령께서 믿음을 주셔야 믿을 수 있는 말씀입니다. 이런 귀한 은혜를 우리가 받고 있다는 사실에 감사하시기 바랍니다. 그리고 자기 경험이나 자신의 이성, 자기의 마음에 이끌리는 신앙이 아니라, 하나님의 말씀에 근거한, 말씀에 순종하는 참된 믿음을 갖게 되길 기원합니다.

요한복음 20:19~22

숨을 내쉬며 이르시되 성령을 받으라

"19. 이 날 곧 안식 후 첫날 저녁 때에 제자들이 유대인들을 두려워하여 모인 곳의 문들을 닫았더니 예수께서 오사 가운데 서서 이르시되 너희에게 평강이 있을지어다 20. 이 말씀을 하시고 손과 옆구리를 보이시니 제자들이 주를 보고 기뻐하더라 21. 예수께서 또 이르시되 너희에게 평강이 있을지어다 아버지께서 나를 보내신 것 같이 나도 너희를 보내노라 22. 이 말씀을 하시고 그들을 향하사 숨을 내쉬며 이르시되 성령을 받으라"

19절에 **"안식 후 첫날"**이라고 말씀했습니다. 이날은 오늘날 우리가 지키는 '주일', 곧 '주의 날'을 가리킵니다. '주일'이 언제부터 안식일 다음 날로 기원을 두고 있는지 정확히는 모릅니다. 하지만 초대교부들이 쓴 문헌에 의하면, 초대교회가 '주의 날'로 정한 특별한 날에 모여서 예배와 친교를 가진 것으로 되어 있습니다. 사도 요한이 요한계시록을 쓸 때도, '주의 날'에 성령에 감동되어 자신이 보고 들은 것을 기록했다고 했습니다.

요한계시록 1:10, "주의 날에 내가 성령에 감동되어 내 뒤에서 나는 나

팔 소리 같은 큰 음성을 들으니"

성령께서는 사도 요한에게 네가 보는 것을 두루마리에 써서 에베소 교회 등 일곱 교회에 보내라고 말씀했습니다.

요한계시록 1:11, "이르되 네가 보는 것을 두루마리에 써서 에베소, 서머나, 버가모, 두아디라, 사데, 빌라델비아, 라오디게아 등 일곱 교회에 보내라 하시기로"

만약 사도 시대나 초대교회 당시에 '주의 날'이라는 개념이 없었다면, 사도 요한이 내가 '주의 날'에 성령에 감동되어 듣고 본 것을 기록했다는 말 자체가 성립될 수 없을 것입니다. 요한이 말한 '주의 날'이 언제인지 아무도 알지 못하기 때문입니다. 따라서 당시의 성도들이 안식일이 아닌 다른 특정한 날을 '주의 날'로 지정하여 예배를 드리고, 성찬을 드리면서 그리스도를 기념했음을 알 수 있습니다. 또한 사도 바울은 골로새교회에 보낸 편지에서, 유대인들이 율법으로 지키던 월삭이나 안식일을 지키는 것이 구원받는 조건이 될 수 없음을 말했습니다.

골로새서 2:16, "그러므로 먹고 마시는 것과 절기나 초하루나 안식일을 이유로 누구든지 너희를 비판하지 못하게 하라"

월삭과 안식일은 유대인들이 구원을 위하여 반드시 지켜야 하는 날이었습니다. 그럼에도 바울이 이와 같은 편지를 골로새교회에 보낸 것은, 초대교회 당시의 성도들이 안식일을 대체하는 '주의 날'에 대한 합의가 있었음을 알 수 있습니다. '안식 후 첫날' 부활하신 주님을 만난 사도들과 그들로부터 복음을 전해 받은 초대교회 성도들은, 부활하신 예수님을 만난 날을 '주의 날'로 정하여, 율법에 명시된 '안식일'의 기본 정신을 '주의 날'로 계승한 것으로 보입니다.

> 요한복음 20:19, "제자들이 유대인들을 두려워하여 모인 곳의 문들을 닫았더니"

10절에서 "베드로와 요한이 자기들의 집으로 돌아갔다"라는 것이 각자의 집으로 간 것이 아니라 제자들이 함께 머물던 공동의 숙소로 간 것이라고 말씀드렸습니다. 19절 말씀으로 추정하면, 예수님을 죽인 산헤드린 공회에 속한 유대인들이 그 후속 조치로 예수님의 제자들을 색출해 내기 위한 일을 했던 것으로 보입니다. 그래서 제자들은 안전한 곳에 모여 문을 닫고 몸을 숨기고 있었던 것입니다.

오늘 본문과 똑같은 상황을 기록한 누가복음에서는 이렇게 설명하고 있습니다. 엠마오로 가던 두 제자가 길에서 예수님을 만나서 마을까지 가는 동안, 자기들과 대화하시는 분이 예수님인 것을 알지 못했습니다. 저녁 시간이 되어 마을에 도착한 후 예수님을 자기들 집으로 청해서 함께 저녁을 먹을 때, 예수님께서 떡을 가지고 축사하신 후 그들에게 나눠 주시자 그들의 눈이 밝아져서 예수님인 것을 알아보았습니다.

하지만 그들이 예수님인 것을 알았을 때는 예수님이 보이지 않았습니다. 그들은 길에서 예수님께서 성경을 풀어 말씀해 주실 때 그들이 마음이 뜨겁지 않았었느냐고 이야기한 후, 다시 예루살렘으로 돌아왔습니다. 예루살렘으로 돌아온 두 제자가 길에서 예수님을 만난 것과 떡을 떼 주시던 이야기를 하고 있을 때, 예수님께서 그들 가운데 다시 나타나신 것입니다.

> 누가복음 24:31-36, "그들의 눈이 밝아져 그인 줄 알아 보더니 예수는 그들에게 보이지 아니하시는지라 32. 그들이 서로 말하되 길에서 우리에게 말씀하시고 우리에게 성경을 풀어 주실 때에 우리 속에서 마음이 뜨겁지 아니하더냐 하고 33. 곧 그 때로 일어나 예루살렘에 돌아가 보니 열한 제자 및 그들과 함께 한 자들이 모여 있어 34. 말하기를 주께서 과연 살아나시고 시몬에게 보이셨다 하는지라 35. 두 사람도 길에서 된 일과 예수께서 떡을 떼심으로 자기들에게 알려지신 것을 말하더라 36. 이 말을 할 때에 예수께서 친히 그들 가운데 서서 이르시되 너희에게 평강이 있을지어다 하시니"

누가복음은 예수님께서 정말로 부활하셨다는 것을 제자들의 증언을 통해 확인하는 것에 중점을 두고 기록한 책입니다. 이에 비해서 요한복음은 그럼에도 불구하고 제자들은 유대인들에 대한 두려움 때문에, 문을 굳게 닫아두고 모여 있었다는 현장 상황을 설명하고 있습니다. 동시에 부활하신 예수님께서 제자들의 어떤 도움을 받지 않고도, 출입문이 닫혔다는 공간의 제약을 받지 않으시고 자기들 앞에 나타나셨음을 설명합니다.

예수님은 십자가 위에서 죽임당한 그대로 손과 옆구리의 창상이 똑같이 있었고, 제자들의 눈으로 확인할 수 있는 모습으로 나타나셨습니다. 이에 대해서 누가복음에서는 부활하신 예수님을 보고도 믿지 못하고 놀랍게 여기는 제자들 앞에서 구운 생선을 받아서 드셨다고 말씀하고 있습니다. 눈에는 보여도 실체가 없는 영적인 존재가 아니라 육체로 부활했다는 것입니다.

누가복음 24:41-43, "그들이 너무 기쁘므로 아직도 믿지 못하고 놀랍게 여길 때에 이르시되 여기 무슨 먹을 것이 있느냐 하시니 42. 이에 구운 생선 한 토막을 드리니 43. 받으사 그 앞에서 잡수시더라"

19절에 예수님께서 제자들에 나타나실 때, **"너희에게 평강이 있을지어다"**라고 말씀하셨는데, 21절에서도 같은 말로 제자들에게 '평강'을 말씀하셨습니다. '평강'은 히브리어로는 '샬롬', 헬라어로는 '에이레네'로, 보통 유대인들이 만나서 인사할 때 사용하는 전통적인 인사말입니다. 그런데 예수님께서 제자들에게 말씀하신 이 '평강'은, 유대인들이 일상적으로 사용했던 인사말과 그 의미가 전혀 다릅니다.

요한복음 14:27, "평안을 너희에게 끼치노니 곧 나의 평안을 너희에게 주노라 내가 너희에게 주는 것은 세상이 주는 것과 같지 아니하니라 너희는 마음에 근심하지도 말고 두려워하지도 말라"

우리도 누군가를 만났을 때 "안녕하세요" 인사를 합니다. 지난날의 '안녕'을 묻는 말임과 동시에, 앞으로도 '안녕'하기를 바라는 것입니다. 하지만 우리가 '안녕'을 말하면 상대방이 정말로 '안녕'해지는 것입니까? 세상이 인사로 하는 안녕이나 평안은 말 그대도 기대와 염원에 불과합니다. 그러나 예수님께서 주시는 평안은 세상이 주는 것과 같지 않습니다. 단지 기대와 염원에 불과한 평안이 아니라 실제적인 평안과 평강입니다. 주님께서 주시는 평안은 마르지 않는 샘물과 같이 계속 솟아나는 평안입니다.

요한복음 4:14, "내가 주는 물을 마시는 자는 영원히 목마르지 아니하리니 내가 주는 물은 그 속에서 영생하도록 솟아나는 샘물이 되리라"

그렇다면 예수님께서 주시는 평강은 어떤 평강일까요? 사람들이 기대하는 것처럼 아무런 어려움이나 고민할 만한 상황이 생기지 않고 만사가 형통한 그런 평강일까요? 예수님께서 말씀하신 평강은, 예수님께서 그들과 언제나 함께하시는 것입니다. 마가복음 4장에 예수님께서 제자들과 함께 배를 타고 건너가실 때, 큰 광풍이 불고 파도가 배에 부딪혀서 물이 배에 가득하게 되었습니다. 그때 예수님은 배의 뒷부분에서 베개를 베고 주무시고 계셨습니다. 제자들은 풍랑으로 인해 죽게 된 것을 두려워하면서 예수님을 깨웠습니다. 깨어나신 예수님께서 바람을 꾸짖으시고, 바다에게 잠잠하고 고요하라고 명령하시니 바람이 그치고 잔잔해졌습니다. 그 후 제자들에게 말씀하셨습니다.

마가복음 4:40, "이에 제자들에게 이르시되 어찌하여 이렇게 무서워하느냐 너희가 어찌 믿음이 없느냐 하시니"

똑같은 내용을 기록한 마태복음 8장을 보면, 이 사건이 있기 전에 예수님께서 나병환자, 백부장의 병든 종, 베드로의 장모, 그리고 귀신 들린 사람을 고쳐 주셨습니다. 제자들은 예수님께서 행하시는 그 모든 기적을 다 목격했습니다. 그 후 예수님과 함께 바다를 건너가다가 이와 같은 사건이 생긴 것입니다. 노를 저어서 가는 배를 타고 가다가 이와 같은 파도를 만나면 누구라도 두려워할 것입니다. 하지만 예수님께서는 제자들에게 왜 이렇게 무서워하느냐고 말씀하셨습니다. 예수님이 그들과 함께 있는데 무엇을 두려워하느냐는 것이지요. 배를 타기 전에 예수님께서 행하신 기적들을 보고도, 제자들이 아직 예수님에 대한 믿음이 없는 것에 대해 말씀하신 것입니다. 이것은 예수님께서 제자들의 믿음 없음을 꾸짖으신 말씀이긴 하지만, 평강, 평안은 믿음의 결과로 항상 동반되는 것입니다.

요한복음 20:22, "이 말씀을 하시고 그들을 향하사 숨을 내쉬며 이르시되 성령을 받으라"

앞서 예수님께서 제자들에게 말씀하신 '평강'의 의미가 "예수님께서 그들과 함께 있는 것"이라고 말씀드렸습니다. 22절은 그에 대한 증거와 같은 내용입니다. 예수님께서 제자들을 향해 숨을 내쉬면서 **"성령을 받으라"**라고 하시는 것을 자세히 보시기 바랍니다. 이것은 하나님께서 사람을 지으시고 그 코에 생기, 곧 숨을 불어 넣으시면서 창조하신 것과 같은 모습입니다. 하나님의 인간 창조와 예수님께서 제자들에게 숨을 내쉬어 성령을 주시는 것이 병행을 이루면서, 그들이 새로운 피조물이 되었음을 알 수 있습니다. 따라서 그리스도 안에 있는 것, 성령을 받은 것, 새것이 된 것은 다 같은 의미입니다.

고린도후서 5:17, "그런즉 누구든지 그리스도 안에 있으면 새로운 피조물이라 이전 것은 지나갔으니 보라 새 것이 되었도다"

본문 22절 마지막에 '받으라'라고 말씀한 단어는 헬라어로 '영접하라'라는 뜻입니다. 오늘날 성령 사역을 하는 사람들도 '성령을 받으라'라고 하는데, 그 뉘앙스는 '영접하는' 것이 아니라 마치 능력이나 도구적 수단을 받는 것처럼 느껴집니다. 그들은 성령을 받은 증거로 방언을 하거나 웃거나 울거나, 무슨 예언을 하거나, 신비한 경험을 하게 되는 것으로 말합니다.

그런데 예수님께서 제자들에게 성령을 받으라고 말씀하신 것은, 그렇게 기능적이거나 도구적 수단으로서의 성령을 말씀하신 것이 아닙니다. 인격적 관계 속에서 성령의 실존을 영접하라는 것입니다. 도구는 아무리 그것이 좋고 유용하다 해도 인격을 가진 인간의 존재보다 더 귀할 수 없습니다. 한 영혼이 천하보다 귀하다고 말씀한 것이 그런 뜻입니다. 그런데 오늘날 성령 사역을 하는 사람들이 성령을 인격적 존재로 여기고 있는지 생각해 봤을 때, 그렇지 않은 경우가 너무나 많습니다.

제가 선교사로 사역했던 남아공 우스터에 있는 YWAM 베이스는, 전 세계의 YWAM 전체 베이스를 통틀어서 성령 사역으로 가장 유명한 곳입니다. 그런데 그곳에서 5년 동안 있으면서 제가 본 성령 사역자들은, 성령을 마땅히 경배해야 하고 따라야 할 성삼위 하나님의 한 분으로 여기지 않았습니다. 자기들이 오라 하면 오고, 가라 하면 가고, 손수건으로 던지고, 트럼펫으로 불고, 심지어는 야구공 던지듯이 멀리 있는 사람에게 던져 주는 그런 존재였습니다.

성경에 제자들에게 성령이 임하셨을 때 나타난 현상들이 기록되어 있습니다. 제자들이 사용하던 손수건을 덮거나, 그들이 지나갈 때 비치는 그림자만 스쳐도 병든 자들이 낫게 되는 역사들이 있었습니다. 하지만 그것은 성령께서 일하실 때 나타난 현상이지, 성령 하나님을 마치 필요할 때 쓰는 도구처럼 그렇게 취급해도 되는 것은 아닙니다. 이것이 다 성경을 잘못 읽고 오해했기 때문에 벌어진 일들입니다.

오늘 본문에 예수님께서 제자들에게 '성령을 영접하라'고 말씀하십니다. 그런데 제자들이 성령을 영접해야 하는 이유가 있습니다.

요한복음 20:21, "아버지께서 나를 보내신 것 같이 나도 너희를 보내노라"

이 말씀은 요한복음 17장 예수님의 기도에서 확인한 주요 주제입니다. 아버지께서 예수님을 세상에 보내신 것처럼, 예수님도 제자들을 세상에 보낸다고 말씀하십니다. 그리고 제자들을 세상에 보낼 때 그냥 보내시는 것이 아니라, 그들에게 성령을 보내어 성령과 함께 가도록 하시는 것입니다. 그리고 성령과 함께 세상으로 나가는 제자들의 모습은, 지금까지 문을 걸어 잠그고 숨어 지내던 모습과는 완전히 정반대의 모습으로 바뀌게 됩니다. 이것이 바로 오늘 설교의 핵심 주제입니다.

예수님께서 제자들에게 오셔서 '평강이 있을지어다'라고 말씀했습니다. 그리고 예수님은 제자들에게 '성령'을 주셨습니다. 그래서 '성령'과 '평강'은 함께 있는 것입니다. 예수님이 주시는 평안은 세상이 주는 것과 같지 않다고 했습니다. 세상이 주는 평안은 어떤 것입니까? 내가 안전한 것, 잘되는 것입니다. 예상하지 못한 일로 인해서 마음고생할 일이 없고, 아등바등할 일이 없는 것입니다. 내가 바라는 대로 모든 일이 술술 잘 풀리는 것입니다. 그래서 세상이 주는 평안은 외적인 환경에 영향을 많이 받습니다. 세상 어떤 사람이 평안을 싫어하겠습니까? 하지만 맞닥뜨리는 상황이 어렵고 힘들기 때문에 평안할 수 없고, 안녕할 수 없는 것입니다.

반면에 예수님이 주시는 평안은 외적인 환경과 상관없이 우리 안에 계신 성령님, 우리와 동행하시는 예수님으로 인해서 얻게 됩니다. 기독교 신앙을 이해하려면 이것을 알아야 합니다. 사람들이 기도할 때마다 바라는 것이 무엇입니까? 환경을 바꿔 달라는 것입니다. 이번에 하는 일이 잘되도록 해 달라, 자녀 좋은 대학 가게 해 달라, 아픈 몸을 고쳐 달라 등등 마음 쓰고 고생할 환경을 바꿔 달라는 것입니다. 그런데 예수님이 말씀하신 평안이나 평강은 그런 것이 아닙니다. 환경이 바뀌는 것이 아니라, 예수님이 함께 계시기 때문에 현재 내가 마주한 환경이 어떠하든지 걱정하지 않는, 마음이 평안한 것입니다.

예수님께서 유대인들이 두려워서 문을 닫고 모여 있는 제자들을 찾아오셨습니다. 그리고 그들에게 '평강'을 주시고 '성령'을 주셨습니다. 그렇게 '성령'을 주신 이유는 세상으로 보내기 위해서입니다. 그 세상은 어떤 세상입니까? 예수님께서 그들을 찾아오시기 전에는 유대인들이 그들을 잡으려고 했었는데, 예수님께서 그들에게 성령을 주시자 유대인들이 그들에게 호의적이고 친근한 사람들로 바뀌었습니까? 아닙니다. 여전히 사람들은 제자들을 잡으려 하고 있습니다. 외적인 환경은 전혀 바뀌지 않았다는 것입니다.

그런데 성령을 받은 제자들이 바뀌었습니다. 그들 가운데 평강이 있었습니다. 어떤 평강입니까? 자기들을 핍박하고 두려움을 주는 사람들을 더 이상 두려워하지 않는 것으로 바뀌었습니다. 담대히 복음을 전할 뿐 아니라 그들에게 붙잡혀서 매를 맞고 능욕받는 것을 오히려 기뻐하면서 어디에 있든지 전도하기를 그치지 않았습니다.

사도행전 5:40-42, "그들이 옳게 여겨 사도들을 불러들여 채찍질하며 예수의 이름으로 말하는 것을 금하고 놓으니 41. 사도들은 그 이름을 위하여 능욕 받는 일에 합당한 자로 여기심을 기뻐하면서 공회 앞을 떠나니라 42. 그들이 날마다 성전에 있든지 집에 있든지 예수는 그리스도라고 가르치기와 전도하기를 그치지 아니하니라"

환경이 변한 것이 아니라, 그리스도와 함께하는 그들의 삶이 변했습니다. 이것이 바로 예수님께서 주시는 평강이고, 성령 받은 사람의 모습입니다. 그렇다면 오늘 저와 여러분의 믿음의 상태는 어느 지점에 와 있습니까?

자주 반복해서 말씀드리지만, 우리 인간은 환경이 좋게 변한다고 해서 없던 믿음도 생기고, 더 많이 하나님을 의지하게 되고, 가까워지지 않습니다. 오히려 환경이 좋게 변하면 자기가 잘나서, 또는 자기가 잘해서 그렇게 된 줄로 착각하고 더 하나님을 떠납니다. 그것이 출애굽한 이스라엘 백성들의 모습이었고, 왕조시대 남북이스라엘 왕들의 모습이었습니다. 그러한 인간들의 모습이 수천 년 이스라엘 역사를 통해서 수치와 통계로 확인된 것이 바로 성경입니다.

그렇다면 오늘 우리는 다를 것 같습니까? 원래 우리도 똑같은 사람들입니다. 예수님께서 제자들에게 성령을 받으라, 영접하라고 말씀하시면서, 하나님께서 흙으로 아담을 만드시고 코에 생기를 넣은 것처럼, 숨을 불어 주시며 성령을 주신 이유가 바로 여기에 있습니다. 흙덩어리에 불과한 존재에 하나님께서 숨을 넣어 주지 않으시면 그가 사람이 될 수 있습니까? 없습니다. 그건 그냥 뭉쳐 놓은 진흙에 불과할 뿐입니다.

예수님께서 성령을 주시고 그들에게 믿음을 주셨기 때문에, 비로소 믿음이 생긴 것입니다. 그리고 예수님께서 주신 평강, 예수님께서 주신 성령을 받은 제자들은 비로소 굳게 잠가 둔 문을 열고 바깥으로 나가서 담대히 복음을 전할 수 있었습니다. 오늘 우리에게 필요한 것이 무엇입니까? 예수님께서 주시는 평강입니다. 우리에게 주신 성령으로 말미암아 담대하게 세상을 이기는 것입니다.

두려워할 현실에서 두려워하는 것은 누구나 다 똑같습니다. 특별히 예수님 당시의 제자들처럼, 온 세상이 그들에게 적대적이고, 그들을 잡아서 능욕하고 핍박하려는 상황일 때는 더욱 두려울 것입니다. 하지만 그런 상황에서 그들에게 능욕받는 것을 오히려 기쁨으로 여기고, 담대하게 그리스도를 주라 시인할 수 있는 믿음은 어떻게 생기는 것입니까? 주님께서 주신 성령과 그로 인한 평강이 그들에게 있었기 때문입니다.

오늘 저와 여러분에게 이와 같은 평강이 임하기를 원합니다. 언제쯤 우리는 살 만한 세상에서 살 수 있게 될까요? 아마 없지 않을까요? 세상이 그렇게 살 만하면 누가 천국에 가고 싶겠습니까? 그런데 살 만하지 않은 세상도 살 만해지는 것은 언제일까요? 앞서도 말씀드렸던 것처럼, 환경이 우리에게 좋아지고, 살 만해져서가 아니라 그리스도께서 우리와 함께 계시고, 주님께서 주신 평강이 우리에게 있기 때문입니다. 그래서 우리는 기뻐할 수 있고, 감사할 수 있는 것입니다. 그것이 바로 '범사에 감사하라'입니다. 그 뒤에 이어지는 말씀이 무엇이죠?

데살로니가전서 5:18, "범사에 감사하라 이것이 그리스도 예수 안에서 너희를 향하신 하나님의 뜻이니라"

감사할 만한 상황이 만들어져서 감사하는 것은, 세상 모든 사람이 다 합니다. 하지만 우리는 감사할 만해서 감사하는 것이 아니라, 그리스도께서 우리와 함께하시기 때문에 어떤 상황에서도 감사하게 되는 것입니다. 주님께서 주신 성령이 저와 여러분에게 있는 줄 믿으시기 바랍니다.

고린도전서 12:3, "그러므로 내가 너희에게 알리노니 하나님의 영으로 말하는 자는 누구든지 예수를 저주할 자라 하지 아니하고 또 성령으로 아니하고는 누구든지 예수를 주시라 할 수 없느니라"

"성령으로 아니하고는 누구든지 예수를 주시라 할 수 없다"라고 말씀합니다. 성령께서 우리와 함께하신다는 것은, 그리스도의 평강도 함께 있다는 것입니다. 우리 그리스도인은 나에게 유리하고 좋아지도록 환경의 변화를 구하는 사람이 아닙니다. 그리스도께서 우리와 함께하시기 때문에 어떤 환경에서도 마음의 평화, 평정, 평안, 안녕을 유지하는 사람입니다. 그리고 우리에게 주어진 환경이 어떠하든지 모든 것이 합력하여 우리에게 선하게 이루어지도록 인도하시는 하나님의 섭리를 믿으면서 감사하는 사람입니다. 이와 같은 감사가 저와 여러분 모두에게 있기를 기원합니다.

요한복음 20:24~31

오직 이것을 기록함은

"24. 열두 제자 중의 하나로서 디두모라 불리는 도마는 예수께서 오셨을
때에 함께 있지 아니한지라 25. 다른 제자들이 그에게 이르되 우리가 주
를 보았노라 하니 도마가 이르되 내가 그의 손의 못 자국을 보며 내 손가
락을 그 못 자국에 넣으며 내 손을 그 옆구리에 넣어 보지 않고는 믿지 아
니하겠노라 하니라 26. 여드레를 지나서 제자들이 다시 집 안에 있을 때
에 도마도 함께 있고 문들이 닫혔는데 예수께서 오사 가운데 서서 이르시
되 너희에게 평강이 있을지어다 하시고 27. 도마에게 이르시되 네 손가락
을 이리 내밀어 내 손을 보고 네 손을 내밀어 내 옆구리에 넣어 보라 그리
하여 믿음 없는 자가 되지 말고 믿는 자가 되라 28. 도마가 대답하여 이르
되 나의 주님이시요 나의 하나님이시니이다 29. 예수께서 이르시되 너는
나를 본 고로 믿느냐 보지 못하고 믿는 자들은 복되도다 하시니라 30. 예
수께서 제자들 앞에서 이 책에 기록되지 아니한 다른 표적도 많이 행하셨
으나 31. 오직 이것을 기록함은 너희로 예수께서 하나님의 아들 그리스도
이심을 믿게 하려 함이요 또 너희로 믿고 그 이름을 힘입어 생명을 얻게
하려 함이니라"

오늘 본문은 사실상 요한복음을 끝맺는 결론과 같은 말씀입니다. 일부 성경학자들은 30~31절이 요한복음 전체의 내용을 요약한 결론과 같은 내용이고, 뒤에 나오는 21장은 나중에 첨가한 것으로 봅니다. 오늘 본문에서 사도 요한은 예수님께서 행하신 표적들이 너무 많지만, 그중에 일부분만 기록했다고 말하고 있습니다. 그러면 요한은 어떤 기준으로 예수님의 표적들을 기록했을까요? 그것은 그 표적들이 설명하는 어떤 내용이 있다는 것입니다. 31절에 요한은 자신이 이 책을 기록한 이유를 두 가지로 설명하고 있습니다. 첫째, 사람들로 예수께서 하나님의 아들 그리스도이심을 믿게 하는 것입니다. 둘째, 예수 그리스도를 믿어 그 이름으로 인해 생명을 얻게 하려는 것입니다.

요한은 예수님께서 그와 같은 표적을 제자들 앞에서 행했다고 말합니다. 이 말은 자신뿐만 아니라 다른 제자들도 예수님께서 행하시는 기적을 목격했고, 따라서 예수님께서 행하신 기적은 요한뿐만 아니라 다른 제자들의 증언을 통해서도 증명될 것입니다. 그리고 그 기적은 전부 예수님께서 하나님의 아들 그리스도이신 것과 또한 그리스도를 믿음으로 인해서 구원을 얻게 되는 것을 믿게 하는 기적들입니다.

31절 마지막에 **"또 너희로 믿고 그 이름을 힘입어 생명을 얻게 하려 함이니라"**라고 말씀하고 있습니다. 이 말씀이 중요합니다. 우리가 '믿은 것'이 생명을 주는 것이 아니라, '그 이름을 힘입어 생명을 얻게' 되는 것입니다. 이 사실을 놓치면 어떤 신이 되었든지 우리가 진실하게, 성실하게 잘 믿고 남을 도우면서 착하게 잘 살면 구원을 얻게 되는 것으로 생각하게 됩니다.

그런데 구원은 '내가 믿은 것'이 중요한 것이 아니라 '그 이름', 구원을 얻기에 합당한 바로 그 이름, 곧 예수 그리스도를 믿어야만 구원을 얻게 됩니다.

사도행전 4:12, "다른 이로써는 구원을 받을 수 없나니 천하 사람 중에 구원을 받을 만한 다른 이름을 우리에게 주신 일이 없음이라 하였더라"

그런 면에서 오늘 본문 24~29절까지 기록된, 도마와 관련한 이야기는 우리에게 '좋은 믿음이란 과연 무엇인지'에 관한 분명한 교훈을 주고 있습니다. 여러분은 '도마'라는 이름을 들었을 때 어떤 이미지가 떠오르십니까? 아마도 '의심 많은 제자', 또는 '부정적인 이미지가 가장 많은 제자'일 것입니다. 그래서 많은 목사님들이 "도마처럼 의심하지 말고, 믿자" 이런 설교를 하십니다. 정말 도마는 그런 사람이었을까요?

24절에서, 열두 제자 중의 하나인 도마는 예수님께서 제자들에게 나타나셨을 때 그 자리에 없었던 사람이라고 말합니다. 그래서 다른 제자들이 "우리가 주를 보았다"라고 하니까, 도마는 "내가 눈으로 직접 보고, 그 상처에 손가락을 넣어 보지 않으면 믿지 않겠다"라고 말했습니다. 이 장면만 보면 다른 제자들은 부활하신 예수님을 잘 믿었는데, 유독 '도마'만 의심이 많아서 믿지 않은 사람처럼 보입니다. 하지만 다른 제자들도 예수님의 부활을 믿지 않았던 것은 똑같았습니다.

마가복음 16:11, "그들은 예수께서 살아나셨다는 것과 마리아에게 보이셨다는 것을 듣고도 믿지 아니하니라"

그들도 도마처럼 예수님이 살아나셨다는 말을 들었을 때 똑같이 믿지 않았습니다. 그뿐만 아니라 부활하신 예수님을 봤을 땐 유령으로 생각했습니다.

누가복음 24:36-37(현대인의 성경), "그들이 이야기를 하고 있을 때 예수님이 직접 그들 가운데 나타나셔서 '다들 잘 있었느냐?' 하고 말씀하시자 37. 그들은 깜짝 놀라며 유령을 보는 것으로 생각하였다."

보시는 것처럼 다른 제자들도 도마처럼 예수님의 부활을 믿지 않았을 뿐 아니라, 부활하신 예수님을 직접 봤을 땐 유령을 보는 것으로 생각했습니다. 그러니 '도마'만 의심이 많은 제자였다거나 '도마'만 믿음이 없는 제자였다는 식의 오해는 하지 말아야 합니다.

그러면 요한이 다른 복음서들과 달리, "도마가 자기 눈으로 보고, 손으로 만져보지 않고는 믿지 않겠노라고 말했다"라는 것을 기록한 이유가 무엇일까요? 부활하신 예수님을 믿는 믿음은 인간의 지성이나 사제 간의 친분이나, 생사고락을 함께했던 진한 동료애 등을 통해서 얻어지는 것이 아니라는 것입니다.

요한복음 20:26, "여드레를 지나서 제자들이 다시 집 안에 있을 때에 도마도 함께 있고 문들이 닫혔는데 예수께서 오사 가운데 서서 이르시되 너희에게 평강이 있을지어다 하시고"

예수님께서 제자들을 다시 찾아오셨습니다. 그런데 처음 제자들에게 보이셨을 때와 똑같은 모습으로 나타나셨습니다. 이 말씀은 우리가 '부활 신앙'을 갖게 되는 근거를 설명해 주는 내용입니다. 여드레를 지났다는 것은, 19절에 '안식 후 첫날' 예수님께서 제자들에게 나타나셨던 날부터 여드레째 되는 날, 곧 '주의 날'에 찾아오신 것입니다. 그리고 예수님께서 제자들을 다시 찾아오신 그날 역시 문들은 닫혀 있었습니다.

요한복음 20:27, "도마에게 이르시되 네 손가락을 이리 내밀어 내 손을 보고 네 손을 내밀어 내 옆구리에 넣어 보라"

이것은 앞서 도마가 예수님의 부활 사실을 믿기 위한 전제 조건으로 제시한 사항들에 대해서, 예수님께서 친히 증명해 보이셨음을 나타내는 것입니다. 그런데 예수님은 처음 제자들을 찾아오셨을 때도, 제자들에게 손과 옆구리를 보여 주셨습니다.

요한복음 20:20, "이 말씀을 하시고 손과 옆구리를 보이시니 제자들이 주를 보고 기뻐하더라"

이와 같은 사실들이 증명하는 것이 무엇입니까? 다른 제자들은 다 믿었는데 도마만 믿음이 부족해서, 또는 더 의심이 많아서 예수님의 손과 옆구리에 난 상처를 확인한 것은 아니라는 것입니다. 그러면서

"그리하여 믿음 없는 자가 되지 말고 믿는 자가 되라"라고 하셨습니다. 이 말씀을 도마에게 하셨기 때문에, 마치 예수님께서 도마 한 사람에게만 이런 말씀을 하신 것처럼 보일 수 있습니다. 하지만 앞서도 말씀드린 바와 같이, 도마뿐만 아니라 다른 제자들도 부활하신 예수님에 대한 믿음이 없기는 마찬가지였습니다. 그들 역시 예수님을 부활하셨다는 말만 듣고 믿은 것이 아니었기 때문입니다.

이것이 의미하는 바가 무엇입니까? 예수님께서 친히 제자들에게 나타내 보이지 않으시고, 그들이 원하는 방법으로 확인할 수 있도록 해 주지 않았다면, 예수님과 3년 이상 동고동락하면서 누구보다 예수님을 잘 안다고 할 만한 제자들조차도 믿을 수 없었다는 것입니다. 또한 이 사실은, 지금도 주님께서 친히 우리를 찾아와 주시고, 우리에게 부활의 주님을 믿을 만한 믿음을 주지 않으셨다면, 우리도 믿을 수 없었을 것입니다.

예수님께서 도마에게 **"믿음 없는 자가 되지 말고 믿는 자가 되라"** 라고 말씀하신 것은, 단순한 권면이나 요청이 아니라 반드시 그렇게 되라는 것입니다. 그리고 이 말씀은 그의 믿음 없음에 대한 책망이라기보다는, 그의 믿음이 온전한 믿음에 이르지 못한 것에 대한 안타까움과 함께 그를 향한 사랑의 마음을 동시에 표현한 것입니다.

오늘 주님께서도 저와 여러분에게 똑같은 말씀을 하고 계십니다. '믿음 없는 자가 되지 말고 믿는 자가 되라'는 것입니다. 그 믿음은 어떤 믿음입니까? 내 확신이나 내 신념이 아니라, 31절 말씀처럼 "그 이름을 힘입어 생명을 얻게 되는" 믿음, 예수 그리스도를 믿는 믿음입니다. 또한 "믿는 자가 되라"에서 '되라'에 해당하는 헬라어 '기누'는, "자신을 보이다"라는 뜻도 있습니다. 참된 믿음을 가진 사람은, 자신의 믿음을 드러내 보일 수 있게 되는 것입니다. 그래서 예수님의 말씀을 들은 도마의 대답이 무엇입니까?

> 요한복음 20:28, "도마가 대답하여 이르되 나의 주님이시요 나의 하나님이시니이다"

도마의 이와 같은 대답은 그가 예수 그리스도의 부활을 진심으로 믿을 뿐만 아니라, 예수 그리스도께서 본질적으로 하나님과 한 분이심을 고백한 것입니다. 우리가 믿는 기독교 신앙은 어떤 것입니까? 예수 그리스도께서 성부 하나님과 한 분이시고, 그리스도께서 보내주신 성령 역시 성부, 성자와 더불어 한 분 하나님이심을 믿는 신앙입니다. 이것이 중요한 이유는, 오늘날 자유주의 신학에 빠진 사람들이 성부 하나님과 동일 본질이신 그리스도를 빼 버리고, 인간 예수를 주장하기 때문입니다.

예수님의 자기희생, 가난하고 병들고 소외된 사람을 찾아다니면서 그들의 편이 되어 주신 예수님의 사랑, 비폭력으로 로마에 저항하다가 십자가 위에서 죽임당하신 평화를 위한 그분의 숭고한 정신 등등을 말하기 때문입니다. 그러다 보니 정작 기독교가 말해야 하는 부활, 영생, 천국 등과 같은 것은 문학적인 표현으로 바꿔 버렸습니다. 왜냐하면 죽었던 사람이 부활했다고 하는 것이 믿어지지 않기 때문입니다. 그런데 그들의 주장을 우리가 다 이해한다고 해도 우리가 생각해야 할 것이 있습니다.

만약 어떤 사람이 무언가를 강력하게 주장한다면, 그것은 그가 주장하는 내용이 그 사람의 생각과 가치와 의지와 뜻을 증명하는 것입니다. 자유주의 신학자들이 "우리가 사는 세상이 하나님의 정의가 실현된다면 그게 바로 천국"이라고 말하는 것은, 그들에게 천국이 바로 세상이기 때문입니다. 아담과 하와의 타락 이후 그들과 함께 저주를 받은 세상은, 그 이후 한순간도 천국이었던 적이 없었고, 앞으로도 천국이 될 수 없습니다.

여러분은 우리가 착하게 잘 살고, 다른 사람을 도우면서 사이좋게 잘 살면 세상에 천국과 같이 변하게 될 것이라고 믿으십니까? 그것이 가능할까요? 그런데 그런 세상을 만들 수 있다고 말했던 사람들이 실제로 있었습니다. 바로 공산주의자들입니다. 사람을 신분상 높고 낮음으로 구분하지 않고, 자본가와 착취당하는 노동자가 없는, 모든 사람이 공평하게 잘 사는 유토피아를 만들 수 있다고 했습니다.

그런데 정말 공산당이 지배하는 나라가 유토피아가 되었습니까? 세상에서 가장 계급적인 나라가 공산주의 나라이고, 노동력을 착취하고도 노동에 대한 정당한 보상을 해 주지 않는 나라가 공산주의 나라입니다. 권력과 자본 모든 것을 극히 일부에 불과한 공산당원들이 다 누리면서, 심지어 그 당원의 권리는 후손 대대로 세습이 되는 나라가 공산당 나라입니다. 사유 재산은 언제든지 뺏을 수 있습니다. 중국이 그렇고, 북한이 그렇습니다.

세상은 우리가 어떻게 살더라도 천국이 될 수 없습니다. 인간마다 가진 죄성이 그대로 있는데, 그것을 감추고 억누르고 포장한다고 해서 그것이 없어지겠습니까? 예수 그리스도가 복음일 수밖에 없는 이유는, 그리스도께서 인간의 근본 문제인 죄의 문제를 해결하셨기 때문입니다. 그리고 그 죄가 없는 나라가 바로 하나님이 계신 천국입니다. 그러니 우리가 가야 할 나라, 우리가 믿어야 할 진리가 무엇입니까? 예수 그리스도 인해 얻게 되는 영원한 생명과 우리를 위해 그리스도께서 예비해 두신 처소가 있는 영원한 천국을 소망하며 그것을 믿고 따르는 것입니다.

그런데 이 진리를 우리가 의지를 갖고 믿겠다고 결심하면 믿어지는 것입니까? 예수님께서 제자들을 찾아오셨듯이, 주님께서 우리에게 믿음을 주셔야 합니다. 그래서 주님께서 **"믿음 없는 자가 되지 말고 믿는 자가 되라"**라고 말씀하실 때, "나의 주님이시요 나의 하나님이십니다"라고 고백할 수 있어야 합니다. 만약 도마가 부활하신 예수님을 본 뒤에도 믿지 못하겠다고 말했다면, 예수님의 부활이 무효화되는 것입니까? 믿지 못한 사람만 손해일 것입니다.

> 요한복음 20:29, "예수께서 이르시되 너는 나를 본 고로 믿느냐 보지 못하고 믿는 자들은 복되도다 하시니라"

예수님의 이 말씀은 도마가 가진 믿음의 동기에 대해서 말씀하신 것이지만, 이것은 책망의 의미라기보다는 도마를 통해서 우리에게 교훈을 주신 것입니다. 예수님께서 도마에게 원하셨던 것은, 보지 않고도 믿는 믿음이었습니다. 하지만 예수님의 말씀에서도 확인할 수 있는 것처럼, 도마에게 믿음이 전혀 없었던 것이 아니라 "예수님을 본 뒤에 믿는" 믿음이 있었습니다. 그러나 복된 믿음은 어떤 것입니까? 보지 않고도 믿는 것입니다.

예수님의 이 말씀은 믿음을 가져야 하는 우리에게 중요한 교훈을 주고 있습니다. 우리가 믿지 않는 사람들을 전도할 때 가장 많이 듣는 질문이 이것입니다. "너 하나님 봤어? 천국 가 봤어?"라는 것입니다. 보지 않은 것, 볼 수 없는 것은 믿을 수 없다는 합리적인 의심이지요. 사실 예수님의 제자들도 바로 이 합리적인 의심 때문에, 부활하신 예수님을 보고도 선뜻 믿지 못하고 유령인 줄로 생각하지 않았습니까? 예수님의 제자들이 그 정도였다면 오늘날 사람들이야 더하지 않을까요?

> 히브리서 11:1-3, "믿음은 바라는 것들의 실상이요 보이지 않는 것들의 증거니 2. 선진들이 이로써 증거를 얻었느니라 3. 믿음으로 모든 세계가 하나님의 말씀으로 지어진 줄을 우리가 아나니 보이는 것은 나타난 것으로 말미암아 된 것이 아니니라"

성경에 기록된 믿음의 사람들은 어떤 사람들입니까? 보지 않고도 마치 본 것과 같이 믿었던 사람들이었습니다. 3절에 **"보이는 것은 나타난 것으로 말미암아 된 것이 아니"**라고 말씀합니다. 이것은 하나님의 창조 사역에 관한 설명입니다. 우리가 사는 세상은 눈에 보이기 때문에 존재하게 된 것이 아니라, 하나님의 말씀으로 창조된 것입니다. 그리고 창조에 대한 우리의 지식과 믿음은, 전적으로 하나님의 말씀에 의존하여 얻게 되는 것입니다.

인간 가운데 누가 하나님께서 세상을 창조하시는 것을 본 사람이 있습니까? 첫 사람인 아담조차도 하나님께서 창조하시는 것을 보지 못했습니다. 그러면 창세기를 기록한 모세는 어떻게 그 사실을 알고 기록했을까요? 하나님께서 첫 사람 아담에게 알려 주신 진리이었을 것이며, 그 진리는 아담을 통해 그의 후손들에게 전달되어 내려왔을 것입니다. 그래서 모세는 첫 번째 책인 창세기를 기록하면서, **"태초에 하나님이 천지를 창조하시니라"**(창 1:1)라는 말씀으로 시작했습니다. 그리고 하나님의 창조 사역은 "하나님이 이르시되 … 그대로 되니라" 였습니다. 이것이 의미하는 바가 무엇입니까? 우리가 보는 세상은, 보이지 않는 하나님께서 그분의 말씀으로 창조한 것입니다. 그리고 성경에 기록된 믿음의 사람들은, 보이지 않는 하나님께서 그들에게 주신 약속을 마치 본 것처럼, 받은 것처럼 믿고 살았던 사람들이었습니다.

> 히브리서 11:7, "믿음으로 노아는 아직 보이지 않는 일에 경고하심을 받아 경외함으로 방주를 준비하여 그 집을 구원하였으니 이로 말미암아 세상을 정죄하고 믿음을 따르는 의의 상속자가 되었느니라"

복된 믿음을 가진 사람은 어떤 사람입니까? 노아처럼 아직 보이지 않는 일에 경고하심을 받고서, 하나님을 '경외함으로' 방주를 준비하여 그 집을 구원하는 사람입니다. 그리고 히브리서 11장에는 노아처럼 보이지 않는 하나님의 말씀을 본 것처럼, 이미 받은 것처럼 믿었던 사람들의 이름이 끝없이 나열되어 있습니다.

히브리서 11:32, "내가 무슨 말을 더 하리요 기드온, 바락, 삼손, 입다, 다윗 및 사무엘과 선지자들의 일을 말하려면 내게 시간이 부족하리로다"

하나님께서 사람을 "하나님의 형상을 따라 하나님의 모양대로" 만드셨습니다.

창세기 1:26, "하나님이 이르시되 우리의 형상을 따라 우리의 모양대로 우리가 사람을 만들고 그들로 바다의 물고기와 하늘의 새와 가축과 온 땅과 땅에 기는 모든 것을 다스리게 하자 하시고"

하나님의 형상과 모양대로 만들어진 사람은 정말 기가 막히게 똑똑하고 창조적인 사람이었습니다. 그리고 그들의 능력은 창의적 기술로 점점 발전되고 진보되었습니다. 심지어 그 기술은 인간을 능가하는 인공지능을 만드는 정도까지 발전했습니다. 그리고 우리는 우리가 생각하고 기대했던 것들을 실제로 볼 수 있고, 만질 수 있는 것으로 만들어 내는 세상에서 살고 있습니다. 여러 가지 복합적인 기능이 있는 생활용품뿐만 아니라, 가상현실이라고 해서 컴퓨터로 만들어 놓은 가상의 세계에서 사람이 실제와 같은 체험을 할 수 있도록 하는, 영화에서나 보던 것을 실제로 체험할 수 있는 세상을 살고 있습니다. 그렇다 보니 사람들은 더욱더 나타나 보이는 것을 믿게 되었습니다.

왜 오늘날 교회와 성도들이 '성령 체험', '은사 체험'에 열광하는지 아십니까? 그것이 '나타나 보이는 것'이기 때문입니다. 눈에 보이지 않는 하나님을 눈에 보이는, 확인할 수 있는 어떤 현상이나 능력으로 인간의 욕구를 채워 주기 때문입니다. 물론 성경은 '기적을 기록한 책'이라고 할 만큼, 하나님께서 당신의 백성들과 구원받을 백성들을 위해 행하신 기적들이 무수히 기록되어 있습니다. 하지만 동시에 성경은, 하나님께서 사람들에게 기적을 보여 주시는 것이 목적이 아니라, 그 기적을 본 사람들이 하나님을 제대로 믿는지 그리고 하나님의 법에 순종하는지 그 믿음을 보시겠다고 말씀합니다.

출애굽기 16:4, "그 때에 여호와께서 모세에게 이르시되 보라 내가 너희를 위하여 하늘에서 양식을 비 같이 내리리니 백성이 나가서 일용할 것을 날마다 거둘 것이라 이같이 하여 그들이 내 율법을 준행하나 아니하나 내가 시험하리라"

우리의 믿음이 눈으로 보는 것에 머물러서는 안 됩니다. 눈으로 보고 확인했다면, 도마가 했던 신앙고백처럼 "나의 주님이시며 나의 하나님이십니다"라는 실제적 믿음으로 나올 수 있어야 합니다. '신앙고백'이라고 말씀드리니까 우리가 예배 시간에 외우는 '사도신경'이나, 세례받을 때 하는 선언 정도로 생각하기 쉬운데 그 정도가 아닙니다. '신앙고백'은 말 그대로 그 사람의 정체성을 말하는 것입니다. 오늘날의 언어로 표현하자면 '사상'이라고도 할 수 있을 것입니다.

'사상'은 어떤 사람이 세상을 살아가는 데 있어서 가지고 있는 세계관, 가치, 삶의 지향점 등을 총칭하는 것입니다. 그래서 어떤 사람이 자주 주장하는 것이나 살아가는 모습을 보면, 그 사람이 어떤 세계관

혹은 어떤 '사상'을 갖고 살아가고 있는지 짐작할 수 있습니다. "예수 그리스도가 나의 주님이시며 나의 하나님이십니다"라고 고백하는 것은, 그리스도가 바로 내 '사상'입니다 라고 고백하는 것입니다. 그리고 삶의 중심에 '예수 그리스도'가 있는 것입니다.

오병이어의 기적을 행하신 예수님을 만나기 위해 바다 건너편 가버나움까지 찾아온 사람들에게 예수님께서 하신 말씀이 무엇이었습니까? "너희가 나를 찾아온 것은 떡 먹고 배부른 것 때문에 찾은 것이다"였습니다. 여러분은 예수님이 삶의 중심에 있으십니까? 아니면 혹시 떡을 얻을 수 있지 않을까 해서 예수님을 찾으시는 것입니까? 예수님이 삶의 중심에 있다면, 예수 그리스도가 여러분의 '사상'이라면, 예수 그리스도의 사람이 되어 사실 것입니다. '예수 사상'이 무엇입니까? 환경 따라, 상황에 따라, 내 형편과 처지에 따라서 내가 선택하거나 뒤로 무를 수 있는 예수가 아니라, 예수 한 분만 바라보고 직진하는 삶을 살 것입니다.

도마가 부활하신 예수님을 보고 믿었습니다. 그의 손과 옆구리의 상처를 보고 믿었습니다. 예수님은 그러나 보지 못하고 믿는 것이 복되다고 말씀하셨습니다. 그래서 우리는 "도마는 의심이 많은 사람이었다, 그래서 그의 믿음은 형편없었다"라고 생각하기 쉽습니다. 그런데 성경이 말하려는 것은 그것이 아닙니다. 그는 예수님에 대하여 올바른 신앙고백을 했고, 그에 합당한 삶을 살았습니다. '예수' 위해 살고, '예수' 전하며 살다가 인도에서 순교했습니다.

오늘 저와 여러분의 믿음과 신앙고백은 어떻습니까? 우리는 다른 사람을 평가하고 판단하는 것은 언제나 잘합니다. 백 점입니다. 그런데 자기 자신을 평가하고 돌아보는 것은 늘 낙제점입니다. 자기는 도마처럼 살지도 못하면서 "의심 많은 도마처럼 살지 않게 해 달라"라고 합니다. 제가 말씀드립니다. "도마처럼만 사시기를 바랍니다."

여러분, 우리가 '입 신앙' 갖기 쉽습니다. 말로는 누가 믿음이 없겠습니까? 서당 개도 삼 년 살면 풍월을 읊는다는데, 교회 생활이 몇 년인데 성경의 지식이 없겠습니까? 그런데 중요한 것은 "내가 예수에 대해서 안다, 성경과 교리에 대한 지식이 있다" 이런 것이 아니라, "그 성경의 그리스도"가 바로 '내 사상'이어야 합니다. 유불리를 따져서 이것을 선택하거나 저것을 포기하는 그런 신앙이 아니라, '예수 신앙고백'을 하면서 돌에도 맞아 죽고, 불에 태워서 죽고, 톱에 켜서 죽고, 온갖 핍박을 당하고 손해를 당하면서도 지켜 내는 것입니다. 이 말씀을 읽으면서 오늘 말씀을 마치겠습니다.

> 히브리서 11:36-38, "또 어떤 이들은 조롱과 채찍질뿐 아니라 결박과 옥에 갇히는 시련도 받았으며 37. 돌로 치는 것과 톱으로 켜는 것과 시험과 칼로 죽임을 당하고 양과 염소의 가죽을 입고 유리하여 궁핍과 환난과 학대를 받았으니 38. (이런 사람은 세상이 감당하지 못하느니라) 그들이 광야와 산과 동굴과 토굴에 유리하였느니라"

저와 여러분의 믿음도 우리 주님께서 **"이런 사람은 세상이 감당하지 못하느니라"** 이렇게 말씀하실 수 있도록, 잘 훈련받고 성장하기를 기원합니다.

요한복음 21:1~3

또 자기를 나타내셨으니

"1. 그 후에 예수께서 디베랴 호수에서 또 제자들에게 자기를 나타내셨으니 나타내신 일은 이러하니라 2. 시몬 베드로와 디두모라 하는 도마와 갈릴리 가나 사람 나다나엘과 세베대의 아들들과 또 다른 제자 둘이 함께 있더니 3. 시몬 베드로가 나는 물고기 잡으러 가노라 하니 그들이 우리도 함께 가겠다 하고 나가서 배에 올랐으나 그 날 밤에 아무 것도 잡지 못하였더니"

1절에 **"그 후에 예수께서 디베랴 호수에서 또 제자들에게 자기를 나타내셨으니"**라고 말씀했습니다. 14절에서는 **"이것은 예수께서 죽은 자 가운데서 살아나신 후에 세 번째로 제자들에게 나타나신 것"**이라고 말씀합니다. 그런데 이 말씀은 예수님께서 부활하신 후 제자들에게 나타나신 것이 세 번째라는 것이고, 사실은 그 전에 막달라 마리아에게 먼저 나타나 보이셨습니다.

예수님께서 '디베랴 호수'에서 제자들에게 자기를 나타내셨다고 했는데, '디베랴 호수'는 '갈릴리 호수'의 다른 이름입니다. '디베랴'는 로마를 통치하던 황제의 이름인데, 당시 황제들은 어떤 도시나 지명에 자신의 이름을 붙여서 기념하는 것을 좋아했습니다. 마치 하와이의 가장 유명한 도로 이름이 '카메하메하'인 것과 같은 이치입니다. 당시 유다의 분봉왕이었던 헤롯이 로마 황제에게 충성과 경의를 표시하는 뜻에서 '갈릴리'를 '디베랴'라고 이름을 바꿔서 붙였던 것입니다.

그런데 마태, 마가, 누가복음에서는 이 호수의 이름을 갈릴리 호수라고 표현한 데 반해서 요한복음에서는 '디베랴 호수'라고 말하고 있습니다. 본문뿐만 아니라 요한복음 6장에도 보면 같은 표현이 나옵니다. 벳새다 들에서 오병이어의 기적을 행하신 예수님께서 제자들을 호수 건너편 가버나움으로 보내신 후 예수님은 혼자 산으로 가셨습니다. 오병이어의 기적을 목격한 사람들은 예수님을 찾기 위해서 디베랴에서 배를 타고 가버나움까지 찾아오게 됩니다.

> 요한복음 6:23-24(현대인의 성경), "그러나 디베랴에서 다른 배가 몇 척 왔는데 상륙 장소는 주님이 감사 기도를 드리신 후에 군중들이 빵을 먹던 곳에서 가까운 곳이었다. 24. 군중들은 거기에 예수님도 제자들도 없는 것을 보고 배를 타고 예수님을 찾아 가버나움으로 떠났다"

이처럼 요한은 유대인들에게 더 익숙한 '갈릴리 호수'라는 지명보다는, 당시 로마인들이 사용했던 '디베랴'라는 지명을 대신 사용하고 있습니다. 그러면 요한은 왜 이러한 표현을 사용했을까요? 그것은 사도 요한이 요한복음을 기록한 목적과 연관이 있는 것으로 보입니다. 요한은 이 복음서를 기록한 목적에 대해서 **"오직 이것을 기록함은 너희로 예수께서 하나님의 아들 그리스도이심을 믿게 하려 함이요**

또 너희로 믿고 그 이름을 힘입어 생명을 얻게 하려 함이니라"(요 20:31) 라고 했습니다. 그리고 우리가 너무나 잘 알고 있는 말씀도 있지요.

> 요한복음 3:16-17, "하나님이 세상을 이처럼 사랑하사 독생자를 주셨으니 이는 그를 믿는 자마다 멸망하지 않고 영생을 얻게 하려 하심이라 17. 하나님이 그 아들을 세상에 보내신 것은 세상을 심판하려 하심이 아니요 그로 말미암아 세상이 구원을 받게 하려 하심이라"

하나님께서 그 아들을 세상에 보내신 것은 그로 말미암아 세상을 구원하기 위함이었습니다. 그리고 아들을 믿고 구원받게 되는 사람들에는 갈릴리 사람들이나 유대 사람들뿐만 아니라 '갈릴리'를 '디베랴'라고 부르는 로마 사람들도 포함됩니다.

우리는 복음서 기자들이 똑같은 지명을 두고 누군가는 '갈릴리'라고 부르고, 또 누군가는 '디베랴'라고 부르든지 별로 상관이 없습니다. 하지만 우리 역사로 바꿔서 생각해 보면, 요한이 사용한 '디베랴'라는 표현은 당시 유대인들에게 상당한 거부감을 주었을 것입니다.

가령 조선 시대에 우리나라 수도는 '한양'이었습니다. 하지만 일제 강점기 시대였던 1910년부터 1945년까지는 '한양'이라는 이름 대신, 일본인들이 부르기 쉬운 '게이조'라는 '경성'으로 이름이 바뀌었습니다. 그러다가 광복 후인 1946년 2월 9일부터 서울특별시로 부르고 있습니다. 그런데 우리나라에서 영향력이 있고 유명한 어떤 사람이 공개적인 문서에 '한양'이나 '서울' 대신 '경성'이라는 표현을 반복해서 사용한다면 어떨까요? 아마도 토착 왜구 소리를 들었을 것입니다.

《빌라도의 보고서》라는 책에 보면, 당시 대제사장들이나 바리새인들이 겉으로는 로마 정부에 협조하는 것처럼 보였지만, 실제로는 세금 내는 것을 싫어하고 민란을 일으켜 빌라도를 힘들게 했다는 내용이 나옵니다. 유대인들이 로마 정부나, 로마로부터 파견된 총독의 통치에 결코 우호적이지 않았다는 것을 증명하는 내용입니다.

이런 상황에서 사도 요한은 '갈릴리'라는 유대인들에게 익숙하고 자연스러운 지명 대신, 굳이 '디베랴'라고 하는 거부감이 드는 지명을 사용했습니다. 그것은 앞서도 말씀드렸던 것처럼, 예수께서 하나님의 아들 그리스도이심과 그분으로 말미암아 구원을 얻게 되는 도리가 유대인들뿐만 아니라 이방인, 특히 자기 나라를 빼앗은 로마인에게도 적용됨을 전하기 위해서였습니다. 이 말씀이 우리에게 주는 교훈이 무엇일까요?

우리는 자기와 생각이 다르고 사는 방법이 다른 사람들을 볼 때, 함께 일을 할 수 없는 사람으로 여기는 경향이 많습니다. 그리고 그런 것이 상당히 익숙합니다. 나와 같은 길을 가면 '선', 나와 다르면 '악' 이렇게 이분법으로 편을 가릅니다. 특히 한국 사람들이 그런 면에 있어서 더욱 선명하게 나뉘는 것 같습니다. 정치적인 관점으로 어떤 현상을 볼 때 더욱 도드라지는데요, 그런 현상은 교회 생활을 하면서도 그런 모습을 자주 발견하게 됩니다.

교회라고 하는 곳이 서로 다른 사람들이 모인 곳이기 때문에 나와 생각이 다른 사람도 있고, 일하는 방식도 서로 다를 수 있습니다. 하지만 예수님께서 모퉁잇돌이 되시고 우리 성도들이 모퉁잇돌을 중심으로 서로 연합하여 이루어 가는 것이 교회이기 때문에, 서로 다른 부분은 조금씩 깎고 다듬으면서 맞춰 가는 곳이 교회입니다. 복음 안에 들어온 사람들 속에는 선과 악이나, 옳고 그름의 이분법은 없습니다. 서로 다름을 인정하고 그 다른 부분을 이해하고, 참으며 맞춰 나가는 것입니다.

사도 요한이 요한복음을 기록할 때, 나라를 빼앗은 침략자들까지도 예수 안에 들어오면 구원을 받게 된다고 가르쳐 주기 위해서 썼다고 하지 않았습니까? 어쩌면 초대교회 당시에 요한복음은, 요한이 사용한 표현 방식 때문에 유대인과 로마인 모두에게 인정받지 못한 복음서일 수도 있습니다. 유대인들로부터는 변절자 내지는 '토착 로마인' 소리를 들어야 했을 것입니다. 로마인들은 자기 나라 백성들에 의해 십자가 위에서 죽은 사람을 메시아라고 말하는 요한의 책이, 정말 웃기지도 않는 이야기를 쓴 책으로 보였을 것입니다.

하지만 요한은 자기가 쓴 책이 사람들에게 인정을 받느냐, 못 받느냐를 생각한 것이 아니라 하나님의 아들 예수 그리스도를 믿는 자에게 구원을 주시는 진리를 가르쳐 주기 위해서 이 책을 썼습니다. 우리가 이것을 배워야 합니다. 신앙생활은 '나'를 증명하는 것이 아닙니다.

요한복음 20:31, "오직 이것을 기록함은 너희로 예수께서 하나님의 아들 그리스도이심을 믿게 하려 함이요 또 너희로 믿고 그 이름을 힘입어 생명을 얻게 하려 함이니라"

요한이 복음서를 기록한 목적은 오직 이것 하나밖에 없었습니다.

우리가 신앙생활하는 이유가 무엇이어야 합니까? 사람들이 우리가 사는 모습을 통해서, "예수께서 하나님의 아들 그리스도이심과 그 이름을 힘입어 생명을 얻게 하는 이 일에 도움을 주기 위해서" 하는 것입니다. 이것을 다른 말로 '성화'라고 말하는 것입니다. '성화'라고 하니까 내가 거룩하고 경건한 사람처럼 보이게 하는 것으로 생각되십니까? 내 삶을 통해서 '예수 그리스도'가 증명되는 것이 '성화'입니다. 그 '예수 그리스도'는 서로 사랑하는 것, 용서하고 이해하는 것, 모퉁잇돌 되시는 그리스도를 중심으로 하나 된 교회를 세우기 위해서 나의 모난 부분을 깎는 것으로 증명됩니다.

2~3절에는 디베랴 호수로 고기 잡으러 간 제자들의 이름이 나옵니다. 베드로와 도마, 나다나엘(바돌로매)과 세베대의 두 아들인 야고보와 요한(요한복음 저자), 그리고 또 다른 두 제자라고 말했는데, 성경학자들은 그 두 제자가 나다나엘을 예수님께로 인도해 온 빌립과 베드로의 형제인 안드레일 것이라고 말합니다. 어떤 사람들은 오늘 본문의 내용이 누가복음 5장에 기록된 사건과 비슷하다고 말하기도 합니다(눅 5:1-11). 먼저는 장소가 갈릴리라는 것, 많은 물고기를 잡은 것, 그리고 두 사건 모두 그 중심에 베드로가 있다는 면에서 같다는 것입니다. 그런데 누가복음과 요한복음의 기록에는, 많은 부분에서 차이가 있습니다.

첫째로, 누가복음의 기록에는 제자들이 고기잡이를 다 끝내고 뭍으로 올라와서 그물을 씻고 있는 도중에 예수님께서 찾아오셨지만, 오늘 본문에서는 제자들이 배 위에서 여전히 물고기를 잡고 있을 때 예수님께서 오셨습니다.

둘째로, 누가복음에는 잡은 물고기가 너무 많아서 그물이 찢어졌다고 했지만, 본문에는 많은 물고기를 잡았지만 그물은 찢어지지 않았습니다.

셋째로, 누가복음은 예수님께서 공생애를 처음 시작할 때 있었던 사건을 기록한 것이고, 본문은 승천하시기 얼마 전의 사건을 기록한 것입니다.

그런데 요한이 20장 31절에서 이 책의 기록 목적을 밝히는 것으로 요한복음을 끝내지 않고 21장의 사건을 기록한 것은 특별한 이유가 있기 때문으로 보입니다. 그것은 본문의 내용이 예수님께서 베드로의 '사도권'을 회복시켜 주신 사건이기 때문입니다. 갈릴리는 베드로에게 있어서는 아주 특별한 장소입니다. 바로 예수님을 만나서 그분의 제자가 된 곳이 바로 갈릴리이기 때문입니다.

> 마태복음 4:18-20, "갈릴리 해변에 다니시다가 두 형제 곧 베드로라 하는 시몬과 그의 형제 안드레가 바다에 그물 던지는 것을 보시니 그들은 어부라 19. 말씀하시되 나를 따라오라 내가 너희를 사람을 낚는 어부가 되게 하리라 하시니 20. 그들이 곧 그물을 버려 두고 예수를 따르니라"

예수님께서 베드로를 불러 제자로 삼으실 때 "사람을 낚는 어부가 되게" 해 주시겠다고 하셨습니다. 그 후 베드로는 3년여 동안 예수님을 따라다니며 수제자의 역할을 했습니다. 하지만 예수님께서 붙잡히시던 그날 밤, 베드로는 예수님뿐만 아니라 자기 자신도 용납하기 힘든 잘못을 범했습니다. 바로 사람들 앞에서 예수님을 모른다고 세 번이나 부인한 것입니다.

베드로는 부활하신 예수님을 두 번이나 만났습니다. 예수님께서 제자들에게 성령도 주셨고, 이제는 그 누구도 예수님이 부활하셨다는 사실을 믿지 못하는 제자가 아무도 없게 되었습니다. 하지만 베드로는 예수님의 부활 사실이 누구보다 기쁘고 반가우면서도, 한편으로는 그 예수님을 모른다고 부인했던 자신의 못난 모습을 참을 수 없었습니다.

그래서 몇몇 제자들이 자리를 떠나서 본문의 기록처럼 다른 6명만 남아 있을 때 "자기는 물고기를 잡으러 간다"라고 말했던 것입니다. 그리고 베드로와 함께 있던 다른 제자들도 베드로를 따라 갈릴리로 갔습니다. 그런데 베드로가 갈릴리로 가겠다고 한 것은 즉흥적인 결정이 아닙니다. 사실은 부활하신 예수님께서 무덤을 찾아왔던 여인들에게 이렇게 말했습니다.

> 마태복음 28:10, "이에 예수께서 이르시되 무서워하지 말라 가서 내 형제들에게 갈릴리로 가라 하라 거기서 나를 보리라 하시니라"

베드로가 여인들이 전했던 이 말을 정확하게 들었는지, 아니면 예수님의 무덤이 비었다는 소리를 듣고 요한과 함께 뛰어나가느라 듣지 못했는지 모릅니다. 하지만 베드로와 함께 있던 다른 제자들은, 여인들이 전했던 말을 기억했던 것으로 보입니다. 그렇지 않다면 베드로가 갈릴리로 가겠다고 했을 때, 왜 갑자기 갈릴리로 가려고 하는지 물었을 것입니다. 그런데 묻지 않고 따라가겠다고 했습니다. 이것은 베드로는 여인들이 전해 준 말을 못 들었거나, 기억하지 못했지만 다른 제자들은 예수님께서 갈릴리에서 만나자고 한 것을 기억했던 것으로 보입니다.

부활하신 예수님은 베드로를 부르셨던 갈릴리에서 다시 만나기를 원하셨습니다. 예수님께서 베드로에게 "네가 나를 사랑하느냐?"라고 물으셨을 때, 베드로가 한 대답은 예수께서 그를 갈릴리로 부르신 이유를 보여 줍니다. 자신에 대한 실망과 좌절에 빠져서, 부활하신 예수님을 만나고도 기뻐할 수 없었던 베드로에게, 예수님은 변함없는 사랑과 함께 사명을 주셨습니다.

오늘 우리가 좀 더 깊이 생각해 보려고 하는 것은, 신앙생활을 하다 보면 누구나 베드로와 같은 상황을 만날 수 있다는 것입니다. 특히 베드로처럼 남다른 열심과 열정으로 주님을 섬기다가 자신의 실수 때문이든지, 또는 다른 어떤 이유로 인해 실망하게 되는 일이 생겼을 때, 모든 것을 포기하고 과거의 모습으로 되돌아가는 사람들이 있습니다. 그때 기억해야 할 말씀이 바로 오늘 본문의 내용입니다.

예수님께서는 실망한 베드로가 갈릴리로 되돌아갈 것을 미리 아셨습니다. 아마도 다른 제자들은 예수님께서 잡히시던 밤에 베드로가 예수님을 세 번 부인했다는 사실을 알지 못했을 것입니다. 복음서 기자들이 그 내용을 성경에 기록한 것은, 그 후 어느 시점에 베드로가 다른 제자들에게 그와 같은 내용을 이야기해 주었거나, 또는 그날 밤 가야바 뜰에 있었던 사람들로부터 그와 관련된 이야기를 들었을 것입니다. 하지만 베드로와 함께 갈릴리로 왔던 그 시점에, 다른 제자들은 베드로가 예수님을 세 번이나 부인했던 것은 알지 못했을 것입니다. 만약 다른 제자들이 그와 같은 내용을 알고 있었다면, 베드로가 갈릴리로 가겠다고 했을 때 베드로와 함께 가겠다고 하지 않았을 것이기 때문입니다.

예수님께서 베드로를 찾아오신 이 사건을 통해 배우게 되는 것은 무엇입니까? 예수님께서 부르신 제자들, 예수님께서 선택한 자기 백성들은 그가 어떤 이유로 예수님을 떠났든지 반드시 찾아 구원하신다는 것입니다. 베드로가 자기는 고기 잡으러 가겠다고 말한 것은 예수님께서 그에게 "너에게 실망했다, 이제 너는 필요 없다"라며 내쳤기 때문에 간다고 한 것이 아닙니다. 자기 스스로 부끄러워서, 예수님 볼 면목이 없어서 떠나겠다고 한 것입니다.

실제로 많은 사람들이 이런 비슷한 이유를 대면서 "주님 앞에 나올 수 없다"라고 말합니다. "난 아직 죄가 많아서, 너무 바빠서 교회 일을 열심히 할 수 없기 때문에, 또는 아직 술 담배를 끊지 못해서" 나오지 못하겠다고 합니다. 그런데 그것은 본인이 예수님께 나올 수 없다고 생각하는 것이지, 예수님께서 그렇다면 너는 나에게 올 수 없다고 말씀하신 것이 아닙니다. 다시 말씀드려서 베드로처럼 많은 사람 앞에서 예수님을 모른다고 공개적으로 부인한 사람이라 할지라도, 주님께서 한번 선택한 사람은 반드시 그를 찾아오셔서 구원하신다는 사실을 잊지 마시기 바랍니다.

요한복음 6:39, "나를 보내신 이의 뜻은 내게 주신 자 중에 내가 하나도 잃어버리지 아니하고 마지막 날에 다시 살리는 이것이니라"

기독교가 인간이 만든 신을 섬기는 세상 종교와 다른 점이 바로 이것입니다. 세상의 종교들은 신앙의 근거, 신앙의 동력이 신에게 정성을 들이는 인간 자신에게 있습니다. 그래서 신에게 정성을 바치기 전에 목욕재계도 하고, 신이 감동할 때까지 반복해서 절을 하든지, 탑을 돌든지 뭔가 행위를 하는 것도 인간입니다. 하지만 성경의 종교는 신앙의 근거가 인간에게 있지 않습니다. 기독교의 구원은 처음부터 하나님께서 당신의 백성들을 구원하기로 계획하시고, 당신의 백성을 선택하셨습니다. 그리고 그 사람들을 부르십니다. 거기에는 어떤 조건이 있는 것도 아닙니다. 하나님께서 부르시는 것입니다.

만약 조건으로 따져서 구원을 받게 된다면, 우리가 그 안에 포함될까요? 그래서 세상에서 가장 큰 기적은 내가 구원받은 것입니다. 우리 가운데 아무도 자기가 왜, 어떻게 구원받게 되었는지 모릅니다. 하지만 분명한 사실은 그 구원받은 사람의 명단에, 하나님의 생명책에 우리의 이름이 기록되어 있다는 것입니다. 그리고 그것을 우리 안에 계신 성령께서 알게 하십니다.

미국 프로야구에는 없는 독특한 야구 문화가 한국 야구에 있습니다. 그것은 바로 단체 응원입니다. 각 구단마다 그 팀의 응원 문화가 있습니다. 부산을 연고로 한 야구팀이 롯데 자이언츠인데, 부산에서 열리는 야구 경기를 보면 참 재미있습니다. 관중들이 신문지를 둘둘 말아서 흔들면서 〈부산 갈매기〉를 부릅니다. 롯데팀이 공격할 때는 관중들이 똑같은 목소리로 '마'를 외칩니다. '마'가 뭘까요? 부산 사투리를 모르는 사람은 '마'가 무슨 뜻인지 모릅니다. 그러면 서울 사람인 제가 부산에 가서 부산 사람들과 같이 '마'를 외치고, 〈부산 갈매기〉를 부르면 그 사람들과 똑같다고 말할 수 있을까요?

같은 노래를 부르고, 같이 '마'를 외친다고 해도, 그 노래와 외침 속에 들어 있는 부산 사람들의 정서와 의미를 이해하려면 상당한 시간이 필요할 것입니다. 부산뿐이겠습니까? 대구에 가면 대구의 정서가, 광주에 가면 광주의 정서가 있을 것입니다. 대전과 목포, 제주와 강릉에도 그 도시의 정서가 있습니다. 그 정서는 나이 오십이 넘은 서울 사람이 이해하기는 어렵지만, 나이가 어려도 그곳에서 난 사람은 너무나 잘 알고 익숙한 그 어떤 것입니다.

꼭 그렇다고 말할 수는 없지만, 우리가 받은 구원이 그와 비슷합니다. 구원받은 사람은 영으로 깨닫게 해 주시는 성령의 감동이 있습니다. 이것은 이론으로 배우고, 논리적으로 이해해서 얻게 되는 감동이 아닙니다. 또 이것은 교회에 오래 다녔다고 해서 알게 되거나, 이제 처음 예수를 믿기 시작했기 때문에 모르는 것도 아닙니다. 성령으로 거듭난 사람은 교회에 다닌 햇수와 상관없이, 나이와도 상관없이, 세상 학문의 수준이나 성경공부를 했는지 아닌지와 상관없이 알게 됩니다.

어떻게 압니까? 성령께서 예수 그리스도가 하나님의 아들이심을 알게 해 주십니다. 그분의 동정녀 탄생과 십자가 대속의 죽음과 육체 부활을 알게 해 주십니다. 성경이 하나님의 말씀인 것과 성경에 기록된 기적들이 하나님의 능력으로 된 것임을 믿게 해 주십니다. 여러분은 이와 같은 내용이 사실이며, 진리인 것을 믿습니까? 그렇다면 여러분은 확실히 구원받은 사람이며, 성령 안에 있는 사람들입니다.

본문 3절 뒷부분에, **"그들이 우리도 함께 가겠다 하고 나가서 배에 올랐으나 그 날 밤에 아무것도 잡지 못하였더니"**라고 말씀하고 있습니다. 본문은 본업이 고기 잡는 어부였던 제자들이, 익숙했던 생업의 현장에서 실패했을 때 예수님께서 찾아오셨다는 것을 강조하여 말씀하고 있습니다. 그리고 그 실패한 제자들 가운데는 요한복음의 저자인 사도 요한도 있었습니다.

유대인에게는 신명기 사관이라는 특별한 역사관, 세계관, 종교관이 있습니다. 신명기 사관은, "하나님의 말씀에 순종하면 복을 받고, 불순종하면 벌을 받는다"라는 것입니다. 예수님 당시 종교적 정치적 기득권을 가졌던 대제사장을 비롯한 사두개인들과 경제력을 기반으로 산헤드린 공회에 들어온 바리새인들이 모두 부자였습니다. 그런데 예수님께서 낙타가 바늘귀를 통과하는 것이 부자가 천국에 들어가기보다 쉽다고 말씀하시자, 제자들은 그러면 누가 구원을 받겠느냐며 놀랐습니다.

> 마가복음 10:25-26, "낙타가 바늘귀로 나가는 것이 부자가 하나님의 나라에 들어가는 것보다 쉬우니라 하시니 26. 제자들이 매우 놀라 서로 말하되 그런즉 누가 구원을 얻을 수 있는가 하니"

신명기 사관을 가진 유대인들의 사고방식에는 부자는 하나님의 축복을 받은 사람이기 때문에, 당연히 천국에 갈 것이라는 고정 관념이 있었던 것입니다. 그런데 예수님께서 찾아오신 현장은 어떤 곳이었습니까? 실패한 현장이고, 부활하신 예수님을 만나고도 옛날 예수님을 만나기 전의 생활로 돌아가 버린 불순종의 현장이었습니다. 신명기 사관으로 베드로의 모습을 본다면, 그의 실패는 당연합니다. 예수님을 배신하고 떠난 사람이 성공할 수 있겠습니까?

하지만 그 실패의 현장에 예수님께서 찾아오셨습니다. 그리고 좌절해 있는 베드로에게 변함없는 사랑을 주셨을 뿐만 아니라, 그에게 '내 양을 먹이라', '내 양을 치라'시며 사도의 권위를 회복시켜 주셨습니다. 구원받은 성도, 그리스도의 지체가 된 우리에게는, 세상에서의 성공과 실패로 우리 신앙의 성공과 실패를 구분할 수 없다는 것을 알아야 합니다.

분명 베드로와 제자들은 밤새 고기 잡는 것을 실패했지만, 그곳에 찾아오신 예수님으로 인해서 새 힘을 얻고, 사명을 회복하는 기회가 되었습니다. 갈릴리 바닷가로 도망가 버린 베드로를 찾아오신 것처럼, 어디가 길인지도 모른 채 헤매고 있을 우리를 주님께서 붙잡아서 이 예배당에 오게 하셨습니다.

고린도전서 1:21, "하나님의 지혜에 있어서는 이 세상이 자기 지혜로 하나님을 알지 못하므로 하나님께서 전도의 미련한 것으로 믿는 자들을 구원하시기를 기뻐하셨도다"

하나님의 말씀을 들었다고 해서 모든 사람이 같은 믿음을 갖는 것이 아닙니다. 어떤 사람은 이 말씀이 진리와 생명의 말씀으로 믿어지는 사람이 있고, 어떤 사람은 그게 어떻게 가능해? 그게 과학적이야? 합리적이야? 하며 의심합니다. 왜 어떤 사람은 믿어지고, 어떤 사람은 의심이 될까요? 성령의 감동에 붙잡힌 사람들은 이 말씀이 이해가 되고 믿어질 것입니다. 하지만 자기가 연구해서 믿고 싶은 사람은 쉽지 않을 것입니다. 그러니 "성경은 문학적 표현이다, 시적 표현이다"라는 주장을 하는 것입니다. 주일이 되면 똑같이 교회에 와서 예배드린다고 해서 똑같은 예배가 아닙니다.

> 요한복음 4:23-24, "아버지께서는 자기에게 이렇게 예배하는 자들을 찾으시느니라 24. 하나님은 영이시니 예배하는 자가 영과 진리로 예배할지니라"

'영(신령)과 진리'는 무엇일까요? 진리의 말씀이 깨달아지고, 인정되고, 믿어지게 하시는 분이 성령이십니다. 앞서도 말씀드린 것처럼, 이 말씀은 오래 믿었다고 믿어지는 것도 아니고, 성경을 연구해서 믿어지는 것도 아닙니다. 성령으로 거듭난 사람, 내 안에 거듭난 영이 성령과 서로 통하는 사람은 이해가 되고 인정되고 믿어지는 것입니다.

하지만 이 소통이 없는 사람, 성령과 교감이 없는 사람은, "성경은 하나님 말씀이다, 성경의 기적은 하나님께서 하신 일이다, 예수님의 동정녀 탄생과 대속의 죽음과 육체의 부활을 믿는다"라고 하면 맹목적이고 미련하다고 말합니다. 홍해가 갈라진 기적과 광야 사막으로 들어선 2백만 이상의 이스라엘 백성들이 40년 동안 매일 만나를 먹은 것 중에서 어떤 것이 더 큰 기적이겠습니까?

그런데 아주 일부분의 기적을 자기들이 이해하지 못하니까 성경의 모든 기적을 교훈을 주기 위한 우화나 신화 속 이야기로 폄훼합니다. 왜 이런 현상이 생길까요? 그들이 영으로 말씀을 받지 못하고 자기들의 지식과 경험으로 이해하려고 하기 때문입니다. 좀 더 쉽게 말하면 교만하기 때문에 그렇습니다. 전능하신 하나님을 자기가 이해한 만큼 믿으려고 하기 때문입니다.

여러분이 성경을 하나님의 말씀으로 믿는다고 하면 미련하게 보일 수 있습니다. 하지만 그게 은혜입니다. 성경이 믿어지고, 예수 그리스도의 대속의 죽음과 육체 부활과 승천이 믿어지고, 영원한 천국과 영생이 믿어지는 저와 여러분이 복받은 것입니다. 이 은혜와 복을 누리며 사시기를 기원합니다.

요한복음 21:18~22

너는 나를 따르라

"18. 내가 진실로 진실로 네게 이르노니 네가 젊어서는 스스로 띠 띠고 원하는 곳으로 다녔거니와 늙어서는 네 팔을 벌리리니 남이 네게 띠 띠우고 원하지 아니하는 곳으로 데려가리라 19. 이 말씀을 하심은 베드로가 어떠한 죽음으로 하나님께 영광을 돌릴 것을 가리키심이러라 이 말씀을 하시고 베드로에게 이르시되 나를 따르라 하시니 20. 베드로가 돌이켜 예수께서 사랑하시는 그 제자가 따르는 것을 보니 그는 만찬석에서 예수의 품에 의지하여 주님 주님을 파는 자가 누구오니이까 묻던 자더라 21. 이에 베드로가 그를 보고 예수께 여짜오되 주님 이 사람은 어떻게 되겠사옵나이까 22. 예수께서 이르시되 내가 올 때까지 그를 머물게 하고자 할지라도 네게 무슨 상관이냐 너는 나를 따르라 하시더라"

부활하신 예수님을 최소 두 번 이상 만났지만, 베드로는 예전에 고기 잡던 갈릴리로 돌아가기로 했습니다. 베드로뿐만 아니라 그와 함께 있던 다른 제자들도 베드로와 함께 갈릴리로 함께 갔습니다. 하지만 굳이 베드로 한 사람만 지목하여 말씀드리는 것은, 본문의 내용이 베드로가 가졌던 신앙의 연약함과 회복에 대해서 말씀하고 있기 때문입니다. 그리고 이와 같은 베드로의 모습은 오늘날 신앙생활하는 우리들의 모습에서도 비슷하게 발견되는 면이 너무나 많습니다.

먼저 확인하고 가야 할 것은, 비록 베드로가 "나는 물고기 잡으러 가겠다"(요 21:3) 하며 갈릴리로 돌아가지만, 그 이유가 베드로가 예수님의 부활을 믿지 못했다거나 예수님을 향한 그의 마음이 변심했던 것은 아니었다는 것입니다. 그것을 확인할 수 있는 증거는, 예수님께서 베드로에게 "네가 이 사람들보다 나를 더 사랑하느냐?"라고 물으셨을 때, "주님, 그렇습니다. 내가 주님을 사랑하는 줄 주님께서 아십니다"라고 대답하는 것을 통해 확인할 수 있습니다. 만약 베드로가 실제로는 예수님을 사랑하지 않으면서 단지 예수님의 기분을 좋게 해주기 위해서 거짓말로 대답한 것이었다면, 예수님께서 베드로에게 "내 양을 먹이라, 내 양을 치라"라는 사명을 주시지 않았을 것입니다.

베드로는 누구보다 예수님을 더 많이 사랑했고, 예수께서 그리스도이시며 하나님의 아들이신 것을 확실하게 믿는 사람이었습니다. 하지만 그럼에도 불구하고 베드로가 갈릴리로 돌아가서 물고기나 잡는 사람이 되겠다고 했던 것은, 지금까지 베드로를 지탱하고 있던 신앙의 근거가 자기 자신이었기 때문입니다.

기독교 신앙은 그리스도의 십자가 대속의 공로로 인해서 우리가 구원받는 것뿐만 아니라, 믿음을 갖게 되는 시작부터 그 믿음을 유지하고 지속하다가 주님 앞에 서게 될 때까지 모든 순간을 주님께서 붙잡고 계시는 것입니다. 그리고 사도 요한은 그와 같은 신앙의 이치를 설명하기 위해서, 베드로 사건을 요한복음 마지막 장에 기록해서 우리에게 가르쳐 주고 있습니다.

오늘은 예수님께서 어떻게 베드로를 붙잡아서 그의 신앙을 회복시키시고, 사도록 세워 주시는지 성경의 여러 증거를 통해서 확인하도록 하겠습니다. 그리고 그와 같은 증거를 통해 지금까지 우리가 잘못 이해하고 있었던 것, 또는 잘 알지 못했던 기독교 신앙의 비밀을 확인해 보도록 하겠습니다.

먼저 우리가 확인해야 할 것은, 베드로는 예수님을 위하여 죽기까지 각오할 만큼 그의 진심과 예수님에 대한 사랑은 대단했었다는 것입니다. 누가복음 22장에 보면 최후의 만찬 자리에서 예수님께서 베드로에게 하셨던 말씀이 기록되어 있습니다. 제자들은 그 식사 자리가 예수님과의 마지막 식사인지 전혀 몰랐습니다. 그런데 그 자리에서 예수님께서 제자들 가운데 자신을 팔 자가 있다는 말씀을 하셨습니다. 그리고 제자들 간에 "우리 중에 배신자가 누구냐?"라는 대화가 오갑니다.

> 누가복음 22:23, "그들이 서로 묻되 우리 중에서 이 일을 행할 자가 누구일까 하더라"

그런데 예수님을 팔 자가 누구냐를 묻던 제자들의 대화가, 생뚱맞게도 그들 중에서 '누가 최고냐'라는 다툼으로 이어졌습니다. 그래서 우리는 우리 중에 '누가 배신자냐?' 하며 서로 묻다가, '누가 더 크냐?'라는 다툼으로 이어지는 이 과정을 주의 깊게 볼 필요가 있습니다.

누가복음 22:24, "또 그들 사이에 그중 누가 크냐 하는 다툼이 난지라"

우리는 기록된 성경을 통해서 복음서에 가장 많이 등장하는 베드로가 예수님의 수제자였을 거라고 의심도 하지 않고 그렇게 생각합니다. 또 아주 오랫동안 교회 내에서 그렇게 가르쳐 왔습니다. 하지만 시점을 최후의 만찬 자리로 돌려서 제자들의 관점에서 보면, 그들 중에서 누가 가장 '큰 자'인지 또는 누가 '수제자'였는지 서로 합의가 되지 않았음을 보여 줍니다. 일단 요한복음을 기록한 사도 요한은 늘 자신을 가리켜서 "그가 사랑하시는 자, 예수께서 사랑하시는 그 제자"라는 표현을 썼습니다. 요한의 형제인 야고보는 예수님의 제자들 가운데 최초로 순교한 사람입니다.

사도행전 12:1-3, "그 때에 헤롯 왕이 손을 들어 교회 중에서 몇 사람을 해하려 하여 2. 요한의 형제 야고보를 칼로 죽이니 3. 유대인들이 이 일을 기뻐하는 것을 보고 베드로도 잡으려 할새 때는 무교절 기간이라"

헤롯왕이 유대인들의 환심을 얻기 위해 교회 중에서 누군가를 죽이기로 한 뒤에 최초로 선택한 사람이 야고보였습니다. 이 말씀을 근거로 생각해 보면, 헤롯이 당시 교회 내에서 가장 큰 영향력이 있었던 사람으로 생각했던 사람이 베드로가 아니라 야고보였다고 추정됩니다. 그런데 헤롯이 야고보를 죽인 것을 유대인들이 좋아하니까 뒤이어 베드로도 잡으려 했습니다.

베드로, 요한, 야고보 이 세 사람은 예수님과 함께 변화산에 올라가서 예수님께서 모세와 엘리야와 함께 대화하는 것을 목격했던 사람입니다. 그런가 하면 이방에 세워진 교회의 성도들도 할례와 율법을 지켜야 하는지에 대하여 논쟁이 일어났을 때, 예루살렘 교회의 대표로서 모든 논쟁을 중단시키고 결정을 내린 사람이 있습니다. 바로 예수님의 동생 야고보입니다(행 15장).

그런가 하면 비록 예수님의 부활 사실을 자기 눈으로 보고, 손으로 만져 보지 않으면 믿지 못하겠다고 말했다가 체면을 구겼던 도마도 있습니다. 도마는 예수님께서 나사로가 죽었다는 것을 아시고 예루살렘으로 가자고 했을 때, **"우리도 주와 함께 죽으러 가자"**(요 11:16)라고 말했던 사람입니다.

또 있습니다. 바로 예수님을 판 가룟 유다입니다. 가룟 유다는 예수님의 제자 중에는 직업이 세리였던 마태가 있었음에도 회계를 맡았습니다. 그 말은 가룟 유다가 돈을 맡아도 될 만큼 당시 제자들 가운데서 신망이 있었던 사람이었다는 것입니다. 이렇게만 따져 봐도 적어도 열두 제자 가운데 절반 이상의 사람들이 "내가 주님을 제일 사랑한다, 내가 주를 위한다"라고 주장할 만한 사람들이었습니다.

이렇게 예수님의 제자들의 면면을 살펴보는 것은, '누가 배신자냐?'를 묻다가 '누가 더 크냐?'라는 다툼으로 이어지는 이 과정을 살펴보기 위해서입니다. 자기가 배신자가 아니라는 것을 증명하기 위해, 남보다 더 크다고 한 것이죠. 이처럼 베드로뿐만 아니라 다른 제자들도 주를 향한 진심이나, 그를 위하여 또는 그와 함께라면 목숨까지도 내놓겠다는 마음을 가졌던 사람들이었습니다. 그런데 문제는 무엇이냐 하면, 제자들이 가졌던 진심과 죽음까지도 감내하겠다는 그들의 각오가, 그들의 신앙을 완성시키지 못한다는 것입니다. 그리고 그 대표 선수로 베드로가 등장하고 있는 것입니다. 예수님께서 제자들을 불러 모으시고, 그들을 가르치신 이유가 있습니다.

> 누가복음 22:29-30, "내 아버지께서 나라를 내게 맡기신 것 같이 나도 너희에게 맡겨 30. 너희로 내 나라에 있어 내 상에서 먹고 마시며 또는 보좌에 앉아 이스라엘 열두 지파를 다스리게 하려 하노라"

아버지께서 예수님께 당신의 나라를 맡기신 것 같이, 예수님께서 그 일을 제자들에게 맡기시겠다고 말씀하십니다. 이 말씀은 예수님께서 처음 베드로를 부르실 때, "내가 너로 사람을 낚는 어부가 되게 하리라"라고 약속하셨던 것과 같은 내용의 말씀입니다.

그런데 30절에 **"너희로 내 나라에 있어 내 상에서 먹고 마시며 또는 보좌에 앉아 이스라엘 열두 지파를 다스리게 하려 하노라"**라는 말씀을 보시기 바랍니다. 예수님의 나라에서, 주님과 함께 그 상에서 먹고 마시며, 주의 보좌에 앉아 이스라엘 열두 지파를 다스리는 것, 굉장한 권세 아닙니까? 하지만 예수님의 나라는 이 권세가 군림하고 다스리는 권세가 아닙니다.

> 누가복음 22:25, "예수께서 이르시되 이방인의 임금들은 그들을 주관하며 그 집권자들은 은인이라 칭함을 받으나"

세상의 집권자들은 그들의 권력으로 백성을 다스리면서, 백성들로부터는 '은인'이라는 소리를 듣고 싶어 합니다. 이 말씀은 권력자들이 정말로 통치를 잘해서 백성들이 '은인'이라고 부른다는 뜻이 아닙니다. 현대인의 성경에는 이렇게 번역되어 있습니다. **"세상의 왕들은 권력으로 자기 백성을 다스리고 직권을 행사하는 사람들은 자기들을 '은인'이라고 부른다."** 자기들 스스로 백성들에게 '은인'이라고 부르라고 주장한다는 것입니다.

누가복음 22:26-27, "너희는 그렇지 않을지니 너희 중에 큰 자는 젊은 자와 같고 다스리는 자는 섬기는 자와 같을지니라 27. 앉아서 먹는 자가 크냐 섬기는 자가 크냐 앉아서 먹는 자가 아니냐 그러나 나는 섬기는 자로 너희 중에 있노라"

그런데 예수님께서 말씀하신 주님의 나라는, 나이 많은 사람은 어린 자와 같고, 지도자는 종과 같이 일하며, 식탁에서는 앉아서 먹는 사람이 아니라 섬기는 나라입니다. 그리고 예수님은 그 모습을 제자들 제자들에게 항상 보여 주셨습니다.

누가복음 22:28, "너희는 나의 모든 시험 중에 항상 나와 함께 한 자들인즉"

그런데 그런 예수님을 항상 봐 왔던 제자들이, 마지막 최후의 만찬자리에서 세상의 권력자들처럼 자기들 중에 누가 가장 큰 자인지 다투고 있습니다. 이것이 중요한 이유는, 베드로가 부활하신 예수님을 만난 뒤에도 갈릴리에서 고기 잡던 예전의 삶으로 돌아간 이유가 여기에 있기 때문입니다. 지금까지 베드로를 베드로 되게 하고, 그 자신을 지탱했던 힘이 무엇이었습니까? "내가 죽는 데 가는 것까지 각오하고 주와 함께 가겠습니다"였습니다.

누가복음 22:33, "그가 말하되 주여 내가 주와 함께 옥에도, 죽는 데에도 가기를 각오하였나이다"

베드로의 이 말은 진심이었을 것입니다. 하지만 실제는 어떻게 되었습니까? 그날 밤에 예수님을 세 번 부인했습니다. 예수님은 그 사실을 아셨을까요, 모르셨을까요?

누가복음 22:31-32, "시몬아, 시몬아, 보라 사탄이 너희를 밀 까부르듯 하려고 요구하였으나 32. 그러나 내가 너를 위하여 네 믿음이 떨어지지 않기를 기도하였노니 너는 돌이킨 후에 네 형제를 굳게 하라"

32절 마지막 부분에 **"너는 돌이킨 후에 네 형제를 굳게 하라"**라고 했습니다. '돌이킨 후에'가 언제입니까? 자기 자신에게 실망하고 갈릴리로 돌아갔던 베드로가 예수님을 만나 신앙과 사명을 회복하고 돌이킨 후에 '네 형제를 굳게 하라'는 것입니다. 예수님은 베드로가 자신을 세 번 부인하게 될 것뿐만 아니라 부활하신 예수님을 만나 보고도 갈릴리로 돌아갈 것까지 다 알고 계셨던 것입니다.

베드로가 갈릴리로 돌아간 이유가 무엇입니까? 예수님의 말씀처럼 '사탄이 밀 까부르듯' 베드로의 내면에 있었던 마음을 부추기고 들춰냈기 때문입니다. 그의 자신감과 우월감을 끄집어낸 것입니다. 베드로가 감옥이든 어디든 죽기까지 각오하며 예수님과 함께하겠다고 말한 것은 그의 진심이었고, 예수님을 향한 신앙고백이었을 것입니다.

하지만 기독교 신앙은 자기 진심이나 자신감으로 이루어지는 것이 아닙니다. 자기 진심이나 자신감만으로 어찌해 볼 수 없는 더 큰 상황이나 불가피한 상황이 오게 되면 언제든지 변할 수 있게 되기 때문입니다. 그리고 그와 같은 사례의 대표 선수로 오늘 베드로가 등장하는 것입니다. 최후의 만찬 자리에서 제자들끼리 '누가 더 큰 자냐'라는 다툼이 있었을지 모르겠지만, 적어도 신약 교회 내에서 베드로는 수제자로 인정된 사람입니다. 하지만 그런 베드로조차도 예수님을 죽이기 위해 대제사장 가야바의 뜰에 모인 사람들 속에 혼자 남겨졌을 때는, 예수님을 부인하는 것으로 나타났습니다.

이처럼 베드로가 가졌던 예수님을 향한 진심과 그의 자신감이 철저하게 무너지고, 예전에 고기 잡던 생활로 돌아간 그 자리에 예수님께서 찾아오셨습니다. 너무나 감사한 것은, 베드로에게 너무나 익숙했던 고기잡이 현장이 그에게는 밤새도록 고생만 했지 아무런 소득은 없는 그런 현장이었다는 것입니다. 주님을 만나고, 구원의 은혜를 받고, 성령의 인치심을 받은 사람이 어떤 이유로 인해서든지 은혜에서 떠나서 예전의 삶으로 돌아갔을 때, 그 세상은 이전에 나에게 익숙했던 세상과 다른 것이 은혜인 줄 믿으시기 바랍니다.

베드로의 경우처럼 그 세상은 실패한 세상일 수도 있고, 예전에는 너무나 재미있고 익숙한 세상이었는데 지금은 재미없고 어색한 세상일 수도 있을 것입니다. 이처럼 믿음에서도 실패하고, 세상에서도 실패한 베드로를 예수님께서 찾아오셔서 불러 주시고, 만나 주셨습니다. 그리고 예수님의 말씀에 순종하여 그물을 던지자 많은 물고기를 잡았습니다. 이 말씀을 대할 때 우리가 기억해야 할 것은, 예수님께서 베드로를 찾아오신 이유가 베드로가 물고기를 많이 잡도록 해 주기 위해서라거나, 그에게 세상의 축복을 주기 위해서 찾아오신 것이 아니라는 것입니다.

이 말씀을 오해하는 사람들은, "그것 봐라! 예수님 말씀에 순종했더니 아주 큰 물고기를 153마리나 잡지 않았냐? 그러니 순종해야 한다" 이렇게 갑니다. 만약 정말로 예수님께서 베드로와 여섯 명의 제자들을 찾아오신 이유가 물고기를 많이 잡도록 해 주기 위한 것이었다면, 그렇게 많은 물고기를 잡은 것을 가지고 무엇을 했다는 이야기가 나와야 하지 않겠습니까?

하다못해 예수님 말씀대로 순종해서 잡은 물고기를 가난한 사람들에게 나눠 주었다거나, 오지에서 선교하는 선교사님의 사역에 도움이 되라고 선교헌금을 보냈다거나 그 후속 이야기가 나와야 하는데, 성경에는 그런 이야기가 없습니다. 대신 어떤 이야기가 있습니까? 예수님께서 제자들을 위해서 아침 식사를 준비해 주시고 함께 아침을 먹었다고 말씀합니다. 그리고 식사를 마친 후 베드로에게 "네가 이 사람들보다 나를 더 사랑하느냐?"라고 물으셨다고 말씀합니다.

요한복음 21:15, "그들이 조반 먹은 후에 예수께서 시몬 베드로에게 이르시되 요한의 아들 시몬아 네가 이 사람들보다 나를 더 사랑하느냐 하시니 이르되 주님 그러하나이다 내가 주님을 사랑하는 줄 주님께서 아시나이다 이르시되 내 어린 양을 먹이라 하시고"

요한복음 21장이 말하려는 것이 무엇입니까? 베드로와 제자들에게 물고기를 많이 잡게 해 주었다는 것을 말하려는 것입니까? 예수님께서 베드로를 만나기 위해서 오셨습니다. 그리고 자신에게 실망하여 예전의 삶으로 돌아간 베드로를 붙잡아 믿음과 사명을 회복시키러 오셨습니다. 그러면 예수님은 베드로에게만 관심이 있으셔서 베드로를 찾아온 것일까요? 그렇지 않습니다. 오늘 저와 여러분도 같은 이유로 주님께서 찾아오십니다. 이것을 놓치면 우리의 관심이 어디로 향할까요? 제자들이 잡은 큰 물고기 153마리로 향합니다. 거기에 모나미 153 볼펜을 만든 송삼석 장로님의 간증까지 더해져서 오늘 본문을 마치 축복의 상징처럼 생각하는 사람들이 참 많습니다.

그런데 다시 말씀드리지만 예수님께서 베드로를 찾아오신 것은 그에게 많은 물고기를 잡게 해 줘서 부자로 만들어 주려고 오신 것이 아닙니다. 지난 시간에도 말씀드렸던 것처럼, 누가복음 5장의 사건과 오늘 본문의 내용은 많은 면에서 비슷한 점이 있습니다. 갈릴리 바다라는 장소, 그물이 찢어질 만큼 많은 물고기를 잡은 것, 물고기를 잡은 시간이 아침이었다는 것, 사건의 중심에 베드로가 있다는 것 등입니다. 하지만 이 말씀은 미술의 데칼코마니처럼, 베드로가 자기를 찾아오신 분이 예수님이시라는 것을 깨닫게 해 주기 위해서 똑같은 방법으로 찾아오신 것입니다.

이렇게 베드로의 신앙을 회복시켜 주신 예수님께서는 베드로에게 새로운 사명과 함께, 앞으로 그가 걸어가게 될 길에 대해서도 말씀해 주셨습니다.

요한복음 21:18-19, "내가 진실로 진실로 네게 이르노니 네가 젊어서는 스스로 띠 띠고 원하는 곳으로 다녔거니와 늙어서는 네 팔을 벌리리니 남이 네게 띠 띠우고 원하지 아니하는 곳으로 데려가리라 19. 이 말씀을 하심은 베드로가 어떠한 죽음으로 하나님께 영광을 돌릴 것을 가리키심이러라 이 말씀을 하시고 베드로에게 이르시되 나를 따르라 하시니"

18절에 '진실로 진실로'를 두 번 반복해서 말씀하신 것은, 예수님께서 베드로에게 하신 말씀이 엄숙하고도 진지한 내용이라는 것을 뜻합니다. **"네가 젊어서는 스스로 띠 띠고 원하는 곳으로 다녔거니와 늙어서는 네 팔을 벌리리니 남이 네게 띠 띠우고 원하지 아니하는 곳으로 데려가리라"**라고 했습니다. 베드로가 젊어서는 자기 뜻을 따라 자기가 원하는 곳을 다녔습니다. 갈릴리로 고기 잡으러 온 것도 자기가 원하는 것을 행한 것입니다. 베드로가 예수님을 몰랐다거나, 구원받기 전이었기 때문에 그런 것이 아닙니다.

우리가 확인한 바와 같이 베드로는 누구보다 예수님을 사랑하는 사람이었고, 예수님을 위해서라면 목숨까지도 아깝지 않다고 생각했던 사람입니다. 하지만 현재 베드로의 모습은 어떻습니까? 자기가 원하는 것을 하고 있습니다. 그러나 늙어서는 그가 스스로 팔을 벌릴 것이고, 남이 그에게 띠 띠우고 원하지 않는 곳으로 데려갈 것입니다. 여기 '젊다', '늙었다'라는 표현은 단순히 나이의 많고 적음이라기보다는, 베드로가 자신이 하고 싶은 것을 하려는 의지가 있고, 없고를 뜻하는 것입니다.

지금까지는 베드로가 자기가 하고 싶은 것을 하고 살았다면, 이제부터는 스스로 팔을 벌려 하나님께 완전히 맡기는 자세로 살아가게 될 것입니다. 그렇게 했을 때 나타나게 되는 일이 무엇입니까? 베드로의 의지가 아니라 남이 베드로를 띠 띠우고 이끌어 갈 것입니다. 그리고 그곳은 베드로가 원치 않는 곳입니다. 그곳은 어디일까요? **"베드로가 어떠한 죽음으로 하나님께 영광을 돌릴 것"**인지, 다시 말씀드려서 베드로의 순교까지 주님께서는 다 알고 있는 곳입니다. 그러면서 베드로에게 하시는 말씀이 무엇입니까? **"나를 따르라"**입니다.

기독교 신앙은 내가 스스로 띠를 띠고, 원하는 곳을 다니는 것이 아닙니다. 내가 원치 않는 곳이라도 주님께서 이끄시면 가는 것입니다. 그런데 그 원치 않는 곳은 어떤 곳입니까? "하나님께 영광을 돌리는" 곳입니다. 어떻게요? "어떠한 죽음으로"입니다. 기독교가 "사랑을 말하고, 희생을 말하고, 용서와 섬김을 말하고" 하니까 "내가 사랑해야지, 내가 희생하고, 용서하고 섬겨야지" 이렇게 생각되십니까? 그게 아니라 "나는 원치 않는데 남이 나를 그곳으로 이끌어 가는 것" 입니다.

다시 말씀드려서 내가 하고 싶은 일을 하고, 내가 하기 싫은 것은 하지 않는 것이 기독교 신앙이 아니라, 그것을 해야 하기 때문에 하는 것입니다. 주님께서 원하시니 그렇게 해야 하고, 주님의 손길이 필요한 사람들이 거기에 있으니 내가 원치 않더라도 팔을 벌리고 가야 합니다. 그리고 그 마지막은 인간이 하나님께 영광을 돌릴 수 있는 최고의 자리인 순교에까지 이르게 되는 것입니다. 그런데 그런 곳으로 누가 가고 싶을까요? 그곳은 베드로만 가야 하는 걸까요? 그래서 베드로가 물었습니다.

요한복음 21:20-21, "베드로가 돌이켜 예수께서 사랑하시는 그 제자가 따르는 것을 보니 그는 만찬석에서 예수의 품에 의지하여 주님 주님을 파는 자가 누구오니이까 묻던 자더라 21. 이에 베드로가 그를 보고 예수께 여짜오되 주님 이 사람은 어떻게 되겠사옵나이까"

예수께서 사랑하시는 그 제자는 사도 요한입니다. 베드로가 자기가 원치 않는 곳을 가야 한다면, 요한도 가야 하지 않을까요? 그런데 예수님께서 이렇게 말씀하셨습니다.

요한복음 21:22, "예수께서 이르시되 내가 올 때까지 그를 머물게 하고자 할지라도 네게 무슨 상관이냐 너는 나를 따르라 하시더라"

베드로도 예수님의 제자고, 요한도 예수님의 제자입니다. 베드로도 예수님께서 사랑하셨고, 요한도 사랑하셨습니다. 두 사람 모두 다른 제자들보다 특별한 관심과 사랑을 받은 사람입니다. 그러니 베드로가 두 팔을 벌리고 사람들에 의해 원치 않는 곳으로 끌려가 순교를 당해야 한다면, 요한도 그렇게 되지 않겠느냐고 묻는 것입니다.

그런데 예수님께서 뭐라고 대답하십니까? "그가 어떻게 되든지 네게 무슨 상관이냐, 너는 나를 따르라"라고 하셨습니다. 다른 사람과 비교하면서 '그 사람이 하는 것만큼 나도 한다'라고 하는 것은 두 팔을 벌린 신앙 자세가 아닙니다. 내가 원하는 대로 하는 것이지요. 기독교 신앙은 내가 주님 앞에 어떤 사람으로 서게 될 것인지 생각하고, 그 신앙을 만들어 가고 쌓아 가는 것입니다.

주님께서 베드로에게 원하는 것은 순교의 자리지만, 요한에게 허락하신 것은 순교가 아니라 잘 먹고 잘사는 것이라 할지라도 그것은 주님의 뜻입니다. 주님을 따르는 신앙의 길은, 눈치 봐 가면서 사람들 중간에 머물러 있는 것이 아니라 '나를 따르라'라고 말씀하시는 주님의 명령에 순종하는 것입니다. 저와 여러분도 '나를 따르라'고 하시는 주님의 말씀을 듣고, 순종하여 주님께서 우리에게 맡기신 사명을 끝까지 잘 감당하기 원합니다.